Mathias Énard et l'érudition du roman

Faux Titre

ETUDES DE LANGUE ET LITTERATURE FRANÇAISES

VOLUME 439

The titles published in this series are listed at *brill.com/faux*

Mathias Énard et l'érudition du roman

sous la direction de

Markus Messling
Cornelia Ruhe
Lena Seauve
Vanessa de Senarclens

BRILL
RODOPI

LEIDEN | BOSTON

Illustration de couverture: ©Pierre Marquès.

The Library of Congress Cataloging-in-Publication Data is available online at http://catalog.loc.gov
LC record available at http://lccn.loc.gov/2019056282

Typeface for the Latin, Greek, and Cyrillic scripts: "Brill". See and download: brill.com/brill-typeface.

ISSN 0167-9392
ISBN 978-90-04-42396-1 (hardback)
ISBN 978-90-04-42550-7 (e-book)

This book is printed on acid-free paper and produced in a sustainable manner.

Table des matières

PARTIE 3
Zone et ses intertextes

PARTIE 4
Horizons de la narration

PARTIE 5
Coda

Liste de sigles et d'abréviations

PT *La Perfection du tir*, Arles, Actes Sud, 2003.
RO *Remonter l'Orénoque*, Arles, Actes Sud, 2005.
BA *Bréviaire des artificiers*, Paris, Verticales/Gallimard, 2007.
Z *Zone*, Arles, Actes Sud, 2008.
PBR *Parle-leur de batailles, de rois et d'éléphants*, Arles, Actes Sud, 2010.
AN *L'Alcool et la Nostalgie*, Paris, Inculte, 2011.
RV *Rue des voleurs*, Arles, Actes Sud, 2012.
TSO Avec Pierre Marquès, *Tout sera oublié*, Arles, Actes Sud, 2013.
B *Boussole*, Arles, Actes Sud, 2015.
DC *Dernière communication à la société proustienne de Barcelone*, Paris, Inculte, 2016.
PR Avec Zeïna Abirached, *Prendre refuge*, Paris, Casterman, 2018.

Biobibliographies

Wolfgang Asholt,

professeur de littératures romanes à Osnabrück jusqu'en 2011, est depuis 2013 professeur honoraire à l'Institut für Romanistik de la HU de Berlin. Ses sujets de recherche : littératures du XIXe et du XXe siècle, avant-gardes et théories de l'avant-garde, littérature contemporaine, littérature française et littérature mondiale. Dernières publications : Cahier n° 321 de la *Revue des Sciences Humaines* : *Le savoir historique du roman contemporain* (2016), avec U. Bähler ; *Assia Djebar et la transgression des limites linguistiques, littéraires et culturelles*, Paris, Classiques Garnier, 2017, avec Lise Gauvin ; Cahier n° 325 de *la Revue des Sciences Humaines* : *Yves Ravey. Une écriture de l'exigence* (2017), avec J. Fortin et J.-B. Vray ; *Europe en mouvement*. vol. 1 : *A la croisée des cultures*, vol. 2 : *Nouveaux regards*, Paris, Hermann, 2018 (éd. avec M. Calle-Gruber, E. Heurgon et P. Oster-Stierle).

Niklas Bender

est actuellement professeur remplaçant à l'Université de Tübingen. Il est membre associé du Centre de recherche sur les poétiques du XIXe siècle (Sorbonne Nouvelle Paris 3). Depuis sa thèse – *La Lutte des paradigmes : la littérature entre histoire, biologie et médecine* (*Flaubert, Zola, Fontane*), Amsterdam/New York, Rodopi, 2010 – il travaille sur Flaubert et les rapports entre littérature et savoirs. Son HDR – *Die lachende Kunst. Der Beitrag des Komischen zur klassischen Moderne*, Freiburg i. Br., Rombach, 2017 – s'intéresse aux procédés du comique. Ses dernières publications portent sur *Biological Time, Historical Time. Transfers and Transformations in 19th Century Literature*, Leiden/Boston, Brill|Rodopi, 2019 (éd. avec Gisèle Séginger), ainsi que sur le rôle de la lecture aujourd'hui : *Verpasste und erfasste Möglichkeiten. Lesen als Lebenskunst*, Bâle, Schwabe, 2018.

Stephanie Bung

est professeure titulaire à l'Université de Duisburg-Essen où elle enseigne la littérature française du XVIe au XIXe siècle. Ses recherches portent sur les salons et les académies du XVIIe siècle, sur la poésie moderne ainsi que sur la littérature de l'extrême contemporain. Plus récemment, elle a travaillé sur l'œuvre de Cécile Wajsbrot ainsi que sur celles d'André et Simone Schwarz-Bart. Elle a publié des ouvrages collectifs sur le livre audio, sur Simone de Beauvoir et sur l'imaginaire de la « garçonne » dans les années folles. Elle est l'auteure des monographies suivantes : *Figuren der Liebe. Diskurs und Dichtung bei Paul*

Valéry und Catherine Pozzi (Göttingen, Wallstein Verlag, 2005) ; *Spiele und Ziele. Französische Salonkulturen des 17. Jahrhunderts zwischen Elitendistinktion und belles lettres* (Tübingen 2013).

Mathias Énard
a fait des études d'arabe et de persan à l'INALCO (Paris). Il a vécu dix ans dans différents pays du Moyen-Orient, puis à Barcelone et à Berlin avant de s'établir aujourd'hui dans le sud de la France. Membre fondateur du Collectif Inculte, il a publié six romans, dont *La Perfection du tir* (2003), *Zone* (2008), *Parle-leur de batailles, de rois et d'éléphants* (2010) et *Boussole* (2015). Ce dernier a été couronné par le Prix Goncourt en 2015.

Sara Izzo
enseigne les littératures françaises et italiennes au département de philologie romane de l'Université de Bonn depuis 2016. Après sa maîtrise en études romanes/philologie française, histoire de l'art et histoire contemporaine à l'Université de Bonn en 2009, elle a poursuivi un doctorat en littérature française sur les écrits politiques de Jean Genet. La thèse de doctorat a été publiée en 2016 chez Narr Francke Attempto : *Jean Genet und der revolutionäre Diskurs in seinem historischen Kontext.* À présent, elle travaille sur un projet de recherche sur la Méditerranée comme lieu de mémoire dans la littérature française et italienne pour obtenir l'habilitation à diriger des recherches.

Claudia Jünke
est professeure de littératures et cultures hispanophones et francophones à l'Université d'Innsbruck. Ses recherches portent sur les littératures et cultures modernes et contemporaines en France, Espagne et Amérique latine et se centrent sur des questions de mémoire culturelle, de subjectivité et d'identité, de narratologie et d'intermédialité. Elle a obtenu son doctorat à l'Université de Cologne avec une thèse sur Gustave Flaubert et son habilitation à l'université de Bonn avec une monographie sur la mémoire culturelle de la Guerre d'Espagne dans la littérature et le cinéma actuels. Elle a coédité plusieurs volumes collectifs (dont le plus récent est *Sor Juana Inés de la Cruz : identidad criolla y procesos de transculturación*, éd. avec Jutta Weiser 2019) et ses articles ont été publiés dans des revues et livres internationaux.

Markus A. Lenz
est chercheur associé à la chaire de littérature espagnole et française de l'Université de Potsdam. Publications et recherches sur l'histoire de la philologie italienne et française (XIXe siècle) ainsi que sur la littérature française

contemporaine. Doctorat publié sous le titre *Genie und Blut. Rassedenken in der italienischen Philologie des 19. Jahrhunderts* (Paderborn, Fink, 2014). Autres publications : éd. avec Patricia A. Gwozdz : *Literaturen der Welt : Zugänge, Modelle, Analysen eines Konzepts im Übergang* (Heidelberg, Winter, 2018) ; éd. avec Philipp Krämer et Markus Messling : *Rassedenken in der Sprach- und Textreflexion Kommentierte Grundlagentexte des langen 19. Jahrhunderts* (Paderborn, Fink, 2015).

Birgit Mertz-Baumgartner
est professeure de littératures franco- et hispanophones au département de langues romanes de l'Université d'Innsbruck. Elle s'intéresse, entre autres, aux littératures contemporaines française et francophones (particulièrement aux littératures maghrébines), aux théories postcoloniales et aux relations entre Histoire et littérature. Choix de publications : *Ethik und Ästhetik der Migration. Algerische Autorinnen in Frankreich (1988-2001)*, Würzburg, Königshausen & Neumann, 2004 ; *Passages et ancrages en France. Dictionnaire des écrivains migrants de langue française*, Paris, Champion, 2012 (avec Ursula Mathis-Moser) ; *Guerre d'Algérie – Guerre d'indépendance. Regards littéraires croisés*, Würzburg, Königshausen & Neumann 2013 (avec B. Burtscher-Bechter).

Markus Messling
est professeur d'études culturelles romanes à l'Université de la Sarre où il dirige aussi l'ERC « Minor Universality. Narrative World Productions After Western Universalism ». Il a été directeur adjoint du Centre Marc Bloch (2015-2019) et professeur de Littératures romanes à l'Université Humboldt de Berlin (2018/2019). Une sélection de ses publications : *Universalität nach dem Universalismus. Über frankophone Literaturen der Gegenwart*, Berlin, Matthes & Seitz Verlag, 2019 ; *Point de fuite. La Méditerranée et la crise européenne*, éd. avec F. Hofmann, Paris, Hermann, 2019 ; « Réalisme esthétique et cosmopolitisme littéraire. Poétiques de la perte chez Séféris et Efoui », in : *Décentrer le cosmopolitisme. Enjeux politiques et sociaux dans la littérature*, éd. G. Bridet, X. Garnier, S. Moussa, L. Zecchini, Dijon, p. 71-84 ; *Les Hiéroglyphes de Champollion. Philologie et conquête du monde*, Grenoble, UGA éd., 2015.

Diana Mistreanu
est chercheuse en formation doctorale à l'Université du Luxembourg, où elle est affiliée à l'Unité de recherche Education, Culture, Cognition and Society. Elle prépare sa thèse en cotutelle avec l'Université Paris-Est, et elle travaille sur la représentation de la cognition humaine dans l'œuvre de l'écrivain contemporain Andreï Makine. Son domaine de prédilection sont les études littéraires cognitives. Elle s'intéresse à l'interface entre la littérature fictionnelle, d'un

côté, et l'esprit et le cerveau humains, de l'autre, se demandant comment les théories littéraires et narratives et la psychologie et les neurosciences cognitives peuvent s'enrichir mutuellement. Elle a publié des articles sur Andreï Makine, José Saramago et Pierre Michon. Elle s'intéresse également aux relations littéraires et interculturelles entre la France et la Russie, ainsi qu'à la littérature française contemporaine.

Sarga Moussa
est directeur de recherche au CNRS, directeur-adjoint de l'UMR THALIM (CNRS-Université Sorbonne Nouvelle-ENS). Spécialiste de l'orientalisme littéraire et du récit de voyage en Orient, en particulier aux XIXe et XXe siècles, il s'intéresse plus largement à la représentation des altérités culturelles dans la littérature française, à la question de l'esclavage, à la notion de cosmopolitisme, et aux études postcoloniales. Il codirige la collection « Vers l'Orient » à UGA Éditions. Publications récentes : *Le Mythe bédouin chez les voyageurs aux XVIIIe et XIXe siècles*, Paris, PUPS, « Imago Mundi », 2016 ; dossier consacré à « Bouvier, intermédiaire capital », dans la revue en ligne *Viatica*, octobre 2017 ; en codirection avec Hans-Jürgen Lüsebrink, *Dialogues interculturels à l'époque coloniale et postcoloniale*, Paris, Kimé, 2019.

Cornelia Ruhe
est professeure de littératures francophone et hispanophone à l'Université de Mannheim. Principaux domaines de recherche : la littérature française contemporaine, les littératures postcoloniales, la sémiotique de la culture et l'intertextualité. Depuis 2016 elle est éditrice littéraire de la revue *Romanische Forschungen* ; depuis 2018, membre titulaire de l'Académie des Sciences de Heidelberg. Elle est éditrice de plusieurs volumes collectifs et auteure de monographies et d'articles portant sur la littérature française contemporaine, dont l'anthologie *Den gegenwärtigen Zustand der Dinge festhalten. Zeitgenössische Literatur aus Frankreich*, éd. avec Jérôme Ferrari, Göttingen, Wallstein Verlag, 2017 ; *Chutes, ruptures et philosophie. Les romans de Jérôme Ferrari*, éd. avec Sarah Burnautzki, Paris, Classiques Garnier, 2018, et la monographie *La mémoire des conflits dans la fiction francophone contemporaine*, à paraître aux éditions Brill|Rodopi en 2020.

Marie-Thérèse Oliver-Saidi
a enseigné à l'Université Saint-Joseph de Beyrouth. Elle était attachée culturelle auprès de l'Ambassade de France, Egypte-Turquie, 1998-2006 et chercheur à l'IISMM-EHESS, Paris. Parmi ses publications récentes sont : *Le Liban et la Syrie au miroir français de 1946 à 1991*, Paris, L'Harmattan, 2010 ; Dossier *Charif Majdalani*, Revue *Siècle 21*, n° 27, 2015 ; *Deux enfances au Nord de la Syrie*, LiCArC,

Classiques Garnier, 2017, n° 5 ; « De l'avantage des identités plurielles, le témoignage engagé d'Amin Maalouf », dans *Identités plurielles en Francophonie*, par Julien Kilanga, Maéva Touzeau, Paris, Éditeur Espérance, 2018 ; *D'une procédure en cours de décentrement de la littérature française*, Célec-Saint-Etienne, à paraître.

Lena Seauve
est postdoctorante à l'Université Humboldt de Berlin. Elle a publié une monographie sur Jean Potocki (2015) et édité plusieurs volumes collectifs sur la littérature française à partir des Lumières dont *Grenzen des Zumutbaren – aux frontières du tolérable* (Bern, Peter Lang, 2018). Elle est l'auteure d'articles dont « Der begehrende Blick des Scharfschützen. Unzumutbare Perspektiven in Mathias Énards *La Perfection du tir* (2018) » et « La 'grippe française' et la (dé) construction littéraire d'une 'identité nationale' dans *L'Art français de la guerre* d'Alexis Jenni » (2019). Son projet de recherche actuel porte sur des narrations de bourreaux dans le roman contemporain des langues française et espagnole.

Vanessa de Senarclens
est privat-docent de l'Université Humboldt de Berlin dans les domaines de la littérature française et des études culturelles. Elle a publié de nombreux ouvrages et articles portant principalement sur la littérature française du dix-huitième siècle dans son rapport à l'antiquité, notamment : *Montesquieu, historien de Rome. Un tournant pour la réflexion sur le statut de l'histoire au XVIII*^{e} *siècle*, Genève, Droz, 2003 ; *Das Tragische im Jahrhundert der Aufklärung*, Hannover, Wehrhahn Verlag, 2007 mais aussi sur Rousseau, Diderot, la poésie du roi de Prusse et Voltaire. Sa thèse d'habilitation s'intitule *Le Naufrage et les jeux de gladiateurs. Poétique du plaisir de la tragédie au siècle des Lumières*. Son projet actuel porte sur l'histoire d'une bibliothèque des Lumières.

Victor Toubert,
ancien élève de l'ENS de Lyon, agrégé de lettres modernes, a soutenu en 2019 une thèse rédigée sous la direction de Tiphaine Samoyault portant sur les représentations et les usages de l'érudition chez Pierre Michon, W.G. Sebald et Antonio Tabucchi. Il a publié divers articles portant sur les rapports entre savoirs et littérature, dont notamment un article sur la lecture de John Berger par Sebald dans la revue *Littérature* et un entretien avec Hélène Merlin-Kajmandans la revue *Trans-*. Il a également écrit la partie consacrée aux *Onze* de Pierre Michon dans un manuel à destination des élèves de khâgne préparant le concours de l'ENS en 2019.

Luc Vallat
a étudié la musicologie à l'Université de Fribourg (CH). Il a soldé son master par un mémoire portant sur le traitement du rythme dans les chansons de Clément Janequin. Depuis mars 2018, Luc Vallat est candidat au doctorat à l'Université de Berne (éd. Prof. Cristina Urchueguía), en co-direction avec l'Université de Poitiers (Prof. Isabelle His). Son travail se concentre sur les structures des chansons polyphoniques françaises des années 1520-1550. Luc Vallat a participé à divers colloques, tant dans son domaine que dans les disciplines associées (Sorbonne, Paris ; Humboldt Universität, Berlin ; Sixteenth Century Society Conference, Saint-Louis (Missouri) ; Universität Bern ; Projet PIND). Depuis le semestre d'automne 2018-2019, il anime le Reading Group Renaissance Studies de l'Université de Berne.

Dominique Viart,
membre de l'Institut universitaire de France, est professeur à l'Université Paris Nanterre, où il dirige avec J.-M. Moura l'Observatoire des écritures contemporaines françaises et francophones. Directeur de la *Revue des Sciences Humaines*, il a promu la recherche universitaire française sur la littérature contemporaine (*La Littérature française au présent*, 2005) et consacré des essais à Jacques Dupin, Claude Simon, Pierre Michon, François Bon, Eric Chevillard, Patrick Deville ... Dernières publications : avec J. Frémon et N. Pesquès, le recueil *Discorde, poèmes dispersés et textes inédits de Jacques Dupin* (Paris, P.O.L., 2017), avec D. Meskache, *Autour de Alain Nadaud* (Saint-Benoît-du-Sault, éditions Tarabuste, 2018), avec A. Castiglione, le *Cahier de l'Herne* consacré à *Pierre Michon* (2017) et avec Alison James, *Littératures de terrain* (revue en ligne *Fixxion XX-XXI*, n° 18, 2019).

Antoine Vuilleumier
est doctorant et chargé d'enseignement à l'Université de Neuchâtel. Il rédige actuellement une thèse intitulée *Le vulgaire dans le savoir. Endoctriner la langue française au milieu du XVI*^e^ *siècle*. Spécialiste de la vulgarisation des savoirs dans la littérature française de la Renaissance, il est l'auteur de plusieurs études sur la littérature humaniste française, en particulier sur l'helléniste Loys Le Roy.

Introduction

Markus Messling, Cornelia Ruhe, Lena Seauve, Vanessa de Senarclens

Depuis plus de dix ans, les romans de Mathias Énard connaissent un succès grandissant auprès du public. *La Perfection du tir* en 2003, mais aussi *Zone* en 2008, *Parle-leur de batailles, de rois et d'éléphants* en 2010 et *Rue des voleurs* en 2012 ont remporté des prix littéraires de grand renom. Enfin, en 2015, le jury du prix Goncourt a opté avec *Boussole* pour un roman dans lequel l'imagination romanesque a pour support une époustouflante érudition. En revanche, l'œuvre de Mathias Énard n'a, à ce jour, pas encore retenu l'attention de la critique universitaire à laquelle elle fait pourtant de nombreux clins d'œil. Fruit du premier colloque universitaire portant sur son œuvre, qui s'est tenu au Centre Marc Bloch à Berlin en septembre 2017, ce volume est également le premier ouvrage qui lui est entièrement consacré. Les contributions qu'il réunit explorent les complexes liens de dérision et d'ironie mais aussi de connivence et d'hommage entre l'écriture romanesque et les dispositifs savants.

De *La Perfection du tir* à *Boussole*, les romans d'Énard sont riches en références à l'histoire, à la musique et aux traditions littéraires et philologiques occidentales et orientales. Ce savoir convoqué par jeu de citations ou évoqué par allusions est issu de l'espace oublieux des bibliothèques. Il n'officie pas seulement en une simple toile de fond à une trame romanesque, bien ancrée dans l'actualité politique, mais semble profondément déterminer les orientations de vie des protagonistes et animer jusqu'à leurs échanges les plus intimes. L'érudition se prête au jeu du désir.

Le volume s'ouvre sur un essai écrit à quatre mains par Wolfgang Asholt et Dominique Viart qui situe l'œuvre de Mathias Énard dans le contexte de la littérature contemporaine et ses enjeux critiques, tant en France qu'en Allemagne. Les auteurs mettent en évidence ses liens avec les écrivains voyageurs d'hier et d'aujourd'hui, le brassage des cultures et des époques qui l'intéresse, comme son travail rigoureux sur la phrase. Le volume se clôt avec un texte généreusement écrit par Mathias Énard pour cette publication qu'il définit comme « une coda » et qu'il intitule : « Du whisky pour les écrivains autochtones ». Ce court texte donne à ce terme générique son acception musicale et brillante. Il relate une soirée entre écrivains qui dure jusqu'à l'aube « inexorable », à la fois gaie et grave suite à l'attentat dont a été victime la ville de Barcelone en été 2017. La coda se termine au petit matin par un dialogue entre écrivains portant sur l'écriture et sur la vie.

 | DOI:10.1163/9789004425507_002

Entre l'essai théorique en ouverture et les pages littéraires en suspens en guise de conclusion, ce volume est organisé autour de quatre axes thématiques portant sur les principaux ouvrages de Mathias Énard.

« De l'orientalisme » réunit une série d'articles – ceux de Sarga Moussa, de Stephanie Bung, de Marie-Thérèse Oliver-Saïdi et de Markus Messling – touchant à l'orientalisme dans sa dimension historique, politique et idéologique dans *Boussole*. Par sa construction romanesque, la littérature y apparaît comme un espace esthétique où les relations entre l'Orient et Occident peuvent être pensées et repensées sous l'angle de leurs multiples échanges. La relation aux voyageurs écrivains romantiques du XIXe siècle s'avère fondamentale dans ce roman. Elle rappelle la crise de la modernité européenne qui les faisait partir toujours plus au sud et à l'est en quête d'une altérité rédemptrice. Confrontés à la destruction de Palmyre, symbole de la dévastation d'une région entière, les personnages contemporains de *Boussole* n'ont plus le même élan ; ils ont perdu l'innocence de ce lien à l'Autre et, aussi, à l'Ailleurs.

Une deuxième section toujours consacrée à *Boussole* s'intéresse aux stratégies du romancier qui lui permettent de transformer la matière des érudits en puissants ressorts pour l'imaginaire. « De l'écriture savante au roman » réunit les articles de Luc Vallat et Antoine Vuilleumier, de Victor Toubert et de Vanessa de Senarclens. Ils portent l'attention sur la voix narrative singulière qui structure ce récit d'introspection nocturne, sur les nombreux liens d'intertextualité propres à ce roman, tant ceux qui sont explicites que ceux à élucider. Le recours à la citation d'écrits académiques apocryphes dans *Boussole* interroge tout spécifiquement les frontières entre les régimes discursifs académique et romanesque. Si *Boussole* joue avec ses différents discours et brouille les pistes, la narration fait émerger la passion du savoir et le désir d'aimer comme de véritables raisons d'être pour les protagonistes du récit.

Une troisième section consacrée à « Zone et ses intertextes » réunit les contributions de Claudia Jünke, de Niklas Bender, de Markus A. Lenz et de Cornelia Ruhe. Les auteurs explorent les liens du récit énardien au poème « Zone » de Guillaume Apollinaire (1913) et se penchent sur la notion même de 'zone' comme espace topographique, temporel et subjectif où se joue une poétique de rupture. Ils mettent également en évidence la réécriture de l'épopée antique dans *Zone*, comme une nouvelle variante de « l'écriture du flux de conscience », associée dans la littérature européenne aux écrits de William James, de James Joyce, d'Alfred Döblin et de Virginia Woolf. La section met également à jour l'influence de la poétique de la liste, telle que la pratique l'auteur yougoslave Danilo Kiš. *Zone* laisse percer quelque chose comme une conscience tragique, née de la « dialectique négative » (Adorno) : L'histoire individuelle ne peut être dissolue dans la grande Histoire du XXe siècle ; face à la violence de ce siècle des extrêmes, un reste de liberté individuelle persiste.

Enfin, la dernière section rassemble les contributions de Sara Izzo, de Diana Mistreanu, de Birgit Mertz-Baumgartner et de Lena Seauve portant sur les écrits de Mathias Énard parfois injustement marginalisés par rapport à ses « grands romans ». Dans « Horizons de la narration », il est question d'un voyage non attesté de Michel-Ange à Constantinople que décrit *Parle-leur de batailles, de rois et d'éléphants*, de la tradition littéraire du voyage en Russie dans *L'Alcool et la Nostalgie* (2011), mais aussi du bassin méditerranéen à l'heure de ce que l'on a trop vite nommé le « printemps arabe » dans *Rue des voleurs*. Un dernier article est consacré à la nouvelle graphique *Tout sera oublié* (2013), écrite avec Pierre Marquès, qui réfléchit aux conditions de mémoire et d'oubli de la violence dans les formes narratives et graphiques. Ces ouvrages rejoignent les thématiques connues de l'œuvre énardienne : la violence du passé et sa perpétuation dans notre présent, la mélancolie, mais aussi le savoir comme possible lueur d'espoir.

Si ce colloque a pu se dérouler dans les meilleures conditions et a été aussi fructueux, c'est parce qu'il a pu bénéficier du soutien de l'Institut de Littératures romanes de l'Université Humboldt de Berlin, d'une subvention de cette même université ainsi que de l'Institut de Littératures romanes de l'Université de Mannheim. Le Centre Marc Bloch à Berlin ne nous a pas seulement apporté un grand soutien financier, mais nous a surtout généreusement accueilli dans ses locaux. Nous l'en remercions chaleureusement, de même que Léonor Graser, qui a assuré un lectorat soigneux des articles.

Enfin, nous aimerions terminer en évoquant le grand plaisir que nous avons pris aux vives discussions qui ont eu lieu au cours des trois journées du colloque. Mathias Énard nous y a honoré de sa présence, se prêtant au jeu du commentateur commenté avec élégance, ironie et complicité. Cette rencontre autour de son œuvre s'est terminée en bouquet par une soirée à la Literaturhaus de Berlin autour d'un dialogue animé entre Mathias Énard et Camille de Toledo.

Berlin, le 9 octobre 2019

L'œuvre de Mathias Énard, les *Incultes* et le roman contemporain français : regards croisés

Wolfgang Asholt et Dominique Viart

Résumé

Cette contribution à double voix envisage l'œuvre de Mathias Énard dans des perspectives française et allemande. Dominique Viart situe d'abord son œuvre dans la longue durée du 20e siècle. Il met en évidence sa proximité avec les écrivains voyageurs d'hier et d'aujourd'hui, le brassage des cultures et des époques qui l'intéresse, son exigence très moderne envers les formes narratives, et décrit les trois ensembles thématiques majeurs autour desquels l'œuvre se construit. Wolfgang Asholt porte son attention sur la tendance de la littérature contemporaine à réfléchir l'état actuel du monde et définit la place d'Énard comme un de ses majeurs représentants. Il situe cette orientation dans le contexte de sa coopération avec le collectif des « Incultes » et de leur conception d'un roman faisant « concurrence au réel ». Dominique Viart met ensuite l'accent sur la « profondeur historique » de cette œuvre, ce qui la situe selon Wolfgang Asholt dans le contexte générique des « métafictions historiographiques ». Les deux intervenants insistent, enfin, sur l'Orientalisme réflexif et critique développé dans le grand roman qu'est *Boussole* / *Kompass*.

1 Situer Mathias Énard ? (*Dominique Viart*)

Toute œuvre est singulière. Et celui qui la porte aussi. Mais il en est de plus singulières, de plus remarquables que d'autres. Et des écrivains dont la personnalité et le parcours se détachent sur le fond d'une scène littéraire plus convenue. Mathias Énard est de ceux-là, sans doute aucun. Il a la stature d'un Balzac sculpté par Rodin, celle d'un homme que l'on n'imagine guère reclus dans la pénombre d'un bureau, retranché du monde au profit de ses livres. Car du monde, Énard ne se préserve guère. Bien au contraire, il le parcourt, il le hume et l'éprouve. Il est de ceux qui font l'épreuve du monde. Du monde et de ses langues – arabe, persan, italien, espagnol … –, de ses vies et de ses cultures : Liban, Iran, Égypte, Syrie, Espagne, Turquie. Et de ses livres aussi, car cette stature de bon vivant et de baroudeur dissimule un érudit, lecteur compulsif, à jamais irrassasié. Cet homme a faim du monde, de ses pays, de ses savoirs, de ses pratiques, de ses gens, de leurs désirs et de leurs tourments. Il manifeste

 | DOI:10.1163/9789004425507_003

une sorte d'avidité. Le coup de force qui l'a rendu célèbre en témoigne : faire entrer l'histoire du bassin méditerranéen, ses guerres et ses conflits, d'Homère à la dernière guerre des Balkans, dans une seule phrase – ou presque – de plus de 500 pages[1]. Ce livre n'est pas une simple performance formelle, c'est une signature. Il dit son homme. Il signe son auteur.

Dès lors, prétendre situer Mathias Énard dans le champ de la littérature, c'est-à-dire le rapprocher d'autres auteurs, le situer dans un groupe ou l'associer à un courant esthétique tient sans doute de l'inconséquence, et constitue presque une sorte de crime de lèse singularité. Mais c'est la tâche du critique, et celle du chercheur que de pratiquer ces assemblages. Et leur souci de ne pas s'y dérober. Nous nous y essayerons donc ici, Wolfgang Asholt et moi-même, par approches et croisées successives, car cet homme aux identités multiples, cette œuvre si originale, seul un kaléidoscope peut, peut-être, tenter d'en rendre compte. Selon les approches que l'on fait de son œuvre, on verrait Énard prendre place au sein de diverses confréries, actuelles ou historiques.

S'il participe au « collectif à géométrie variable »[2] des *Incultes*, que Wolfgang Asholt évoquera plus loin, il est proche aussi de quelques-uns de leurs aînés, comme lui appelés par le monde : Olivier Rolin et son frère Jean, Patrick Deville ... (le narrateur de *L'Alcool et la Nostalgie*[3] lit *En Russie* d'Olivier Rolin[4], comme une sorte d'hommage discret à son auteur). Énard explique avoir apprécié *Méroé* et *L'Invention du monde*, deux livres d'Olivier Rolin[5], et y avoir puisé non seulement l'énergie et le courage d'écrire, mais aussi l'idée « de développer des projets comme ça et essayer de faire rentrer le monde, qui est sphérique dans un truc carré, qui est un livre ! »[6] Comme ces écrivains, il pratique une littérature décentrée, croise l'Histoire à la géographie. Comme eux, il est sensible à la belle langue, mais aussi un peu perecquien dans ses constructions. Et comme la leur, son œuvre est habitée d'une insondable mélancolie.

Cette parenté, qui s'affiche volontiers, paraît se relier en amont à d'autres figures, non moins prégnantes, écrivains reporters, aventuriers et curieux de l'univers : Blaise Cendrars, Joseph Kessel, Jack London, Graham Greene, André

---

1 Mathias Énard, *Zone*, Arles, Actes Sud, 2008 (désormais *Z*).

2 *Cf.* le site du Collectif, URL : https://inculte.fr/auteurs/collectif-inculte/. Consulté le 9 octobre 2018.

3 Mathias Énard, *L'Alcool et la Nostalgie*, Paris, Inculte, 2011.

4 Olivier Rolin, *En Russie*, Paris, Quai Voltaire, 1987.

5 Olivier Rolin, *Méroé*, Paris, Seuil, 1998 ; Olivier Rolin, *L'Invention du monde*, Paris, Seuil, 1993.

6 Mathias Énard, « Table ronde : Les amis écrivains », *Cahiers de Chaminadour : Olivier Rolin*. Guéret, Association des amis de Marcel Jouhandeau et de Chaminadour, 2012, pp. 153-171, p. 156.

Malraux, Pierre Loti, Joseph Conrad. Toute une généalogie dont le souvenir bruit entre ses lignes, à laquelle le récent *Boussole*[7] nous invite de surcroît à associer les orientalistes. Et l'on pourrait remonter plus amont encore : jusqu'à Homère dont la présence traverse *Zone* :

> [...] j'ai écrit *Zone* en compagnie de *l'Iliade* ; avec Homère, on était là tous les deux, Homère et moi, on échangeait des vues sur la violence. [...] il s'agissait vraiment d'écrire sur le texte homérique, en disant qu'il y a une grande actualité de ce texte et que sa force, immense, ne passe pas avec le temps.[8]

Un écrivain « postmoderne » alors, qui « met tous les siècles ensemble » comme le disait Michel Chaillou en définissant cette notion trop labile d'« extrême contemporain » qui lui était venue à l'esprit[9] ? Non, je ne le dirai pas. Car dans la postmodernité s'énonce quelque chose comme une indifférence au monde comme il va, une dé-hiérarchisation des esthétiques, un maigre souci éthique – 'anything goes', tel est le mot d'ordre –, une prise de distance joueuse qui produit une littérature de jongleurs, virtuose toujours et vaine le plus souvent. Énard, bien au contraire, est un écrivain grave, habité comme il le souligne par

> [...] cette vieille angoisse du chaos, plus encore de la violence, de voir comment l'être humain est toujours confronté à des situations très violentes. Que ce soit sur le plan collectif ou individuel, on est toujours face à l'adversité, d'autant plus dans les situations que je décris[10].

Ce qui ne signifie pas que son œuvre soit sans humour, son *Bréviaire des artificiers*[11] en est la preuve. Mais il sait la gravité des choses et du monde. Il sait ses violences et ne s'en affranchit pas.

Plus moderne que postmoderne, même, à vrai dire. Car s'il renoue avec des cultures parfois très anciennes, et rompt, à cet égard, avec les manifestes de la 'table rase', refuse de s'inscrire dans les esthétiques de la rupture prônées par les dernières avant-gardes, il conserve néanmoins bien des pratiques caractéristiques de la modernité. On pourrait en dénombrer quelques-unes : une

---

7 Mathias Énard, *Boussole*, Arles, Actes Sud, 2015 (désormais *B*).
8 Énard, « Table ronde: Les amis écrivains », *op. cit.*, p. 199.
9 Michel Chaillou, « L'extrême contemporain. Journal d'une idée », *Po&sie* 41, 1987, pp. 5-6.
10 Mathias Énard, « La vie des autres, entretien avec Thierry Guichard », *Le Matricule des anges* 136, 2012, pp. 20-25, p. 20.
11 Mathias Énard, *Bréviaire des artificiers*, Paris, Verticales/Gallimard, 2007.

attention scrupuleuse à la forme, d'abord, et sa dimension exploratoire, dont *Zone* est un exemple majeur. Lui-même dit son intérêt pour l'Oulipo, et cherche dans l'usage des contraintes le moyen de 'faire tenir' dans un livre des contenus profus, disparates, chaotiques, éclatés. Des réminiscences aussi, car comment ne pas penser en lisant ce roman à un autre, qui fit date : *La Modification* de Michel Butor ? La situation est la même : un homme dans un train vers Rome, médite et se souvient. Et tout le matériau du livre nous est donné par le truchement de cette sorte de monologue intérieur sans fin. *Degrés* aussi bien qui tient en une heure de classe, le déroulé de tout un monde, voire *Mobile* qui rend compte des États-Unis comme Énard du monde méditerranéen[12].

À Claude Simon, Énard emprunte la phrase longue, saturée d'incises, parenthèses, souvenirs, extrapolations. Claude Simon qui lui donne le modèle de la simultanéité anachronique[13], celle qui se déploie dans ses *Géorgiques*[14] et dont *Zone* est tout imprégné. Le sens de l'Histoire cyclique aussi qui ramène les mêmes guerres et les mêmes conflits de siècles en siècles, parfois de décennie en décennie. Et encore la posture énonciative de *Boussole*, ce narrateur enfermé dans sa chambre, qui se projette et se souvient, comme se souvient celui de *La Route des Flandres*[15] lui-même captif dans une autre chambre. Ce roman de Simon, c'est à Beyrouth que Mathias Énard l'a lu, trouvé par hasard dans la table de chevet d'un hôtel, pendant la guerre civile justement (l'écrivain est alors journaliste embarqué auprès de la Croix Rouge libanaise) :

> [...] j'ai tout de suite été marqué par ces images [...] c'est un livre qui ne m'a plus quitté. Et justement, la vision, ou peut-être la façon dont Claude Simon raconte la guerre, c'est à dire par une conscience qui va la dérouler dans des bribes de descriptions les unes derrière les autres, finalement, c'est aussi un peu la façon que j'ai trouvée pour la raconter moi-même[16].

12 Michel Butor, *La Modification*, Paris, Minuit, 1957 ; Michel Butor, *Degrés*, Paris, Gallimard, 1960 ; Michel Butor, *Mobile. Étude pour une représentation des Etats-Unis*, Paris, Gallimard, 1962.

13 Dominique Viart, « La simultanéité anachronique : Jules Romains vs Claude Simon ». In : Dominique Viart, éd., *Jules Romains et les écritures de la simultanéité*, Lille, Presses universitaires du Septentrion, 1996, pp. 261-276.

14 Claude Simon, *Les Géorgiques*, Paris, Minuit, 1981.

15 Claude Simon, *La Route des Flandres*, Paris, Minuit, 1960.

16 Mathias Énard, « Découverte de Simon et apport de sa langue. Table ronde des auteurs », *Cahiers de Chaminadour : Maylis de Kerangal sur les grands chemins de Claude Simon*, Guéret, Association des amis de Marcel Jouhandeau et de Chaminadour, 2016, pp. 327-344, p. 330.

À un autre moment, Énard dit aussi son admiration pour *Le Palace*[17], roman qui se déroule à Barcelone.

Et d'entre ces réminiscences de pratiques modernes ou modernistes, une surtout caractérise Énard, que nombre de ses contemporains en revanche ont abandonnée : une certaine prétention au 'livre total', qui nous fait remonter d'une génération dans l'histoire littéraire. Car ce sont James Joyce (*Ulysses*[18]), Alfred Döblin (*November 1918. Eine deutsche Revolution*[19]), John Dos Passos (*U.S.A.*[20]), cette fois, qui l'ont en partage. Demeure en effet dans le travail de Mathias Énard, qu'il s'agisse de *Zone* ou de *Boussole*, cette pulsion de tout retenir, de tout circonscrire dans les pages d'un seul ouvrage, à quoi bien des écrivains ont aujourd'hui renoncé, considérant que le savoir n'est pas totalisable. Rares en effet sont ceux qui entreprennent un tel projet, sinon peut-être Anne-Marie Garat, ou, encore, Olivier Rolin avec *L'Invention du monde* et Patrick Deville, si l'on prend en compte le cycle *Sic Transit*[21].

Et ce serait là peut-être l'un des enjeux majeurs de l'œuvre d'Énard : dire le monde, mais le dire aussi bien dans ses fractures que dans son épaisseur historique – nous y reviendrons – ; le dire dans sa diversité culturelle et géopolitique ; le dire dans sa pâte humaine. Car il y a de l'humanisme dans cette œuvre. Profondément. Et cela sans doute signe aussi son ambition : « j'ai du mal à envisager un roman qui n'explore pas ce terrain-là : l'humanité dans ses moments extrêmes »[22]. Par-delà la mélancolie, par-delà la lucidité sur les errances et les conflits, sur les vicissitudes qui déchirent les peuples, demeure ainsi une attention à la réalité humaine qui ne se satisfait pas du cynisme ni du renoncement, mais puise dans l'Histoire même des hommes, des sources d'empathie et même de confiance, *malgré tout.*

Renouer avec l'humanisme après sa défaite dans les camps et les exterminations, ce n'est pas rien. Y revenir après que des penseurs parmi les plus puissants en ont déploré les illusions, ce n'est pas rien. Le faire dans un temps où le monde à nouveau se sépare, entre Orient et Occident cette fois, islamisme et universalisme occidental dos à dos, ou plutôt face à face, dans une totale incompréhension mutuelle, ce n'est pas rien. Mais *Boussole* y travaille. Comme y

---

17 Claude Simon, *Le Palace*, Paris, Minuit, 1962.

18 James Joyce, *Ulysses*, Paris, Shakespeare and Company, 1922.

19 Alfred Döblin, *November 1918. Eine deutsche Revolution.* (4 vols), Frankfurt/Main, S. Fischer, 2008 (écrit entre 1937 et 1943, une première édition intégrale paraît en 1978).

20 John Dos Passos, *U.S.A.* (3 vols), New York, Harcourt, Brace, 1930-36.

21 Patrick Deville, *Sic Transit*, Paris, Seuil, 2014 (regroupe les romans *Pura Vida*, Paris, Seuil, 2004 ; *Équatoria*, Paris, Seuil, 2009 et *Kampuchéa*, Paris, Seuil, 2011).

22 Énard, « La vie des autres », *op. cit.*, p. 20.

travaillait aussi *Parle-leur de batailles, de rois et d'éléphants*[23] dans ce grand fantasme que fut le projet de construire un pont entre l'Europe de la Renaissance et Orient de Bayezid II. Comme y travaille encore *Rue des voleurs*[24], marqué par les printemps arabes, la montée de l'islamisme et l'espoir de l'émigration.

Sous quelle forme ? Deux essentiellement se dégagent : celle, donc, du roman total, qui est avant tout une écriture de la complexité. Non pas tant une écriture de la complication, qui tendrait, comme le firent autrefois les avant-gardes, à expérimenter les possibles d'un dispositif très élaboré, mais dans la recherche d'une écriture qui puisse rendre compte de la complexité du réel, des points de vue qui s'y croisent et s'y affrontent. Et une autre : celle du récit fictionnel plus concentré, disposé, lui, sur une seule ligne narrative – *La Perfection du tir*[25], *Rue des voleurs, Parle-leur* … –, dépouillé des circonvolutions du roman total. Comme une esthétique de la ligne claire. Symphonie et Sonate.

Dans l'agencement de ces formes trois ensembles apparaissent, que l'on peut décrire : le cycle des guerres, où l'on rassemblerait *La Perfection du tir, Zone* et *Tout sera oublié*[26] ; le cycle oriental, qui réunirait *Rue des voleurs* (où passe la figure d'Ibn Batouta et de son œuvre voyageuse), *Parle-leur de batailles, de rois et d'éléphants* et *Boussole* ; et un dernier groupe de textes, plus disparate, où l'on pourrait placer *Remonter l'Orénoque*[27], *Bréviaire des artificiers* et *L'Alcool et la Nostalgie*. Bien sûr ce sont les deux premiers ensembles, plus fortement constitués, qui construisent l'image de l'œuvre et instruisent sa présence sur la scène littéraire. Mais il serait dommage de négliger les autres ou de n'y voir que les *hapax* isolés, car ils contribuent à leur manière à la complétude de l'œuvre. Ce sont des livres, dit Mathias Énard, qui le « font rebondir […] comme des excroissances [qui lui] permettent de franchir des étapes formelles »[28]. Tout comme cette *Dernière communication à la société proustienne de Barcelone*[29]. dans laquelle l'auteur s'aventure en poésie.

Énard fait ainsi partie de ces rares écrivains qui savent à la fois retenir l'attention des intellectuels, lecteurs exigeants, critiques et chercheurs, et fédérer autour d'eux un lectorat substantiel, ce 'grand public cultivé' que les éditeurs cherchent à atteindre avec tant d'efforts. S'il y parvient, c'est que son œuvre touche à des préoccupations majeures de notre temps : la relation à autrui,

---

23 Mathias Énard, *Parle-leur de batailles, de rois et d'éléphants*, Arles, Actes Sud, 2010.
24 Mathias Énard, *Rue des voleurs*, Arles, Actes Sud, 2012.
25 Mathias Énard, *La Perfection du tir*, Arles, Actes Sud, 2003.
26 Mathias Énard et Pierre Marquès, *Tout sera oublié*, Arles, Actes Sud, 2013.
27 Mathias Énard, *Remonter l'Orénoque*, Arles, Actes Sud, 2005.
28 Énard, « La vie des autres », *op. cit.*, p. 25.
29 Mathias Énard, *Dernière communication à la société proustienne de Barcelone*, Paris, Inculte, 2016.

le conflit et l'interpénétration des cultures, la violence des rapports humains, l'inscription dans l'histoire, l'attention au présent. Et qu'il sait trouver les phrases pour traiter de ces questions sans sombrer dans la facilité, le convenu, ni les bons sentiments. Cela lui permet de s'adresser à tous[30]. Le magnifique *Tout sera oublié*, avec les illustrations de Pierre Marquès, et aujourd'hui *Prendre refuge*[31], avec les dessins de Zeina Abirached, témoignent de son appétence à ouvrir la littérature aux mondes de l'image et de la bande dessinée, en mêlant notamment, dans ce dernier livre, le Berlin d'aujourd'hui avec l'Afghanistan de 1939. Tout comme les deux premiers ensembles que je mentionnais, cette BD contribue à fracturer de manière décisive les représentations constituées (et bien souvent erronées) de la production littéraire française. Car celle-ci est bien loin d'être aussi narcissique (auto-fictive), germanopratine et formaliste que ses détracteurs ont pu le laisser entendre. La réception des œuvres de Mathias Énard en Allemagne dont traite à présent Wolfgang Asholt est emblématique de ce déplacement.

2 Vu d'Allemagne : Mathias Énard et le roman contemporain (*Wolfgang Asholt*)

En Allemagne, le roman français contemporain commence lentement à être plus connu et plus reconnu mais il a fallu un certain temps pour que le « Feuilleton », le journalisme culturel allemand, comprenne que la littérature française n'était plus exclusivement autoréférentielle, ni un jeu hermétique pour initiés, loin des réalités du monde contemporain. Mathias Énard est un des rares auteurs qui ont réussi à franchir cette barrière souvent invisible et à se faire remarquer comme un auteur important. Mais les étapes de la reconnaissance témoignent en même temps des limites de la perception du journalisme culturel allemand. Pour être reconnu, il ne suffit pas de présenter une œuvre remarquable en soi, mais il faut pouvoir la comparer aux œuvres d'autres auteurs français connus en Allemagne, ce qui limite le choix. Énard a eu cette chance avec des comptes rendus de *Zone* et de *Boussole* dans l'hebdomadaire *Der Spiegel*. Quand paraît la traduction allemande de *Zone* en 2010, Romain Leick le compare avec Homère et Joyce et termine son article en constatant :

---

30 Je me souviens du succès de *Parle-leur* … auprès d'un public de lycéens qui devaient choisir un livre parmi une sélection d'ouvrages récemment parus et produire à son sujet une sorte d'article journalistique pour un jury au sein duquel je siégeais. C'est ce livre qui a suscité le plus de contributions, et de belle qualité. C'est que ce livre a su parler aux jeunes gens de questions qui les interpellent.

31 Mathias Énard et Zeina Abirached, *Prendre refuge*, Paris, Casterman, 2018.

« Énard a écrit sans le savoir et sans le vouloir la contrepartie des *Bienveillantes* de Jonathan Littell »[32]. Et, à l'occasion de la publication de *Kompass / Boussole* en Allemagne le même journaliste désigne l'auteur (et son œuvre) comme un « Anti-Houellebecq »[33]. On pourrait se demander comment de telles affirmations vont ensemble, mais la comparaison est surtout typique pour les critères du « Feuilleton » des magazines de référence : la littérature contemporaine française vu d'Allemagne, ce sont surtout Littell, Houellebecq ou, encore, Yasmina Reza.

Ces prises de position sont inéluctables, mais elles masquent la variété et la diversité du champ littéraire, et les efforts des recherches universitaires, surtout de la part des romanistes, depuis 25 ans n'ont pu y changer grand-chose. Espérons que l'anthologie de la littérature française contemporaine que Cornelia Ruhe vient de publier avec Jérôme Ferrari sous le titre *Den gegenwärtigen Zustand der Dinge festhalten* (« Enregistrer l'état de choses présent »[34]), pourra faire évoluer les perceptions. Cette anthologie montre précisément la diversité du champ littéraire français et les plaisirs de lecture qui en découlent.

Mais si l'on prend comme référence cette anthologie, on voit aussi ce qui, dans le contemporain, ne trouve pas un grand écho en Allemagne. Des trois perspectives de « renouvellement » que Dominique Viart développe dans la première partie de son œuvre *La littérature française au présent*[35], ce sont « les écritures de soi » qui ont eu le moins de succès en Allemagne. Ceci concerne certainement les autobiographies et les autofictions, comme les « récits de filiations » du genre de ceux proposés par Pierre Michon et Pierre Bergounioux ou les « fictions biographiques », comme encore une fois Michon avec ses textes sur van Gogh, Watteau ou Rimbaud, ou Claude Louis-Combet avec son « automythobiographie », notamment sur Georg Trakl[36] ou Patrick Deville avec ses William Walker[37] et autres Yersin[38]. S'ils sont à juste titre présents dans l'anthologie, ils ne sont que très peu connus en Allemagne.

---

32 Roman Leick, « *Zone* – ein europäisches Kriegsfresko von Mathias Énard », *Der Spiegel* 30 octobre 2010.

33 Roman Leick, « Mathias Énards großartiger Roman *Kompass*. Verliere nicht den Orient », *Der Spiegel* 26 août 2016.

34 Cornelia Ruhe et Jérôme Ferrari, éds., *Den gegenwärtigen Zustand der Dinge festhalten. Zeitgenössische Literatur aus Frankreich, die horen* 267, Göttingen, Wallstein, 2017. Le titre est une citation du texte de Pierre Bergounioux publié dans le volume.

35 Dominique Viart et Bruno Vercier, *La littérature française au présent. Héritage, modernité, mutations*, Paris, Bordas, 2005, réédition augmentée 2008.

36 Claude Louis-Combet, *Blesse, ronce noire*, Paris, Corti, 1995.

37 Patrick Deville, *Pura Vida*, Paris, Seuil, 2004.

38 Patrick Deville, *Peste et Choléra*, Paris, Seuil, 2012.

Les romans de Patrick Deville appartiennent au moins autant à la deuxième catégorie proposée par Dominique Viart, « Écrire l'histoire » qui est difficile à distinguer de sa troisième catégorie, « Écrire le réel ». Si on y inclut l'histoire contemporaine, les auteurs remarqués en Allemagne en font partie, Énard autant que Michel Houellebecq ou Virginie Despentes[39]. Le roman possède donc un savoir historique que même les historiens commencent à reconnaître. En 2010 et 2011, les grandes revues influentes que sont les *Annales*, *Critique* et *Le Débat* publient des dossiers[40] discutant et reconnaissant un savoir historique de la littérature dans la tradition du Paul Ricœur de *Temps et récit*[41].

Mis à part le Georges Perec de *W* ou de *La Disparition*[42], ou l'exception européenne que représente Jorge Semprun, la littérature française consacrée à la Shoah, surtout celle de la deuxième et la troisième génération, n'est que très peu connue en Allemagne. Les Laurent Binet, Yannick Haenel ou Ivan Jablonka ne sont que peu remarqués et même une écrivaine comme Cécile Wajsbrot qu'on peut situer dans l'entre-deux franco-allemand a des difficultés à être reconnue en Allemagne.

Même si le savoir historique dont parlent ces livres est souvent une archéologie des catastrophes du XXe siècle qu'ont subies Allemands et Français et pour lesquelles les Allemands furent souvent responsables, cette histoire partagée, vue de France, n'intéresse que peu les maisons d'édition allemandes. Cela ne change qu'avec les provocations d'Houellebecq, surtout à partir de l'histoire contemporaine qu'est *La Possibilité d'une île* jusqu'à *Soumission*[43], et avec le débat autour des *Bienveillantes* de Jonathan Littell[44] où la discussion autour des droits de la fiction vis-à-vis de la Shoah fut en Allemagne au moins aussi importante qu'en France. Grâce à la triple présence de Virginie Despentes avec *Vernon Subutex*, de Mathias Énard depuis *Zone* et de Michel Houellebecq et à leur succès en Allemagne, la situation est probablement en train de changer.

La littérature française avait perdu une certaine approche du réel avec le Nouveau Roman (ou plutôt avec une partie du Nouveau Roman), mais déjà

---

39 Virginie Despentes, *Vernon Subutex*. (3 vols), Paris, Grasset, 2015-2017.

40 Je renvoie dans ce contexte aussi au numéro de la *Revue des sciences humaines* qu'Ursula Bähler et moi avons consacré au « Savoir historique du roman contemporain » avec la participation de Birgit Mertz-Baumgartner, Claudia Jünke, Markus Messling et Dominique Viart, entre autres. *Cf.* Ursula Bähler et Wolfgang Asholt, éds., *Le savoir historique du roman contemporain, Revue des Sciences humaines* 321, 2016.

41 Paul Ricœur, *Temps et récit*. (3 vols), Paris, Seuil, 1983-1985.

42 Georges Perec, *W ou le Souvenir d'enfance*, Paris, Denoël, 1975 ; Georges Perec, *La Disparition*, Paris, Denoël, 1969.

43 Michel Houellebecq, *La Possibilité d'une île*, Paris, Fayard, 2005 ; Michel Houellebecq, *Soumission*, Paris, Flammarion, 2015.

44 Jonathan Littell, *Les Bienveillantes*, Paris, Gallimard, 2006.

dans les années 1970, le « réel revient », pour citer le manifeste *Pour une littérature-monde en français*, qui le constate avec un léger retard en 2007[45]. Cependant, que ce soit le réel sous une forme « impersonnelle » à la François Bon ou sous d'autres formes, le lectorat allemand ne s'intéresse que peu à la littérature appartenant à cette troisième catégorie, toujours selon Viart. Là encore ce n'est qu'avec les écrivains mentionnés comme dominants du champ littéraire français en Allemagne, et on pourrait y ajouter certains romans de Yasmina Reza[46], que la situation commence à changer.

Si, après avoir fait le tour des trois perspectives proposées par Dominique Viart, je rappelle encore une fois le titre programmatique de l'anthologie de Cornelia Ruhe et de Jérôme Ferrari « Enregistrer l'état de choses présent » (*Den gegenwärtigen Zustand der Dinge festhalten*), c'est pour constater que la littérature française se consacre largement à cette tâche, même si cela n'a, pour le moment, pas encore été remarqué par la critique allemande. L'œuvre de Mathias Énard réunit cependant les trois catégories proposées par Viart : l'écriture de soi, de l'histoire et du réel, et propose ainsi une espèce de « roman total ».

3 Énard et les *Incultes* (*Wolfgang Asholt*)

Après les regroupements de l'avant-garde théorique des années 1970 (*Tel Quel, Change*), on croyait que les groupes littéraires qui avaient joué un rôle important pour le champ littéraire du XIXe et du XXe siècle face à la simultanéité postmoderne avaient perdu toute raison d'être. Il y avait des tentatives de proclamer à la fin des années 1980 des constellations d'auteurs comme les 'Nouveaux nouveaux romanciers' ou des romanciers 'impassibles', mais ce ne furent que des stratégies publicitaires de la part de maisons d'éditions, assez rapidement abandonnées dès que le but commercial semblait atteint, et finalement peu utilisées par les écrivains-mêmes. Dans ce sens, le groupement des *Incultes* est un phénomène nouveau dans le champ romanesque des quarante dernières années. Mais malgré les différents 'retours' (du récit, du réel, de l'Histoire) dont témoigne cette période, il serait une erreur de croire qu'avec les *Incultes*, la structure traditionnelle, analysée par Pierre Bourdieu, avec des

45 Michel Le Bris, Jean Rouaud et Eva Almassy, éds., *Pour une littérature-monde en français*, Paris, Gallimard, 2007.

46 Yasmina Reza, *Heureux les heureux*, Paris, Flammarion, 2013 ; Yasmina Reza, *Babylone*, Paris, Flammarion, 2016.

groupes d'avant-garde qui veulent devenir dominants par le biais de consécrations académiques, caractériserait de nouveau le champ littéraire et culturel. S'il faut désigner les *Incultes* plutôt comme un groupement ou une constellation, c'est parce qu'ils témoignent d'un changement profond : le temps des groupes, comme du temps du Surréalisme ou même de *Tel Quel*, semble définitivement révolu. Un programme théorique partagé et quasi obligatoire, est devenu impossible, le dénominateur commun consiste plutôt en des questions soulevées par plusieurs auteurs, souvent en relation avec le passé des grandes conceptions théoriques. De cette manière, les *Incultes* se présentent comme un « collectif à géométrie variable » qui « s'organise autour d'un noyau d'écrivains, d'éditeurs et de philosophes »[47]. L'attente que cette déclaration serait suivie de la mention d'un programme qui formerait le « collectif » est déçue : suivent simplement onze noms, plus ou moins connus, parmi lesquels celui de Mathias Énard. Chaque lecteur a donc la liberté d'interpréter ou d'inventer le lien qu'on pourrait établir entre ces auteurs, tout en sachant qu'il est impossible et peu pertinent de chercher un dénominateur commun.

Le « collectif à géométrie variable » existe depuis 2004 et Mathias Énard en est un des responsables depuis le début. Les *Incultes* se manifestent surtout par leurs publications. Comme c'est traditionnellement le cas pour un groupe littéraire, il se fait d'abord remarquer par une revue du même nom qui est publiée de 2004 à 2011, avec un premier numéro constitué d'un dossier « W.G. Sebald » et de contributions entre autres d'Arno Bertina et de Claro jusqu'à un dernier numéro, consacré à « L'alcool » qui réunit un grand nombre de compagnons de route comme Maylis de Kerangal, Arno Bertina, Claro, Mathieu Larnaudie et Mathias Énard qui publie un « Éloge du rosé » et, la même année, *L'Alcool et la Nostalgie*. Comme la *Dernière communication à la société proustienne de Barcelone*, ce livre est publié en 2006 par les Éditions Inculte, fondées avec la revue et actuellement diffusées par Actes Sud, qui continue à publier certains auteurs de la 'constellation'.

La maison d'éditions du « collectif » qui a publié entretemps une centaine d'ouvrages, se fait surtout remarquer par ses publications collectives. À la différence des manifestes collectifs de l'avant-garde historique, ce sont plutôt les textes de discussions ou des contributions à des débats communs comme les deux ouvrages intitulés *Devenirs du roman*[48] – auxquels Énard ne participe pourtant pas. Paraissent aussi des œuvres collectives à caractère littéraire qui

47 *Cf.* le site du Collectif, URL : https://inculte.fr/auteurs/collectif-inculte/. Consulté le 9 octobre 2018.

48 Collectif Inculte, *Devenirs du roman. Volume 1*, Paris, Inculte, 2007 ; Collectif Inculte, *Devenirs du roman. Volume 2 : Écritures et matériaux*, Paris, Inculte, 2014.

veulent développer une perspective historiographique et (au moins implicitement) une certaine 'idée de la littérature'. Ceci est le cas d'*En procès. Une histoire du XXe siècle* de 2016, coordonné par les *Incultes*. Dans leur introduction, Arno Bertina et Mathieu Larnaudie déclarent qu'« [i]l serait possible de raconter l'histoire du XXe siècle à travers celle des procès qui l'ont jalonné »[49]. Avec les vingt procès racontés par autant d'écrivains issus ou proches de la constellation, ces micro-récits veulent démontrer qu'à l'opposé de « l'histoire des vainqueurs », « le procès est peut-être l'un des moyens pour faire entendre d'autres voix »[50]. Le « Procès de Gavrilo Princip, octobre 1914 », le premier du XXe siècle, est raconté par Mathias Énard, dont les trois premières phrases sont reproduites sur la quatrième de couverture. Avec un récit factuel et chronologique, Énard raconte le procès de « l'assassin le plus célèbre de son temps » et de son accusateur[51]. Les « autre[s] voix » qu'il fait entendre se manifestent dans l'épilogue : ce sont celles de l'infirmier et du médecin qui constateront la mort de Gavrilo Princip le 28 avril 1918 à Theresienstadt (Terezin, où se situe *Une île, une forteresse*, d'Hélène Gaudy[52]). Le premier procès du XXe siècle qu'Énard relate n'est donc pas celui de la guerre, mais il va au-delà de celle-ci pour devenir « une métonymie du siècle »[53] avec la Shoah à l'horizon.

Les œuvres collectives sont ainsi une particularité par laquelle les *Incultes* se font remarquer dans le champ romanesque contemporain d'autant plus que de telles publications sont rares. En dehors des *Devenirs du roman*, ils ont sorti au moins sept publications sous l'étiquette « Collectif Inculte » dont en 2008 *Une chic fille* et, plus récemment, *Le Livre des places*[54]. Souvent, ces livres se construisent autour d'un fait divers ou d'un fait de société, comme celui de la figure du modèle Anna Nicole Smith (*Une chic fille*), ou autour de lieux emblématiques de conflits du XXIe siècle comme dans *Le Livre des places*, dont l'« Avant-propos » est le signe d'un engagement collectif et où Énard écrit sur la « Place de la Révolution » à Barcelone. Les places choisies, souvent lieux de naissance ou de départ d'un mouvement de révolte, révèlent clairement un parti pris politique et représentent des tentatives contemporaines de changement politiques et sociaux du point de vue des « vaincus de l'histoire » (Walter

49 Arno Bertina et Mathieu Larnaudie, « Avant-propos ». In : Collectif Inculte, *En procès. Une histoire du XXe siècle*, Paris, Inculte 2016, pp. 7-12, p. 7.

50 Collectif Inculte, *En procès, op. cit.*, p. 8.

51 Mathias Énard, « Procès de Gavrilo Princip, octobre 1914 ». In : Collectif Inculte, *En procès*, pp. 13-18, p. 13.

52 Hélène Gaudy, *Une île, une forteresse*, Paris, Inculte, 2016.

53 Bertina et Larnaudie, « Avant-propos », *op. cit.*, p. 7.

54 Collectif Inculte, *Une chic fille*, Paris, Naïve, 2008 ; Collectif Inculte, *Le Livre des places*, Paris, Inculte, 2018.

Benjamin). Avec cette dimension politique et les prises de position qu'elle implique, les *Incultes* réinvestissent la ville comme espace critique et réintroduisent un engagement qui rappelle parfois celui des avant-gardes historiques.

Malgré une partie de réflexion théorique importante, les *Devenirs du roman* veulent éviter de proclamer une doctrine littéraire. On peut néanmoins y voir un retentissement lointain de l'époque théorique de la littérature française. Avec les trois premières phrases de l'« Avant-propos » du premier volume : « Comment penser le roman contemporain ? Ou bien : que (comment) le roman contemporain permet-il de penser ? Ou encore : que sont, que font ces formes et ces expériences de la pensée contemporaine que l'on nomme *romans* ? »[55], ces questions révèlent au moins une position commune : il y a une relation entre la pensée et le roman contemporains. D'une certaine manière, l'« Avant-propos » au volume deux donne une explication pour cette « relation » : « la littérature n'aurait-elle pas [...] pour aspiration de faire concurrence au réel, c'est-à-dire non seulement de le représenter mais aussi de le fabriquer, de s'y inscrire, de le trahir ? »[56] Et dans une contribution, dont le titre annonce une position et un projet, « Empoigner le monde. Captures et captations », Mathieu Larnaudie proclame une conception en relation avec les « réalités » du monde. Il cite Jacques Rancière : « le réel doit être fictionné pour être pensé »[57], une citation tirée du *Partage du sensible, esthétique et politique*[58]. La littérature et plus spécialement le roman représentent donc une manière privilégiée de penser le monde. Cette qualité unique de la littérature a été abandonnée ou négligée pendant l'époque « théorique », mais depuis les années 1980, les romans ne refusent plus de questionner le réel, et les *Incultes* représentent, après les avant-gardes, une deuxième génération qui n'hésite plus à poser et à discuter ouvertement ces questions, même si les revendications de l'époque 'théorique' ne sont pas oubliées.

On n'exagère probablement pas si l'on résume les débats des deux volumes des *Devenirs du roman* avec une des questions posées dans l'« Avant-propos » du premier : celle du « rapport au réel » du roman contemporain[59]. Vu l'importance et la valorisation données à la question du réel, cette appréciation correspond à celle développée par les recherches sur le roman contemporain depuis une vingtaine d'années (au moins). Dans *La littérature française au présent*, Dominique Viart écrit que « [p]armi les 'objets' que se donne une

55 Collectif Inculte, *Devenirs 1*, *op. cit.*, p. 11.

56 Collectif Inculte, *Devenirs 2*, *op. cit.*, p. 7.

57 Mathieu Larnaudie, « Empoigner le monde. Captures et captations ». In : Collectif Inculte, *Devenirs 2*, p. 98.

58 Jacques Rancière, *Partage du sensible, esthétique et politique*, Paris, La Fabrique, 2000.

59 Collectif Inculte, *Devenirs 1*, *op. cit.*, p. 13.

littérature redevenue transitive, l'écriture du 'réel' est un élément majeur »[60] pour constater un peu plus tard :

> Soucieuse de ne plus concevoir désormais le 'réel' comme un 'référent' inaccessible au texte, mais au contraire d'en manifester les tensions et les vicissitudes, la littérature contemporaine hérite de ces débats et de leurs conséquences[61].

Les discussions des *Incultes* se situent exactement dans cette constellation.

Dans « 10, rue Oberkampf », – l'adresse de la rédaction de la revue et de sa maison d'édition –, François Bégaudeau, Arno Bertina, Mathieu Larnaudie, Oliver Rohe et Joy Sorman discutent le statut du roman comme étant « sans contrainte », ce qui fait qu'« on retombe sur le fond du problème : le rapport avec la réalité »[62]. À la différence de leurs prédécesseurs de l'époque 'théorique', les *Incultes* sont conscients que le « rapport avec la réalité » ne peut pas être escamoté, comme l'avance un des participants : « Le regard que tu portes sur la réalité constitue déjà une forme ou un début de narration »[63] (les noms ne sont pas indiqués, et il est difficile d'identifier les intervenants). Le regard porté sur la réalité va dans le sens proposé par Rancière, en faisant « de la littérature une production de sens »[64]. Les implications de cette affirmation convergent dans deux constats :

> Le roman est, évidemment, un espace de pensée. […]
>
> L'expérience sensible que permet le roman est plus directe, elle est plus complexe aussi, elle est plus basse [que le concept][65].

Cela ne veut pas dire qu'on retombe dans un 'réalisme' d'antan – dans ce sens, l'*Ère du soupçon* garde encore une partie de son efficacité. La leçon de l'extrême modernité est retenue par l'extrême contemporain que représentent les *Incultes*. On peut inventer « un rapport au temps qui permettra de passer d'une date à une autre, d'une heure à une autre, brisant tout lien de nécessité »[66], une tendance que l'on peut constater chez Énard. Mais on peut aussi, en se

60 Viart et Vercier, *La littérature française au présent*, *op. cit.*, p. 211.

61 *Ibid.*, p. 211sq.

62 François Bégaudeau, Arno Bertina, Mathieu Larnaudie, Oliver Rohe et Joy Sorman, « 10, rue Oberkampf ». In : Collectif Inculte, *Devenirs 1*, *op. cit.*, pp. 15-34, p. 20.

63 *Ibid.*, p. 21.

64 *Ibid.*, p. 23.

65 *Ibid.*, p. 28.

66 Collectif Inculte, « Soustraction du sens ». In : Idem, *Devenirs 1*, *op. cit.*, pp. 111-118, p. 114.

réclamant de l'avant-garde théorique, « dé-clôturer » le roman : « le roman est dehors radical : car le sens ouvert n'est jamais intérieur à lui-même, bloqué aux frontières, mais toujours soustrait à lui-même de l'extérieur [...] *ouvert du dehors* pourrait-on dire »[67]. Là encore, l'œuvre d'Énard est une illustration exemplaire. Tout cela doit arriver à une « liberté sans rivages » de ce nouveau réalisme, « le roman étant cette plasticité infinie qui permet de faire jouer contre et avec le romanesque »[68].

On peut donc résumer le projet littéraire déployé dans les *Devenirs du roman* comme celle d'une « aspiration à *faire concurrence au réel* »[69]. Pour Alexandre Gefen, dans « Le 'nouveau réalisme' de la littérature française contemporaine »[70], les *Incultes* ne font pas seulement partie de ce courant mais le marquent de manière décisive. Même si on peut ne pas être d'accord avec certaines de ses appréciations[71], le critique confirme le rôle du « réalisme » pour tout une tendance de la littérature française et spécialement les *Incultes*. Alexandre Gefen a raison de parler des *Devenirs du roman* comme de « textes manifestes [qui] valent art poétique »[72] proclamant un nouveau réalisme déhiérarchisé et hétérogène, même si ces textes sont tout sauf un « manifeste ». Pour lui, ce nouveau réalisme est d'un côté celui « d'un monde composite où se mêlent des formes extralittéraires de fictions issues de l'actualité ou de la culture pop » et, de l'autre côté, il « cherche à participer du réel comme d'un principe de recomposition et donc d'action »[73]. Dans ce sens, les *Incultes* ont un projet dans la tradition des avant-gardes historiques. Mais de cette manière, le critique sous-estime l'hétérogénéité des *Incultes* qu'il qualifie de « groupe très influent »[74] et même d'« école littéraire »[75], ce qu'ils ne sont pas et ne veulent être.

---

67 *Ibid.*, p. 115.

68 *Ibid.*, p. 116.

69 Collectif Inculte, *Devenirs 2*, *op. cit.*, p. 7.

70 Alexandre Gefen, « Le monde n'existe pas : le 'nouveau réalisme' de la littérature française contemporaine ». In : Matteo Majorano, éd., *L'incoerenza creativa nella narrativa francese contemporánea*, Macerata, Quodlibet Studio, 2016, pp. 115-125.

71 Est-ce que « ces nouveaux ordres chaotiques [ont] perdu la dimension expérimentale ou critique des procès faits antérieurement aux logiques conventionnelles du sens » (Gefen, « Le monde n'existe pas », p. 116) ?; ou est-ce qu'il est réellement problématique qu'« autonomie du langage, intransitivité et autoréférence, ne soient plus objet de sacralité » (*Ibid.*, p. 121).

72 *Ibid.*, p. 118.

73 *Ibid.*, pp. 124sq.

74 *Ibid.*, p. 116.

75 *Ibid.*, p. 119.

Surtout, Gefen critique les « nouveaux ordres chaotiques » qui « semblent avoir [...] perdu la dimension expérimentale ou critique des procès faits antérieurement aux logiques conventionnelles du sens »[76]. Plutôt que de se référer à des modèles dominés par le principe de réflexivité de l'époque théorique ou à leur mise en critique, il faudrait analyser de quelle manière, avec quelles investigations formelles et narratives, avec quelles méthodes et avec quelles configurations de sens les *Incultes*, et surtout Énard, essayent de mettre en récit leurs projets.

4 Énard, les *Incultes*, le savoir et l'Histoire (*Dominique Viart*)

J'ajouterais au propos très juste de Wolfgang Asholt quelques remarques, notamment sur cette question de la « pensée » à l'œuvre dans la littérature, et du « savoir » que le roman favorise, tels que les *Incultes* les considèrent. Il convient de souligner la dimension éminemment collective de cet ensemble conçu non comme une école, en effet, mais comme un lieu d'échanges et de discussions. Il ne s'agit pas de 'faire groupe', mais de donner lieu à la conversation et aux débats. On notera à cet égard le pluriel « Incultes », par opposition aux catégories esthétiques singulières de la modernité et des avant-gardes : LE Futurisme, LE Dadaïsme, LE Surréalisme, LE Nouveau Roman ... La pensée y est plurielle comme l'indique aussi celui de *Devenirs du roman*. Et c'est une multiplicité accueillante : ces deux volumes intègrent les propos et échanges avec des écrivains qui ne sont pas affiliés aux *Incultes*, le rassemblement lui-même évolue dans le temps, avec des arrivées et des départs. De même, le fait que tous les textes ne soient pas signés montre bien que ce qui importe c'est ce qui est dit : l'idée, la réflexion, et non celui ou celle qui l'émet. Il n'y a pas de logique propriétaire dans ces échanges. Phénomène très manifeste dans le volume *Une Année en France. Référendum, banlieues, CPE*, co-signé de François Bégaudeau, Arno Bertina et Oliver Rohe, sans que l'on sache jamais qui y tient tel ou tel propos[77].

Une telle pratique dit toute la défiance que les membres de ce collectif éprouvent à l'égard du 'spécialiste'. Ils sont au contraire très attentifs aux propos de l'amateur, de l'autodidacte, de 'l'idiot', dans les sens positifs donnés à ce terme par les œuvres de Dostoïevski, de William Faulkner ou de Claude

---

76 *Ibid.*, p. 116.

77 François Bégaudeau, Arno Bertina et Oliver Rohe, *Une année en France. Référendum/Banlieues/CPE*, Paris, Gallimard, 2007.

Simon, et théorisés sous le terme de « non-savoir » par Michel Foucault[78]. On souligne là l'accueil fait par ces écrivains à la pensée profane et leur souci de ne pas rendre de 'culte' à quelque grand discours ou modèle que ce soit, et notamment ni révérence à la 'grande littérature' (canonique, académique), ni même à la 'Littérature' avec majuscule que les Modernes et les Avant-gardes ont promue. D'où, on l'aura compris, le double sens de ce mot – in-cultes – qu'ils ont retenu comme étendard : *incultes envers les savoirs autorisés*, et *sans culte rendu aux modèles imposés*. C'est d'abord et avant tout une grande liberté et une vraie curiosité qui s'affirment.

Le savoir dès lors prend une autre dimension : il est, d'une part, ce matériau dont il est possible de jouer. C'est à quoi s'emploient Arno Bertina sous le pseudonyme de Pietro di Vaglio dans des jubilations érudites telles que *La Déconfite gigantale du sérieux*[79], ou Pierre Senges qui ne cesse de surenchérir avec ironie dans ce que Laurent Demanze appelle des « Fictions encyclopédiques »[80]. Second lien au savoir, d'autre part, celui qui relèverait des 'fictions documentaires'. Fondées sur un travail d'enquête et investigation, certaines font de ce matériau la matière même de l'écriture et donnent parfois lieu à certaines publications de documents quasiment bruts comme *La Gare du Nord* ou *L'Inhabitable* de Joy Sorman[81], *Les Effondrés* ou *Les Jeunes Gens* de Mathieu Larnaudie[82] ; les autres 'fictionnent' en effet le réel, mais un réel dont les données sont pour partie expérimentales, comme le font Maylis de Kerangal (*Naissance d'un pont* ; *Réparer les vivants*[83]) ou Mathias Énard (*Zone* ; *Boussole*). La fiction n'est alors que le mode d'exposition narrative d'un matériau effectivement collecté, celle de Maylis de Kerangal en mettant en scène des univers jusqu'ici peu littéraires, celle de Mathias Énard en donnant à sa saisie du présent une impressionnante profondeur historique qui en redistribue les intensités. Ce faisant, Énard s'inscrit dans une autre compagnie moderne et contemporaine, celle de ces auteurs de fictions que Dominique Rabaté appelle

78 *Cf.* Muriel Pic, Barbara Selmeci Castioni et Jean-Pierre van Elslande, éds., *La pensée sans abri. Non-savoir et littérature*, Nantes, Nouvelles Cécile Defaut, 2012.

79 Arno Bertina (Pietro di Vaglio), *La déconfite gigantale du sérieux*, Paris, Léo Scheer, 2004.

80 Laurent Demanze, *Les fictions encyclopédiques, de Gustave Flaubert à Pierre Senges*, Paris, Corti, 2015.

81 Joy Sorman, *Paris Gare du Nord*, Paris, Gallimard, 2011 ; Joy Sorman, *L'Inhabitable*, Paris, Gallimard, 2016.

82 Mathieu Larnaudie, *Les Effondrés*, Arles, Actes Sud, 2010 ; Mathieu Larnaudie, *Les Jeunes Gens*, Paris, Grasset, 2018.

83 Maylis de Kerangal, *Naissance d'un pont*, Paris, Verticales, 2010 ; Maylis de Kerangal, *Réparer les vivants*, Paris, Verticales, 2013.

« érudites »[84]: Michel Butor et Claude Simon parmi les modernes ; Pascal Quignard, Gérard Macé, Alain Nadaud ou Pierre Michon parmi les contemporains. Ce sont des visiteurs de l'Histoire plus 'antiquaires' que véritablement historiens, selon le mot que privilégie Quignard. Des « chiffonniers », en somme, au sens que Walter Benjamin donne à ce terme.

Ce rapport à l'Histoire est particulièrement intéressant et c'est ce que nous voudrions souligner pour finir. *Zone* comme *Boussole* présentent un rassemblement non chronologique de l'Histoire, ce qui est un premier moyen d'échapper à la double dictature de la narration historique et du discours qui en orientent le cours. En allant d'Homère aux Printemps arabes, Énard s'inscrit dans le temps long, mais, contrairement à la leçon de l'École des Annales, ce n'est pas pour en mépriser les événements. Il construit au contraire une sorte de dialectique de l'événement et du temps long, ce qui aide à comprendre que l'Histoire n'est ni le produit d'un instant donné, ni celui d'un phénomène de longue haleine, mais la conséquence de l'interaction entre ces puissances agissantes conjuguées. De même son mode d'action est double : les individus y paraissent à la fois comme *agis* et *agissants*. Il est frappant de voir à quel point l'Histoire selon Énard est une histoire peuplée, mais peuplées d'individus et non simplement de foules ou de collectivités sociales. *Boussole* regorge de micro-biographies. Ce qui invite à considérer le temps long comme le croisement d'itinéraires singuliers qui ne s'y résorbent pas.

5 Énard, auteur de métafictions historiographiques (*Wolfgang Asholt*)

Les deux grands romans de Mathias Énard, *Zone* et *Boussole* sont décrits comme des « épopées contemporaines »[85] (Thomas Bleton), mais un article d'Élodie Coutier dans la même revue, nous met en garde contre un classement générique trop hâtif[86]. Celle-ci voit chez Énard plutôt « [u]ne représentation anti-épique de l'histoire », c'est-à-dire une déconstruction du genre épique, produite par la coprésence du Mythe et de l'Histoire et anéantissant toute

84 Dominique Rabaté, « Mélancolie du roman ». In : Dominique Viart, éd., *Mémoires du récit, Écritures contemporaines 1*, Paris/Caen, Minard/Lettres modernes, 1998.

85 Thomas Bleton, « L'épique à la croisée des mondes », *Revue critique de Fixxion française contemporaine* 14, 2017. URL : http://www.revue-critique-de-fixxion-francaise-contemporaine.org/rcffc/article/view/fx14.07. Consulté le 5 septembre 2019.

86 Élodie Coutier, « Un mémorial romanesque pour l'épopée », *Revue critique de Fixxion française contemporaine* 14, 2017. URL : http://www.revue-critique-de-fixxion-francaise-contemporaine.org/rcffc/article/view/fx14.11. Consulté le 5 septembre 2019.

distance entre eux. L'érudition historique et archéologique de Mathias Énard ne renonce pas à se servir du Mythe (par exemple celui de *L'Iliade* dans *Zone*), mais elle est aussi une historiographie qui s'étend jusqu'à l'époque contemporaine et ses conflits guerriers, politiques, religieux ou culturels. Cette historiographie est caractérisée par la multiplicité de récits, de strates historiques, de fait divers et d'anecdotes savantes et surprenantes. Il s'agit plutôt d'un dialogue avec l'Histoire et grâce à ce dialogue, ces romans appartiennent à ce qu'on a appelé dans la recherche allemande sur les formes contemporaines du roman historique une « métafiction historiographique »[87].

La « métafiction historiographique » ne révèle pas seulement l'histoire que raconte le roman (historique) comme fiction. Elle aborde et discute plutôt les problèmes historiographiques et place au centre les questions méthodologiques et épistémologiques de la reconstruction du passé à partir d'un point de vue contemporain. De cette manière, elle insiste sur la discontinuité entre l'événement factuel et la narration de cet événement, donc sur la tension constitutive pour le récit romanesque entre Fiction et Histoire. Une des caractéristiques importantes de la « métafiction historiographique » tient à ce que l'histoire en question est reconstituée par la mémoire et la conscience du personnage se souvenant. Il en résulte ce que Birgit Mertz-Baumgartner a appelé une « polyphonie mémorielle »[88]. La multiperspectivité et la fragmentarité deviennent donc les caractéristiques de la « métafiction historiographique » qui pratique et représente une appréciation nouvelle des relations entre l'historiographie et la littérature.

Cette multiperspectivité et cette fragmentarité nous semblent caractériser les romans d'Énard en général, mais plus spécialement les deux grands derniers que sont *Zone* et *Boussole*, et permettent de les apprécier comme des romans de « métafiction historiographique ». De la multiperspectivité résulte un kaléidoscope de points de vue divers et l'intégration de discours scientifiques, alors que la fragmentarité contribue à la polyphonie mémorielle. Leur présence, mais aussi leur dialogue, leur questionnement et leur détournement, surtout dans *Boussole*, mettent au centre de la construction romanesque les problèmes méthodologiques et épistémologiques de la reconstruction du passé, ou des passés, à partir d'un point de vue contemporain.

---

87 Ansgar Nünning, *Von historischer Fiktion zu historiographischer Metafiktion* (De la fiction historique à la métafiction historiographique), Trier, Wissenschaftlicher Verlag, 1995.

88 Birgit Mertz-Baumgartner, « Le roman métahistorique en France ». In : Wolfgang Asholt et Marc Dambre, éds., *Un retour des normes romanesques dans la littérature française contemporaine*, Paris, Presses Sorbonne Nouvelle, 2010, pp. 123-131, p. 131.

Un des problèmes narratifs qui résulte de cette « métafiction historiographique » est la dimension de l'érudition dans le roman. Comme dans la littérature de langue allemande dans des œuvres de Daniel Kehlmann (*Les Arpenteurs du monde*[89]), d'Ilija Trojanow (*Le Collectionneur des mondes*[90]) ou, d'une toute autre manière chez Robert Menasse[91], la question se pose de savoir comment intégrer un savoir historique, culturel et académique (orientaliste, musicologue etc.), dans un roman sans en faire un manuel.

Une autre question tient à la prise de position des romans dans l'actualité politique et sociale et ses conflits. Tout en voulant « opérer des captures, s'emparer des signes captifs ou circulants, donner aux fragments de discours, aux tours de rhétorique, aux registres de langue ainsi captés et ré-agencés un tremblement qui en perturbe, en affine et en ouvre le sens », les romans veulent comme chez Kafka (*L'Amérique*) « empoigner le monde », pour citer Mathieu Larnaudie[92]. Les romans se situent donc à la limite entre l'écriture et la vie et ils pratiquent ainsi une « littérature en mouvement »[93] permanent et une prise de position qu'on peut qualifier de politique.

Si l'on aborde de plus près l'épopée des guerres européennes qu'est *Zone* ou le divan occidental-oriental sur lequel Franz Ritter passe sa nuit viennoise dans *Boussole*, le côté métahistorique est évident. Francis Servain Mirković pendant la modification subie dans le train entre Milan et Rome immerge dans la perspective plurielle des souvenirs fragmentés à un degré extrême. En la combinant avec le procédé narratif du *stream of consciousness*, renforcé par le fait que l'ensemble du roman n'est constitué que d'une seule phrase, le narrateur intègre nombre de renvois et d'allusions au caractère métahistorique dans le roman. Il est qualifié de « porteur d'un triste morceau du passé dans une mallette » (*Z* 77) ; sa dette envers « les journalistes, historiens, cinéastes et documentaristes » (*Z* 519) mais aussi sa rencontre avec des « fantômes d'ombres vivantes ou mortes au beau milieu des archives infinies du secret » (*Z* 153), en font une sorte de personnification de la « métafiction historiographique ». En tant que narrateur, il en est en même temps un agent réel et un agent-représentant. S'il déclare, relativement au début du roman qu'il faut « de la

89 Daniel Kehlmann, *Les Arpenteurs du monde*. Traduit par Juliette Aubert, Arles, Actes Sud, 2006 (*Die Vermessung der Welt*, 2005).

90 Ilija Trojanow, *Le Collectionneur des mondes*. Traduit par Dominique Venard, Paris, Buchet/Chastel, 2008 (*Der Weltensammler*, 2006).

91 Robert Menasse, *La Capitale*. Traduit par Olivier Mannoni, Paris, Verdier, 2019 (*Die Hauptstadt*, 2017).

92 Larnaudie, « Empoigner le monde », *op. cit.*, p. 102.

93 Ottmar Ette, *Literatur in Bewegung. Raum und Dynamik grenzübergreifenden Schreibens in Europa und Amerika*, Weilerswist, Velbrück, 2001.

patience pour la ramasser [la méthode méta-historiographique], de la pratique, du temps, des intrigues, des pistes, ne pas perdre le fil », il décrit autant la méthode méta-historiographique que celle de son travail d'espionnage. Quand le narrateur explique qu'après « la collecte de renseignements », son travail consiste surtout à « traiter les informations, les compiler, les organiser » (*Z* 78), il décrit autant l'organisation du travail d'espionnage que celle de l'écriture du roman telle que la pratique Mathias Énard, surtout quand on pense à la multitude de fiches qui auraient couvert les murs de son appartement au moment de l'écriture. Mettant en question l'historiographie avec ses critères d'objectivité garante de la vérité, la fiction méta-historiographique, tant dans *Zone* que dans *Boussole* correspond à une prise de position politique dans nos conflits contemporains : c'est dans ce sens qu'elle peut avoir un « aspect épique » déjà souligné par Thomas Bleton.

Dans *Boussole*, la formation philologique et 'littéraire' de la protagoniste, qui est celle d'une herméneutique du doute, et surtout le dialogue de Sarah avec le narrateur musicologue produisent un autre type de fiction méta-historiographique. Bien sûr, Franz et Sarah préparent méthodiquement leurs communications et leurs articles, mais le passage de la multiperspectivité à la méta-historiographie n'est pas tellement une question d'ordre méthodologique. Quand Franz apprécie la « méthode » de Sarah en disant :

> Elle adore lire le monde comme une suite de coïncidences, de rencontres fortuites qui donnent un sens à l'ensemble, qui donnent le *samsara* [donc le cycle éternel], la pelote de laine de la contingence et des phénomènes. (*B* 101)

Il ne décrit pas seulement sa situation au cours de la nuit pendant laquelle se déroule le roman, mais aussi un procédé littéraire et esthétique. Les rencontres fortuites sont une des méthodes du surréalisme pour rendre possible le « hasard objectif » (André Breton) et ces rencontres permettent la résolution des problèmes méthodiques et épistémologiques de la reconstruction du passé d'une manière nouvelle et surprenante. Et quand Franz passe de l'évocation du développement de la musique au XIXᵉ siècle à Nietzsche, c'est pour arriver à une conception du « croisement » (*B* 268) qui ressemble aux hasards objectifs et à la disponibilité aux 'rencontres'. 'Nietzsche croise Anne-Marie Schwarzenbach', parce que les Schwarzenbach possèdent un chalet à Sils-Maria, 'Annemarie Schwarzenbach croise le fantôme de Nietzsche à Téhéran', Schwarzenbach 'croise' Thomas Mann et Bruno Walter, elle 'croise' Arthur de Gobineau etc. et Sarah poursuit l'histoire de ces rencontres fortuites pour arriver à un niveau de méta-fictionnalité exceptionnelle. Souvent, ce sont des fantômes méta-historiographiques qu'on croise, mais comme dans *Les Spectres de Marx*, c'est grâce à ces fantômes que le refoulé, donc l'Orient peut resurgir.

6 L'Orient imaginé (*Wolfgang Asholt & Dominique Viart*)

L'Orient de *Zone* se situe très tôt et clairement dans une perspective méta-historiographique exceptionnelle. Quand le protagoniste Francis Servain Mirković explique sa situation pendant le voyage en train (de Milan à Rome) il évoque une image qui ne relève certainement pas seulement d'une coïncidence. « Je vais à reculons dos à la destination et dos au sens de l'histoire qui est le sens de la marche » (*Z* 132). Le dos tourné au « sens de l'histoire » qui est celui du mouvement en avant permet un regard spécifique sur l'histoire en tant qu'amoncellement de catastrophes comme avec l'Ange de l'histoire dans la IXe thèse de Walter Benjamin[94].

On a souvent souligné le caractère d'épopée des guerres européennes spécialement celle des Balkans au cours du XXe siècle. Dans le premier des 24 chapitres, dont le nombre fait allusion à l'*Iliade*, le narrateur compare une scène dans la gare de Milan à la guerre de Troie : « les fils de Tydée et Pallas Athéna se ruent sur les Troyens » (*Z* 16) et, à la dernière page, il déclare : « je suis Achille » (*Z* 517). Avec cette dimension mythologique, le lieu de naissance de l'idée européenne et avec lui la culture méditerranéenne en entier devient la « Zone » que le titre évoque. L'allusion au poème fameux d'Apollinaire concerne moins la modernité des avions et des automobiles du début mais plutôt le « Soleil cou coupé » de sa fin que le narrateur réécrit vers le milieu du roman en « le cou coupé sans soleil » (*Z* 247). La comparaison de l'épopée antique avec les guerres actuelles devient évidente quand le narrateur après avoir apostrophé les dieux, « chante, déesse, leurs noms mémorables », évoque cette fois les noms des morts de la guerre serbo-croate, et constate : « j'eus pour la première fois l'impression d'être enfermé dans la Zone » (*Z* 381). La dimension actuelle de cet enfermement et de la catastrophe devient claire par une évocation de « Gaza » comme « le fond du fond de la Zone » (*Z* 484). Mais peut-on encore parler d'une épopée ? Pour Lukács, dans *La théorie du roman*, le roman est l'épopée d'une époque pour laquelle la totalité extensive de la vie n'est plus évidente mais qui n'a pas encore renoncé à la totalité. Ce désir de

---

94 Walter Benjamin, *Thèses « Sur le concept d'histoire »*. Traduit par Michael Löwy, Paris, Bibliothèque Anarchiste, 2018 (original 1940).

totalité caractérise pour Lukács le vrai roman réaliste. Mais est-ce qu'on peut encore supposer un tel désir dans un roman contemporain sinon comme l'illusion perdue d'une autre époque ? Si l'épopée a laissé des traces dans *Zone*, c'est en tant que genre déconstruit et fragmenté. La contrainte d'une seule phrase du début à la fin du roman joue contre le morcellement des associations infinies et aide à la composition d'un tableau de collages d'associations, d'images et de rencontres fortuites. Mais l'essentiel est le retour des anciens mythes en tant que fantômes terribles de guerre et de violence. Avec cela, *Zone* représente un bilan désastreux de la modernité. Le monstre est inhérent à la civilisation européenne.

L'Orient dans *Boussole* n'est pas un Orient désert et ennuyeux mais le rêve d'un autre Orient, littéraire, musical, culturel. Avec les instantanés des associations d'une nuit où le temps raconté est plus long que le temps de la narration, le narrateur transforme les 'rencontres fortuites' en un hasard objectif : celui d'une perméabilité culturelle de longue durée entre l'Orient et l'Occident. Avec cela, Énard se positionne clairement contre les thèses de l'Orientalisme à la Edward Saïd. Ce positionnement est souligné par le choix de personnalités comme Sarah et de Franz en tant qu'orientalistes réfléchis et autocritiques et la localisation du protagoniste à Vienne comme lieu d'échanges difficilement qualifiables comme 'coloniaux' et comme haut lieu 'fictionné' de l'Orientalisme du XIXe siècle.

L'Orient chez Énard est donc largement un « imagined world », mais l'« idéoscape »[95] du roman est caractérisé par une hétérogénéité qui exclut toute appropriation pour une idéologie simplificatrice. Ces mondes imaginaires qui pourtant sont ou essayent toujours d'être en parallèle ou en échange avec les réalités historiques et culturelles sont autant de projections que l'Orientalisme découvert et critiqué par Saïd. Mais ils développent aussi une critique littéraire et esthétique de la conception de Saïd et occupent ainsi une position méta-théorique ou méta-historiographique.

(*Dominique Viart*)

C'est très certainement le talent de Mathias Énard que d'inviter ainsi à déjouer toutes les simplifications. Un passage de *Boussole* que je souhaite rappeler pour finir le souligne : s'agissant des partages entre Orient et Occident, de leur représentation en miroirs opposés, Sarah y invite à

95 Arjun Appadurai, *Modernity at Large. Cultural Dimensions of Globalization*, Minneapolis, Minnesota University Press, 1996. Appadurai distingue cinq « cultural flows » : ethnoscapes, mediascapes, technoscapes, financescapes, ideoscapes.

> […] mettre au jour les rhizomes de cette construction commune de la modernité. Montrer que les 'orientaux' n'en étaient pas exclus, mais que, bien au contraire, ils en étaient souvent les instigateurs, les initiateurs, les participants actifs ; montrer, au bout du compte que les théories de Saïd étaient devenues malgré elles un des instruments de domination les plus subtils qui soient : la question n'est pas que Saïd ait raison ou tort, dans sa vision de l'orientalisme ; le problème c'était la brèche, la fissure ontologique que ses lecteurs avaient admis entre un Occident dominateur et un Orient dominé, brèche qui, ne s'ouvrant bien au-delà de la science coloniale, contribuait à la réalisation du modèle ainsi créé, achevait a posteriori le scénario de la domination contre lequel la pensée de Saïd souhaitait lutter. Alors que l'Histoire pouvait être lue d'une tout autre façon, disait-elle, écrite d'une tout autre façon, dans le partage et la continuité […] face à la violence nous avions plus que jamais besoin de nous défaire de cette idée absurde de l'altérité absolue de l'Islam et d'admettre non seulement la terrifiante violence du colonialisme, mais aussi tout ce que l'Europe devait à l'Orient – l'impossibilité de les séparer l'un l'autre, la nécessité de changer de perspective. Il fallait trouver, disait-elle, au-delà de la bête repentance des uns ou de la nostalgie coloniale des autres, une nouvelle vision qui incluse l'autre en soi. Des deux côtés. (*B* 275sq)

Pour conclure d'un mot, il semble qu'à l'image de ce programme de conciliation des contraires, et comme pour en livrer un équivalent formel, l'œuvre d'Énard est le produit d'un réseau de doubles postulations : comme l'Orient à l'Occident, les livres s'y combinent aux voyages (la réclusion de la lecture à l'ouverture au monde), la guerre à la culture (deux modes opposés de relation entre les hommes), le roman total et foisonnant à la ligne claire du récit linéaire, la polyphonie universelle au monologue intérieur. C'est ainsi qu'il invite à faire résonner (raisonner ?) le monde dans les consciences.

Bibliographie

Appadurai, Arjun (1996). *Modernity at Large. Cultural Dimensions of Globalization.* Minneapolis : Minnesota University Press.

Asholt, Wolfgang et Bähler, Ursula, éds. (2016). *Le savoir historique du roman contemporain. Revue des Sciences humaines* 321.

Bégaudeau, François, Bertina, Arno et Rohe, Oliver (2007). *Une Année en France. Référendum/Banlieues/CPE.* Paris : Gallimard.

Bégaudeau, François, Bertina, Arno, Larnaudie, Mathieu, Rohe, Oliver et Sorman, Joy (2007). « 10, rue Oberkampf ». In : Collectif Inculte, *Devenirs 1*, pp. 15-34.
Benjamin, Walter (2018). *Thèses « Sur le concept d'histoire »*. Traduit par Michael Löwy. Paris : Bibliothèque Anarchiste (original 1940).
Bertina, Arno (Pietro di Vaglio) (2004). *La Déconfite gigantale du sérieux*. Paris : Léo Scheer.
Bertina, Arno et Larnaudie, Mathieu (2016). « Avant-propos ». In : Collectif Inculte, *En procès*, pp. 7-12.
Bleton, Thomas (2017). « L'épique à la croisée des mondes ». *Revue critique de Fixxion française contemporaine* 14, *en ligne*.
Butor, Michel (1957). *La Modification. Roman*. Paris : Minuit.
Butor, Michel (1960). *Degrés. Roman*. Paris : Gallimard.
Butor, Michel (1962). *Mobile. Étude pour une représentation des États-Unis*. Paris : Gallimard.
Chaillou, Michel (1987). « L'extrême contemporain. Journal d'une idée ». *Po&sie* 41, pp. 5-6.
Collectif Inculte (2007). *Devenirs du roman. Volume 1*. Paris : Inculte.
Collectif Inculte (2007). « Soustraction du sens ». In : Collectif Inculte, *Devenirs 1*, pp. 111-118.
Collectif Inculte (2008). *Une chic fille*. Paris : Naïve.
Collectif Inculte (2014). *Devenirs du roman. Volume 2 : Écritures et matériaux*. Paris : Inculte.
Collectif Inculte (2016). *En procès. Une histoire du XXe siècle*. Paris : Inculte.
Collectif Inculte (2018). *Le Livre des places*. Paris : Inculte.
Coutier, Élodie (2017). « Un mémorial romanesque pour l'épopée ». *Revue critique de Fixxion française contemporaine* 14, *en ligne*.
Demanze, Laurent (2015). *Les fictions encyclopédiques, de Gustave Flaubert à Pierre Senges*. Paris : Corti.
Despentes, Virginie (2015-2017). *Vernon Subutex*. (3 vols). Paris : Grasset.
Deville, Patrick (2004). *Pura Vida*. Paris : Seuil.
Deville, Patrick (2012). *Peste et Choléra*. Paris : Seuil.
Deville, Patrick (2014). *Sic Transit*. Paris : Seuil.
Döblin, Alfred (2008). *November 1918. Eine deutsche Revolution*. (4 vols). Frankfurt/Main : S. Fischer (^{1}1978).
Dos Passos, John (1930-1936). *U.S.A.* (3 vols). New York : Harcourt, Brace.
Énard, Mathias (2003). *La Perfection du tir*. Arles : Actes Sud.
Énard, Mathias (2005). *Remonter l'Orénoque*. Arles : Actes Sud.
Énard, Mathias (2007). *Bréviaire des artificiers*. Paris : Verticales/Gallimard.
Énard, Mathias (2008). *Zone*. Arles : Actes Sud.
Énard, Mathias (2010). *Parle-leur de batailles, de rois et d'éléphants*. Arles : Actes Sud.
Énard, Mathias (2011). *L'Alcool et la Nostalgie*. Paris : Inculte.

Énard, Mathias (2012). *Rue des voleurs*. Arles : Actes Sud.

Énard, Mathias (2012). « Table ronde : Les amis écrivains ». *Cahiers de Chaminadour : Olivier Rolin*. Guéret : Association des amis de Marcel Jouhandeau et de Chaminadour, pp. 153-171.

Énard, Mathias (2012). « La vie des autres, entretien avec Thierry Guichard ». *Le Matricule des anges* 136, pp. 20-25.

Énard, Mathias et Marquès, Pierre (2013). *Tout sera oublié*. Arles : Actes Sud.

Énard, Mathias (2015). *Boussole*. Arles : Actes Sud.

Énard, Mathias (2016). *Dernière communication à la société proustienne de Barcelone*. Paris : Inculte.

Énard, Mathias (2016). « Procès de Gavrilo Princip, octobre 1914 ». In : Collectif Inculte, *En procès*, pp. 13-18.

Énard, Mathias (2016). « Découverte de Simon et apport de sa langue. Table ronde des auteurs ». *Cahiers de Chaminadour : Maylis de Kerangal sur les grands chemins de Claude Simon*. Guéret : Association des amis de Marcel Jouhandeau et de Chaminadour, pp. 327-344.

Énard, Mathias et Abirached, Zeina (2018). *Prendre refuge*. Paris : Casterman.

Ette, Ottmar (2001). *Literatur in Bewegung. Raum und Dynamik grenzübergreifenden Schreibens in Europa und Amerika*. Weilerswist : Velbrück.

Gaudy, Hélène (2016). *Une île, une forteresse*. Paris : Inculte.

Gefen, Alexandre (2016). « Le monde n'existe pas : le 'nouveau réalisme' de la littérature française contemporaine ». In : Matteo Majorano, éd., *L'incoerenza creativa nella narrativa francese contemporánea*, Macerata : Quodlibet Studio, pp. 115-125.

Houellebecq, Michel (2005). *La Possibilité d'une île*. Paris : Fayard.

Houellebecq, Michel (2015). *Soumission*. Paris : Flammarion.

Joyce, James (1922). *Ulysses*. Paris : Shakespeare and Company.

Kehlmann, Daniel (2006). *Les Arpenteurs du monde*. Traduit par Juliette Aubert. Arles : Actes Sud.

de Kerangal, Maylis (2010). *Naissance d'un pont*. Paris : Verticales.

de Kerangal, Maylis (2013). *Réparer les vivants*. Paris : Verticales.

Larnaudie, Mathieu (2010). *Les Effondrés*. Arles : Actes Sud.

Larnaudie, Mathieu (2014). « Empoigner le monde. Captures et captations ». In : Collectif Inculte, *Devenirs 2*, p. 98.

Larnaudie, Mathieu (2018). *Les Jeunes Gens*. Paris : Grasset.

Le Bris, Michel, Rouaud, Jean et Almassy, Eva, éds. (2007). *Pour une littérature-monde en français*. Paris : Gallimard.

Leick, Roman (2010). « *Zone* – ein europäisches Kriegsfresko von Mathias Énard ». *Der Spiegel* 30 octobre.

Leick, Roman (2016). « Mathias Énards großartiger Roman *Kompass*. Verliere nicht den Orient ». *Der Spiegel* 26 août.

Littell, Jonathan (2006). *Les Bienveillantes*. Paris : Gallimard.

Louis-Combet, Claude (1995). *Blesse, ronce noire*. Paris : Corti.

Menasse, Robert (2019). *La Capitale*. Traduit par Oliver Mannoni. Paris: Verdier (*Die Hauptstadt*, 2017).

Mertz-Baumgartner, Birgit (2010). « Le roman métahistorique en France ». In : Wolfgang Asholt et Marc Dambre, éds., *Un retour des normes romanesques dans la littérature française contemporaine*, Paris : Presses Sorbonne Nouvelle, pp. 123-131.

Nünning, Ansgar (1995). *Von historischer Fiktion zu historiographischer Metafiktion*. Trier : Wissenschaftlicher Verlag.

Perec, Georges (1969). *La Disparition*. Paris : Denoël.

Perec, Georges (1975). *W ou le Souvenir d'enfance*. Paris : Denoël.

Pic, Muriel, Selmeci Castioni, Barbara et van Elslande, Jean-Pierre, éds. (2012). *La pensée sans abri. Non-savoir et littérature*. Nantes : Nouvelles Cécile Defaut.

Rabaté, Dominique (1998). « Mélancolie du roman ». In : Dominique Viart, éd., *Mémoires du récit, Écritures contemporaines 1*, Paris/Caen : Minard/Lettres modernes.

Rancière, Jacques (2000). *Partage du sensible, esthétique et politique*. Paris : La Fabrique.

Reza, Yasmina (2013). *Heureux les heureux*. Paris : Flammarion.

Reza, Yasmina (2016). *Babylone*. Paris : Flammarion.

Ricœur, Paul (1983-1985). *Temps et récit*. (3 vols). Paris : Seuil.

Rolin, Olivier (1987). *En Russie*. Paris : Quai Voltaire.

Rolin, Olivier (1993). *L'Invention du monde*. Paris : Seuil.

Rolin, Olivier (1998). *Méroé*. Paris : Seuil.

Ruhe, Cornelia et Ferrari, Jérôme, éds. (2017). *Den gegenwärtigen Zustand der Dinge festhalten. Zeitgenössische Literatur aus Frankreich. die horen* 267. Göttingen : Wallstein.

Simon, Claude (1960). *La Route des Flandres*. Paris : Minuit.

Simon, Claude (1962). *Le Palace*. Paris : Minuit.

Simon, Claude (1981). *Les Géorgiques*. Paris : Minuit.

Sorman, Joy (2011). *Paris Gare du Nord*. Paris : Gallimard (coll. L'Arbalète).

Sorman, Joy (2016). *L'Inhabitable*. Paris : Gallimard (coll. L'Arbalète).

Trojanow, Ilija (2008). *Le Collectionneur des mondes*. Traduit par Dominique Venard. Paris : Buchet/Chastel.

Viart, Dominique (1996). « La simultanéité anachronique : Jules Romains vs Claude Simon ». In : Dominique Viart, éd., *Jules Romains et les écritures de la simultanéité*, Lille : Presses universitaires du Septentrion, pp. 261-276.

Viart, Dominique et Vercier, Bruno (2005). *La littérature française au présent. Héritage, modernité, mutations*. Paris : Bordas, réédition augmentée 2008.

PARTIE 1

De l'orientalisme

La nuit palmyréenne

Sarga Moussa

Voyager, c'est d'abord citer[1].

Résumé

Cet article est consacré à l'épisode de Palmyre dans *Boussole* (2015) de Mathias Énard, un roman qui met en scène les souvenirs du musicologue viennois Franz Ritter. L'un d'eux, renvoyant à un voyage en Syrie, est d'abord une réflexion sur l'intertextualité et sa capacité à déployer une polyphonie de discours – ceux que tiennent le narrateur et sa savante compagne Sarah, mais aussi un couple d'historiens et un archéologue excentrique. Dans un palimpseste vertigineux, Énard évoque le destin de plusieurs voyageuses antérieures, elles-mêmes fascinées par la personnalité de l'antique Zénobie qui fut reine de Palmyre. Il montre qu'au-delà des conflits entre Orient et Occident, l'histoire est aussi faite de circulations, d'échanges, de mémoires partagées, et que la littérature est un espace privilégié pour penser les identités multiples.

Comment considérer l'érudition foisonnante qui nourrit *Boussole*, ce roman incluant le nom de chercheurs réels parmi des personnages fictifs ? Qui raconte les innombrables histoires constituant la matière de l'ouvrage ? Et quel statut donner à ces différents récits qui se répondent et s'entrecroisent ? Telles sont quelques-unes des questions qu'on voudrait poser, en se concentrant sur l'épisode de Palmyre, qui commence à « 0 H 55 », dans la très longue nuit d'insomnie pendant laquelle le narrateur, Franz Ritter, raconte ses souvenirs, et notamment ses voyages avec la flamboyante Sarah, dont elle est comme le double inversé : jeune, belle et savante, elle ne parvient pas à faire carrière à l'université, malgré tous les colloques sur l'orientalisme auxquels elle participe aux quatre coins du monde, alors que lui, qui se sait condamné par une maladie grave, est professeur de musicologie, installé à Vienne. Ritter est passionné

1 Daniel Oster, « Un curieux bédouin ». In : Daniel Oster et Michel Dewachter (éds.), *Un voyageur en Égypte vers 1850.* Le Nil *de Maxime Du Camp*, Paris, Sand/Conti, 1987, p. 46.

 | DOI:10.1163/9789004425507_004

par l'influence de la musique orientale sur la musique occidentale. C'est donc, sur le plan professionnel, une commune attirance pour ce que l'on pourrait appeler les relations interculturelles entre l'Orient et l'Occident qui permet tout à la fois d'entretenir la mélancolie de Ritter, lequel ne se console pas du départ de Sarah, et de prolonger leurs échanges épistolaires. Ils ont fait des voyages ensemble, ils se sont aimés, mais Sarah a choisi une autre voie, se mariant avec Nadim, un joueur de luth célèbre dont elle divorcera, puis elle continuera à voyager – les dernières lettres qu'elle écrit à Ritter sont postées du Sarawak, dans l'île de Bornéo, en Malaisie orientale.

Mais venons-en à Palmyre, c'est-à-dire à l'évocation, par le narrateur, du voyage en Syrie qu'il y fit autrefois avec Sarah. À vrai dire, plus que leur histoire d'amour, qui pourtant donne aussi son souffle et son intensité au roman de Mathias Énard, ce sont les *récits racontés* pendant ce séjour palmyréen qui constituent la substance de cet épisode. D'ailleurs, de la même façon que les deux protagonistes sont dans la rétention sexuelle (ils passent leur première nuit corps contre corps mais sans faire l'amour), de même le lecteur sera privé de toute véritable description du site de Palmyre et, *a fortiori*, de l'émotion que les voyageurs disent en général ressentir lorsqu'ils pénètrent sur ce site archéologique en plein désert, aujourd'hui en partie détruit par l'État islamique. En revanche, on apprendra beaucoup sur quelques voyageuses à Palmyre, qu'il faut évoquer dans un premier temps pour comprendre le substrat textuel sur lequel repose la longue rêverie éveillée du narrateur, voix solitaire mais qui ne cesse de se démultiplier à travers les différents personnages auxquels elle donne elle-même la parole, et qui racontent à leur tour d'autres récits de voyage, dans un processus qui entretient, à l'évidence, des analogies avec les *Mille et une Nuits*.

1 Voyageuses à Palmyre

Les ruines de Palmyre, dans le désert syrien, ne font pas partie des étapes habituelles de ce que l'on a appelé au XIXe siècle le « voyage en Orient »[2]. Celui-ci comportait certes un passage par la Syrie (qui comprenait l'actuel Liban, dans le cadre de l'empire ottoman), mais le parcours des voyageurs se limitait en général, une fois Damas visitée, aux villes et aux sites traversés pour rejoindre la côte méditerranéenne – ainsi l'itinéraire de Flaubert et Du Camp qui, en 1850, passent par Baalbek, Tripoli et Beyrouth avant de reprendre le bateau pour l'Asie Mineure. Chateaubriand, l'inventeur d'un parcours circulaire autour de

2 *Cf.* Jean-Claude Berchet, *Le Voyage en Orient*, Paris, Laffont, 1985.

la Méditerranée, qu'il relate dans son *Itinéraire de Paris à Jérusalem* (1811), débarque à Jaffa, en Palestine, d'où il va directement à Jérusalem, sans même remonter le littoral syrien. Quant à Volney, l'un des précurseurs de ce Grand Tour oriental, à la veille de la Révolution française, il ne semble pas s'être engagé à l'intérieur des terres, même s'il décrit en détail, dans son *Voyage en Syrie et en Égypte* (1787), le mode de vie des tribus nomades syriennes – en revanche, c'est à Palmyre, où il n'est sans doute pas allé, qu'il situe, dans son célèbre essai *Les Ruines* (1791), la figure du génie méditant sur la chute des empires, dont il veut montrer qu'elle est due à la mauvaise administration de l'homme lui-même, et non à une quelconque fatalité divine.

Il n'empêche que, dès le milieu du XVIIIe siècle, Palmyre eut ses visiteurs, parmi lesquels des marchands, des archéologues, des artistes, des écrivains, des aventuriers, sans parler des innombrables touristes qui, jusqu'il y a quelques années, ont pu se rendre sur le site de ces ruines remontant essentiellement aux premiers siècles de l'ère chrétienne – la construction du temple de Bêl commença cependant dès le Ier siècle avant J.-C.[3]. C'est au siècle des Lumières que les ruines de cette ville devenue romaine furent découvertes par Robert Wood et James Dawkins, mentionnés implicitement lorsque le narrateur de *Boussole* évoque « ces Anglais du XVIIIe siècle qui découvrirent [en 1751] l'oasis et rapportèrent les première vues de Palmyre »[4]. Vinrent ensuite le dessinateur Louis-François Cassas (1785), puis le peintre Léon de Laborde (1827), ou encore l'historien Baptistin Poujoulat (1836). Quant aux voyageurs savants, français, mais aussi anglais et allemands, notamment les spécialistes d'épigraphie, qui s'attachèrent à relever et à traduire des inscriptions araméennes ou grecques, c'est surtout à partir de la seconde moitié du XIXe siècle qu'ils se rendirent à Palmyre.

Mais ceux qui restèrent dans la mémoire collective ne furent pas forcément ceux qui documentèrent le site. On pense en particulier à quelques grandes figures qui marquèrent leur temps d'autant plus fortement que c'étaient des femmes – le voyage au féminin n'allait nullement de soi, au XIXe siècle, et même encore au début du XXe siècle, sachant que le rôle de la femme était bien souvent réduit à celui d'épouse chargée de l'entretien du foyer et de l'éducation des enfants[5]. Ce sont ces femmes voyageuses, parfois excentriques, souvent

---

3 *Cf.* Annie et Maurice Sartre, *Palmyre, vérités et légendes*, Paris, Perrin, 2016. Les auteurs se montrent d'une extrême sévérité non seulement à l'égard de certains de leurs confrères pour leurs inexactitudes, tel Paul Veyne, mais plus largement à l'égard des « romanciers »....

4 Mathias Énard, *Boussole*, Arles, Actes Sud, 2015 (désormais *B*), p. 125.

5 Depuis le livre pionnier de Bénédicte Monicat (*Itinéraires de l'écriture au féminin : voyageuses du XIXe siècle*, Amsterdam, Rodopi, 1996), la bibliographie sur les voyageuses s'est considérablement enrichie. En France, on peut citer le dossier « Voyageuses » établi par Rebecca

courageuses, que Mathias Énard a choisi de mettre en valeur dans l'épisode palmyréen de *Boussole*. L'une des plus célèbres est celle qui reste connue sous le nom de « Lady Stanhope », nièce du ministre anglais William Pitt. Sans qu'on en connaisse la raison exacte, elle s'installa dans la montagne du Chouf libanais et y demeura une bonne vingtaine d'années, jusqu'à sa mort en 1839. La légende, qu'elle avait sans doute entretenue elle-même, veut qu'elle se soit fait couronner « reine de Palmyre » lors d'un voyage qu'elle entreprit sur le site de ces ruines, accompagnée de Bédouins. Si ce voyage semble bien attesté, en revanche, les Mémoires que son médecin, le docteur Charles Meryon, rédigea à son sujet, ne mentionnent pas cet épisode. Habillée à l'orientale, souvent vêtue en homme, elle passait pour avoir des talents de prophétesse, et de nombreux voyageurs européens cherchèrent à se faire recevoir d'elle. Parmi eux, Lamartine lui rendit visite en 1832 et fit de cette rencontre un épisode clé de son *Voyage en Orient*, sur lequel on reviendra.

Autre femme d'exception qui apparaît dans l'épisode palmyréen de *Boussole*, la Zurichoise Annemarie Schwarzenbach[6], l'amie de Thomas et Erika Mann, la future compagne d'Ella Maillart dans leur voyage en Orient à la veille de la Seconde guerre mondiale. Mais c'est avec son mari Claude Clarac, secrétaire d'ambassade à Téhéran, comme le rappelle Mathias Énard, que la jeune journaliste et photographe visita Palmyre en 1933. Elle rencontre à cette occasion Marga d'Andurain, une aventurière qui tenta, la première, d'atteindre la Mecque en tant que non-musulmane, en voyageant en compagnie d'un Bédouin avec lequel elle avait contracté un mariage blanc, d'où le titre *Le Mari passeport* (1947) qu'elle donna par la suite à ses mémoires[7]. Fortement soupçonnée de l'avoir assassiné, elle fut néanmoins libérée et revint à Palmyre pour

Rogers et Françoise Thébaud pour la revue *Clio. Histoire, Femmes et Sociétés* 28, 2008. On peut se reporter également aux travaux de l'historien Nicolas Bourguinat (son dernier livre porte sur les voyageuses en Italie entre 1770 et 1870 : *« Et in arcadia ego ... ». Voyages et séjours de femmes en Italie, 1770-1870*, Montrouge, Éditions du Bourg, 2017), ainsi qu'aux actes du colloque de Francfort-sur-le Main, *Voyageuses européennes au XIXe siècle. Identités, genres, codes*. Édité par Frank Estelmann, Sarga Moussa et Friedrich Wolfzettel, Paris, PUPS, 2012. Le hors-série n° 2 de la revue en ligne *Viatica* (Université de Clermont-Ferrand), paru en juin 2018, comporte un dossier, dirigé par Élodie Gaden, sur les voyageuses en Orient et en Afrique.

6 *Cf.* Dominique Laure Miermont, *Annemarie Schwarzenbach ou le mal d'Europe*, Paris, Payot & Rivages, 2005.

7 *Cf.* Julie d'Andurain, « Marga d'Andurain (1893-1948), une Occidentale d'avant-garde en Orient », article publié sur le site *Les clés du Moyen-Orient* le 18 janvier 2012. URL : https://www.lesclesdumoyenorient.com/Marga-d-Andurain-1893-1948-une.html. Consulté le 6 septembre 2019.

prendre en charge l'hôtel *Zénobie*, où Annemarie Schwarzenbach séjourna. Le narrateur de *Boussole* évoque ce séjour à travers le récit qu'en fait Sarah :

> Elle raconte son séjour au *Zénobie* et sa rencontre avec Marga d'Andurain dans une nouvelle intitulée *Béni Zaïnab*. Elle pense qu'il est fort possible qu'elle ait effectivement empoisonné son mari … Ou du moins, qu'elle en a le caractère. Pas d'une empoisonneuse, mais d'une femme si décidée qu'elle est prête à balayer tous les obstacles entre elle et le but qu'elle s'était fixé. (*B* 141)

Et en effet, la nouvelle *Béni Zaïnab*, publiée dans un recueil paru de manière posthume, met en scène une conversation entre la narratrice et son mari, installés à une table de l'hôtel *Zénobie*, où ils évoquent cet épisode du meurtre, qu'ils jugent vraisemblable. Mais c'est la conclusion paradoxale de cet épisode que je voudrais citer. Elle ne figure pas dans le roman de Mathias Énard, mais il me semble qu'elle éclaire bien la fascination que Marga d'Andurain exerce sur Sarah et, par contrecoup, sur Franz :

> Elle fait tout pour embêter les gens, dit Claude. Elle n'arrête pas de porter plainte. Il faudrait employer un homme du commissariat rien que pour elle. Et en même temps, elle refuse de respecter le moindre règlement. Elle ne prend rien au sérieux. Elle passe la frontière sans passeport et s'étonne ensuite, une fois à Bagdad, que le consulat ne lui délivre pas de visa.
> Tu l'aimes bien, demandai-je ?
> Oui, dit Claude, je la trouve vraiment sympathique. Et toi ?
> Elle est vraiment sympathique[8].

C'est, semble-t-il, le goût de Marga d'Andurain pour la liberté, pour la circulation entre Orient et Occident, qui l'emporte sur tout dans le jugement que porte sur elle Annemarie Schwarzenbach. Du coup, Palmyre se trouve fortement féminisée, ce qui ne veut pourtant pas dire sexualisée. Si Sarah se passionne pour Annemarie, qui se laisse elle-même séduire par la personnalité de Marga, celle-ci possède à son tour, si ce n'est un « modèle », du moins une référence féminine illustre, dont le nom est associé depuis longtemps à Palmyre, à savoir celui de Zénobie (240-274 ap. J.-C.), dont certaines sources anciennes prétendent qu'elle fut complice de l'assassinat de son mari Odainath. Annie et

8 Annemarie Schwarzenbach, *Orient exils*. Traduit par Dominique Miermont, Paris, Autrement, 1994, p. 58.

Maurice Sartre assurent que ce n'est là qu'une hypothèse que rien ne permet d'étayer[9] et que, par ailleurs, Zénobie n'a jamais été « reine *de* Palmyre », mais « reine *à* Palmyre »[10] : admettons la subtile distinction, destinée à faire comprendre que Zénobie, au moins dans un premier temps, avait parfaitement accepté le statut, avantageux pour la cité du désert, de colonie romaine. Il n'en reste pas moins que Zénobie est une femme ambitieuse, dont les deux historiens français assurent eux-mêmes que le désir profond fut de « gagner Rome pour y faire reconnaître son fils comme empereur légitime »[11]. On ne contestera pas l'entreprise parfaitement juste, d'un point de vue historique, de se livrer à une critique des sources et de récuser celles qui paraissent trop spéculatives, voire fantaisistes. Mais il faut reconnaître que c'est aussi ce type d'écrits qui a constitué, pour les « romanciers » dont Annie et Maurice Sartre se méfient, une *matière littéraire* qui n'est d'ailleurs pas étrangère à l'Histoire – pour autant qu'on entende celle-ci également comme une *histoire des représentations.*

Les deux voyageuses du XXe siècle dont il vient d'être question, Annemarie Schwarzenbach et Marga d'Andurain, ont pour point commun d'avoir été tout à la fois des actrices et des narratrices de leurs voyages. Sarah en est un avatar moderne, en ce sens qu'elle est aussi bien dans l'action que dans la parole, mais elle est surtout une nouvelle Shéhérazade, faisant souvent oublier le présent de la narration pour plonger ses auditeurs dans des récits de voyageuses antérieures, quitte à réintroduire le cadre palmyréen par ce biais-là. Cependant, Sarah n'est pas seule à parler ni à raconter, et c'est l'un des aspects les plus intéressants de *Boussole*, sur lequel je voudrais insister. Productrice de récits, Palmyre est aussi génératrice d'une parole plurielle, issue de sources d'énonciation multiples, et dont le statut n'est jamais le même.

2 Polyphonie et intertextualité

L'épisode palmyréen de *Boussole* est introduit par le narrateur lui-même qui, dès la première phrase, démythifie et déspiritualise le désert – par exemple l'idée de quête mystique ou religieuse, que l'espace apparemment sans bornes et dépourvu d'habitants serait susceptible de favoriser. Le désert est donc décrit en des termes tout matériels, comme « un endroit extraordinairement inconfortable » (*B* 123), par opposition au lit dans lequel est allongé Franz Ritter dans son domicile viennois. Ce thème sera repris et amplifié plus loin, au

9 Annie et Maurice Sartre, *Palmyre*, *op. cit.*, p. 146.
10 *Ibid.*, p. 150 ; souligné dans le texte.
11 *Ibid.*, p. 158.

moment où l'on se retrouve dans les souvenirs du narrateur, qui évoque la nuit passée par les voyageurs dans le château de Fakhr ed-Din, sur les hauteurs de Palmyre :

> L'hôtel *Zénobie* était toujours illuminé, je me demandais si le personnel actuel de l'établissement se souvenait de cette fausse comtesse véritable assassine et de son mari mort au milieu de ce désert gris acier qui n'était pas du tout, dans la nuit froide, un endroit agréable, ni même (je m'en serais voulu d'avouer cette pensée à mes compagnons) paré de l'irrésistible beauté que certains lui prêtaient. (*B* 142)

Ni spirituel, ni esthétique, le désert évoqué ici ne correspond en rien à l'image qu'en ont donné certains voyageurs du XIXe siècle, que ce soit Lamartine ou Flaubert[12]. Tel qu'il apparaît sous la plume du narrateur de *Boussole*, le désert syrien est l'antithèse du mythe idéalisant véhiculé par les voyageurs français, en particulier à l'époque romantique. D'ailleurs, le narrateur de *Boussole* annonce tout de suite la couleur (si l'on peut dire s'agissant de la grisaille rocailleuse qui semble caractériser cette étendue) :

> En Syrie il faut dire que 'désert' était un nom tout à fait usurpé, il y avait du monde jusque dans les régions les plus reculées, des nomades ou des soldats, et il suffisait qu'une femme s'arrête pour uriner derrière une butte au bord de la route pour qu'aussitôt un Bédouin pointe son nez et observe d'un œil blasé l'arrière-train laiteux de l'Occidentale ahurie, Sarah en l'occurrence, que nous avons vue courir vers la bagnole, débraillée, retenant son pantalon d'une main, comme si elle avait aperçu une goule. (*B* 123)

Nous sommes donc dans un anti-désert, et le discours qui l'accompagne relève clairement de la parodie, non seulement par l'inversion de l'image du lieu vide d'hommes, mais aussi par la nature de cette première « rencontre », qui produit un spectacle digne d'une scène de comédie orientaliste. Un tel orientalisme parodique réapparaîtra dans d'autres scènes appartenant à cette nuit palmyréenne. Ainsi la figure de Bilger, fou et alcoolique, convaincu que tous les archéologues sont des espions, et qu'on retrouve au petit matin, cuvant son vin dans la voiture, « le visage écrasé contre la vitre couverte de buée, et la bouteille vide coincée dans le volant, pointant son goulot accusateur vers la figure de l'archéologue endormi » (*B* 147). À cette intertextualité parodique peut aussi

---

12 *Cf.* mon essai *Le mythe bédouin chez les voyageurs aux XVIIIe et XIXe siècles*, Paris, PUPS, 2016, chap. XI et XII.

être rattachée la scène comique, racontée dans un style pseudo-épique, de l'arrivée des touristes souabes dont la voix, au petit matin, réveille le narrateur et Sarah, gênés d'être surpris sous leur commune couverture, et qui feignent de considérer ces Allemands comme des « envahisseurs », alors que Sarah, de son côté, « espionn[e] par un repli la position des guerriers ennemis autour de nous, qui paraiss[ent] ne pas vouloir quitter le parvis » (*B* 148). Ces deux scènes parodiques (et plus précisément autoparodique pour la dernière) sont racontées, notons-le au passage, par le narrateur : c'est Franz qui cultive ce registre stylistique, qui concerne plus particulièrement le présent du voyage.

Le second type d'intertextualité que je voudrais commenter relève plutôt d'une forme de récriture où l'un des conteurs improvisés de *Boussole* sélectionne, reprend et développe librement un épisode emprunté à la littérature orientaliste. Plusieurs personnages du récit se partagent ce rôle, comme il est d'ailleurs courant dans la mise en scène de cette moderne *Maqâma* – « genre noble de la littérature arabe où les personnages se passent la parole pour explorer, chacun à son tour, un sujet donné », comme l'explique le narrateur lui-même (*B* 129). C'est Sarah qui ouvre les feux en racontant « les aventures de Lady Stanhope » (*B* 131), et notamment l'histoire de l'un de ses domestiques, qui aurait séduit une Syrienne – épisode se terminant par un « jugement » de Lady Stanhope qui, face à l'absence de preuve, demande simplement au barbier qu'il rase « le sourcil gauche et la moustache droite du jeune homme » (*B* 132). Sarah cite ici un passage des *Mémoires* de Lady Stanhope, extrait dont on peut signaler au passage qu'il a été traduit de l'anglais dès 1845 dans la *Revue des deux mondes*[13]. Puis Sarah poursuit l'évocation de Lady Stanhope, mais en s'inspirant cette fois-ci du récit qu'en fit Lamartine dans son *Voyage en Orient* (1835) – récit rapporté au discours indirect libre dans *Boussole* :

> Sarah nous expliquait son refus de porter le voile et son choix de s'habiller certes 'à la turque', mais en homme. Elle racontait la passion que Lady Hester inspira à Lamartine, le poète orateur, l'ami de Liszt et de Hammer-Purgstall, avec lequel il partage une histoire de l'Empire ottoman [...]. (*B* 133)[14]

13 Philarète Chasles, « Lady Stanhope ». *Revue des deux mondes* XI, 1845, pp. 900-936, pp. 924-925 pour l'épisode cité. *Cf. Memoirs of the Lady Hester Stanhope, as Related by Herself in Conversations with Her Physician* [i.e. Charles Meryon]. (3 vols), London, Colburn, 1845.

14 Sur l'épisode de la rencontre de Lamartine avec Lady Stanhope, *cf.* notre *Relation orientale*, Paris, Klincksieck, 1995, pp. 106ssq.

Le récit de cette rencontre se termine par une citation de Lamartine, qui cite à son tour Lady Stanhope, par qui le voyageur français se fait en quelque sorte octroyer un brevet d'orientalité – il avait lui-même qualifié son hôtesse de l'« une des merveilles de cet Orient que je viens visiter »[15] :

> Voyez, dit-elle, le cou-de-pied est très élevé, il y a entre votre talon et vos doigts, quand votre pied est à terre, un espace suffisant pour que l'eau y passe sans vous mouiller – c'est le pied de l'Arabe ; c'est le pied de l'Orient ; vous êtes un fils de ces climats et nous approchons du jour où chacun rentrera dans la terre de ses pères. Nous nous reverrons. (*B* 134)[16]

Franz Ritter ne se contente pas de citer cette « anecdote podologique », comme il dit plaisamment (*B* 134), il montre aussi les effets qu'elle produit sur les auditeurs, d'abord sur l'historien français, qui porte un regard amusé sur son propre pied, jugé plutôt « bordelais », puis sur le narrateur lui-même (« Maintenant que j'y pense, les pieds de Sarah ont un pont parfait, sous lequel coulerait aisément une petite rivière », *B* 134). On retiendra qu'à travers ce commentaire mi-sérieux, mi-amusé, Sarah devient une sorte de réincarnation de Lady Stanhope, c'est-à-dire une mise en relation, voire un métissage possible entre l'Orient et l'Occident.

Le second cas de récriture que je voudrais évoquer est celui de l'histoire de Marga d'Andurain, introduite brièvement, dans un premier temps, par Sarah (*B* 129), puis par Franz (*B* 130), enfin et surtout par l'historien français, qui en raconte une grande partie de la vie, de son passage par l'Égypte avec son mari, en 1925, jusqu'à son assassinat à Tanger, en 1948, en passant par son établissement à Palmyre, dans l'entre-deux guerres, où elle est accusée d'espionnage à la suite d'une liaison avec un officier anglais. Concentrons-nous sur le moment palmyréen de la vie de Marga d'Andurain, raconté par François-Marie, dont le récit est rapporté par Franz au discours indirect libre :

> Elle était tombée amoureuse – non plus d'un major anglais, mais du site des Bédouins et du désert [...]. Elle raconte dans ses Mémoires ses chasses à la gazelle en compagnie des nomades, ses nuits sous la tente, la tendresse filiale qu'elle éprouve pour le cheikh qui commande cette tribu. Très vite, le couple d'Andurain renonce à l'agriculture pour se voir confier par les autorités mandataires la gestion de l'hôtel (alors le seul

15 Alphonse de Lamartine, *Voyage en Orient*. Édité par Sarga Moussa, Paris, Champion, 2000, p. 166.

16 Citation renvoyant au *Voyage en Orient* de Lamartine, *op. cit.*, p. 173.

> de la ville) de Palmyre, en déshérence, hôtel qu'on lui permettra même (apparemment, ajoutait François-Marie ; *il y a souvent, comme pour tout témoignage, une légère différence entre ce que Marga raconte et le reste des sources*) d'acheter quelque temps plus tard : elle décide d'appeler l'établissement l'hôtel *Zénobie*, en hommage à la reine du IIIe siècle après J.-C. vaincue par Aurélien. (*B* 136 ; je souligne)

Il faut d'abord relever les similitudes entre la destinée romanesque de Marga d'Andurain et celle de Lady Stanhope, deux Européennes qui s'installèrent en Orient et qui en adoptèrent, au moins partiellement, le mode de vie – une sorte d'acculturation qui plaît à Franz Ritter, et sans doute aussi à Mathias Énard. Mais il faut aussi être attentif au contenu de l'une des parenthèses figurant dans la citation qu'on vient de lire : au-delà de la pique sur la propension de Marga d'Andurain à s'auto-héroïser, François-Marie, en bon historien, relève le décalage qui peut exister, dans la représentation d'un même événement, entre plusieurs documents, et il sait parfaitement que même un « témoignage » dit de première main comporte une part de subjectivité pouvant impliquer des oublis, des imprécisions, voire une tentation fictionnelle (de manière symétrique, d'ailleurs, une source extérieure apparemment objective ne dira pas forcément toute la « vérité » sur tel ou tel fait historique). Cette remarque, faite par François-Marie, sur les conditions de la vérité historique, est importante, car elle permet de lire l'épisode de Palmyre, dans *Boussole*, non seulement pour son contenu narratif (le souvenir d'un voyage en Orient), mais aussi, à un niveau méta-narratif, comme une réflexion sur l'*opacité* des signes – ou, pour le dire en d'autres mots, l'historien, qui apparaît ici comme un relais du narrateur premier, jette le soupçon sur le caractère faussement 'transparent' de tout écrit, fût-il considéré comme référentiel et traitant d'événements rapportés par un témoin direct.

Je voudrais enfin aborder la question du commentaire que les différents protagonistes de cet épisode palmyréen apportent, soit à leur propre récit, soit à celui des autres. Si l'on reprend la première figure de voyageuse évoquée, celle de Lady Stanhope, on constate que l'épisode où celle-ci condamne son domestique à se faire raser un sourcil et une partie de la moustache fait l'objet d'une double appréciation. C'est d'abord Franz qui qualifie le récit fait par Sarah de « parodie orientaliste de jugement à la Haroun el-Rachid » (*B* 133) – allusion explicite au célèbre calife abbasside de Bagdad et à l'image idéalisée qu'en donnent les contes des *Mille et une Nuits*, qui insistent sur sa sagesse, sa piété et son sens de la justice. Mais le narrateur ne prétend pas avoir le dernier mot, et il donne volontiers le point de vue, tout différent, de Sarah sur la question : pour elle, dit-il, il importait de montrer

> [...] à quel point l'Anglaise avait intégré les mœurs supposées de ces druzes et chrétiens libanais de la montagne où elle résidait et comment sa légende avait colporté ces attitudes : elle nous décrivait avec passion la gravure où on la voit, âgée déjà, assise dans une posture noble, hiératique, celle d'un prophète ou d'un juge, sa longue pipe à la main, loin, très loin des images alanguies des femmes dans les harems. (*B* 133)

Le point de vue d'une femme sur une autre éclaire donc cet épisode sous un autre jour que la parodie. L'interprétation de Sarah a ainsi tout autant de légitimité que l'opinion de Franz lui-même, d'autant que la jeune femme insiste sur l'originalité de cette représentation d'une 'Orientale', en effet très différente de celle qui est véhiculée notamment par la peinture orientaliste du XIXe siècle – pensons à Ingres ou à Gérôme, qui sont implicitement présents dans cette forme d'intertextualité intermédiale.

Autre exemple d'un double commentaire, celui qui est amené par l'épisode du « pied de l'Arabe » issu du *Voyage en Orient* de Lamartine, tel que rapporté par Sarah. Cette fois-ci, c'est Franz Ritter qui décide d'en faire une lecture apparemment sérieuse (mais l'est-elle totalement ?), alors que cette histoire a d'abord suscité une hilarité générale :

> Maintenant que j'y pense, les pieds de Sarah ont un pont parfait, sous lequel coulerait aisément une petite rivière ; elle parlait dans la nuit et c'était notre magicienne du désert, ses récits enchantaient le scintillant métal des pierres et des étoiles – les aventurières de l'Orient n'avaient pas toutes connu l'évolution mystique de Mme Stanhope, la recluse anglaise du mont Liban, son trajet vers le dépouillement de ses biens, son abandon progressif de ses oripeaux occidentaux, la construction graduelle de son propre monastère, monastère d'orgueil ou d'humilité. (*B* 134)[17]

On observera que si Sarah apparaît ici comme une seconde Lady Stanhope, parée elle-même de tous les prestiges de l'Orient, le narrateur hésite sur le statut à conférer à ce « dépouillement » progressif qu'il voit dans l'évolution biographique de la voyageuse anglaise – et le fait de mentionner cette double interprétation possible (signe d'orgueil ou d'humilité) est révélateur, une fois encore de la dimension fortement réflexive à l'œuvre dans *Boussole*.

Le dernier point que je voudrais aborder dans cette rubrique des commentaires intertextuels est le débat que lance Sarah sur l'« orientalisme » tel que

17 La formule « ont un pont parfait » est surprenante : c'est bien celle qui est imprimée, mais peut-être s'agit-il d'une coquille pour « sont un pont parfait », ou « font un pont parfait ».

l'entend Edward Saïd, c'est-à-dire en tant que 'discours' de la domination occidentale sur l'Orient, et qui se traduit souvent par une forme d'essentialisation et de hiérarchisation. L'auteur d'*Orientalism* (1978) voulait en effet montrer que les représentations de l'Orient, principalement dans les littératures française et anglaise, de la fin des Lumières jusqu'à celle du XXe siècle, à quelques exceptions près, relevaient d'une stéréotypie, souvent dévalorisante (« barbarie » et « cruauté » issues de gouvernements réputés « despotiques » ; « ignorance » et « apathie » liées à un « primitivisme » ethnique et anhistorique ; sentiment d'une « fatalité » prétendument liée à l'islam, etc.), stéréotypie qui plaçait le monde oriental, supposé réfractaire au « progrès », à la « raison » et à la « civilisation », dans une situation propre à légitimer une attitude de supériorité occidentale. Ainsi Sarah, qui connaît bien le livre-manifeste de Saïd, est-elle très soucieuse de se démarquer d'un orientalisme rendu désormais suspect. Voici comment elle règle son compte à l'ouvrage consacré à Marga d'Andurain par Marie-Cécile Taillac en 1999 :

> Sarah fit remarquer à quel point l'association sexualité-Orient-violence avait du succès dans l'opinion publique, jusqu'à aujourd'hui ; un roman sensationnaliste, à défaut d'être sensationnel, reprenait les aventures de la comtesse d'Andurain, *Marga, comtesse de Palmyre*. D'après elle, ce livre, sans s'embarrasser de vraisemblance ni respecter les faits, insistait lourdement sur les aspects les plus 'orientaux' de l'affaire : la luxure, la drogue, l'espionnage et la cruauté. Pour Sarah, ce qui rendait le personnage de Marga si intéressant était sa passion de la liberté – liberté si extrême qu'elle s'étendait au-delà de la vie même d'autrui. Marga d'Andurain avait aimé les Bédouins, le désert et le Levant pour cette liberté, peut-être tout à fait mythique, sûrement exagérée, dans laquelle elle pensait pouvoir s'épanouir. (*B* 142)

Sarah est donc favorable à Saïd, mais elle sait bien qu'en prononçant son nom, elle génère un débat qui peut vite devenir « houleux » (*B* 147). Toutefois, celui-ci a le mérite de révéler les différentes positions des protagonistes au cours de cette longue nuit palmyréenne : l'archéologue Bilger, « épouvanté à l'idée qu'on puisse l'associer à un quelconque *orientalisme*, commença immédiatement une autocritique embarrassée [...] ; François-Marie et Julie étaient plus nuancés sur la question [...] – je n'avais pas d'opinion, et je n'en ai toujours pas, je crois » (*B* 147). Ce qui frappe, en examinant cette variété de points de vue (on observera cependant qu'aucune opinion radicalement anti-saïdienne n'est exprimée), c'est d'une part le caractère proprement *polyphonique* de cette assemblée, à l'image, sans doute, du roman dans son ensemble, mais aussi l'importance de la dimension intertextuelle, elle aussi révélatrice de *Boussole*, qui mobilise un savoir considérable. Alors même que ce livre repose sur un long monologue, celui de Franz Ritter, il évite l'expression d'une vérité monologique, puisque la parole est constamment redistribuée aux différents personnages peuplant les souvenirs du narrateur, et sans qu'une hiérarchie soit forcément établie entre eux – sauf pour Bilger, l'archéologue fou, auquel une vague dignité narrative n'est conférée qu'*in extremis*, lorsqu'il parle, en anglais, des archéologues et des botanistes au désert (*B* 144).

3 La violence et l'Histoire

Pour terminer, je voudrais interroger la présence sous-jacente de la violence historique dans cet épisode palmyréen. L'impression première est plutôt celle d'une fuite dans la fiction : le petit groupe de voyageurs ne semble nullement préoccupé par le souci de visiter, ni même de décrire de loin les ruines de Palmyre, si ce n'est en termes très généraux (« La vue y était magique … », *B* 125). Mais la « réalité » de Palmyre n'est pas seulement de nature archéologique, et, malgré la propension des personnages du roman à relever le défi de la *Maqâma tadmoriyya* (*B* 129)[18], leurs récits sont de temps en temps interrompus par le présent de l'histoire, comme la rêverie de Ritter l'est par les pas de son voisin Gruber. Donnons ici quelques exemples de ces intrusions dérangeantes. Alors que Bilger disserte sur de supposés transferts culturels (« nos capitales devaient beaucoup aux chapiteaux palmyréens … », *B* 125), ses spéculations sont coupées par les considérations ironiques du narrateur, qui rappelle que « dans le désastre syrien les obus et les tractopelles ont remplacé les pinceaux des archéologues » (*B* 125). C'est la présence de la guerre qui apparaît ici, et plus précisément la menace de l'État islamique et de son chef Abou Bakhr El-Baghdadi, lequel sera évoqué plus loin dans le texte, en une formule faussement révérencieuse qui dénonce en réalité l'instrumentalisation de la religion au service d'une domination politique :

> Après notre nuit palmyréenne, sortis de notre couverture nous nous séparâmes de Julie et François-Marie pour poursuivre notre expédition avec Bilger le Fou, vers le nord-est et l'Euphrate, *via* un vieux château omeyyade perdu dans le temps et les cailloux et une ville byzantine fantôme, Rasafé aux hautes murailles, où siège peut-être aujourd'hui le nouveau commandeur des croyants, Ombre de Dieu sur terre, calife des

18 Littéralement : « la Séance de Palmyre » (sur le terme de *Maqâma*, voir *supra*, p. 40).

> égorgeurs et des pillards de l'État islamique en Irak et en Syrie, que Dieu le protège, car il ne doit pas être facile d'être calife de nos jours, surtout calife d'une bande de soudards dignes des lansquenets de Charles mettant Rome à sac. (*B* 162sq)

L'occupation de Palmyre par l'État islamique, qui date de mai 2015, est peut-être ultérieure à la rédaction de ce passage (*Boussole* est paru en septembre de la même année), mais l'avancée, à l'époque triomphante, de ses troupes dans le désert syrien laissait présager ce qui ne manqua pas, en effet, de se produire. Le point du vue du narrateur sur cette question est très clair, bien qu'il prenne soin de le mettre en perspective, comparant les soldats du califat aux mercenaires allemands de Charles de Bourbon, lui-même au service de l'empereur Charles Quint, qui autorisa le sac de Rome, en 1527 – un saccage qui dura près d'un an et qui fit des milliers de victimes : manière de dire, au détour d'une phrase, qu'en matière d'horreurs, l'Occident peut bien rivaliser avec l'Orient.

Mais si Franz Ritter condamne sans ambiguïté les atrocités commises par l'État islamique, il n'en fustige pas moins « les monstruosités du régime Assad » (*B* 129), dont un signe tangible est la prison de Palmyre, qualifiée de « prison la plus sinistre de Syrie » (*B* 130), et située dans la ville moderne, à quelques kilomètres seulement du château de Fakhr ed-Din :

> Dans ses geôles, les tortures les plus atroces étaient quotidiennes, les supplices médiévaux systématiques, une routine sans autre but que l'effroi général, l'épandage de la peur sur tout le pays comme du fumier. (*B* 129)

Le narrateur, mais aussi, n'en doutons pas, l'auteur lui-même, renvoient donc dos à dos le régime d'Assad et l'État islamique, du moins en termes de violence humaine. Il y a du même coup, à l'intérieur de cet épisode palmyréen, quelque chose comme un Orient *noir*, qui d'ailleurs investit par moment certains des récits racontés par les différents protagonistes – ainsi le motif de la prison se retrouve-t-il dans l'histoire de Marga d'Andurain, qui se trouve emprisonnée à Djeddah, en Arabie saoudite, après l'assassinat de Suleyman, lequel l'avait accusée, avant de mourir, de l'avoir empoisonné (*B* 139) (plus inquiétant encore : lorsqu'il réfléchit sur sa maladie, inquiet et déprimé, Franz Ritter a cette remarque terrible, qui rappelle que la culture peut aussi faire écran au monde : « Mes livres sont tous face à moi et me regardent, horizon calme, mur de prison », *B* 153).

Les histoires racontées à tour de rôle par les différents protagonistes de cette « Séance de Palmyre », qui semble rejouer les *Mille et une Nuits*, ne sont pas uniquement une échappatoire aux violences de l'Histoire, mais elles les traduisent également, elles les reformulent dans la fiction – sans toujours chercher à les transcender. D'ailleurs Sarah, qui est à la fois une moderne Shéhérazade et, en tant que chercheuse, une commentatrice du discours « orientaliste », ne manque pas de souligner que l'histoire de Marga d'Andurain constitue, pour elle, « une métaphore de la violence coloniale, une parabole » (*B* 141). Alors que François-Marie, qui avait longuement raconté son histoire, donnait une image plutôt empathique de son héroïne, en particulier lorsqu'il évoquait son séjour de deux mois dans un « cachot atroce » (*B* 139), Sarah, elle, se montre cette fois-ci critique à l'égard du cynisme avec lequel Marga d'Andurain, pour satisfaire son ambition d'être la première femme occidentale à pénétrer à la Mecque, instrumentalise un Bédouin dont elle fait sa créature et pour lequel elle n'a que du mépris – la façon dont elle le qualifie, dans ses Mémoires, de « barbare » (elle lui refuse par ailleurs toute relation sexuelle alors qu'ils voyagent en couple), ne laisse d'ailleurs guère de doute à ce sujet[19].

Le passé et le présent, la fiction et la réalité ne sont donc pas imperméables, et la violence historique s'y manifeste de manière récurrente, alors même que des forces de vie, de paix et de beauté tentent de s'y opposer, ainsi un admirable musicien français converti à l'islam, fondateur de l'ensemble Al-Kindi, joueur de *qanun*, mort le 2 janvier 2015 d'un cancer à Paris, et auquel Énard rend hommage dans *Boussole*, à travers Ritter, tout en dénonçant les ravages de la guerre civile en Syrie :

> Aujourd'hui le caravansérail de Jalaleddin Weiss à Alep a brûlé, et lui-même est mort, mort peut-être de voir ce qu'il avait construit (un monde d'extase partagée, de possibilité de passages, de participation à l'altérité) jeté aux flammes de la guerre. (*B* 164)

Dans cet Orient en train de devenir fou, où les soldats de l'État islamique brûlent des instruments de musique qu'ils identifient comme occidentaux, alors même qu'ils sont le produit d'une influence ottomane sur l'Europe (*B* 165), et où la riposte du régime militaire syrien à ses ennemis est tellement violente qu'elle contribue à l'autodestruction de son propre peuple, mieux vaut fuir : c'est bien ce que font Franz et Sarah, comme pour échapper à cette violence – mais en quittant Palmyre, paradoxalement, ils s'approchent de la zone des combats, dont Sarah note soudain les premiers signes non trompeurs (« Mais regarde, bon sang, regarde, il y a des canons sur la colline, là-bas ! »,

---

19 Marga d'Andurain : *Le Mari passeport*. Paris : Froissart 1947, p. 82.

B 166), alors que Franz et elle sont emmenés dans une voiture conduite significativement par Bilger, l'archéologue dont la « boussole » n'indique plus le nord (*B* 167), et qui se perd au milieu de ce désert devenu un vaste terrain militaire. Soudain, le réel fait retour, qui permet de sentir, au plus près, « la violence extrême derrière l'omniprésence des soldats » (*B* 167).

Mathias Énard, lui, ne fuit pas l'Histoire, il en dit au contraire tout le potentiel destructeur, mais il croit aussi à la capacité de résilience qui est celle de l'homme, voire à la fonction cathartique d'une parole qui peut dire la violence du monde tout en la mettant à distance, tels les conteurs de la 'Séance de Palmyre', pendant cette nuit orientale dont le souvenir revient à la conscience de Franz Ritter, pendant la longue nuit viennoise qui constitue le cadre temporel de *Boussole*.

•••

Boussole est incontestablement une fiction érudite, dont l'ampleur des connaissances mobilisées par l'auteur impressionne. Mais comment interpréter ce savoir immense ? – c'est l'une des questions que peuvent se poser aujourd'hui les lecteurs de Mathias Énard. Observons d'abord qu'il n'est pas le premier romancier à cultiver l'érudition : pensons à Flaubert, lecteur aussi frénétique que Bouvard et Pécuchet, les personnages de son dernier roman, et dont *La Tentation de saint Antoine*, qui repose sur un savoir considérable, se passe entièrement dans la conscience du héros, avec le défilé des « idoles » qui hantent le saint, seul au sommet d'une éminence, au bord du Nil. Flaubert était intéressé par un Orient pré-chrétien, c'est-à-dire antérieur à l'imposition du monothéisme, donc à une vérité dogmatique. Il y a sans doute quelque chose de flaubertien dans la démarche d'Énard, qui partage avec son prédécesseur un goût pour l'emploi du discours indirect libre, avec lequel le narrateur fait parler les différents personnages du roman – manière, peut-être, de brouiller les pistes en multipliant les instances énonciatives, mais aussi d'inciter le lecteur à instaurer un *dialogue* entre des discours, des points de vue, des domaines du savoir différents. Mathias Énard accorde d'ailleurs une place considérable au monde académique, fût-il parfois moqué, dans *Boussole* (Franz est musicologue, Sarah est orientaliste et François-Marie est historien). Mais ce savoir est lui-même tourné vers l'imaginaire, qui transparaît dans la dimension romanesque des vies et des récits des voyageuses à Palmyre. Enfin, l'érudition mobilisée dans ce roman est mise au service d'une aspiration profondément humaniste. Ainsi à propos de l'hôtel *Zénobie*, le narrateur retrace pour nous l'histoire familiale de son architecte, en quelques mots qui disent toute la force unissant depuis longtemps l'Orient et l'Occident :

> L'hôtel, de plain-pied, avait été construit par un grand architecte oublié, Fernando de Aranda [1878-1969], fils de Fernando de Aranda [1846-1919] musicien à la cour d'Abdulhamid à Istanbul, successeur de Donizetti comme chef de l'orchestre des fanfares militaires impériales : *à Palmyre j'étais donc un peu chez moi*, le désert retentissait des accents lointains de la musique de la capitale ottomane. (*B* 126 ; je souligne)

Mathias Énard ne cache ni les conflits ni les peurs qui jalonnent l'histoire des rapports entre l'Europe et le monde oriental – mais il montre aussi qu'une porte doit toujours être laissée ouverte, car telle est, tout simplement, la réalité même de l'Histoire, qui devrait nous conduire à reconnaître un sentiment d'identité plurielle. « Nous avons tous oublié ces dialogues, pressés de refermer les œuvres sur la nation sans entrevoir l'espace qui s'ouvre entre les langues » (*B* 325), écrit Franz Ritter à la fin de *Boussole*.

Bibliographie

d'Andurain, Julie (2012). « Marga d'Andurain (1893-1948), une Occidentale d'avant-garde en Orient ». *Les clés du Moyen-Orient, en ligne*.

d'Andurain, Marga (1947). *Le Mari passeport*. Paris : Froissart.

Berchet, Jean-Claude (1985). *Le Voyage en Orient*. Paris : Laffont, coll. « Bouquins ».

Bourguinat, Nicolas (2017). *« Et in arcadia ego ... ». Voyages et séjours de femmes en Italie, 1770-1870*. Montrouge : Éditions du Bourg.

Chasles, Philarète (1845). « Lady Stanhope ». *Revue des deux mondes XI*, pp. 900-936.

Énard, Mathias (2015). *Boussole*. Arles : Actes Sud.

Estelmann, Frank, Moussa, Sarga et Wolfzettel, Friedrich, éds. (2012). *Voyageuses européennes au XIXe siècle. Identités, genres, codes*. Paris : PUPS, coll. « Imago Mundi ».

Gaden, Élodie, éd. (2018). *D'Afrique et d'Orient. Regards littéraires de voyageuses européennes (XIX-XXIe siècles)*. Viatica (Hors-série n° 2).

de Lamartine, Alphonse (2000). *Voyage en Orient*. Édité par Sarga Moussa. Paris : Champion.

Miermont, Dominique Laure (2005). *Annemarie Schwarzenbach ou le mal d'Europe*. Paris : Payot & Rivages.

Monicat, Bénédicte (1996). *Itinéraires de l'écriture au féminin : voyageuses du XIXe siècle*. Amsterdam : Rodopi.

Moussa, Sarga (1995). *Relation orientale : Enquête sur la communication dans les récits de voyage en Orient (1811-1861)*. Paris : Klincksieck, coll. « Littérature des voyages ».

Moussa, Sarga (2016). *Le mythe bédouin chez les voyageurs aux XVIIIe et XIXe siècles*. Paris : PUPS, coll. « Imago Mundi ».

Oster, Daniel (1987). « Un curieux bédouin ». In : Daniel Oster : *Un voyageur en Égypte vers 1850.* Le Nil *de Maxime Du Camp*. Paris : Sand/Conti.

Rogers, Rebecca et Thébaud, Françoise, éds. (2008). Dossier « Voyageuses ». *Clio. Histoire, Femmes et Sociétés* 28.

Sartre, Annie et Maurice (2016). *Palmyre, vérités et légendes*. Paris : Perrin.

Schwarzenbach, Annemarie (1994). *Orient exils*. Traduit par Dominique Miermont. Paris : Autrement.

Stanhope, Lady Hester Lucy (1845). *Memoirs of the Lady Hester Stanhope, as Related by Herself in Conversations with Her Physician.* (3 vols). London : Colburn.

Ni roman historique, ni roman à thèse : comment lire *Boussole* ?

Stephanie Bung

Résumé

En réfutant l'hypothèse que *Boussole* coïncide avec l'un des deux modèles génériques, à savoir soit le roman historique et soit le roman à thèse, nous proposons une lecture « rhizomatique » du texte. Puisque la quête de « l'Autre » ne peut jamais aboutir, les lecteurs et lectrices du roman, à l'instar de ses protagonistes qui se déplacent constamment, sont obligés de bouger dans l'espace et le temps, d'une digression à l'autre, ils sont invités à savourer le savoir dont l'auteur partage les richesses. Avec ses transformations permanentes, *Boussole* se mesure à l'aune d'une conception de l'histoire et de l'érudition qui est celle de l'héroïne du roman, Sarah, avec sa vision du monde comme rhizome.

Couronné par le prix Goncourt en 2015, *Boussole* peut néanmoins déconcerter ses lecteurs. Pour les uns, c'est « une encyclopédie intime et démonstrative, déguisée en roman »[1] ; pour les autres, « l'érudition est là, sans limites, excessive, dynamitée par des ruades, des accélérations de l'écrivain qui sauvent le roman de l'écueil »[2]. Des qualificatifs dépréciateurs tels que celui de « roman wikipedia »[3] s'opposent à des jugements nettement plus valorisants : « *Boussole* est un très beau livre qui risque parfois d'égarer son lecteur »[4], avait, par exemple, écrit le *Monde* et, dans le *Temps*, on s'était demandé : « Est-ce un livre engagé, à l'heure où l'actualité semble élever des murs de plus en plus difficiles

1 Philippe Lançon, « Mathias Énard, déroutante *Boussole* », *Libération* 7 octobre 2015. URL : https://next.liberation.fr/livres/2015/10/07/mathias-enard-deroutante-boussole_1399139. Consulté le 6 septembre 2019.

2 Etienne de Montety, « Mathias Énard : que vaut *Boussole*, élu Prix Goncourt 2015 ? », *Le Figaro* 3 novembre 2015. URL : http://www.lefigaro.fr/livres/2015/11/03/03005-20151103ARTFIG00165-mathias-enard-que-vaut-boussole-elu-prix-goncourt-2015.php. Consulté le 6 septembre 2019.

3 Lançon, « Mathias Énard, déroutante *Boussole* ».

4 Raphaëlle Leyris, « Prix Goncourt : Mathias Énard récompensé pour *Boussole* », *Le Monde* 5 novembre 2015. URL : https://www.lemonde.fr/livres/article/2015/11/03/prix-goncourt-mathias-enard-recompense-pour-boussole_4802291_3260.html. Consulté le 6 septembre 2019.

 | DOI:10.1163/9789004425507_005

à franchir entre l'Occident et l'Orient ? »[5] Manifestement, la densité d'informations extradiégétiques fournies par le roman donne à réfléchir. Il est évident que l'orientaliste Mathias Énard aime partager ses connaissances profondes de l'histoire. Son roman est constitué de digressions, de détails historiques et d'histoires imbriquées dans l'action principale qui se déroule dans l'espace temporel d'une seule nuit. Grâce à cette structure en abyme, *Boussole* renvoie ses lecteurs au grand modèle oriental de la narration nocturne, les *Mille et une nuits*. La Shéhérazade de Franz, qui est le protagoniste insomniaque ainsi que le narrateur homodiégétique du roman, s'appelle Sarah. Elle est étudiante en thèse de littérature comparée, imbue d'anecdotes qui s'enracinent dans l'histoire croisée de l'Orient et de l'Occident. Comme le narrateur, jeune musicologue qui étudie l'influence de l'Orient sur la musique européenne du dix-huitième siècle, elle s'intéresse aux phénomènes historiques qui portent les traces d'un transfert culturel. Mais Sarah est aussi une voyageuse farouche dont la passion pour « l'Autre » ne se laisse pas domestiquer. Elle se méfie profondément de toute institution qui l'obligerait à pratiquer une historiographie académique et elle ne cesse de revenir sur des questions de méthodologie dont notre conception de l'histoire est l'enjeu. Or, cette attitude critique de son héroïne, Énard oblige ceux et celles qui lisent son roman à l'assumer à leur tour. Pour mieux cerner le rapport que *Boussole* entretient avec les informations dont il regorge, nous sommes, quant à nous, en droit de nous poser quelques questions de méthodologie. Comment l'érudition s'est-elle agencée dans le pacte fictionnel que l'auteur tient avec son lecteur ? Quel genre romanesque lui sert de modèle ? Dans ce qui suit, il s'agit d'identifier les jointures génériques dont *Boussole* exhibe les traits caractéristiques. Les réflexions suivantes porteront notamment sur deux manières d'étudier ces jointures : au travers du roman historique d'abord, puis par le biais du roman à thèse.

1 Au-delà du roman historique

S'il y a, parmi les experts de l'extrême contemporain, un consensus sur le fait que le roman d'aujourd'hui manifeste un véritable « retour à l'histoire »[6], il

5 Eléonore Sulser, « Mathias Enard, prix Goncourt 2015 avec *Boussole* », *Le Temps* 3 novembre 2015. URL : https://www.letemps.ch/culture/mathias-enard-prix-goncourt-2015-boussole. Consulté le 6 septembre 2019.

6 Dominique Viart, « La littérature, l'histoire, de texte à texte ». In : Gianfranco Rubino et Dominique Viart, eds., *Le roman français contemporain face à l'histoire*, Macerata, Quodlibet, 2014, pp. 29-40, p. 29.

n'est pas moins reconnu que « les formes traditionnellement dévolues à la narration littéraire de l'histoire ont perdu leur évidence ou leur légitimité »[7]. Les grands modèles du roman historique, de Scott à Manzoni, sont tombés en désuétude, et « de nouvelles formes d'hybridation de la fiction et de la réalité se proposent »[8]. *Boussole* est un représentant privilégié de ce développement, même si le roman ne désavoue pas sa parenté avec les grands modèles du dix-neuvième siècle. On y retrouve par exemple l'imbrication chronotopique du temps personnel et du temps collectif[9]. Franz, dont la perspective du monde est clôturée par son angoisse nocturne et par son amour pour Sarah, se voit constamment confronté aux événements historiques, ne serait-ce que parce que cet amour l'oblige à en prendre conscience. Sarah connaît par cœur les anecdotes rapportées par les grands voyageurs de l'Orient et elle ne cesse de les rappeler par ses propres voyages et par ses études. Celui qui veut être auprès d'elle, en l'occurrence le jeune Franz, se trouve contraint à la suivre, voire à imiter ses démarches. En guise d'exemple, on pourrait citer l'excursion à Mogersdorf, après le colloque au château de l'orientaliste Joseph von Hammer-Purgstall, épisode situé tout au début du roman, ainsi qu'au début de l'histoire d'amour qui marquera à jamais la vie de Franz :

> J'avais été passablement impressionné par ce que Sarah tenait à voir, la raison de cette randonnée : le monument à la bataille de Saint-Gothard, plus exactement de Mogersdorf, à une portée de flèche de la Hongrie – pourquoi pouvait-elle bien s'intéresser à une bataille de 1664 contre les Ottomans, victoire du Saint-Empire et de ses alliés français, dans un village perdu, une colline surplombant la vallée de la Raab […] je n'allais pas tarder à le savoir […][10].

Dans ce passage, Franz vient de rencontrer Sarah pour la première fois. Sa fascination pour cette jeune chercheuse est encore toute neuve, comme son amour qui est en train d'éclore. Sarah écrit une thèse sur les traces littéraires laissées par le remous de l'altérité. Le contact culturel effectif qui précède ces traces littéraires n'est pas forcément harmonieux – une bataille telle que celle

---

7 *Ibid.*, p. 29.

8 *Ibid.*, p. 29. – Pour le retour à l'histoire voir aussi : Dominique Viart et Bruno Vercier, *La littérature française au présent. Héritage, modernité, mutations*, Paris, Bordas, ^{2}2008, notamment la partie II : « Écrire l'Histoire », pp. 129-210.

9 *Cf.* Michaïl M. Bakhtine, *Formen der Zeit im Roman. Untersuchungen zur historischen Poetik*, Frankfurt/Main, Fischer, 1986, pp. 196sq.

10 Mathias Énard, *Boussole*, Arles, Actes Sud, 2015, désormais *B*, p. 37.

de Saint-Gothard en témoigne –, mais il représente néanmoins un indice précieux de cette aspiration à aller vers l'autre qui fascine Sarah. Quant à Franz, ce qui l'intéresse à Mogersdorf, ce n'est pas tant la commémoration de la bataille, mais la question de comment approcher cette femme énigmatique :

> [...] Sarah la détective sauvage était toujours en grande contemplation face à la carte de pierre, comme si elle attendait que je la rejoigne : je me suis donc avancé, imaginant une manœuvre féminine pour m'inciter à me rapprocher d'elle, mais peut-être le souvenir des batailles n'est-il pas réellement propice au jeu amoureux, ou sans doute connaissais-je bien mal Sarah : j'ai eu l'impression de la déranger dans ses pensées, sa lecture du paysage. (*B* 39)

Filtré par l'ironie légère du souvenir de Franz en tant que narrateur, l'épisode de Mogersdorf expose donc l'imbrication d'une expérience biographique voire intime – en l'occurrence celle du jeune Franz en tant que personnage – et d'un événement historique – dans ce cas précis, celui de la bataille de Saint-Gothard. Or, ici, la mise en scène du rapport entre le temps personnel et le temps collectif est inhabituelle. Les personnages ne sont pas confrontés directement à l'événement historique et celui-ci ne déclenche pas l'action du roman. En revanche, la *représentation* de l'événement et notamment la façon de le commémorer déclenchent une *réflexion* qui est, elle, substituée à l'action proprement dite :

> Bien sûr, ce qui l'intéressait dans cet endroit c'était la façon dont s'était organisé le souvenir, pas tellement l'affrontement en lui-même ; pour elle, l'important c'était la grande croix de 1964 qui, en commémorant la défaite turque, traçait une frontière, un mur, face à la Hongrie communiste, l'Est de l'époque, le nouvel ennemi, le nouvel Orient qui remplaçait naturellement l'ancien. (*B* 39)

L'idée principale du roman historique est là, mais elle est adaptée, voire multipliée. L'événement historique n'est pas considéré en tant qu'unité : la bataille de Saint-Gothard ouvre vers d'autres événements historiques, les appelle, ne serait-ce que parce qu'ils réfléchissent la même problématique, celle du contact culturel. Ainsi, la structure chronotopique n'est plus celle des romans historiques du dix-neuvième siècle, ne serait-ce que le temps collectif n'est plus homogène. L'unique moment historique – tel qu'il est appréhendé par l'historicisme – est remplacé par une série de moments collectifs.

2 Le mirage de l'altérité et la pensée rhizomatique

Cette diversité des temps collectifs s'exprime également dans la multiplication des histoires. Le moyen privilégié d'appréhender le passé, pour Sarah, est l'anecdote. On le lui reproche d'ailleurs dès la soutenance de sa thèse.

> [I]ls [les mandarins] oublièrent d'ailleurs assez vite le liminaire si inusité de Sarah pour se chamailler à propos de questions de méthodologie, c'est-à-dire qu'ils ne voyaient pas en quoi *la promenade* (le vieux type crachait ce mot comme une insulte) pouvait avoir quelque chose de scientifique, même en se laissant guider par la main de Sadegh Hedayat. (*B* 11)

La scène de la soutenance, qui figure dans le premier chapitre du roman et qui sert justement à poser aux lecteurs ces fameuses « questions de méthodologie » mentionnées plus haut, est précédée par un extrait de la thèse fictive de Sarah. En effet, Sadegh Hedayat, écrivain iranien qui s'est donné la mort à Paris en 1951, lui sert de guide : Sarah le prend pour témoin d'une « volonté de se fissurer l'être » (*B* 11) qu'elle décèle dans son œuvre. Les « fissures » dénotent une fascination féconde mais dangereuse pour l'altérité, fascination dont témoignerait également toute l'histoire intercalée de l'Orient et de l'Occident. La structure même de *Boussole* repose d'ailleurs sur cette fascination : personne n'y échappe, ni les protagonistes, ni celles et ceux dont ils parlent. De fait, on assiste à une véritable *mise en abyme* de cette « volonté de se fissurer l'être » : Sarah poursuit l'Histoire dans les histoires de Sadegh Hedayat, d'Annemarie Schwarzenbach, ou encore d'autres artistes « migratoires ». Il s'agit d'une quête qui la mène jusqu'aux confins de l'Orient, où elle s'adonne à son sujet de recherche : « le vin des morts ». Fasciné ou plutôt hanté par Sarah, Franz, quant à lui, s'est adonné tout entier à l'image de la jeune femme et on peut se demander si la maladie qui l'empêche de dormir n'est pas induite par cette poursuite haletante et circulaire. Ce qui est certain, c'est que le narrateur finit par adopter la façon dont pense Sarah, en en faisant un prolongement de sa propre pensée. En se penchant sur les objets magiques qui peuplent les contes dits orientaux, il s'exclame :

> 'Du destin cosmopolite des objets magiques', voilà un titre pour Sarah : il y serait question, pêle-mêle, de lampes à génies, de tapis volants et de babouches mirifiques ; elle y montrerait comment ces objets sont le fait d'efforts successifs communs, et comment ce que l'on considère comme purement 'oriental' est en fait, bien souvent, la reprise d'un élément

> 'occidental' modifiant lui-même un autre élément 'oriental' antérieur, et ainsi de suite [...]. (*B* 187)

Cette réflexion sur les objets magiques représente d'ailleurs un temps fort dans le roman et la citation mérite une étude approfondie. On notera que les objets ne figurent pas seulement dans une histoire concrète, par exemple dans un conte précis, mais qu'ils ont à leur tour une histoire qu'il faut raconter. Cette histoire, c'est celle de leur transformation à l'occasion d'un contact culturel, histoire qui s'intègre dans un réseau narratif qui s'agrandit sans cesse. Car la somme de ces histoires ne constituera jamais l'Histoire avec une majuscule ; au contraire, ces histoires sont intéressantes parce qu'elles ont, justement, un impact sur notre conscience historique qui ne peut plus se confondre avec celle du dix-neuvième siècle. Par le biais de la réflexion du narrateur sur les objets magiques qui figurent dans les contes des *Mille et une nuits*, le lecteur retrouve donc les questions de méthodologie qu'on ne cesse de poser à Sarah.

Cependant, la réflexion sur les objets magiques n'est pas seulement précieuse parce qu'elle constitue une critique implicite de l'historicisme, mais aussi parce qu'elle renvoie à toute une théorie. Le passage cité se poursuit de la manière suivante :

> [E]lle [Sarah] en conclurait que l'*Orient* et l'*Occident* n'apparaissent jamais séparément, qu'ils sont toujours mêlés, présents l'un dans l'autre et que ces mots – Orient, Occident – n'ont pas plus de valeur heuristique que les directions inatteignables qu'ils désignent. (*B* 187)

Ironiquement, du moins par rapport au titre du roman, les directions indiquées par l'aiguille de la boussole – Orient, Occident – sont inatteignables. À l'instar des mots qui les désignent, elles ont une valeur heuristique, certes, mais les réalités qu'elles semblent impliquer restent hors d'atteinte. Les réalités « Orient » et « Occident » ne sont pas observables en tant que telles. Au moment où 'l'Un' se tourne vers 'l'Autre', c'est-à-dire quand nous nous apercevons de l'altérité, 'l'Un' et 'l'Autre' ne sont déjà plus intacts, ils n'existent déjà plus à l'état pur. L'observation ne transforme pas seulement l'observateur, mais aussi son objet. Elle est à l'origine d'une autre réalité, née de la relation entre 'l'Un' et 'l'Autre', et qui est au cœur de la métaphore du rhizome développée dans certaines théories postcoloniales. Dans sa *Poétique de la Relation*, l'écrivain antillais Édouard Glissant fait souvent appel à « l'image du rhizome, qui porte à savoir que l'identité n'est plus toute dans la racine, mais aussi dans la Relation »[11]. Cette pensée rhizomatique, toujours selon Glissant, « contredit

11 Édouard Glissant, *Poétique de la Relation. Poétiques III*, Paris, Gallimard, 1990, p. 31.

aux intolérances territoriales, à la prédation de la racine unique »[12], elle permet de consentir à une « dynamique globale »[13] et de s'ouvrir vers l'inconnu de l'autre sans le ramener directement à une identité préconçue. Il est vrai que le nom de Glissant n'est pas mentionné dans la thèse de Sarah, contrairement à ceux des théoriciens postcoloniaux tels Edward Saïd, Homi Bhaba et Gayatri Spivak. Mais les « rhizomes » qu'elle veut « mettre au jour » renvoient directement à l'écrivain antillais dont la pensée de la relation est une véritable mise en abyme de la pensée rhizomatique telle qu'elle a d'abord été élaborée par Gilles Deleuze et Félix Guattari[14] :

> Sarah me parla de sa thèse, de Hedayat, de Schwarzenbach, de ses chers personnages ; de ces miroirs entre Orient et Occident qu'elle voulait briser, disait-elle, par la continuité de la promenade. Mettre au jour les rhizomes de cette construction commune de la modernité. […] Elle parla longuement de la sainte trinité postcoloniale, Saïd, Bhabha, Spivak ; de la question de l'impérialisme, de la différence, du XXIe siècle où, face à la violence, nous avions plus que jamais besoin de nous défaire de cette idée absurde de l'altérité absolue de l'Islam et d'admettre non seulement la terrifiante violence du colonialisme, mais aussi tout ce que l'Europe devait à l'Orient – l'impossibilité de les séparer l'un l'autre, la nécessité de changer de perspective. (*B* 275sq)

Sans aucun doute, c'est Sarah qui se prononce par le truchement du souvenir de Franz. Cette déclaration fervente en faveur de la théorie postcoloniale, déclaration qui s'approche d'une profession de foi, n'est pas celle du narrateur, voire de l'auteur. Or, d'un point de vue idéologique et non technique, on pourrait se demander s'il y a là une grande différence. Faire du protagoniste le porte-parole de l'auteur est un procédé commun qu'on retrouve fréquemment au sein du genre romanesque, notamment dans les romans à thèse. Sarah, chargée par l'auteur de proclamer l'idéologie de l'anti-impérialisme, de l'anticolonialisme, du poststructuralisme et du rhizome culturel, ne serait-elle donc pas le porte-parole de Mathias Énard qui, avec *Boussole*, pratiquerait une version moderne du roman à thèse ?

---

12 *Ibid.*, p. 33.

13 *Ibid.*, p. 45.

14 *Cf.* Gilles Deleuze et Félix Guattari, *Mille plateaux*, Paris, Minuit, 1980, pp. 9-38.

3 De l'autorité fictive vers la séduction du savoir

Y a-t-il une idéologie du rhizome dans *Boussole* ? Il n'est pas facile de répondre à cette question. Déjà faudrait-il se mettre d'accord sur la formule « idéologie du rhizome » que l'on peut juger paradoxale. Dans son acceptation étroite et péjorative, la notion d'*idéologie* paraît profondément étrangère à la pensée rhizomatique qui se veut à l'opposé de tout dogmatisme, de toute identité close et arrêtée. Or, ce que l'on trouve effectivement dans le roman, et très clairement dans la vision du monde exposée par Sarah, c'est un *idéal* du rhizome. Dans la thèse fictive de Sarah, la métaphore du rhizome permet d'imaginer autrement le rapport entre l'Europe et l'Orient, d'y voir « la construction commune de la modernité » et la nécessité de quitter « cette idée absurde de l'altérité absolue de l'Islam ». La pensée du rhizome dénote une vision enchevêtrée et dynamique des identités culturelles, qui est aux antipodes de toute pensée doctrinaire véhiculée par un roman à thèse. Et pourtant, si l'on admet avec Susan Rubin Suleiman qu'au cœur de ce genre se trouve une voix autoritaire dont l'intention didactique est clairement signalée[15], il n'est pas complètement aberrant de reconnaître la voix de Sarah dans cette définition. Elle est le personnage central du roman, elle est belle, énigmatique, attirante, son souvenir est situé au cœur de la nuit que Franz cherche désespérément à traverser. Il est difficile de ne pas sympathiser avec elle, d'autant plus qu'elle est idéalisée, voire adorée par le narrateur. Peut-être ne la caractériserait-on pas comme « autoritaire », mais elle est omniprésente et assurément très séduisante. La voix de Sarah, par le biais de la voix du narrateur, procède par la séduction pour imposer sa vision du monde – sa méthode de « promenade » – aux autres ; à Franz d'abord, puis, transmise par la perspective de celui-ci, au lecteur. Si la pensée rhizomatique en soi n'est pas autoritaire, la façon dont elle est présentée par le personnage-clef de *Boussole* n'échappe pas entièrement à ce verdict.

Néanmoins, si la structure du roman privilégie une certaine « autorité fictive », on observe que *Boussole* ne présente pas toutes les caractéristiques du roman à thèse. Dans sa monographie fondamentale sur ce genre littéraire, Suleiman met l'accent notamment sur ce qu'elle appelle une dialectique du référentiel et du poétique[16]. Tandis que le roman réaliste parvient à s'équilibrer entre ces deux pôles, le roman à thèse s'incline indubitablement vers le

---

15 Susan Rubin Suleiman, *Authoritarian Fictions. The Ideological Novel As a Literary Genre*, New York, Columbia University Press, 1983, p. 8 : « In order for a work to be perceived as a *roman à thèse* [...], it must signal itself as being *primarily* didactic and doctrinaire in intent. » ; p. 11 : « The question of authority is one I shall return to again and again in this book ».

16 *Ibid.*, p. 22.

référentiel. Sans vouloir nier le fait que le pôle référentiel est très prononcé dans *Boussole*, ce qu'il convient de faire ressortir avant de conclure, c'est donc « the dialectic between 'poetry' and communication, between spectacle and message »[17] dont le roman à thèse, selon Suleiman, risque de faire défaut. En effet, ce qui peut déplaire dans le cas de ce genre, ce n'est pas le fait que le texte soit porteur d'un message en soi, mais c'est quand le message détruit le personnage chargé de le transmettre que la qualité littéraire du texte est en cause. Or, le personnage de Sarah ne peut pas être réduit au message qu'il est censé délivrer. Il est vrai que la jeune femme est bel et bien obsédée par l'idée de se servir d'une nouvelle méthodologie pour décrire le contact culturel entre l'Orient et l'Occident. Mais elle a encore d'autres qualités, notamment celle qui – même au niveau diégétique du roman – la sauvera très probablement du naufrage : elle aime Franz. Cet amour qui reste inassouvi, voire inavoué la plupart du temps, n'est pas seulement l'élément nécessaire pour achever avec succès ce qui fait de *Boussole* un « bon roman ». Ce n'est ni l'élément qui « fait marcher » le lecteur, ni l'instrument symbolique qui permet de renforcer le message du roman. Il s'agit d'un sentiment complexe qui doit sa naissance à la possibilité de communiquer, de partager le savoir. Faire part de ce que l'on sait : dans le roman, ce n'est pas seulement une affaire de qualité intellectuelle. Dès le début, on entrevoit une dimension tendre, sensuelle, voire charnelle, qui caractérise le dialogue entre ces deux personnes qui ne s'aimeront qu'à la fin du roman. C'est à Téhéran, après un concert suivi d'une soirée chez des amis pendant laquelle on parle de musique et de poésie que Franz et Sarah font l'amour. Il s'agit là de l'une des plus belles scènes du roman, introduite par une course en taxi et un geste de Sarah qu'il vaut mieux rendre par les mots de l'auteur lui-même :

> Sarah avait la main droite à plat sur le faux cuir du siège, sa peau était la seule clarté dans l'habitacle, en la prenant dans la mienne j'attraperais la chaleur et la lumière du monde : à ma grande surprise, sans immédiatement se tourner vers moi, c'est elle qui a serré fort mes doigts dans les siens, et attiré ma main vers elle – pour ne plus la lâcher, des heures plus tard, lorsque l'aurore rouge enflamma le mont Damavand pour envahir ma chambre et éclairer, au milieu des draps sillonnés de chair, son visage pâli par la fatigue, son dos infiniment nu où paressait, bercé par les vagues de son souffle, le long dragon des vertèbres et les traces de son feu, ces taches de rousseur qui remontaient jusque sur la nuque, autant d'astres de brûlures éteintes, la galaxie que je parcourait du doigt en

17 *Ibid.*, p. 22.

> dessinant des voyages imaginaires pendant que Sarah, de l'autre côté de son corps, serrait ma main gauche au bas de sa poitrine. (*B* 331)

Comme le prouve ce passage, le pôle poétique n'est donc pas dominé par le pôle référentiel du roman. On peut comprendre qu'un lecteur un peu pressé risque de passer à côté d'un tel passage et de fixer son attention sur une longue digression érudite pendant laquelle il apprendra tout ce qu'il a toujours voulu savoir – et plus encore – de la vie de Joseph Freiherr von Hammer-Purgstall. Mais le roman, à l'image de l'amour qui s'enracine dans le dialogue entre Franz et Sarah, ne fait pas une différence catégorielle entre l'information et la poésie. On pourrait même parler d'un certain éros de l'érudition pour caractériser l'esthétique de *Boussole*. Le texte, à la manière dont Sarah opère dans l'histoire, procède, lui aussi, non pas par l'endoctrinement, mais par la séduction.

4 Conclusion

Au début de ces réflexions, on s'était proposé d'étudier les points d'articulation entre notre roman et deux modèles génériques pour voir si ceux-ci pouvaient orienter notre lecture. Qu'en est-il maintenant de ces jointures ? En ce qui concerne le roman à thèse, on dira sans ambages que *Boussole* ne s'articule pas sur ce modèle. Certes, le livre contient une quantité notable d'informations extra-diégétiques, et on n'exclura pas l'hypothèse que l'auteur, en dépliant ainsi son savoir, a voulu enseigner quelque chose à ses lecteurs. Le roman est porteur d'un message, ceci est indéniable, mais pourquoi en serait-ce autrement ? Dans son essai *Pour la littérature*, Cécile Wajsbrot s'insurge contre les écrivains qui se méfient de toute vision du monde et qui font du « second degré » le signe distinctif de leur écriture :

> Qu'est-ce qui les pousse à continuer ? Pourquoi entreprendre quelque chose qui leur paraît vain à eux-mêmes ? Parce que, aujourd'hui, pour faire quelque chose, il vaut mieux ne pas y croire, être en adéquation avec ce qu'on fait est signe de naïveté, or l'important, de nos jours, c'est l'intelligence. Et l'intelligence signifie ne pas être dupe, et pour ne pas être dupe, il faut du recul, de la distance. Peut-être que la distance est le signe d'intelligence – encore n'est-ce pas sûr – peut-être que l'ironie sied à l'écriture, mais comme l'écriture prétend se substituer à la littérature [...], il leur arrive de vouloir parler de quelque chose. Et pour parler de quelque chose, ils utilisent les mêmes mots, la même méthode, le même

> ton que pour parler de rien, ou d'impuissance – les fragments, l'ironie – et le résultat est une catastrophe[18].

Il est certain que Mathias Énard ne fait pas partie de ces écrivains de la méfiance décrits par Wajsbrot. Visiblement, il croit à ce qu'il fait et à ce qu'il fait dire à Sarah, à sa vision du monde comme rhizome. Or, si son roman est une mise en abyme de la métaphore du rhizome, théorisée par des auteurs tels que Gilles Deleuze, Félix Guattari ou Édouard Glissant, il n'en est pas pour autant le substitut. On dirait plutôt qu'il entre en dialogue avec ces auteurs et leurs écrits théoriques et historiographiques. En s'appuyant sur la terminologie proposée par Dominique Viart, on pourrait parler d'un véritable « roman historiocritique »[19].

Car si *Boussole* n'est pas un roman à thèse, il ne correspond pas non plus au modèle du roman historique tel qu'il a été mis au monde par Walter Scott ou développé par Alessandro Manzoni. Ce modèle ne permet pas de mieux comprendre le rapport que les protagonistes du roman entretiennent avec l'histoire. Cependant, l'historiographie des siècles précédents – dont les romans historiques témoignent – n'est pas complètement insignifiante. Énard l'intègre dans l'économie de son roman, et c'est ainsi qu'il travaille quand même avec ce modèle romanesque, ne serait-ce que pour le *réfléchir*. Cette réflexion correspond à la transformation de notre conception de l'histoire, et c'est cette transformation qui est l'enjeu du roman. L'Histoire avec une majuscule, celle qui est identifiée avec la Nation, est congédiée, notamment par rapport à la nécessité de penser l'altérité différemment. L'impossibilité d'atteindre cette altérité est patiemment déchiffrée par *Boussole*. Les protagonistes du roman, à l'instar des objets magiques des *Mille et une nuits*, se déplacent constamment. Ils sont toujours en quête de « l'Autre », mais au moment où ils croient l'avoir sous la main, « l'Autre » n'est déjà plus là où on l'attendait et le voyage ainsi que le souvenir du voyage continuent. Pourtant, le dialogue des chercheurs et l'échange du savoir continuent également, ce qui nous permet, en tant que lecteurs, de ne pas perdre confiance en l'histoire – en celle du roman ainsi qu'en celle du rapport entre l'Orient et l'Occident. Si l'on peut caractériser l'esthétique du roman comme une sorte d'éros de l'érudition, c'est finalement pour cela aussi :

---

18 Cécile Wajsbrot, *Pour la littérature*, Paris, Zulma, 1999, pp. 12sq.

19 Viart, « La littérature, l'histoire, de texte à texte », p. 31 : « Le terme est assez barbare, j'en conviens, et sans doute faudrait-il en proposer un meilleur. Mais il nous manque un nom pour désigner cet espace spécifique où interroger non pas les thématiques historiques dans les textes mais le 'texte historien' – sa mise en œuvre, son dispositif, ses modalités … – dans les œuvres littéraires ».

à travers les digressions interminables du roman se dessinent ces transformations permanentes – et de l'individu et du collectif – qu'il faut endurer avec persistance si l'on ne veut pas renoncer à jamais au désir, à la séduction ou, tout simplement, à la vie.

Bibliographie

Bakhtine, Michaïl M. (1986). *Formen der Zeit im Roman. Untersuchungen zur historischen Poetik*. Frankfurt/Main : Fischer.

Deleuze, Gilles et Guattari, Félix (1980). *Mille plateaux*. Paris : Minuit.

Énard, Mathias (2015). *Boussole*. Arles : Actes Sud.

Glissant, Édouard (1990). *Poétique de la Relation. Poétiques III*. Paris : Gallimard.

Lançon, Philippe (2015). « Mathias Énard, déroutante *Boussole* ». *Libération* 7 octobre, *en ligne*.

Leyris, Raphaëlle (2015). « Prix Goncourt : Mathias Énard récompensé pour *Boussole* ». *Le Monde* 5 novembre, *en ligne*.

de Montety, Etienne (2015). « Mathias Énard : que vaut *Boussole*, élu Prix Goncourt 2015 ? ». *Le Figaro* 3 novembre, *en ligne*.

Suleiman, Susan Rubin (1983). *Authoritarian Fictions. The Ideological Novel As a Literary Genre*. New York : Columbia University Press.

Sulser, Eléonore (2015). « Mathias Enard, prix Goncourt 2015 avec *Boussole* ». *Le Temps* 3 novembre, *en ligne*.

Viart, Dominique et Vercier, Bruno (^{2}2008). *La littérature française au présent. Héritage, modernité, mutations*. Paris : Bordas.

Viart, Dominique (2014). « La littérature, l'histoire, de texte à texte ». In : Gianfranco Rubino et Dominique Viart, eds., *Le roman français contemporain face à l'histoire*, Macerata : Quodlibet, pp. 29-40.

Wajsbrot, Cécile (1999). *Pour la littérature*. Paris : Zulma.

Les narrateurs dans *Zone* et *Boussole* : typologie, érudition et enjeux socio-politiques et humanistes

Marie-Thérèse Oliver-Saïdi

Résumé

Seront tour à tour examinées les personnalités complexes et dépressives des protagonistes, Francis Servain Mirković pour *Zone* et Franz Ritter pour *Boussole.* Tous deux arrivés à un moment décisif de leur vie reviennent sur leur parcours. Servain se remémore les horreurs de la guerre auxquelles il a participé en Croatie, et d'autres plus anciennes en Europe qu'il a documentées en tant qu'espion. Ritter, spécialiste de musique, malade, évoque ses séjours en Orient, ses échecs professionnels ou amoureux. Dans un cadre narratif pluri-genre se manifeste une imposante érudition en musique, histoire européenne ou orientale. Les enjeux socio-politiques et humanistes sont bien présents à travers l'investigation psychologique, la violence, le choc des cultures et la faille de l'altérité entre Orient et Occident.

Entre parodie de l'*Iliade* et de l'*Odyssée*, journal intime ou tragédie, les romans de Mathias Énard déploient une œuvre symphonique aux multiples ressources scripturales. S'ils s'inscrivent certes dans la fiction, avec des protagonistes bien particuliers, ils renvoient aussi à notre histoire proche ou lointaine, aux conflits qui l'ont émaillée, en Europe et ailleurs, y entremêlant nombre de références érudites dont nous analyserons la portée et le fonctionnement.

1 Dispositif d'énonciation et typologie des protagonistes

Le dispositif d'énonciation y joue un rôle essentiel par la souplesse qu'il instaure dans le fil narratif : centré dans les grandes sommes que constituent *Zone*[1] et *Boussole*[2] sur un narrateur unique, le récit autodiégétique suit les méandres inattendues d'une mémoire bouleversée livrée aux remémorations d'un passé riche et mouvementé. Mathias Énard choisit cette approche de l'intérieur qui favorise le dialogue avec le lecteur, voire l'empathie envers des individualités

1 Mathias Énard, *Zone*, Arles, Actes Sud, 2008 (désormais *Z*).
2 Mathias Énard, *Boussole*, Arles, Actes Sud, 2015 (désormais *B*).

 | DOI:10.1163/9789004425507_006

problématiques à la vision du monde particulière. On la retrouve dans plusieurs romans de l'écrivain comme *La Perfection du tir*[3] ou *Rue des voleurs*[4]. Même quand le narrateur y est distinct du protagoniste, c'est le point de vue de ce dernier qui prédomine. La typologie de ses protagonistes est aussi significative : pour *Zone*, Francis Servain Mirković, franco-croate, combattant volontaire, puis espion pour les services secrets français, pour *Boussole* Franz Ritter, musicologue franco-autrichien spécialiste de musique orientale et grand voyageur d'Orient, tous deux témoins vivants des sanglantes convulsions des temps modernes – conflits yougoslave, libanais ou syrien, révolution arabe ou iranienne, confrontations identitaires et culturelles. Francis a non seulement participé à la guerre serbo-croate, mais ses activités d'espionnage et de trafic ensuite l'ont pourvu d'une puissante documentation sur les acteurs des autres guerres majeures du XXe siècle. Cette documentation qu'il va monnayer au Vatican nourrit sa mémoire et son imaginaire tout au long de son voyage. Il évoquera plusieurs de ces acteurs – encore vivants ou morts, compagnons de combats ou personnages croisés à la faveur de ses activités, dépeignant leurs personnalités, leurs parcours et jusqu'à leurs vices. C'est par ailleurs un homme cultivé qui se réfère à l'histoire, à la philosophie comme aux littératures anciennes ou modernes, l'*Iliade* notamment, mais aussi à Stratis Tsirkas, Ezra Pound et bien d'autres. Le dossier constitué sur lui par ses supérieurs de la Zone le qualifiera d'ailleurs d'« historien amateur » (*Z* 509) !

Dans *Boussole*, Franz Ritter, qui est spécialiste de musique orientale, possède quant à lui aussi une vaste culture musicale, historique et littéraire. Même s'il se qualifie de « savant de cabinet » (*B* 192), il a effectué nombre de voyages en Europe et en Orient où il a fréquenté orientalistes, musiciens et archéologues qu'il ne cessera d'évoquer tout au long de sa nuit d'insomnie. Y reviendront aussi ses sujets de recherche autour des grandes figures du passé qui ont hanté ces contrées d'Orient. Bien présents aussi chez ces deux narrateurs, les visages des femmes aimées. Dans *Zone*, Marianne, puis Stéphanie, la collègue de Francis Servain Mirković au Ministère de la Défense qui toutes deux finiront par le quitter, écœurées. Pourtant, Sarah dans *Boussole* est, elle, une figure essentielle du roman, la passion que lui voue Ritter le rattache à la vie par l'espoir constant de la conquérir.

---

3 Mathias Énard, *La Perfection du tir*, Arles, Actes Sud, 2003.

4 Mathias Énard, *Rue des voleurs*, Arles, Actes Sud, 2012.

2 Des personnalités complexes et dépressives

Dans *Zone* comme dans *Boussole*, les « héros » – ne faudrait-il pas parler plutôt d'anti-héros ? – sont dotés de personnalités tourmentées et instables, avec des expériences de vie diverses et des centres d'intérêt variés qui serviront de support à l'investigation érudite ou à la remémoration compulsive et angoissée. Tous deux se trouvent en situation de fragilité extrême car ils sont arrivés à un moment décisif de leur vie, l'un suite à sa décision de changer de vie, de métier et de nom, l'autre voyant approcher avec crainte la mort avec la maladie. Francis Servain vient d'emprunter sans grand scrupule le nom d'Yvan Duroy, un ancien compagnon fasciste, désormais enfermé en hôpital psychiatrique. Il veut en changeant d'identité commencer une nouvelle vie à Rome avec une compagne de hasard afin d'« échapper à soi-même, au commerce vital, au souvenir des émois et des crimes » (*Z* 14). S'installer ailleurs dans une autre langue comme dans un nouveau monde, d'où ses fréquents recours à des expressions étrangères, anglaises, allemandes ou croates, mises en italique dans le texte. Il en viendra à interpeller cette nouvelle identité comme pour s'assurer de son existence effective, notamment à la fin du voyage lorsque l'angoisse explose de plus en plus face au vide de « la fin du monde » (*Z* 13), une formule qu'il aime à répéter.

Franz Ritter, lui, confronté à l'annonce d'une maladie – jamais précisée – est étreint par l'angoisse tout au long de cette nuit agitée où il évoque même Balzac sur son lit de mort. C'est à l'aune de cette nouvelle traumatisante qu'il va se remémorer sa vie, ses rencontres, les personnalités qui l'ont marqué, tous ces orientalistes contemporains ou disparus livrés souvent au vertige de la démence ou du suicide. Et revient plus que tout autre l'inoubliable Sarah, la « détective sauvage » (*B* 39) perdue dans l'Orient et sa quête infinie, hantée par l'altérité et par des obsessions morbides. Les premières pages s'ouvrent avec elle, son dernier article sinistre sur le vin des morts au Sarawak et le prologue de sa thèse sur le grand écrivain iranien Sadegh Hedayat suicidé à Paris comme Paul Celan. Le livre se fermera sur ses dernières lettres prometteuses et le poème d'amour de Wilhelm Müller qui figure en exergue du roman. Mais au long de cette rêverie mélancolique est déroulé :

> [...] un immense réseau de textes, de notes et d'images, un chemin visible de [lui] seul qui relie le vieux von Hammer-Purgstall à tout un monde de voyageurs, de musiciens, de poètes, qui relie Beethoven à Balzac, à James Morier, à Hofmannsthal, à Strauss, à Mahler [...]. (*B* 66)

Avec pour point d'orgue une intense réflexion sur identité et altérité.

3 La construction de soi

Solitaires, les protagonistes analysent volontiers leur propre personnalité dans un bilan de vie sans concession. Tous deux ont une double origine, franco-croate pour Francis Servain Mirković, franco-autrichienne pour Franz Ritter, ce qui les marquera tout comme leur enfance souvent évoquée. Dans *Zone*, notamment, le protagoniste souligne l'influence de sa famille sur son parcours : sa mère catholique fervente lui rappelle fréquemment ses origines croates et la nécessité d'y être fidèle ; elle sera très fière de son engagement côté croate durant la guerre serbo-croate. La relation au père est elle aussi problématique : ce père auquel il ressemble, nationaliste français, a fait la guerre d'Algérie dans laquelle il a été impliqué dans la torture de personnes algériennes ; il pressent chez son fils le même vertige de violence qu'il a connu, mais se drape dans le silence. Quant au grand-père torturé par la Gestapo dans les camps, il a probablement dénoncé ses camarades pour s'en sortir. Cet atavisme familial permet au protagoniste, à l'occasion, de se prendre en pitié, se disculpant des violences auxquelles il s'est livré dans ses combats. Déjà enfant, ne faisait-il pas preuve de sauvagerie, cassant des objets et brutalisant sa sœur ? Déjà, il éprouvait aussi le besoin d'être rassuré par des bras ou un peu de lumière le soir dans sa chambre. Cette enfance n'était-elle pas, en effet, rassurante pour celui qui ne cesse de ponctuer son récit du leitmotiv qui ouvre le livre et plusieurs chapitres :

> […] tout est plus difficile à l'âge d'homme, tout sonne plus faux un peu métallique comme le bruit de deux armes de bronze l'une contre l'autre elles nous renvoient à nous-mêmes sans nous laisser sortir de rien c'est une belle prison (*Z* 11)

Dans un mouvement de nostalgie remontent d'ailleurs de vieilles chansons d'alors, « Trois jeunes tambours » ou « Fille du roi donne-moi ton cœur » (*Z* 490). Après son service militaire, Francis Servain Mirković va tenter Sciences Po et récidivera après son engagement en Croatie, rêvant alors d'une carrière diplomatique. Mais ces deux années passées à combattre et à expérimenter la cruauté humaine l'ont terriblement marqué. Épris d'histoire et de géographie, il reste fasciné par les récits de batailles et les héros dont il capte bien les ressorts intimes. Se manifeste aussi à cette période un goût avéré pour l'alcool. Recalé à Sciences Po, il trouvera finalement un poste de délégué de défense dans les services secrets français et se verra confier la zone méditerranéenne avec ses durs conflits en Algérie, ses trafics louches en Égypte. Ce plongeon dans un univers glauque approfondira angoisses, honte et culpabilité. D'où sa décision finalement de rompre définitivement avec ce lourd passé, loin de sa famille, de ses collègues, de sa langue et, dans un sens, de lui-même. Mais ce passé trouble le rattrapera inexorablement tout au long de son voyage … – même si y interfèrent parfois quelques bouffées d'humour. La fin du roman reviendra dans un tragique bouquet final sur les moments les plus terribles de sa vie, les viols ou les massacres commis, notamment celui d'un jeune bosniaque innocent.

Dans *Boussole*, Franz Ritter évoque aussi son lien infantilisant avec sa mère chez laquelle il va manger tous les dimanches, son enfance en Touraine auprès de sa grand-mère paternelle ; pourtant, il avoue : « ces territoires d'enfance me provoquent une terrible douleur peut-être à cause de leur disparition brutale qui préfigure la mienne » (*B* 33). Pleinement conscient de ses travers, il se voit comme « prude et vieux jeu » (*B* 56), hésite à embrasser Sarah et a honte d'avoir été repoussé par elle à Alep. Il se dénigre volontiers, se jugeant un égoïste qui a mal compris la souffrance de Sarah à la mort de son frère, un lâche à l'occasion, « un mauvais espion » (*B* 192), « un fils à maman chargé de médicaments contre la diarrhée » (*B* 51). Repensant à son parcours intellectuel, il s'avoue que « [sa] vie spirituelle a été le même désastre que [sa] vie sentimentale » (*B* 156). Trop lucide, il se taxe ainsi de velléitaire, assez terne quand il se confronte à Sarah et à ses recherches, lui qui pourrait écrire un article ambitieux sur le Tiers-Orient. Angoissé par la mort, il ressasse ses échecs comme beaucoup d'autres personnages évoqués dans le roman qui tentent de « vaincre la bile noire par le voyage d'abord, puis par le savoir, et par la mystique ensuite » (*B* 50). Il tâtera aussi de l'opium à Istanbul, initié par un chercheur français, Faugier, spécialiste des bas-fonds de Téhéran, qui finira par sombrer dans des troubles mentaux. Ritter, plus équilibré, n'usera que peu de l'opium – difficile à trouver à Vienne –, mais en célébrera les effets merveilleux, lui qui nous guide dans un « désir éternel, une interminable érection sans but » (*B* 66). Francis Servain, on l'a dit, abusera quant à lui de l'alcool jusqu'à l'hallucination à la fin du roman, alors que s'accélèrent l'angoisse et les souvenirs les plus sombres. Dépressif aussi, il avoue : « je suis un sauvage, brutal et rugueux qui malgré toutes les frusques civilisées qu'on lui a fait endosser, tous les livres qu'il a lus reste un primitif farouche capable d'égorger un innocent » (*Z* 169)[5].

Les deux romans pourraient finalement s'apparenter à un journal intime resserré dans le temps, où s'effectue un examen de conscience douloureux. Fort de « cette discipline de l'intériorité »[6] évoquée par Béatrice Didier, le diariste a le souci de « noter tout ce qui vient, pour que rien ne se perde »[7]. Francis

5 Ce qu'il a fait dans un accès de fureur après la mort de son ami Andi.

6 Béatrice Didier, *Le journal intime*, Tunis, Cérès, 2002, p. 60.

7 *Ibid.*, p. 55.

Servain veut d'ailleurs, dit-il, « dans le rythme de ce train monocorde [se] récrire[8] pour renaître en descendant » (*Z* 132). Opération difficile, mais qui renvoie peut-être à une dimension religieuse issue de son enfance : se livrant à un exercice spirituel, « l'auteur s'examine et fait son acte de contrition ; mais il est aussi la rédemption »[9]. Il renoncera ainsi finalement à monnayer la fameuse valise.

4 Un délicat rapport à l'autre

À la faveur de ces remémorations sera évoquée une série de personnages que les protagonistes ont côtoyés : amis, amours, collègues de travail ou autres. Fréquentations aux tonalités diverses, plus ou moins fastes ou problématiques.

4.1 *Les amis*

Un des premiers amis de Francis Servain est un fasciste qui deviendra fou et croupira enfermé dans un asile psychiatrique. C'est son nom qu'il choisit d'emprunter, tel un symbole prémonitoire. Par la suite, sont évoqués des volontaires engagés comme lui côté croate, avec lesquels il fraternisera. Retenons particulièrement Andrija, son compagnon de combat, un lion violent mais aussi sensible puisqu'il pleure après avoir vu dans un village un vieux massacré gisant à côté du cadavre de sa femme au ventre perforé par un crucifix ! Francis Servain démissionnera après la mort d'Andrija, et s'en voudra d'avoir abandonné son corps. « [T]u me manques » (*Z* 40), avouera-t-il avec émotion, l'appelant dans un tutoiement unique dans le roman. N'ont-ils pas partagé ensemble des moments inoubliables, comme l'épisode burlesque de la truie rapportée malgré le danger par les deux affamés ? Le Libanais Ghassan Antoun, ex-membre des Forces libanaises, rencontré plus tard à Venise, lui rappellera Andrija. Rapprochés un temps par l'alcool et la défense commune « de la nation et de la croix », ils en resteront à une « amitié froide »[10] et se quitteront sans regret. Il suivra sporadiquement la trace d'autres silhouettes au destin proche du sien sans se lier vraiment à eux : un Harmen Gerbens, ancien nazi rencontré au Caire, dont il cherchera la famille en Hollande ; un Nathan Strasberg du Mossad ou un Eduardo Rózsa, ex-journaliste, combattant côté croate avant de se convertir à l'Islam ... Mais n'est-ce pas finalement la folie, ces fous qui sont ses inéluctables compagnons, que le protagoniste attire du début à la fin du roman ?

---

8 Le mot est à noter, n'est-ce-pas aussi l'objectif de l'auteur ?

9 Didier, *Le journal intime*, *op. cit.*, p. 86.

10 *Ibid.*, p. 90.

Franz Ritter, lui, est plus que tout un intellectuel qui vit surtout dans les livres et la musique et observe ses collègues archéologues ou chercheurs avec une certaine distance prudente et critique. Il les fréquente mais avec conscience de leur excentricité, de leurs excès, voire de leur folie, comme chez Faugier. Il s'apparente en ce sens au narrateur-voyageur de *Les Anneaux de Saturne*[11] de W.G. Sebald, qui se passionne pour des érudits fantasques et fréquente essentiellement des intellectuels.

4.2 *Les amours*

Chez Francis Servain, la même impuissance à se lier durablement se retrouve au niveau amoureux. La relation établie avec Marianne est symptomatique. Cette jeune fille de bonne famille chrétienne, quasi fiancée avec lui, l'a attiré par ses formes amples et rassurantes bien plus que par son âme. Il restera d'ailleurs obsédé par ce corps maternel plusieurs années après leur brutale rupture. Alors que Marianne est venue le rejoindre à Venise après l'avoir attendu durant son engagement en Bosnie, lui préfère errer dans la ville avec Ghassan le phalangiste plutôt que de passer la nuit avec elle qui se refuse, déprimée par son silence. Furieuse, elle le chassera devant son copain d'un coup de pied dans les parties inférieures. Même incompréhension à l'égard de Stéphanie, sa collègue devenue sa maîtresse. Elle veut mieux le connaître et découvre avec horreur son passé brutal dans une scène violente qui souligne la difficulté du protagoniste à communiquer avec les autres comme avec lui-même. Devant son indifférence à l'annonce de sa grossesse, elle se fait avorter, écœurée par sa personnalité et son égoïsme. Elle a, en effet, pris connaissance du rapport accablant des Services sur lui : un barbare, comme elle le qualifie, « tendant à l'alcoolisme et la dépression, à surveiller, à écarter des responsabilités, passé par le tribunal pénal international » (*Z* 509sq). Il en conviendra lui-même : « Je suis un monstre, un monstre d'égoïsme et de solitude » (*Z* 486). Cette impossibilité à se livrer vraiment le conduit d'ailleurs dans les bras de Saska, une jeune Russe qu'il compte rejoindre à Rome sous sa nouvelle identité, et qui ne saura rien de son passé. Ultime refus de s'assumer dans toutes ses facettes, surtout les plus terribles.

Franz Ritter, à l'inverse, vit une grande passion pour Sarah dont il admire non seulement la beauté, mais aussi l'intelligence, le savoir et la force de caractère. Elle joue un rôle essentiel tout au long du récit comme muse inspiratrice, une sorte de double du narrateur par sa culture et son avidité de connaissances. Tous deux sont d'ailleurs liés par une « dépression structurelle » (*B* 50)

11 W.G. Sebald, *Les Anneaux de Saturne*, Arles, Actes Sud, 1999.

dans ce « roman de l'humeur noire »[12] comme le qualifie l'écrivain. L'échange, parfois imaginé, avec Sarah sert souvent de fil rouge au récit, d'intercession vers de nouveaux centres d'intérêt, d'autres régions lointaines comme l'Asie où elle poursuivra sa quête existentielle, tentée par le bouddhisme tibétain. Elle contribue aussi à instaurer un véritable dialogue dans le récit en y introduisant des points de vue différents et suggestifs. Mais la timidité du narrateur le contraint et il perd l'occasion de la conquérir alors qu'elle s'éprend d'un musicien syrien et l'épouse. Fasciné par elle malgré ses goûts macabres pour les cadavres et les armes, il l'évoque longuement, relit ses écrits au cours même de sa nuit d'insomnie, et associe joliment sa respiration à la musique[13], son autre passion. Car « nous jouons notre sonate tout seuls sans nous apercevoir que le piano est désaccordé, pris par nos sentiments » (*B* 97). La fin du roman ouvre un champ d'espoir avec la lettre de Sarah qui, séparée, souhaite le revoir à l'issue de ses nombreuses et vaines quêtes et laisse enfin percer son affection pour lui – tout en continuant de le taquiner un peu.

5 Cadre narratif pluri-genre et organisation romanesque

5.1 *Une Iliade parodique ?*

L'anamnèse-examen de conscience auquel se livrent les deux narrateurs se déroule dans un cadre narratif bien particulier, très construit et pluri-genre. Est mise en valeur la capacité du roman à « absorber tous les genres, de les cannibaliser, les digérer pour en faire émaner une forme, une voix, un récit »[14]. Dans *Zone*, en effet, est élaborée une structure complexe, carnavalesque, où se réécrit une *Iliade* moderne, épopée parodique avec ses 24 chapitres et ses formules homériques décalées. Car Francis Servain, homme cultivé et grand lecteur, est un fin connaisseur des textes antiques. C'est pourquoi, tentant d'échapper à une déprime envahissante, il se plaît à mêler sans cesse sublime et sordide lors de sa remémoration de tous ces affrontements, se référant à la glorieuse épopée grecque, à sa mythologie et à ses codes, comme les qualificatifs associés aux héros : Napoléon devient « le corse aimé de Zeus » (*Z* 20) ; la

---

12 Fabien Ribéry, « Tramways de porcelaine, pour clochettes, zarb, et bols tibétains / Entretien avec Mathias Énard », *Le Poulailler. La revue indépendante du bout du monde* 5 novembre 2015. URL : http://le-poulailler.fr/2015/11/tramways-de-porcelaine-pour-clochettes-zarb-et-bols-tibetains/. Consulté le 6 septembre 2019.

13 À Palmyre, allongé à ses côtés, Ritter déclare : « J'essayais d'inspirer comme elle, *adagio* d'abord, puis *largo* », *B* 147.

14 Jean-Yves Tadié et Blanche Cerquiglini, *Le roman d'hier à demain*, Paris, Gallimard, 2012, p. 416.

guerre serbo-croate est assimilée à la guerre entre Grecs et Troyens : « Apollon protégeait les Serbes et les Bosniaques, Athéna aux yeux pers veillait sur nous comme elle pouvait » (*Z* 47) ; le bouclier d'Achille évoqué à plusieurs reprises illustre le rôle décisif de la vengeance comme moteur de la guerre et de la violence chez les individus comme chez les peuples.

5.2 *Une tragédie classique ?*

Les deux ouvrages rappellent aussi sur de nombreux aspects la tragédie classique et ses unités de lieu, de temps et d'action : un temps limité, celui du voyage ferroviaire Paris-Rome pour le héros de *Zone*, commencé le 8 décembre, point d'inflexion de sa vie, celui d'une nuit pour le narrateur de *Boussole* minutée à 90 secondes la page[15]. Par ailleurs, on l'a vu, les protagonistes vivent tous deux dans le drame, le sentiment d'échec et les amours malheureuses : Francis Servain voué à une destinée fatale par une hérédité de violence et d'alcool comme la *Phèdre* de Racine sous le poids des amours dépravées de sa mère Pasiphaé, et de la vengeance de Vénus ; Ritter, affolé dans sa quête de l'inaccessible Sarah. L'un et l'autre sont enfermés dans un espace clos propice au ressassement mémoriel et aux fantasmes : ici, un wagon de train, là, la chambre du narrateur insomniaque. Brassant matériaux relevant de l'histoire proche ou ancienne et de leur passé, les deux récits suivent à chaque fois le cours imprévisible de la mémoire – cette « chose étrange » (*B* 44) comme le note Ritter –, par une digression continue, au hasard des lieux, des noms, du moment.

5.3 *Un palimpseste ?*

Le cadre narratif, par ailleurs, n'est pas sans évoquer plusieurs ouvrages de l'écrivain allemand W.G. Sebald comme *Vertiges*[16] ou *Les Anneaux de Saturne*. Dans *Vertiges*, le voyage en train en Allemagne ou en Italie s'appuie sur la remontée de souvenirs d'enfance et l'évocation érudite d'écrivains tourmentés tels Stendhal ou Kafka, avec insertion de documents anciens comme dans *Boussole*. Dans *Les Anneaux de Saturne*, il s'agit aussi d'une remémoration du narrateur, comme une rêverie-fantasmatique après un séjour à l'hôpital où s'enclenche un « signe avant-coureur de la fêlure qui parcourt depuis [son] existence »[17]. C'est aussi un voyage au long des paysages et de l'histoire de la côte est de l'Angleterre et de ses liens avec le vaste monde et ses bouleversements, sous l'égide de l'érudit Thomas Browne dont le crâne conservé est évoqué au début et à la fin de l'ouvrage.

---

15 Ribéry, « Tramways de porcelaine », *op. cit.*
16 W.G. Sebald, *Vertiges*, Arles, Actes Sud, 2001.
17 Sebald, *Les Anneaux de Saturne*, *op. cit.*, p. 30.

Dans *Zone*, les arrêts du train dans telle ou telle ville scandent la progression du voyage et l'émergence de nouveaux souvenirs chez le protagoniste –, « ce train dira-t-il, dont le rythme vous ouvre l'âme plus sûrement qu'un scalpel » (*Z* 11). D'ailleurs, ce sont les neuf bornes essentielles comme Milan, Parme ou Rome qui figurent à la fin du roman dans la table des matières, et non pas les numéros des chapitres sans titre. La chronologie bouleversée et l'absence de ponctuation tout au long du roman accentuent la force et la vitesse de cette tempête sous un crâne, même si sont disséminés ici et là quelques repères chronologiques comme la fin de l'engagement de Francis Servain dans la guerre ou l'entrée au service de la Zone. Dans un entretien avec Robert Solé, Mathias Énard explique ce choix :

> La forme est née du récit. J'avais une masse énorme de documents, d'interviews, de choses à raconter. Je ne savais comment les ordonner. J'ai finalement trouvé la voix du narrateur : cette longue phrase, qui donne l'unité au livre, m'a porté[18].

N'est-ce pas aussi le souvenir du style de ce Thomas Browne chez Sebald « qui bâtit des phrases labyrinthiques se déroulant parfois sur une ou même deux pages entières, foisonnantes, semblables à une procession ou à un cortège funèbres »[19].

Dans *Boussole*, c'est l'écoulement du temps et non plus les lieux qui structure le récit avec les notations précises des heures de la nuit au début de chaque chapitre, « un temps raisonné comme la musique » (*B* 50) pour celui qui, enfant, avait la passion des montres et des pendules. Un temps qui semble organiser le plan même du livre jusqu'à ce qu'émerge au quart du livre, page 91, le projet d'un ouvrage complexe centré sur l'Orient et ses spécialistes. La méditation se dote alors d'un axe apparemment plus maîtrisé même si les méandres de la pensée restent encore bien présents. Les titres de ces différents tomes constitueront finalement la table des matières, évacuant le poids du temps maître des chapitres.

Dans les deux romans, le narrateur revient périodiquement à l'environnement réel, une sorte de retour sur terre pour endiguer la dérive mémorielle : les autres voyageurs du train pour Francis Servain ; pour Franz Ritter, sa chambre, image de son *moi* enfermé sur lui-même, avec les objets totems de ses goûts, ses

18 Robert Solé, « *Zone*, de Mathias Énard : 'J'ai voulu faire une épopée contemporaine' », *Le Monde des livres* 11 septembre 2008. URL : https://www.lemonde.fr/livres/article/2008/09/11/zone-de-mathias-enard_1093975_3260.html. Consulté le 6 septembre 2019.

19 Sebald, *Les Anneaux de Saturne*, *op. cit.*, p. 31.

déambulations pour se faire une tisane ou chercher un document dans sa vaste bibliothèque. Ce faisant, Énard y introduit une réalité différente, souvent plus légère, voire burlesque : Franz Ritter évoque sa robe de chambre trop longue qui va le tuer ou la manie de son voisin du dessus d'aller faire ses besoins à heure fixe le soir ; Francis Servain, lui, commente l'allure des autres voyageurs, leurs manies, leurs caractères supposés, non sans un certain humour.

6 Les divers types d'érudition, leur fonction et leur portée

Dans les deux romans transparaît une imposante érudition, embrassant des domaines aussi divers que la musique, les armes, l'art, l'orientalisme, mais aussi la géopolitique, voire la psychanalyse. Une érudition vivante puisque elle est intimement liée à la vie des protagonistes, à leur parcours, leurs centres d'intérêt, leurs rencontres, leurs amitiés et leurs amours. Selon Sean J. Rose dans un article consacré à *Boussole* : « L'érudition, loin d'alourdir le récit, s'intègre à la matière romanesque, la faisant chatoyer de mille anecdotes »[20]. De fait, les nombreux personnages qui circulent au long de ces récits donnent lieu à des portraits sensibles brossés par petites touches avec leurs caractères, leurs spécialités, leurs aventures et leur destin. Ces incessantes références rendent compte du malaise dans lequel se trouvent les protagonistes et de leur drame intérieur. Elles sont de tonalité différente selon les romans.

Dans *Zone*, les références sont souvent lugubres et violentes, liées à la guerre et à la vengeance présentée comme un facteur déterminant de l'action humaine. Francis Servain revient sur les champs de batailles des dernières guerres de manière obsessionnelle : camps nazis, ghettos polonais ou vénitiens, guerres d'Espagne ou du Liban. Avec certaines figures récurrentes comme José Millán Astray, le général borgne de la guerre d'Espagne, ou Harmen Gerbens, un vieux nazi fréquenté au Caire. Une place importante est réservée à ses propres combats en Serbie, avec ses compagnons d'alors, comme Andrija le lion, Andi et Vlaho, volontaires comme lui du côté croate. Chez Sebald aussi, c'est une série de photos trouvées dans un gros in-folio à Southwold qui replongent le narrateur dans la Première Guerre mondiale et ses horreurs, dans les diverses zones de combat et notamment dans les Balkans, avec les terribles exécutions dans

20 Sean J. Rose, « Mélancolie insomniaque », *Livreshebdo* 19 aout 2015. URL : https://www.livreshebdo.fr/article/melancolie-insomniaque. Consulté le 8 octobre 2019.

les camps gérés par les oustachis croates[21]. *Zone* en dépit de bribes d'humour viril est émaillé de massacres, de tortures et de viols avec d'horribles détails : « vomi », « merde », énucléation des yeux à collectionner, décapitation des cadavres à laquelle se livre le narrateur lui-même dans un accès de rage vengeresse après la mort de son ami Andi. Car on ne tue pas forcément pour de l'argent, mais pour la joie de tuer. « Qu'importent les raisons pour tuer, elles sont toutes bonnes dans la guerre » (*Z* 30), affirme Francis Servain, puisque « les héros sont souvent nimbés de ténèbres, marqués par Hadès, grand mangeur de guerriers » (*Z* 416). En ce sens, l'utilisation parodique de citations de l'*Iliade* qui émaille *Zone* illustre l'ambiguïté de la couverture épique qui sublime souvent le sordide dans l'historiographie traditionnelle, alors que « l'histoire est un conte de bêtes féroces, un livre avec des loups à chaque page » (*Z* 401).

La même obsession morbide réapparaît épisodiquement dans *Boussole*, où elle est le fait cette fois de Sarah qui, fascinée par les armes, les blessures et la mort, incite Ritter à visiter le musée du crime à Vienne et écrit sur le vin des morts. On retrouve d'ailleurs ce même goût des armes, de la mort et de la violence dans plusieurs romans de Mathias Énard comme *Le Bréviaire des artificiers*[22] ou *La Perfection du tir*, où le héros est un franc-tireur libanais fier de sa dextérité à abattre ses victimes sans aucune émotion. Il est évident que cette brassée de morts et de guerres transmet une image terrible de l'espèce humaine et de ses irrémissibles pulsions violentes. Mais les références de *Boussole* sont malgré tout plus nostalgiques et passionnées, inspirées par l'engagement du héros dans la musicologie orientale et l'intérêt pour cet Orient envoûtant et ses dimensions culturelles. Comme le soulignait Nathalie Piégay-Gros dans un article sur « L'érudition imaginaire » :

> Qu'elle soit une expression de l'esprit mélancolique, pour lequel l'étude savante est remède et poison tout à la fois, ou qu'elle risque de faire basculer l'esprit dans la folie (l'érudition est fantastique et mortifère pour les héroïnes de Poe par exemple) l'érudition frappe l'imagination[23].

L'univers musical est ici constamment présent et s'intègre au déroulé même du roman. C'est la seule vraie passion du narrateur car c'est, dit-il, « un beau refuge contre l'imperfection du monde et la déchéance du corps » (*B* 45). Ainsi va-t-il

21 Sebald, *Les Anneaux de Saturne*, *op. cit.*, p. 117-122. Y sont aussi évoquées les destructions lors de la guerre anglo-chinoise, les souffrances subies au Congo par les Africains, etc.

22 Mathias Énard, *Le Bréviaire des artificiers*, Paris, Verticales, 2007.

23 Nathalie Piégay-Gros, « L'érudition imaginaire », *Arts et Savoirs*, 5, 2015, §7. URL : https://journals.openedition.org/aes/306. Consulté le 6 septembre 2019.

se référer à toute une gamme de musiciens célèbres comme Beethoven, Liszt, Mahler, en les rattachant toujours à l'Orient, mais aussi en évoquant des artistes contemporains comme Julien Jalaleddin Weiss, fondateur de l'ensemble Al Quindi et superbe joueur de qanoun. Ritter veut rendre justice à tous ceux qui ont œuvré par amour de la musique, pour la connaissance des instruments, des rythmes et des modes de répertoires arabes, turcs ou persans, comme un Félicien David, leur dédiant une sorte de tombeau poétique à la façon de la Renaissance. Nathalie Piégay-Gros précise d'ailleurs :

> Le propre du savoir érudit, nous l'avons rappelé, est sa rareté, sa désuétude, son excentricité. Aussi le récit qui se l'approprie n'est-il pas seulement un texte solidement documenté : c'est avant tout un texte qui investit des objets abandonnés, oubliés[24].

Cet art musical symbolise pour Ritter le lien fort qui circule entre Occident et Orient dans les deux sens. Il affirme même avoir démontré dans ses écrits que la révolution dans la musique aux XIXe et XXe siècles devait tout à l'Orient. D'autres arts sont aussi évoqués comme la littérature, ou l'architecture, qui présentent également bien des accointances avec l'Orient. Si Balzac séjourne à Vienne, porte de l'Orient selon le musicologue, ou Lamartine au Liban où il se serait épris de Lady Stanhope, d'autres grands écrivains comme Hugo et Goethe ont eu, eux aussi, la fibre orientale. Ritter lui-même avouera que sa visite de la mosquée Süleymaniyé à Istanbul l'a profondément ému, voire plus que la musique ! Sous l'influence de Sarah, il se plaît à retracer le destin de grandes figures féminines qui ont hanté l'Orient et ses lieux emblématiques comme l'hôtel Baron d'Alep ou l'hôtel Zénobie à Palmyre : Lady Stanhope, Jane Digby, Gertrude Bell, la sulfureuse Marguerite d'Andurain et bien d'autres. Au hasard de la mémoire circulent des orientalistes de toutes sortes, archéologues, chercheurs de l'Institut français de Damas, spécialistes de l'Iran, de la Syrie, passés ou actuels. Avec des portraits curieux comme celui de Gilbert de Morgan et son cruel amour pour une belle Iranienne, ou encore celui du malheureux Faugier au destin tragique. Au quart du roman, ces cogitations débouchent d'ailleurs brusquement – on l'a déjà noté – sur un projet d'écriture, son « grand œuvre », celui d'un ouvrage qui lui vaudra la gloire, dit-il avec humour. Avec ce projet, la nature même du récit en cours se transforme. L'ouvrage en plusieurs tomes qui s'intitulera *Des différentes fformes de ffolie en Orient* va en quelque manière phagocyter le récit par une sorte de mise en abyme du texte lui-même, puisque la table de matière sera finalement celle de cet ouvrage à venir. S'y

24 Piégay-Gros, « L'érudition imaginaire », *op. cit.*, §11.

intégreront des pages entières sur les grands orientalistes présents et passés, classés comme des papillons par catégories : *Les Orientalistes amoureux*, *La Caravane des travestis*, etc.

Nathalie Piégay-Gros notait d'ailleurs comment « la propension à dresser des listes et des inventaires montre le goût pour l'accumulation d'objets de savoir rares »[25]. Avec ce tournant dans le récit, la forme aussi va évoluer quelque peu avec l'usage d'une écriture gothique-ancien allemand pour les titres des différents tomes, présentation de vieux manuscrits, insertion de gravures, de documents et envoi à la fin de l'ouvrage, à la manière de Sebald. Le jeu sur la typographie se diversifie avec des dialogues, des scènes, et l'usage même d'une interpellation directe à Thomas Mann, des échanges épistolaires et des débats avec Sarah. La narration s'enrichit encore plus de ces matériaux divers, approfondissant le parcours réflexif du protagoniste, comme pour donner une consistance à ces « épreuves de la subjectivité[26] » mêlant désarrois et investigation subjective dont Dominique Viart notait l'émergence dans le roman français contemporain.

À la faveur de ce projet se développent nombre de réflexions sur la nature de l'Orient, son véritable sens, ses relations avec l'Occident et surtout le rapport à l'altérité, essentiel dans tout le texte. Car la rencontre entre les deux mondes n'est pas simple – même pour les spécialistes !

Ritter a bien conscience de la relation ambivalente entretenue avec cet univers fascinant mais également trouble, puisque si certains y ont suivi la quête intellectuelle « du vide et de la transcendance » et « la boussole infaillible de la Tradition » (*B* 157), comme René Guénon, d'autres s'y sont perdus dans l'altérité et y ont contacté la maladie du désespoir, comme Sarah, Faugier et lui-même sans doute. Il s'avère de plus que certains chercheurs dédiés à cette région – archéologues ou orientalistes – se sont révélés pilleurs ou espions. Cet intérêt pour l'Orient se mêle aussi parfois d'un puissant désir charnel visant « une domination par le corps, un effacement de l'autre dans la jouissance » (*B* 317). Si les archéologues sont traités de « premiers parasites qui sautèrent sur le râble oriental » (*B* 142), Ritter se refuse comme Énard lui-même à adhérer totalement à la position d'Edward Saïd, même s'il juge son questionnement pertinent. De fait, reprenant les idées de Sarah sa grande inspiratrice, celle qui lui a donné la fameuse boussole indiquant l'est et non le nord, il reproche à Saïd d'avoir mis en avant la faille entre Orient et Occident, alors que lui veut au contraire insister sur leurs apports réciproques et les constructions

25 Piégay-Gros, « L'érudition imaginaire », *op. cit.*, §10.

26 Michel Braudeau, Lakis Proguidis, Jean-Pierre Salgos et Dominique Viart, *Le roman français contemporain*, Paris, ADPF, 2004, p. 140.

communes, comme dans *Les 1001 Nuits*. Si Sarah affirme que « l'orientalisme doit être un humanisme » (*B* 313), Ritter, lui, s'interroge sur le fondement de cet humanisme à notre époque alors que désormais sévit « la violence de l'identité plaquée par l'autre et prononcée telle une condamnation » (*B* 258sq). Quelque part, l'occidental est resté une sorte d'espion – le mot revient souvent chez Énard – puisque « nos propres représentations [qui] parasitaient par leurs attentes, la possibilité de l'expérience de cette vie qui n'était pas la nôtre » (*B* 184). L'Orient resterait finalement le territoire du rêve, « le rêve des voyageurs d'autrefois, le songe de la vie coloniale » (*B* 200). De cette aporie, le drame syrien abordé en biais est caractéristique. La remémoration de promenades à Alep et dans le désert syrien renvoie Ritter aux décapitations et aux destructions sauvages d'Alep et de Palmyre puisque, par ignorance, *Daech* lutte contre l'histoire même de l'Islam. Cependant, la responsabilité européenne dans l'affaire n'est pas épargnée selon Ritter :

> Des victimes européennes, des bourreaux à l'accent londonien. Un Islam radical nouveau et violent, né en Europe et aux États-Unis, des bombes occidentales, et les seules victimes qui comptent sont en fin de compte des Européens. Pauvres Syriens. Leur destin intéresse bien peu nos médias, en réalité. Le terrifiant nationalisme des cadavres. (*B* 225)

7 Les enjeux socio-politiques et humanistes

Le recours à l'érudition dans ces romans n'est pas un simple décor superfétatoire, il renvoie fortement à la personnalité de l'écrivain lui-même, nostalgique, semble-t-il, d'une forme d'humanisme encyclopédique ouvert sur les divers savoirs du monde tel que le rêvait la Renaissance, notamment Rabelais. Il consacre aussi la portée socio-politique de ses ouvrages, que l'écrivain revendique d'ailleurs dans un entretien avec Georgia Maalouf à propos de *Boussole* :

> Le geste politique est celui qui consiste à dire : attention le monde arabe d'aujourd'hui à propos duquel vous avez ces images de violence sectaire et de radicalisme, non seulement ce n'est pas sa seule histoire, mais par ailleurs nous faisons partie de cette évolution-là[27].

27 Mathias Énard, « Mathias Énard : pour l'amour de l'Orient », *Orient littéraire* 16 août 2015. URL : http://www.lorientlitteraire.com/article_details.php?cid=6&nid=6218. Consulté le 8 octobre 2019.

C'est pourquoi le récit est sans cesse relié à un arrière-plan universel, une réflexion large sur le passé de notre espèce, sa nature violente et ambiguë, notre actualité sombre et le devenir inquiétant de nos sociétés car « l'espèce humaine ne fait pas de son mieux ces temps-ci » (*B* 313). On a relevé aussi combien l'investigation psychologique, voire psychanalytique, travaille les deux romans avec grande empathie et leur confère un impact particulier : l'attrait de la violence, de l'alcool ou de l'opium, la fragilité des individus, l'influence de l'enfance, la curiosité dévorante pour l'ailleurs et pour l'autre, mais aussi la dérision des nationalismes. *Zone* est particulièrement représentatif par rapport à ces questions. La mallette transportée par le héros y figure comme une sorte de mise en abyme du message lancé par le roman : « reconstruire la mosaïque entière, le tableau, l'état des lieux de mort violente » (*Z* 101). Élément du paratexte, les épigraphes en exergue servent, elles aussi, d'indices sur le sens profond du texte, la forme visée et ses sources même d'inspiration, ainsi les poèmes d'Ezra Pound tirés de ses *Cantos* qui encadrent le début et la fin de *Zone*. Comme le notait Renaud Ego :

> Pour Pound, l'épopée est un poème qui inclut l'histoire, et comme chez Dante, elle débute dans une forêt obscure. En l'occurrence, la Première Guerre mondiale où meurent quelques-uns de ses amis [...]. Pound assigne au poème l'énorme tâche de réfléchir cette violence et d'en élucider les causes, au moment où il comprend quelle est le moteur véritable de l'histoire[28].

L'œuvre palimpseste de Pound évoque elle aussi les grandes figures de l'antiquité, comme Ulysse aux Enfers. Autre figure tutélaire, Yehouda Amihaï, avec sa foi en la paix et son amour de Jérusalem – souvent évoquée chez Énard –, berceau des trois monothéismes, ville de partage et de réconciliation. *Boussole* approfondit encore l'analyse autour d'un autre enjeu primordial, le choc des cultures et cette faille de l'altérité entre Orient et Occident qui ne cesse de s'élargir :

> Comme si, malgré tous les ponts, tous les liens tendus par le temps, la mixité s'avérait impossible face à la pathologie nationaliste qui envahit petit à petit le 19e siècle et détruit doucement les passerelles fragiles construites auparavant pour ne laisser la place qu'aux rapports de domination. (*B* 74)

28 Ego Renaud, « Los Cantos », *Le Matricule des anges* 38, 2002.

Un objectif serait donc de réconcilier Orient et Occident comme l'ont fait en leur temps Enfantin et les Saint-Simoniens, en montrant un autre visage de l'Islam en tant que culture et philosophie et en rappelant la « nécessité de l'acceptation de l'altérité comme partie intégrante de soi » (*B* 107), puisqu'« on ne se construit véritablement que dans le lien. L'autre est en nous, nous sommes l'autre »[29]. Ainsi le titre de *Boussole* ne renverrait pas simplement à la direction de la Mecque (ou de Jérusalem) mais figurerait un axe à suivre au sein d'un espace par trop conflictuel, à savoir « retrouver l'Est, c'est-à-dire se rappeler ce que l'on doit à cette partie du monde »[30], comme l'explique Mathias Énard dans l'entretien de l'*Orient littéraire*. Rejoignant l'inquiétude de l'académicien français d'origine libanaise, Amin Maalouf, en ce qui concerne la dégradation de la coexistence dans de nombreux pays et l'affrontement entre aires de civilisation[31], Mathias Énard déplore par la bouche de Franz Ritter que « la construction cosmopolite du monde ne se fait plus dans l'échange de l'amour et de la pensée, mais dans celui de la violence et des objets manufacturés » (*B* 338).

Bibliographie

Braudeau, Michel, Proguidis, Lakis, Salgos, Jean-Pierre et Viart, Dominique (2004). *Le roman français contemporain*. Paris : ADPF.

Didier, Béatrice (2002). *Le Journal intime*. Tunis : Cérès.

Énard, Mathias (2003). *La Perfection du tir*. Arles : Actes Sud.

Énard, Mathias (2007). *Le Bréviaire des artificiers*. Paris : Verticales.

Énard, Mathias (2008). *Zone*. Arles : Actes Sud.

Énard, Mathias (2012). *Rue des voleurs*. Arles : Actes Sud.

Énard, Mathias (2015). *Boussole*. Arles : Actes Sud.

Énard, Mathias (2015). « Mathias Énard : pour l'amour de l'Orient ». *Orient littéraire* 16 août, *en ligne*.

Maalouf, Amin (1998). *Les identités meurtrières*. Paris : Grasset.

Maalouf, Amin (2009). *Le dérèglement du monde : quand nos civilisations s'épuisent*. Paris : Grasset.

Piégay-Gros, Nathalie (2015). « L'érudition imaginaire ». *Arts et Savoirs*, 5, *en ligne*.

Renaud, Ego (2002). « Los Cantos ». *Le Matricule des anges* 38.

29 Ribéry, « Tramways de porcelaine », *op. cit.*

30 Énard, « Mathias Énard : pour l'amour de l'Orient », *op. cit.*

31 Amin Maalouf, *Le dérèglement du monde : quand nos civilisations s'épuisent*, Paris, Grasset, 2009 ou *Les identités meurtrières*, Paris, Grasset, 1998.

Ribéry, Fabien (2015). « Tramways de porcelaine, pour clochettes, zarb, et bols tibétains / Entretien avec Mathias Énard ». *Le Poulailler. La revue indépendante du bout du monde* 5 novembre, *en ligne*.

Rose, Sean J. (2015). « Mélancolie insomniaque ». *Livreshebdo*, 19 aout 2015, *en ligne*.

Sebald, W.G. (1999). *Les Anneaux de Saturne*. Arles : Actes Sud.

Sebald, W.G. (2001). *Vertiges*. Arles : Actes Sud.

Solé, Robert (2008). « *Zone*, de Mathias Énard : 'J'ai voulu faire une épopée contemporaine' ». *Le Monde des livres* 11 septembre, *en ligne*.

Tadié, Jean-Yves et Cerquiglini, Blanche (2012). *Le roman d'hier à demain*. Paris : Gallimard.

Boussole, ou le romantisme de Mathias Énard

Markus Messling

Résumé

L'article analyse la relation au romantisme établie par Mathias Énard dans *Boussole* (2015). Mettant en parallèle l'orientalisme des Romantiques avec l'expérience de deux jeunes orientalistes de notre présent, Sarah et Franz, le roman organise un jeu avec différentes couches de savoir. L'orientalisme romantique aurait cherché, par ses quêtes poétiques et philologiques, à se perdre dans les cultures orientales, dans « l'Autre », afin de rendre possible une transcendance immanente après le désenchantement du monde. Pris dans une mélancolie profonde face à un « monde oriental » qui s'effondre sous nos yeux, les protagonistes revivent l'expérience historique. Dans l'entre-les-temps s'établit ainsi une dynamique qui tourne la nostalgie en l'espoir de pouvoir réparer le lien européen au monde. L'article tente de montrer comment la politique du roman fait naître une nouvelle éthique de la relation.

Si la littérature peut être considérée comme un sismographe des intensités du présent, alors il est difficile de ne pas voir que la matière dont sont faits les romans des dernières années est pétrie de mélancolie[1]. Rien que dans la liste du prix Goncourt se trouvent des livres sombres ayant pour sujet des relations détruites et des troubles sadiques, la violence et la guerre, la décadence, la crise de sens qui frappe la modernité et l'adieu à l'Homme. *Les Bienveillantes* (2006) de Jonathan Littell, *Alabama Song* (2007) de Gilles Leroy, *La Carte et le Territoire* (2010) de Michel Houellebecq, *L'Art français de la guerre* d'Alexis Jenni (2011), *Le Sermon sur la chute de Rome* (2013) de Jérôme Ferrari et *Boussole* (2015) de Mathias Énard. On peut penser à de nombreux écrits de critique culturelle parus à la même période, à L'*Essai sur la tristesse européenne* de Camille de Toledo en 2009, au *Royaume* (2014) d'Emmanuel Carrère, singulier dans sa forme, bien sûr à *2082 : la fin du monde* (2015), roman à thèse de Boualem Sansal couronné par l'Académie française, ou au triste *Entre les deux il n'y a rien* (2015) de Mathieu Riboulet, ouvrage à mi-chemin entre l'essai et le récit sur la mort de l'espoir de la jeunesse européenne des années 1970. Cette énumération n'est évidemment pas représentative de *la* littérature française. Mais l'exacerbation thématique ne sort pas de nulle part. On y lit quelque chose de

1 Je remercie Julie Moreau pour la traduction de ce texte en français.

 | DOI:10.1163/9789004425507_007

l'ordre de la formation de la crise, l'expression d'une perte du monde. Cette liste d'auteurs masculins témoigne bien que la prétention de l'Europe à établir les paradigmes de l'interprétation du monde s'est muée en une perte d'orientation. Elle en révèle la blessure narcissique.

Mathias Énard partage ce profond scepticisme à l'encontre d'une modernité qui a trahi ses idéaux, dans laquelle l'homme se perd. Ce qu'il ne partage pas, en revanche, c'est l'idée que la situation est inchangeable et qu'il n'existerait absolument aucun espoir de trouver une forme de véracité. Le petit tome *L'Alcool et la Nostalgie* (2011)[2], qui se fonde sur le livre-audio d'un voyage en Transsibérien pour *France Culture*, finit en une conjuration de l'amour et de l'espoir. Jeanne se tient près du lit de mort du protagoniste Mathias, qui essaie de se suicider en prenant des cachets à cause de la perte inconsolable de son âme sœur et amie, Wladimir. Sa vie est en suspens. Jeanne, qui avait vécu dans un tacite *ménage à trois* avec les deux hommes dans le contexte russe des folles années d'après la Chute du Mur, tisse une toile de mots contre la mort :

> J'aurais pu partir moi aussi.
> Pas dans un train vers la Sibérie, c'est sûr, mais j'aurais pu décider de vous laisser à votre histoire, tous les deux, je ne l'ai pas fait, pour toi, entre autre, pour lui aussi, parce que tout cela est compliqué.
> Très vite j'ai compris.
> J'ai compris que la Russie nous mangeait comme un ogre.
> Tous ces récits, tous ces contes, toutes ces chansons.
> On va de l'avant. [...]
> Ton cœur bat dans ma main, nos cœurs battent dans nos mains, tous les cœurs battent dans toutes les mains.
> Le soleil finira bien par se lever[3].

À l'instar de ce chant d'amour, l'œuvre de Mathias Énard est une tentative d'extirper un peu de vie au vertige, d'opposer quelque chose à la peur de la perte.

Comme Michel Houellebecq, autre Prix Goncourt qui part de l'expérience de la perte dans les temps présents, mais dont la vision du monde est aux antipodes, Mathias Énard écrit lui aussi du point de vue d'un centre usé, qui a englouti le monde avec brutalité et ne sait comment assouvir sa faim. Mais

---

2 Le titre de l'édition allemande, *Der Alkohol und die Wehmut* (traduit par Claudia Hamm, Berlin, Matthes & Seitz, 2016), pourrait presque paraître plus pertinent, car dans le récit, il s'agit plus d'un mal du monde fondamental et d'une fissure dans le temps que du souvenir de jours révolus qui ne reviendront pas.

3 Mathias Énard, *L'Alcool et la Nostalgie*, Paris, Inculte, 2011, pp. 86sq.

contrairement à ce dernier, il n'écrit pas à Paris. Énard vit à Barcelone, métropole méditerranéenne républicaine dans laquelle on ne peut ignorer ni le pont entre l'Espagne et le monde arabe, ni la *Reconquista*, et qui malgré les bateaux de croisière hyper-capitalistes qui y accostent, nourrit avec opiniâtreté un esprit utopique. Jusque dans sa crispation nationaliste, Barcelone est le contre-modèle d'un centre impérial. Ce décentrement biographique d'Énard trouve son pendant dans l'ancrage de l'intrigue du roman à Vienne : *Boussole* est pensé depuis la métropole du Danube, cette tête de l'Empire Habsbourg dans laquelle on ne pouvait ni ignorer la pluralité des peuples et des langues, ni le pont terrestre menant vers l'Empire ottoman. Si Paris est le centre de la modernité universaliste, la « capitale du XIXe siècle », comme l'écrivait Walter Benjamin, Vienne paraît comme le centre d'une autre modernité, qui depuis longtemps est consciente de son enchevêtrement et de sa densification avec et par « l'Autre ». Et qui promet en cela quelque chose de salvateur, une nouvelle orientation en tous les cas, au moment où la jeune République française en voie d'universalisation enterre ses idéaux dans la Terreur jacobine et la mission impériale qui lui fait suite.

Pour Énard, Vienne est ainsi la ville du romantisme, la porte vers l'Est, un lieu d'érudition tourné vers l'Orient, d'où peuvent affluer à nouveau vers l'Europe musique et poésie, idéalité et spiritualité. Mais tout cela appartient au passé, la ville des Habsbourg s'est perdue depuis longtemps et, ce faisant, a perdu son altérité intérieure. Mais quelque chose est resté, patiné par le temps, puisque cette histoire passée est sédimentée dans la nostalgie centre-européenne, comme l'a montré Claudio Magris[4]. Elle l'est aussi dans l'œuvre et la vie d'Énard lui-même : dans sa connaissance des langues orientales et son amour pour la poésie persane, dans les innombrables changements de lieux et voyages entrepris, dans sa connaissance des savants orientalistes et dans l'expérience de ce déchirement romantique d'une *Sehnsucht* pour le dépassement d'une immanence de plomb[5]. La grandeur du centre vide qu'est Vienne dans laquelle nous, lecteurs, apportons avec Franz Ritter un mal du monde chez le psychanalyste, est un point de départ parfait pour la traversée de notre présent qu'entreprend Énard. Partant de cette nostalgie, il fissure lentement, d'abord presque imperceptiblement, notre mélancolie.

---

4 Claudio Magris, *Danube*. Traduit par Jean et Marie Noëlle-Pastureau, Paris, Gallimard, 1990.

5 Leyla Dakhli a raconté cela dans l'hommage poétique qu'elle lui a rendu à l'occasion de la remise du Prix du Livre de Leipzig pour l'entente européenne en 2017. Leyla Dakhli, « Laudatio auf Mathias Énard ». In : Stadt Leipzig, éd., *Leipziger Buchpreis zur Europäischen Verständigung 2017*, Leipzig, PögeDruck, 2017, pp. 11-28.

Savoir la perte irrévocable, même si un reste est préservé en nous comme une tension, fait naître une distance à l'égard de la réalité, une posture qui affronte l'ici tout en étant toujours à la fois dans un autre lieu physique, dans un monde enfoui de l'histoire, de l'enfance, de la langue. Une vie inatteignable, perdue, parfois imaginée, s'éveille en nous et nous libère du pouvoir de l'immédiateté. Ces expériences de saut dans le temps, de différence linguistique et de fracture psychologique sont à l'origine d'une vue complexe du monde qui peut être qualifiée de véritablement « cosmopolite » car on ne peut attribuer en ces temps de flexibilisation des modes de travail et d'ubiquité permanente une force émancipatrice au seul déplacement spatial[6]. La posture qui naît ainsi subvertit par sa force poétique toutes les assignations de notre présent, obsédé par sa volonté de refouler ou de méconnaître nos stratifications multiples. Et en ce sens, la nostalgie est porteuse d'une force dirigée vers l'avenir. Énard l'oppose comme une conjuration à la « tristesse européenne »[7] qui s'est emparée de nous. Car si Énard part de ce principe tout comme Houellebecq, cette hypothèse est chez lui une amorce, et non une fin.

Sous le choc d'un diagnostic médical alarmant, Franz Ritter, musicologue protagoniste de *Boussole*, veille le temps d'une nuit au cours de laquelle il déploie un « Je » fragmenté et stratifié tendu entre des postures narratives et des pensées philosophiques, des souvenirs, des perceptions et des lectures. Il libère un flux de conscience qui est, en réalité, le roman même et en fin de compte notre spectacle intérieur européen. Avec Ritter, nous ne trouvons plus notre place dans le monde :

> Nous sommes deux fumeurs d'opium chacun dans son nuage, sans rien voir au-dehors, seuls, sans nous comprendre jamais nous fumons, visages agonisants dans un miroir, nous sommes une image glacée à laquelle le temps donne l'illusion du mouvement, un cristal de neige glissant sur une pelote de givre dont personne ne perçoit la complexité des enchevêtrements, je suis cette goutte d'eau condensée sur la vitre de mon salon, une perle liquide qui roule et ne sait rien de la vapeur qui l'a engendrée, ni des atomes qui la composent encore mais qui, bientôt, serviront à d'autres

---

6 Pour une interprétation non-élitiste du cosmopolitisme, *cf.* le texte lucide d'Olivier Remaud, *Un monde étrange. Pour une autre approche du cosmopolitisme*, Paris, PUF, 2015 ; *cf.* aussi Markus Messling, « Réalisme esthétique et cosmopolitisme littéraire. Poétiques de la perte chez Giorgos Seferis et Kossi Efoui ». In : Guillaume Bridet, Xavier Garnier, Sarga Moussa et Laetitia Zecchini, éds., *Décentrer le cosmopolitisme. Enjeux politiques et sociaux dans la littérature*, Dijon, Éditions universitaires de Dijon, 2019, pp. 71-84.

7 *Cf.* Camille de Toledo, *Le Hêtre et le Bouleau. Essai sur la tristesse européenne, suivi de L'Utopie linguistique ou la Pédagogie du vertige*, Paris, Seuil, 2009.

> molécules, à d'autres corps, aux nuages pesant lourd sur Vienne ce soir : qui sait dans quelle nuque ruissellera cette eau, contre quelle peau, sur quel trottoir, vers quelle rivière, et cette face indistincte sur le verre n'est mienne qu'un instant, une des millions de configurations possibles de l'illusion [...][8].

Énard place la fin, le diagnostic de la maladie, au début. C'est là que nous nous trouvons au commencement du livre. Mais d'ici, nous ne pouvons que nous enfuir, chercher de l'espoir dans le passé, reconnaître que se présentent des alternatives dans l'histoire. Énard en trouve une dans le romantisme historique. *Boussole* est parcouru de références aux œuvres des poètes de cette époque, mais aussi de toutes parts de leurs motifs dans la musique et la poésie : ruines et expérience de la nature, rêve et ivresse opiacée, âmes sœurs et roman épistolaire, folie et solitude. La Sarah adorée de Franz Ritter lui écrit avec précaution des lignes intimes sur un tiré-à-part scientifique. Dans sa veille, Franz cherche à formuler une réponse qui exprimerait vraiment ses sentiments. Il la trouve finalement dans les quatre lignes du *Voyage d'hiver* de Schubert, dans l'incertitude teintée d'un doux espoir sur laquelle le roman s'achève :

> Je referme les yeux, / Mon cœur bat toujours ardemment. / Quand reverdiront les feuilles à la fenêtre ? / Quand tiendrai-je mon amour entre mes bras ? (*B* 378)

Le motif romantique de la réunion inaccomplie, ardemment désirée, est central dans le roman. Car le livre d'Énard nous explique que la déchirure dans notre temps est une perte irrécupérable de l'« Autre ». Le problème n'est pas le monde d'ici-bas, « l'absence d'abri transcendantal »[9] de la modernité en soi. Les Romantiques y avaient réagi en dépassant le Soi, ce qui avait mené à une ouverture sur l'Autre, à la rencontre avec d'autres cultures et personnes, à une fascination pour le « monde oriental », et même à imaginer une poétique-monde universelle, dans laquelle tous les hommes seraient des frères. La pluralité du monde, de ses visions des langues et mises en formes poétiques, de ses narrations et styles de vie, voilà la matière qui représente la possibilité de faire

8 Mathias Énard, *Boussole*, Arles, Actes Sud, 2015 (désormais *B*), p. 7.

9 La version française de Georg Lukácz, *La théorie du roman*. Traduit par Jean Clairevoye, Paris, Gonthier-Denoël, 1989, p. 55, rend la « transzendentale Obdachlosigkeit » par « l'absence de patrie transcendantale », ce qui pourtant rattache un sens supplémentaire, spécifique à la formule de Lukács. Je remercie Denis Thouard pour ces éclaircissements.

l'expérience de l'altérité, de se transcender dans un processus d'approfondissement vers un inconnu, voire même de la « transcendance immanente »[10].

C'est pourquoi *Boussole* travaille à deux niveaux différents, incarnés dans des postures narratives distinctes : le romantisme historique d'abord, dont les œuvres sont citées, discutées, interprétées[11] ; notre époque ensuite, dans laquelle Franz Ritter, Sarah et leurs amis et collègues orientalistes empruntent les sentiers de ces mêmes expériences, qui ont été tracés par les Romantiques et leurs héritiers, les Hammer-Purgstall et Nerval, les Félicien David, Liszt et Debussy, Delacroix et Max Ernst, à Istanbul et Alep, à Palmyre et Jérusalem, à Tunis et Budapest, à Vienne et ailleurs. Les deux niveaux s'enchevêtrent dans un livre dans le livre, dont le titre fictif – aussi bien réaliste qu'ironique – *Sur les différentes fformes de la ffolie en Orient* paraît annoncer une historisation des structures et motifs tout en entremêlant les complexes thématiques avec la vie de Franz et Sarah, dont la réalité fusionne ainsi avec la tradition. En même temps, c'est bien la relation qu'entretiennent ces deux niveaux qui fait en réalité advenir la souffrance de notre temps. Non seulement parce que la richesse du romantisme est une structure de la connaissance qui, dans des pages entières d'épanchement sur l'histoire de la musique, ressemble parfois plus à un effort de distinction à la parisienne, et dont le danger constant de se rigidifier nous est présenté dès le début par Franz Ritter à travers l'exemple de la soutenance de thèse de Sarah à la Sorbonne, que « cet exercice [...] remplit d'amertume et de mélancolie » (*B* 11sq). Mais aussi parce que là où ce savoir est fluide, proche de la vie et incorporé, là où Franz et Sarah s'ouvrent à un monde de la découverte et du retranchement de soi, l'abîme du présent se fait béant. L'Irak, la Mésopotamie, la Syrie, le Croissant fertile, bref, le cœur de l'Orient bombardé, enseveli, réduit en cendres, tout est mis à feu et à sang, en Palestine, dans le Golfe d'Aden, en Libye, dans les Balkans. Il ne reste rien des paysages romantiques, la mort nous fait face, aux protagonistes comme aux lecteurs. Le romantisme est un sentiment et un souvenir qui ne trouve plus sa surface de projection « orientale ». De ce fait, le sentiment historique des Romantiques de souffrir d'une déchirure temporelle incurable peut toutefois être éprouvé une nouvelle fois. Mais l'Europe a détruit sa possibilité d'échapper à sa propre horreur de soi. Car son matérialisme égalitaire n'a pas produit d'équité dans le monde. Tout comme Zeus avec son Europe originaire du Liban, l'Europe a bien

10 Je me réfère à la notion de « transcendance immanente » dans le sens établi par Ernst Tugendhat, *Anthropologie statt Metaphysik*, München, C.H. Beck, [2]2010, pp. 13-33.

11 *Cf.* aussi l'article de Luc Vallat et d'Antoine Vuilleumier dans ce volume, « Les écrits universitaires apocryphes de *Boussole* : représentations du savoir académique dans la fiction romanesque », pp. 99-113.

plutôt dérobé l'Orient, l'a dépossédé de ses trésors et disséminé en lui une logique qui consiste à tout harmoniser, soit une partie des désirs et des combats qui le déchirent aujourd'hui. Dans son roman *Rue des voleurs*[12], Énard a raconté cette histoire depuis l'autre rive de la Méditerranée, face à laquelle l'Europe apparaît comme un horizon libidineux presque obsessionnel, qui finit par se dissoudre dans une promesse intenable, douloureuse et impitoyable. L'expérience de la culture, c'est-à-dire l'expérience de la différence et de l'entremêlement qui fait briller une ouverture sur quelque chose de nouveau, d'idéel, s'est dissoute. Le roman pose cette question éthique : où peuvent encore fleurir des idéaux à présent ?

C'est là la différence profonde avec la critique du matérialisme de Houellebecq : Énard ne critique pas la sécularisation même de la modernité et les conséquences égalitaire du matérialisme ; il critique l'effet dialectique par lequel l'Europe a déchiré son idéal d'égalité en s'adaptant le monde par son ardeur universalisante. *Boussole* est une archéologie littéraire, qui veut offrir la possibilité d'expérimenter, d'entendre, de sentir à nouveau l'Orient, la *Sehnsucht,* la curiosité. Le livre doit être à l'image de cette ivresse opiacée à laquelle s'adonne Franz Ritter à Istanbul, qui le rapproche « de Novalis, de Berlioz, de Nietzsche, de Trakl », et qui lui confère l'impression de « toucher à l'éternité » et enfin de « nous tirer de nous-mêmes et nous projeter dans le grand calme de l'universel » (*B* 63sq). Se rappeler qu'il existe un 'Orient' intérieur, dont l'Europe doit se souvenir dans sa mélancolie afin de s'oublier elle-même et d'abolir ainsi sa solitude dans le monde, voilà ce qui donne son titre au roman : *Boussole*, ce petit ustensile que Sarah offre à Franz, copie de la boussole de Beethoven, et dont l'aiguille manipulée s'entête à indiquer l'Est contre les lois de la nature.

Diverger, se retrancher. Comme ce petit groupe d'orientalistes de toutes les origines et religions qui étudient ensemble à Damas ou à Téhéran et qui célèbrent l'humanité sous la voûte étoilée de Palmyre. Une brève époque de la communauté. Dans cet entre-deux luit une égalité, une nouvelle universalité qui laisse derrière elle le caractère possessif de l'universalisme européen. Mais les événements de 1979-1980 en Iran ne préfiguraient-ils déjà l'ombre portée de la séparation des amants dans le récit ?

La lecture du romantisme que propose Énard dans *Boussole* est bien sûr sélective. On pourrait affirmer qu'elle est pour ainsi dire très française. Il faut avoir inspiré profondément le centralisme français et sa ferveur monoculturelle pour pouvoir célébrer ainsi le romantisme allemand comme s'il avait été un antidote permettant d'atteindre une ouverture au monde et une tolérance

12 Mathias Énard, *Rue des voleurs*, Arles, Actes Sud, 2012.

envers les cultures. L'analyse impitoyable et sans illusion de Peter Hacks, elle, fait déchanter : « Un auteur romantique est un auteur qui a lu la littérature anglaise, est édité chez Georg Reimer, déguste de l'opium, est assisté sexuellement par des groupies patriotiques et a pour officier de commandement Karl Justus Gruner », dit-il dans *Du Romantisme*[13]. Nul besoin d'être d'accord avec toutes les piques médisantes de Peter Hacks pour s'entendre sur la liaison de nombreux Romantiques avec le « patriotisme germano-maniaque »[14]. Les traits sombres de l'héritage romantique sont tracés par Viktor Klemperer dans *LTI*, son grand travail sur la langue du Troisième Reich :

> Dans les domaines linguistique et littéraire, le romantisme allemand a trouvé le lien qui permet de rattacher la germanité à un lointain passé indien et certaines familles ethniques européennes à une caractéristique aryenne commune [...]. La construction de l'homme aryen prend racine dans la philologie et non dans les sciences naturelles[15].

Mais dans *Boussole*, les Romantiques prennent au contraire le contre-pied du matérialisme analytique simpliste et de l'universalisme qui en serait dérivé, qui dévoile sa force destructrice après la Révolution de 1789. *À* rebours de cela, il y a eu, en effet, le premier romantisme de Iéna, attaché aux idéaux de l'humanité, à l'imaginaire de la liberté et de l'égalité du genre humain, à une grande poésie universelle, affirmant avec insistance que celle-ci ne peut être tissée que dans la pluralité et la traduction. On lui doit cette découverte de l'Orient, d'autres sources de spiritualité – comme la poésie persane, le Bhagavad Gita, le bouddhisme – qui vont fondamentalement préoccuper l'Europe au XIXe siècle[16].

Les guerres napoléoniennes ébranlent cependant la croyance en l'universalité, de nombreux intellectuels romantiques allemands rejettent radicalement la 'France', les idéaux modernes de liberté et d'égalité pour le peuple sont remis en question, et on s'assure de ce qui prétendument est propre à soi. En l'an 1808, Friedrich Schlegel publie le très influent *Essai sur la langue et la philosophie des Indiens*, un manifeste antifrançais, antimatérialiste et anti-Lumières qui jette les bases d'une re-spiritualisation de l'Europe par le biais

13 Peter Hacks, *Zur Romantik*, Hamburg, Konkret Literatur Verlag, 2008, p. 54.

14 *Ibid.*, p. 81.

15 Victor Klemperer, *LTI : la langue du IIIe Reich. Carnets d'un philologue*. Traduit par É. Guillot, Paris, Albin Michel, 1996, pp. 187sq.

16 *Cf.* à ce sujet le toujours aussi grand ouvrage de Raymond Schwab, *La Renaissance orientale*. Préface de Louis Renou, Paris, Payot & Rivages, 2014.

de la philologie orientale[17]. Schlegel admire le brahmanisme et y voit un modèle d'aristocratie féodale, capable de représenter l'esprit et l'idéalité. L'unité européenne, oui, un empire multiethnique aussi, mais sous l'étendard d'une monarchie catholique renouvelée. Après sa conversion au catholicisme il se rend finalement à Vienne, où, en 1828, il donne ses leçons sur la *Philosophie de l'histoire*[18]. Influencé par la réaction de la noblesse française, en particulier par Louis-Gabriel-Ambroise de Bonald et Joseph de Maistre, ses cours ébauchent une histoire chrétienne de salvation, illuminée par la spiritualité supérieure vers laquelle tendraient les Indo-européens. Les peuples supposés avoir sombré dans le matérialisme, en particulier les peuples d'Afrique, partageaient avec la République un destin d'hébétement et de déclin. Mais la modernité européenne pouvait se sauver en se consacrant à ses racines spirituelles, auxquelles elle pouvait revenir à travers une quête philologique des origines. Les peuples primitifs sans texte sont en revanche pratiquement perdus dans l'histoire de Schlegel. Autrement dit, Vienne est justement aussi le lieu du Congrès et de la Restauration. Les Romantiques n'ont pas contesté la division du monde dans une telle « intelligence éclairée » et une telle « imbécillité des brutes »[19] imposée par les Lumières. La spiritualité supérieure passe toujours par la sommité de l'idéologie indo-européenne. C'est en grande partie à cause de « l'indomanie des Romantiques »[20] que l'Orient islamique ne tardera pas à perdre son lustre à leurs yeux.

Mathias Énard n'a-t-il donc pas lu Edward Saïd[21] ? N'est-il pas au courant du fait que la convoitise de l'Orient était un désir européen qui mena à se saisir de l'Égypte en 1798, de l'Algérie en 1830, de la Syrie et du Levant en 1918 ? La quête d'altérité, d'ivresse et d'immersion poétique, d'Orient et d'amour en temps de guerre initiée par Franz Ritter n'est-elle rien d'autre qu'une entreprise kitsch qui ignore la dimension politique de la soif qui l'anime ? Bien au contraire. Le texte ne réfléchit que trop bien sur le jeu dangereux avec l'altérité. Il reflète cette expérience que l'autre peut devenir absolument Autre, et que la fascination peut vite se renverser en affirmation de soi. Dans *Boussole*, le personnage qui

17 Frédéric Schlegel, *Essai sur la langue et la philosophie des Indiens* [1808]. Traduit par M.A. Mazure, Paris, Parent-Desbarres, 1837.

18 Frédéric Schlegel, *Philosophie de l'histoire. Dix-huit conférences données à Vienne en l'an 1828*. In : Ernst Behler et al., éds., *Kritische Friedrich-Schlegel-Ausgabe. Volume 9*. Édité par Jean-Jacques Anstett, München/Paderborn/Wien, Schöningh, 1971.

19 *Cf.* Schlegel, *Essai sur la langue*, *op. cit.*, pp. 69sq.

20 Nous traduisons. Rudolf Haym, *Wilhelm von Humboldt, Lebensbild und Charakteristik*, Berlin, Gaertner, 1856, p. 582.

21 Edward Saïd, *Orientalism. Western Conceptions of the Orient*, London, Penguin Books, [4]1995.

représente cela de manière pour ainsi dire monumentale est Richard Wagner, du moins le Wagner tardif du *Parsifal*, au sujet duquel Énard fait longuement disserter son *alter ego* Franz Ritter dans des interprétations d'histoire de la musique et de critique idéologique. Wagner apparaît comme le compositeur qui pousse les mélodies et thèmes orientaux hors de la musique européenne, et qui bâtit contre cela une œuvre totale, monumentale, dont la signification politique se trouve dans la cimentation d'une conscience chrétienne occidentale. Wagner est un « barrage » (*B* 261) – musical, artistique, politique. Il est le rocher qui bloque la construction de tous les ponts qui mènent vers le Bosphore. Avec Wagner, ce qui est à soi est vu comme étant contaminé, comme ayant besoin de guérison, comme ces tuberculeux dont il ne faudrait pas avoir honte, pour la guérison desquels on a même bâti des sanatoriums qui sont édifiés dans une véritable mise en scène de l'hygiène du corps populaire contre l'invasion de l'étranger. Contrairement à la syphilis, qui venait de la proximité, de l'intimité, de la contamination par les autres, dont il s'agissait de dissimuler les symptômes dans la honte, la solitude et le silence. L'enchevêtrement d'un discours mêlant musicologie, poésie et histoire de l'hygiène caractérise le flux de conscience de Ritter intitulé « 3h45 », qui commence par « Parfois je me demande ... » et qui dans sa posture narrative se transforme imperceptiblement en une véritable étude sur les obsessions européennes de pureté (*B* 251-278).

Franz Ritter, l'*alter ego* de Mathias Énard, connaît bien l'œuvre d'Edward Saïd, la théorie de l'orientalisme, l'enchevêtrement du savoir, de l'art et du pouvoir impérial. Il sait que Saïd comme tant d'autres a lui-même écrit sur Wagner[22], et que le flux de pensée de Ritter sur le romantisme, sa complétion et sa possible trahison peut être prolongé, en histoire des idées, en politique ou en musique. *Boussole* ne promeut pas de kitsch historique. Le livre ne propage pas d'idée simpliste du romantisme. Il se fonde sur une croyance de quelques orientalistes romantiques, celle de la possibilité de combler l'absence d'abri transcendental de la modernité par l'immersion dans la lecture et le savoir, dans l'étude, la traduction et l'édition de poésie et de musique orientale – « dans l'art tout court » comme profonde « expérience de l'altérité » (*B* 304). Le culte de l'art est ici une ouverture à ce qui est différent, à ce qui transcende le soi. Lorsque, dans l'histoire, la diversité née du romantisme s'est liée à l'universalité et à l'égalité des hommes, une théorie épistémologique contre les

22 *Cf.* Edward Saïd, « Wagner and the Met's Ring », « The Importance of Being Unfaithful to Wagner ». In : Edward Saïd, *Music at the Limits. Three Decades of Essays and Articles on Music.* Préface de Daniel Barenboim, London/New York, Bloomsbury, 2008, pp. 105-114 et 166-174.

logiques impériales s'est réellement déployée[23]. La diversité est alors également ouverture à la liberté – c'est notamment le cas pour le *Voyage d'hiver* déjà cité de Wilhelm Müller et Franz Schubert, interprété comme une résistance politique contre les répressions de la Restauration[24].

C'est en tout cas ce foyer incandescent du dépassement illimité de soi qui intéresse Énard. Que ce foyer n'ait pas pu s'enflammer de manière prolongée n'est selon lui pas dû à cette posture ; les coupables sont ceux qui, comme Wagner, ont voulu y mettre fin. C'est pour cette raison que la fracture provoquée par le nationalisme européen et dont il a finalement semé le germe dans le monde oriental est incommensurable. Ce qui est réactivable dans l'histoire romantique, c'est une aspiration au dépassement de soi et à la relation. Mais en réalité, l'Europe a déjà tout gâché. C'est pour cela qu'Énard touche, plus profondément, à un autre foyer encore du romantisme historique, en l'occurrence au sentiment que le monde s'effondre. De cela, l'immense mélancolie : « Cher Franz », écrit Sarah à Vienne,

> merci de ce message diplomatique, qui a réussi à me faire sourire – ce qui est plutôt difficile en ce moment. Tu me manques beaucoup. Ou plutôt tout me manque beaucoup. J'ai l'impression d'être hors du monde, je flotte dans le deuil. Il suffit que je croise le regard de ma mère pour que nous nous mettions toutes deux à pleurer. À pleurer pour la tristesse de l'autre, ce vide que nous voyons chacune sur nos visages épuisés. Paris est une tombe, des lambeaux de souvenirs. Je poursuis mes incursions dans les territoires littéraires de l'opium. Je ne sais plus très bien où j'en suis. Je t'embrasse tristement et à bientôt, Sarah. (*B* 348)

Dans son discours prononcé à l'occasion du *Prix du Livre de Leipzig pour l'entente européenne* qui lui a été attribué en 2017, Énard a rappelé qu'« Europe » était une princesse européenne enlevée par Zeus sur la plage près de Sidon, une « proie de guerre » qui ne devait jamais mettre les pieds dans l'Europe actuelle. « Dans *Boussole*, j'ai essayé à nouveau d'éclairer un peu la partie orientale de

---

23 *Cf.* Andrea Polaschegg, *Der andere Orientalismus. Regeln deutsch-morgenländischer Imagination im 19. Jahrhundert*, Berlin/New York, De Gruyter, 2005 ; Marcel Lepper, *Goethes Euphrat. Philologie und Politik im West-östlichen Divan*, Göttingen, Wallstein, 2016 ; Markus Messling, *Gebeugter Geist. Rassismus und Erkenntnis in der modernen europäischen Philologie*, Göttingen, Wallstein, 2016.

24 Reinhold Brinkmann, « Musikalische Lyrik, politische Allegorie und die heil'ge Kunst », *Archiv für Musikwissenschaft* 62, 2005, pp. 75-97.

l'histoire de la culture européenne, surtout dans la littérature et la musique »[25]. C'est ainsi qu'il mêle le tout avec le tout. L'Europe et l'Orient. Les sources arabes, ottomanes et persanes avec la culture, la littérature et la musique européennes. Notre soi moderne fragmenté fait de veillées nocturnes et d'angoisses de notre temps avec les élans de recherche de jeunes idéalistes à travers le monde. Le matérialisme européen et la révolution iranienne. L'érudition historique et le scepticisme contemporain. On pourrait continuer ainsi à l'infini. Le tout est amené à partir de l'accumulation de genres, de perspectives narratives et de styles linguistiques. Sous la forme de lettres, d'événements et de souvenirs fictifs, un en-dehors fait encore et toujours irruption dans les contemplations de Franz Ritter. La représentation que nous nous faisons d'une Europe coupée du monde musulman, qui plane sur nos sociétés comme une dangereuse image réversible, doit être en permanence déjouée et déconstruite comme une « pureté chimérique »[26]. Savoir ou non si le roman parvient à faire nôtre le flux de conscience de Franz Ritter dépend peut-être de notre capacité à croire comme l'auteur en la force salvatrice du savoir. C'est dans cette structuration de la perception que se trouve la structure politique de la poétique d'Énard. Celle-ci ne cherche pas à découvrir l'altérité pour l'ériger en un absolu qui inaugurerait une expérience spirituelle, un événement transcendant. Elle cherche plutôt à acquérir une conscience du monde dans l'enchevêtrement identitaire, qui contient une dimension humaine : le jeu de la différence ne doit pas mener à une absolutisation de l'Autre, comme cela a été le cas dans la tournure cynique qu'a prise la pensée de l'altérité dans le *Kulturkampf* depuis les années 1990. Nous sommes fondamentalement et toujours reliés au monde dans lequel nous vivons. Une différence qui existe en nous et autour de nous comme un dépassement du soi ne signifie pas que l'égalité est abolie. En cela, *Boussole* dépasse la politique de la représentation du postcolonialisme. Énard vise une nouvelle universalité, qui se révèle dans un horizon terrestre :

> La construction d'une identité européenne comme sympathique puzzle de nationalisme a effacé tout ce qui ne rentrait plus dans ses cases idéologiques. Adieu différence, adieu diversité.
>
> Un humanisme basé sur quoi ? Quel universel ? Dieu, qui se fait bien plus discret dans le silence de la nuit ? Entre les égorgeurs, les affameurs, les pollueurs – l'unité de la condition humaine peut-elle encore fonder

25 Mathias Énard, « Dank des Preisträgers ». In : Stadt Leipzig, éd., *Leipziger Buchpreis zur Europäischen Verständigung 2017*, Leipzig, Pögedruck, 2017, pp. 22sq.

26 *Ibid.*, p. 23.

> quelque chose, je n'en sais rien. Le savoir, peut-être. Le savoir et la planète comme nouvel horizon. (*B* 313)

Mais comment l'*alter ego,* perdu ici en songe, peut-il encore croire en la force du savoir dans sa persévérance angoissée, dans sa paralysie nocturne ? Franz Ritter n'est-il pas l'incarnation de ce narcissisme européen maladif, qui souffre de la perte d'expansion de soi vers l'universel ? *Boussole*, le titre du roman, indique la perte de tous les points de repère évoqués de façon affirmative dans le roman. Dans *Zone*[27], Énard nous avait guidés dans la nuit d'un monde méditerranéen né de la violence du XXe siècle, condamné inexorablement à sombrer encore et toujours dans la violence. Mais, une boussole à la main, il conjure la croyance en l'amour et le savoir – et ces deux termes-là ne sont-ils pas réunis dans le terme *philologie*, cet amour du mot auquel *Boussole* fait appel ligne après ligne, sans tomber dans ses grandes obsessions de l'origine et du nationalisme ? Le personnage de Sarah incarne cette croyance avec sa personnalité de « détective sauvage » (*B* 39).

Tandis que chez Michel Houellebecq les personnages féminins sont constamment tendus entre les pôles de l'inaccessibilité de l'idéal du véritable amour d'une part et de la visite insatisfaisante de la pute d'autre part, l'amour que Franz porte à Sarah a un caractère moderne et passionnel issu du romantisme historique, renforcé à travers les motifs du languissement, de la distance et de la correspondance épistolaire. Sarah n'est ni *Liebchen* ni vierge, ou, comme l'écrivait Nerval, ni « Sainte » ni « Fée », elle est indépendante et active dans sa persévérance à explorer le monde et son refus de se laisser limiter. Sa relation d'âme sœur avec Franz, avec lequel elle partage la dépression et le deuil de la perte du monde, atteint une limite dans l'agitation qui l'anime et la fait repartir vers de nouveaux rivages. Sarah est une amante, une amie et une contemporaine éveillée tout à la fois. Mais c'est avant tout elle qui, en entreprenant son voyage ethnographique dans l'archipel malais, d'où elle correspond avec Franz, se glisse dans le rôle masculin classique de l'explorateur moderne, dans le rôle de l'anthropologue dont la distingue – et c'est là le point déterminant – la prise de conscience postcoloniale[28]. Sarah est marquée par un profond intérêt épistémologique pour une différence qu'elle voit disparaître du monde, intérêt qui la mène dans la région de Bornéo, difficile d'accès. On ne peut s'empêcher de penser aux *Tristes tropiques* de Claude

---

27 Mathias Énard, *Zone*, Arles, Actes Sud, 2008.

28 Au sujet du lien structurel entre expériences de voyage, comparatisme littéraire et théorisation postcoloniale, *cf.* Pascale Rabault-Feuerhahn, éd., *Théories intercontinentales. Voyages du comparatisme postcolonial*, Paris, Demopolis, 2014.

Lévi-Strauss, à la dialectique entre étrangeté et annulation (*Aufhebung* au sens hégélien). Le fait d'agir dans la conscience de ce dilemme fait peut-être de Sarah un personnage tragique, mais pas cynique. L'immersion dans l'inconnu ne sert pas chez elle à construire un exotisme de l'altérité, ni à la contemplation thérapeutique d'un étranger figé. Pour elle, habiter le monde signifie porter en soi la différence, car celle-ci est un critère fondamental de l'humain : être curieux, se transcender soi-même vers autre chose. Dans un article fictif sur Ignaz Goldziher, Gershom Sholem et l'orientalisme juif, Sarah écrit que l'orientalisme doit être un humanisme (*B* 313). Cela rappelle un texte tardif d'Edward Saïd, *Humanism and Democratic Criticism* (2004)[29], et le retour à la philologie d'Auerbach qui y est formulé. Chez Auerbach, surtout vers la fin de sa vie, le rôle de la philologie est de conserver, pour un moment encore, des connaissances relatives aux différentes appropriations langagières du monde à une époque de standardisation[30]. Sarah représente certainement l'empathie et la solidarité, mais elle représente avant tout un idéal de l'humain comme être poétique, chercheur-créateur de monde(s).

Franz Ritter, en revanche, perdure dans sa désespérance. La nuit est longue. Le choc du diagnostic le retranche du monde, la mélancolie va de pair avec un repli sur l'intériorité. Son état est symbolisé par cette goutte d'eau inconsciente, définie comme étrange, dans laquelle il se reflète. *Boussole* propose alors un retour sceptique à la réalité, qui sous la forme de souvenirs, de mémoire poétique et de textes envoyés par Sarah transcende la monade du désespoir. Le dernier espoir réside dans le secours offert par le sérieux du savoir et le pouvoir de l'art, dans une possibilité de s'immerger dans la profondeur, de s'absorber dans l'autre monde. Dans la réunion avec Sarah. Franz lui envoie les vers déjà cités du *Voyage d'hiver* de Schubert. Le cycle de chansons traverse la nuit froide de l'oppression politique et de l'absence existentielle de domicile, il commence par « étranger je suis venu, étranger je repars ». Mais Franz lui oppose le « tiède soleil de l'espérance » à la lied du rêve printanier : « Mon cœur bat toujours ardemment » (*B* 378).

---

29 *Cf.* Edward Saïd, *Humanism and Democratic Criticism*, New York, Palgrave Macmillan, 2004, pp. 57-118.

30 Erich Auerbach, « Philologie der Weltliteratur ». In : Walter Muschg et Emil Staiger (avec Walter Henzen), éds., *Weltliteratur. Festgabe für Fritz Strich zum 70. Geburtstag*, Bern, Francke, 1952, pp. 39-50.

Bibliographie

Auerbach, Erich (1952). « Philologie der Weltliteratur ». In : Walter Muschg et Emil Staiger (avec Walter Henzen), éds., *Weltliteratur. Festgabe für Fritz Strich zum 70. Geburtstag*. Bern : Francke, pp. 39-50.

Brinkmann, Reinhold (2005). « Musikalische Lyrik, politische Allegorie und die heil'ge Kunst ». *Archiv für Musikwissenschaft* 62, pp. 75-97.

Dakhli, Leyla (2017). « Laudatio auf Mathias Énard ». In : Stadt Leipzig, éd., *Leipziger Buchpreis zur Europäischen Verständigung 2017*, Leipzig : PögeDruck 2017, pp. 11-28.

Énard, Mathias (2011). *L'Alcool et la Nostalgie*. Paris : Inculte.

Énard, Mathias (2012). *Rue des voleurs*. Arles : Actes Sud.

Énard, Mathias (2015). *Boussole*. Arles : Actes Sud.

Énard, Mathias (2016). *Der Alkohol und die Wehmut*. Traduit par Claudia Hamm. Berlin : Matthes & Seitz.

Énard, Mathias (2017). « Dank des Preisträgers ». In : Stadt Leipzig, éd., *Leipziger Buchpreis zur Europäischen Verständigung 2017*, Leipzig : Pögedruck, pp. 22sq.

Hacks, Peter (2008). *Zur Romantik*. Hamburg : Konkret Literatur Verlag.

Haym, Rudolf (1856). *Wilhelm von Humboldt, Lebensbild und Charakteristik*. Berlin : Gaertner.

Klemperer, Victor (1996). *LTI : la langue du IIIe Reich. Carnets d'un philologue*, [^{1}1947]. Traduit par É. Guillot. Paris : Albin Michel.

Lepper, Marcel (2016). *Goethes Euphrat. Philologie und Politik im* West-östlichen Divan. Göttingen : Wallstein.

Lukácz, Georg (1989). *La théorie du roman*. Traduit par Jean Clairevoye. Paris : Gonthier-Denoël.

Magris, Claudio (1990). *Danube*. Traduit par Jean et Marie Noëlle-Pastureau. Paris : Gallimard [^{1}1988].

Messling, Markus (2016). *Gebeugter Geist. Rassismus und Erkenntnis in der modernen europäischen Philologie*. Göttingen : Wallstein.

Messling, Markus (2018). « Réalisme esthétique et cosmopolitisme littéraire. Poétiques de la perte chez Giorgos Seferis et Kossi Efoui ». In : Guillaume Bridet, Xavier Garnier, Sarga Moussa et Laetitia Zecchini, éds., *Décentrer le cosmopolitisme. Enjeux politiques et sociaux dans la littérature*. Dijon : Éditions universitaires de Dijon 2019, pp. 71-84.

Polaschegg, Andrea (2005). *Der andere Orientalismus. Regeln deutsch-morgenländischer Imagination im 19. Jahrhundert*. Berlin/New York : De Gruyter.

Rabault-Feuerhahn, Pascale, éd. (2014). *Théories intercontinentales. Voyages du comparatisme postcolonial*. Paris : Demopolis.

Remaud, Olivier (2015). *Un monde étrange. Pour une autre approche du cosmopolitisme*. Paris : PUF.

Saïd, Edward (^{4}1995). *Orientalism. Western Conceptions of the Orient.* London : Penguin Books [^{1}1978].

Saïd, Edward (2004). *Humanism and Democratic Criticism.* New York : Palgrave Macmillan.

Saïd, Edward (2008). « Wagner and the Met's Ring » (orig. : *The Nation* du 18 juin 1990), « The Importance of Being Unfaithful to Wagner » (orig. : *The London Review of Books* du 11 février 1993). In : Edward Saïd, *Music at the Limits. Three Decades of Essays and Articles on Music.* Préface de Daniel Barenboim, London/New York : Bloomsbury, pp. 105-114 et 166-174.

Schlegel, Frédéric (1837). *Essai sur la langue et la philosophie des Indiens* [^{1}1808]. Traduit par M.A. Mazure. Paris : Parent-Desbarres.

Schlegel, Frédéric (1971). *Philosophie de l'histoire. Dix-huit conférences données à Vienne en l'an 1828.* In : Ernst Behler et al., éds., *Kritische Friedrich-Schlegel-Ausgabe. Volume 9.* Édité par Jean-Jacques Anstett. München/Paderborn/Wien : Schöningh.

Schwab, Raymond (2014). *La renaissance orientale.* Préface de Louis Renou. Paris : Payot & Rivages [^{1}1950].

de Toledo, Camille (2009). *Le Hêtre et le Bouleau. Essai sur la tristesse européenne, suivi de L'Utopie linguistique ou la Pédagogie du vertige.* Paris : Seuil.

Tugendhat, Ernst (^{2}2010). *Anthropologie statt Metaphysik.* München : C.H. Beck.

Vallat, Luc et Vuilleumier, Antoine : « Les écrits universitaires apocryphes de Boussole : représentations du savoir académique dans la fiction romanesque ». In : Markus Messling, Cornelia Ruhe, Lena Seauve et Vanessa de Senarclens, éds., *Mathias Énard et l'érudition du roman*, Leiden : Brill/Rodopi, pp. 99-113.

PARTIE 2

De l'écriture savante au roman

Les écrits universitaires apocryphes de *Boussole* : représentations du savoir académique dans la fiction romanesque

Luc Vallat et Antoine Vuilleumier

Résumé

Le roman *Boussole* de Mathias Énard contient de nombreux écrits académiques apocryphes qui tendent à interroger les frontières entre les régimes discursifs académique et romanesque. La stricte démarcation entre vie privée et production universitaire, entre recherche scientifique et vécu biographique, se voit ainsi régulièrement abolie. Il en résulte un rapport au savoir éprouvé de façon subjective, souvent passionnelle, dans la ferveur comme dans le désenchantement. Prise dans l'affectivité, l'érudition ne semble toutefois pas renoncer à une forme de production de savoirs nouveaux ou *a minima* à une tentative de mise en cohérence du monde. Enfin, l'hybridation des paradigmes romanesque et scientifique se concrétise dans la notion de promenade, à la fois genre littéraire et outil épistémologique pour penser (et raconter) les relations entre Orient et Occident.

Contrairement à ces écrivains-professeurs[1] qui, comme Michel Butor, Serge Doubrovsky ou, plus récemment, Pierre Jourde et Philippe Forest, ont mené ou mènent de front carrière universitaire et œuvre littéraire, Mathias Énard semble avoir, selon ses propres termes, « quitté l'écriture universitaire pour [se] lancer dans la fiction »[2]. *A priori*, Mathias Énard incarne donc parfaitement l'impossible conciliation entre une écriture universitaire, contrainte, qui irait vers la science et la vérité, et une écriture littéraire, libre, qui irait vers

1 À ce sujet, *cf.* Charles Coustille, « Le double jeu de l'écrivain-professeur, nouvelle figure de la littérature contemporaine », *Les Cahiers du Ceracc* 6, 2013. URL : http://cahiers-ceracc.univ-paris3.fr/coustille.html. Consulté le 6 septembre 2019 ; Bernard Lahire, *La condition littéraire. La double vie des écrivains*, Paris, La Découverte, 2006 ; Nathalie Heinich, *Être écrivain. Création et identité,* Paris, La Découverte, 2000. Nous nous permettons de renvoyer aussi à la thèse de doctorat en cours de Sophie Jaussi, *« Il était deux fois ». Philippe Forest écrivain-professeur: l'entaille du roman dans le bois du savoir.* Sous la direction de Thomas Hunkeler et Tiphaine Samoyault, Universités de Fribourg et Paris 3 – Sorbonne Nouvelle, octobre 2019.

2 RTL, « Chemins d'écrivains », 21 août 2016. URL : http://www.rtl.fr/culture/arts-spectacles/mathias-enard-barcelone-est-la-ville-ou-je-quitte-l-ecriture-universitaire-pour-la-fiction-7784502814. Consulté le 14 avril 2018.

 | DOI:10.1163/9789004425507_008

l'esthétique[3], puisque le renoncement à la première apparaît comme condition de possibilité de la seconde. Pourtant, malgré leur abandon dans la pratique scripturaire de l'écrivain, les formes d'écriture caractéristiques du monde académique sont susceptibles de ressurgir dans la fiction, particulièrement lorsqu'y évoluent deux universitaires, Franz Ritter et Sarah, comme c'est le cas dans *Boussole*[4]. À côté de travaux académiques attestés, les deux personnages font allusion à de nombreux écrits académiques apocryphes[5], thèses, articles ou conférences (nous en avons recensé une trentaine[6]), dont les dispositifs d'intégration dans la fiction sont variés : par l'intermédiaire d'une citation textuelle *in extenso*, par une allusion à son titre, sous la forme d'un projet – parfois ironique – de recherche, dans le cours du monologue de Ritter ou lors d'une conversation rapportée au sein de celui-ci. Ce sont ces études imaginaires que nous nous proposons d'analyser ici, en examinant les différents avatars du rapport au savoir académique que ces productions apocryphes dénotent.

1 Irruptions biographiques

En vertu d'un idéal d'objectivité et de scientificité, les disciplines académiques ont eu tendance à rejeter hors de leur « horizon théorique »[7] tout discours dont l'énonciateur assumerait une subjectivité qui laisserait entendre non la voix du chercheur, mais celle du sujet biographique. Ce que *Boussole* met en scène, par le biais de ses personnages et de leurs écrits scientifiques fictifs, c'est que cette séparation entre vie personnelle et production académique n'a rien d'hermétique. Les travaux universitaires prennent toujours racine hors de la sphère académique, dans la vie des personnages. Ainsi, les événements du monde sensible, y compris les plus triviaux comme les grattements du chien du voisin, sont aptes à susciter des projets d'articles, certes ironiques, comme « Des effets des cuivres sur l'humeur canine » (*B* 15), voire même un opéra (*Le Chien de Schopenhauer*, *B* 197). Sur un mode plus sérieux, trois des chapitres du livre *Des différentes fformes de ffolie en Orient*, dont Franz projette l'écriture, sont

3 Coustille, « Le double jeu », *op. cit.*

4 Mathias Énard, *Boussole*, Arles, Actes Sud, 2015 (désormais *B*).

5 Dans le sens de 'non-authentique, faux'. Nous faisons usage du terme dans le même sens que Nathalie Piégay-Gros, *L'érudition imaginaire*, Genève, Droz, 2009, *passim*.

6 Nous donnons ici une liste des numéros de pages où ces études imaginaires apparaissent pour la première fois, sans faire mention du titre ou du sujet, afin de ne pas surcharger les notes : *B* 8, 9, 15, 17, 20, 26, 36, 41, 46, 50, 56, 69, 73, 75, 91, 97, 105, 119, 163, 182, 187, 192, 209, 214, 226, 266, 312, 320, 322, 326, 339, 357, 358, 361, 369.

7 Michel Foucault, *L'ordre du discours*, Paris, Gallimard, 1971, p. 26.

directement motivés par les événements de la vie de l'enseignant-chercheur : le premier chapitre, « Les Orientalistes amoureux » (*B* 91), fait immanquablement référence à l'amour de Franz pour Sarah ; le deuxième, « Gangrène & tuberculose » (*B* 202), est textuellement lié à la maladie du narrateur, puisqu'il imagine pouvoir se « consacrer un chapitre, voire deux : 'Maladies mystérieuse' et 'Maladies imaginaires' et [s]'accorder une mention au paragraphe 'Diarrhées et courantes' » (*B* 203) ; la situation géopolitique contemporaine, dont la radio diffuse à Franz les nouvelles, suscite l'insertion du troisième chapitre : « Portraits d'orientalistes en commandeurs des croyants » (*B* 226). On pourrait multiplier à l'envi les exemples. On remarquera plutôt que les influences entre recherche académique et biographie des personnages ne sont pas unilatérales, mais réciproques. C'est notamment le cas de Faugier qui, préparant un article sur « La régulation de la prostitution à Istanbul au début de la République » (*B* 56), « examin[e] tout ce désespoir [celui de la jeunesse iranienne] en spécialiste, en entomologiste de l'accablement, se livrant lui aussi aux excès les plus formidables, dans une sorte de contagion de son objet d'étude » (*B* 63). La métaphore de la contagion dit bien la porosité qui existe entre ces deux faces d'une même médaille que sont vie intime et érudition académique. Chez Sarah et Franz, l'érudition ne devient pas, comme chez Faugier, une maladie contagieuse ; elle est au contraire un possible remède au deuil et à la mélancolie :

> Je me demande si ce qu'elle [Sarah] a cherché, au cours de cette vie scientifique qui recouvre totalement la sienne, sa quête, n'était pas sa propre guérison – vaincre la bile noire par le voyage, d'abord, puis par le savoir, et par la mystique ensuite et sans doute moi aussi, moi aussi, si l'on considère que la musique est le temps raisonné, le temps circonscrit et transformé en sons [...]. (*B* 50)

Cette interdépendance de la vie et de la production académique n'est pas sans rappeler le paradigme biographique[8] qui préside à l'interprétation des œuvres dès l'époque romantique et qui, après sa refondation par Sainte-Beuve, demeurera une habitude dans les milieux universitaires jusque dans les années 1950 avec les travaux du type « L'homme et l'œuvre »[9]. À la différence près que le sujet biographique, qui est le « foyer de constitution du sens »[10], se déplace de l'artiste vers l'érudit. La mise en pratique par Franz de l'axiome interprétatif,

---

8 À ce sujet, *cf.* José-Luis Diaz, *L'homme et l'œuvre. Contribution à une histoire de la critique*, Paris, PUF, 2011.

9 *Ibid.*, p. 8.

10 *Ibid.*, p. 102.

apparu chez les préromantiques, selon lequel « le style, c'est l'homme »[11], pour un texte académique de Sarah, participe de ce même mouvement. En effet, si le musicologue s'inquiète de l'article sur le vin du Sarawak qu'il vient de recevoir, c'est certes pour son sujet « monstrueux » (*B* 16), mais c'est surtout parce que Sarah adopte un « style sec, si différent de son lyrisme habituel » (*B* 16). En assimilant l'expression académique de celle qu'il aime à ses états d'âme, Franz croise en quelque sorte les termes de l'opposition canonique 'écriture académique/style sec' et 'écriture romanesque/style lyrique', redistribue un élément caractéristique de l'écriture littéraire dans la sphère académique et altère du même coup l'étanchéité de la frontière entre les régimes d'écriture scientifique et littéraire.

2 L'affectivité du savoir

Cette irruption du biographique et du lyrisme dans l'écriture universitaire dénote avant tout un rapport subjectif au savoir qui est vécu sur le mode affectif. Cette dimension est bien évidemment exacerbée par l'amour du narrateur pour Sarah, et nombre des travaux universitaires apocryphes sont pris dans les filets de cette passion amoureuse. Ainsi le récit de la première rencontre avec Sarah, lors d'un colloque durant lequel elle présentait un papier intitulé « Le merveilleux dans les *Prairies d'or* de Massoudi » (*B* 29), transforme le souvenir en rêve (signifié dans la narration par un passage au présent[12]) et en évocation érotique (*B* 33). L'article le plus cité de Franz Ritter, « Le premier opéra orientaliste oriental : *Majnoun et Leyla* d'Hadjibeyov » (*B* 192), est aussi un effet direct de son amour pour Sarah :

> [...] si je n'étais pas allé en Syrie, si je n'avais pas eu une minuscule expérience fortuite du désert (et une déconvenue amoureuse, reconnaissons-le) je ne me serais jamais passionné pour Majnoun le Fou de Leyla. (*B* 193)

La parenthèse, plutôt que de le dissimuler, révèle ce qui motive Franz à s'intéresser à Majnoun, amoureux empêché de Leyla, comme lui l'est de Sarah : Franz recherche dans Majnoun, et plus généralement dans les « roman[s] d'amour classique, [les] passion[s] empêchée[s] qui se dénouaient dans la

11 *Ibid.*, p. 7.

12 *B* 29 : « Je me sens très calme maintenant, engourdi, bercé par le souvenir de ce colloque autrichien ».

mort » (*B* 193), un miroir de son propre vécu qui semble fonctionner comme un substitut affectif. L'article indique ici le transfert de la passion de l'être aimé vers un objet de connaissance, avec lequel le musicologue s'identifie. Plus encore, cet enthousiasme intellectuel dont l'article est une émanation semble être un moyen indirect de déclarer son amour (et sa tristesse) à Sarah : « moi je criais ma passion à Sarah, non pas ma passion pour elle, mais pour Majnoun, tous les Majnoun » (*B* 193). Ce n'est pas la passion pour Sarah en tant que telle que la négation réfute, mais le fait qu'il la crie. Sarah, d'ailleurs, n'est pas dupe et suggère que cet intérêt soudain pour les amours empêchées n'est pas directement lié à une curiosité scientifique et musicale, lorsqu'elle lui demande : « Et la musique, dans tout cela ? » (*B* 193).

L'emprise de la passion va jusqu'à transfigurer l'appréhension de la connaissance historique ; Franz est moins un universitaire qui commente qu'un amoureux qui interprète. À cet égard, le traitement de Berlioz est particulièrement intéressant : pour le musicologue, le compositeur incarne la notion, qu'il faudrait approfondir dans ses recherches, de « *Tiers-Orient* » (*B* 193, en italique dans le texte), à savoir la représentation de l'Orient telle qu'elle se présente non dans les travaux des premiers orientalistes (comme Hammer-Purgstall), ni même dans les productions artistiques qui s'en inspirent (par exemple de Goethe et Hugo), mais dans celles qui se nourrissent de ces dernières. Le commentaire érudit, mis entre parenthèses dans le texte, est rapidement dépassé par une évocation de l'amour de Berlioz pour Harriet Smithson, la comédienne qui inspire au compositeur sa *Symphonie fantastique*, à laquelle Sarah était implicitement comparée[13]. En Berlioz, Franz reconnaît un autre lui-même. Comme lui, il est obsédé par une femme, dont il fait son *idée fixe* – dans sa symphonie, Berlioz assigne à Harriet Smithson un motif mélodique récurrent, à chaque fois renouvelé mais toujours reconnaissable. Ce procédé cyclique et obsessionnel rappelle la présence ininterrompue de Sarah dans le monologue du narrateur. Franz lui attribue en outre son propre thème (le « thème de Sarah », *B* 45), issu d'une valse apocryphe pour flûte et violoncelle, analogue à la sonate de Vinteuil proustienne.

L'identification de l'herméneute et du créateur va plus loin encore. Se représentant Berlioz sur scène en pleine exécution de sa *Symphonie fantastique*, Ritter affirme :

13 *B* 68 : « [...] dans ces réminiscences d'opium, alors que j'entends rouler comme les tambours du supplice les virtuosités de Liszt qui m'occupaient tant à Constantinople, m'apparaît aussi une *singulière fille*, là-bas dans son Sarawak, même si Sarah n'a rien à voir avec la Duplessis ni avec Harriet Smithson ».

> Quel spectacle, tout de même, que celui de Berlioz jouant les timbales dans sa propre *Marche au supplice* dans la grande salle du Conservatoire. Ce quatrième mouvement est une pure folie, un rêve d'opium, d'empoisonnement, de torture ironique et grinçante, une marche vers la Mort, écrite en une nuit, une nuit de pavot [...]. (*B* 68)[14]

En réalité, cette fameuse nuit ayant suffi à l'écriture de ce quatrième mouvement a tout du mythe romantique de l'inspiration. En effet, en 1828, le compositeur crée l'ouverture des *Francs-Juges*, tirée de l'opéra inachevé du même nom[15]. Au sein de celui-ci se trouve une marche, qui sera réemployée à l'intérieur du quatrième mouvement de la *Symphonie fantastique*[16]. Ce mythe, Ritter ne l'invente pas dans ses propres « réminiscences d'opium » (*B* 68), mais le puise dans les mémoires du compositeur[17]. Plus encore, le texte de la première version du programme de la symphonie dit :

> Ayant acquis la certitude que son amour est méconnu, l'artiste s'empoisonne avec de l'opium. La dose du narcotique [...] le plonge dans un sommeil accompagné des plus horribles visions. Il rêve qu'il a tué celle qu'il aimait, qu'il est condamné, conduit au supplice, et qu'il assiste à sa propre exécution[18].

Ce n'est pas le compositeur qui est sous l'influence de l'opium, mais bien l'amoureux fictif de la *Symphonie fantastique*. Ritter semble ici confondre le compositeur et musicien avec le mythe romantique que Berlioz a lui-même

---

14 L'anecdote de Berlioz jouant les timbales est rapportée par Heinrich Heine. *Cf.* Hugh Macdonald, *Berlioz's Orchestration Treatise. A Translation and Commentary*, Cambridge, Cambridge University Press, 2004, p. 274.

15 *Cf.* Jean-Pierre Bartoli, « Forme narrative et principe du développement musical dans la *Symphonie fantastique* de Berlioz », *Musurgia. Analyse et pratique musicales* 2, 1995, pp. 25-50, p. 32.

16 *Cf.* Hugh Macdonald, « Berlioz, Hector ». In : Deane L. Root, *The New Grove. Dictionary of Music and Musicians* 3, 2001, pp. 384-420, p. 386, 401.

17 « Immédiatement après cette composition sur *Faust*, et toujours sous l'influence du poème de Goethe, j'écrivis ma *Symphonie fantastique* avec beaucoup de peine pour certaines parties, avec une facilité incroyable pour d'autres. Ainsi l'*adagio* (*Scène aux champs*), qui impressionne toujours si vivement le public et moi-même, me fatigua pendant plus de trois semaines ; je l'abandonnai et le repris deux ou trois fois. La *Marche au supplice*, au contraire, fut écrite en une nuit. J'ai néanmoins beaucoup retouché ces deux morceaux et tous les autres du même ouvrage pendant plusieurs années », Hector Berlioz, *Mémoires I*, Paris, Garnier-Flammarion, 1969, p. 168.

18 Cité par Wolfgang Dömling, *Hector Berlioz. Die symphonisch-dramatischen Werke*, Stuttgart, Reclam, 1979, p. 146.

construit autour de son œuvre. L'opium et l'amour induisent donc une nouvelle relation au savoir, fondée sur une identification rêvée avec la vie et le génie du compositeur. Là encore, le musicologue se comporte en interprète romantique, plus précisément, selon la typologie de Diaz, en biographe romantique[19], dont le représentant emblématique est certainement le Victor Hugo de *William Shakespeare* : la biographie « ne se veut plus connaissance objective et limitée de cet homme qui a produit une œuvre, mais écriture passionnée de la vie d'un autre soi-même qui a le bénéfice du génie et de la notoriété »[20].

Cette prégnance du modèle interprétatif romantique apparaît encore avec la thèse de Sarah, dont le préambule est textuellement cité. Son ton est qualifié de « romantique » (*B* 11) par les membres de son jury et par Franz (*B* 13). Sarah ne renonce de fait ni au lyrisme, ni aux interprétations psychologisantes :

> Le premier recueil qu'il publie débute par *Enterré vivant, Zendé bé gour*, le suicide et la destruction, et décrit clairement les pensées, pensons-nous, de l'homme au moment où il s'abandonne au gaz vingt ans plus tard. (*B* 10)

Bref, dans sa thèse, Sarah semble renouer en partie avec une appréhension romantique de ses objets de recherche. Tout se passe comme si la réinjection de la subjectivité et de l'affectivité dans le savoir était corrélée au retour d'une ancienne méthode herméneutique des œuvres artistiques et littéraires[21].

L'appropriation passionnée du savoir par les personnages peut se lire comme une forme d'« érotique du savoir »[22] qui met en abyme dans la fiction ce que le roman espère susciter chez son lecteur. Les éléments d'érudition ne visent pas à l'élitisme hermétique, mais au développement de la curiosité du lecteur[23] et, plus encore, à l'instauration d'un rapport au savoir qui soit de l'ordre du désir, de la passion. Fondamentalement, comme le dit Énard, « c'est cet aspect érotique de la connaissance qui permet que le livre soit quand même un roman,

---

19 Diaz, *L'homme et l'œuvre*, *op. cit.*, pp. 146ssq.

20 *Ibid.*, pp. 147sq.

21 Particulièrement en vogue dans le romantisme français du premier XIXe siècle. *Cf.* Diaz, *L'homme et l'œuvre*, *op. cit.*

22 France Culture, « La grande table », 21 septembre 2015, 17e minute. URL : https://www.franceculture.fr/emissions/la-grande-table-1ere-partie/mathias-enard-boussole. Consulté le 6 septembre 2019.

23 Il s'agit en somme d'appliquer le principe mentionné dans le *Docteur Faustus* de Thomas Mann, intertexte avoué de *Boussole* : « il peut être utile à la formation d'entendre parler de grandeur, fût-elle inconnue », Thomas Mann, *Le docteur Faustus. La vie du compositeur allemand Adrian Leverkühn racontée par un ami*. Traduit par Louise Servicen, Paris, Albin Michel, 1996, p. 62.

qu'il soit romanesque jusqu'au bout »[24]. Paradoxalement, les écrits scientifiques fictifs, grâce à la subjectivité dans laquelle ils sont pris, participent pleinement du romanesque de *Boussole*.

3 Une possible mise en cohérence du monde

On peut se demander si cette subjectivité qui traverse les écrits scientifiques fictifs ne contribue pas à saper ce qui est le fondement même de la recherche académique : un apport de connaissances nouvelles au savoir constitué. Il serait périlleux d'évaluer précisément la contribution du roman de Mathias Énard au champ de la recherche. On remarquera plutôt que les représentations discursives à l'égard de l'édification d'un savoir positif sont contrastées. Elles se manifestent en premier lieu par une certaine forme de désinvolture. Nombreux sont les articles ou les projets d'article de Franz, qui sont présentés de façon ironique, voire loufoque, grâce à un procédé narratif récurrent qui consiste à joindre un élément comique à un développement pertinent qui le dévalue immédiatement. Par exemple, Ritter propose pour étude : « Bruits de trains : le chemin de fer dans la musique française » (*B* 20). Celle-ci comprendrait le *Chemin de fer* d'Alkan, « la *Pacific 231* d'Honnegger, les *Essais de locomotives* de Florent Schmitt l'orientaliste et même le *Chant des chemins de fer* de Berlioz » (*B* 20). On pourrait ajouter à cette liste l'*Étude aux chemins de fer* de Pierre Schaeffer, père de la musique concrète, et même, si l'on sort du cadre français, des œuvres comme *Different trains* de l'Américain Steve Reich. Certes, la proposition apparaît tout à fait pertinente d'un point de vue scientifique[25], mais son sérieux est immédiatement balancé par l'ajout d'une composition personnelle saugrenue : « *Tramway de Porcelaine*, pour clochettes, *zarb* et bols tibétains » (*B* 20). Suscitée par un désagrément, le bruit d'un tramway sur la Porzellangasse – ce qui la dévalue *de facto* –, la proposition se referme sur un sarcasme dépréciatif. Cette ironie du narrateur vis-à-vis de sa propre production universitaire redouble en fait le geste de l'auteur, qui affirme avoir « intégré [dans *Boussole*], non sans ironie, des articles tirés de [son] propre cursus universitaire »[26].

---

24 France Culture, « La grande table », *op. cit.*, 18e minute.

25 Il n'existe, à notre connaissance, pas d'étude équivalente sur l'intégration du chemin de fer dans la musique ; en revanche, les relations musique/machine, de manière plus globale, ont fait l'objet de plusieurs recherches. *Cf.* p. ex. Eugen Mayer-Rosa, *Musik und Technik*, Wolfenbüttel/Zürich, Karl Heinrich Möseler, 1974.

26 Marie Hirigoyen, « L'orientalisme est un humanisme », *Page des libraires* 27 juillet 2015. URL : http://www.pagedeslibraires.fr/dossier-727/-l-orientalisme-est-unhumanisme .html?osa=f91c6f926026ad9aeocce93763d893ed8020e00b. Consulté le 13 avril 2018.

L'ironie s'infléchit parfois en mélancolie, ce dont témoigne le rapport désenchanté qu'entretient Franz vis-à-vis de sa propre production académique. La thèse principale de Franz, c'est que « la révolution dans la musique aux XIXe et XXe siècles devait tout à l'Orient »[27], non par les « procédés exotiques » qu'il suppose, mais parce qu'il fait « entrer des éléments extérieurs, de l'altérité » dans la musique européenne, qu'il « abâtardit » le « génie ». Malheureusement, comme il le dit lui-même : « je ne suis qu'un pauvre universitaire sans succès avec sa thèse révolutionnaire dont personne ne tire aucune conséquence ». Il poursuit : « Ma thèse et mes articles, un tombeau pour Félicien David, un tombeau pour Francisco Salvador Daniel, un tombeau bien sombre, où l'on n'est pas dérangé dans son sommeil éternel » (*B* 122). Cette attitude désabusée est tout à fait caractéristique de la figure de l'érudit dans le roman du XXe siècle telle qu'elle a été analysée par Piégay-Gros dans son livre *L'Érudition imaginaire*[28]. Pourtant, contrairement à la plupart des romans étudiés par Piégay-Gros, qui peinent à faire émerger une cohérence « du fatras des archives »[29], le rapport à l'érudition ne s'abîme pas ici sous sa propre impuissance. Tout le roman concourt au contraire à édifier un savoir positif, qui vise surtout, pour reprendre les termes deleuziens utilisés par Sarah, à montrer « les rhizomes de cette construction commune de la Modernité » (*B* 275) qu'est l'Orient. L'étude envisagée « Du destin cosmopolite des objets magiques » (*B* 187), qui analyserait la trajectoire entre Occident et Orient d'objets comme les lampes à génie ou les tapis volants, en est un parfait témoin :

> [Sarah] en conclurait que l'*Orient* et l'*Occident* n'apparaissent jamais séparément, qu'ils sont toujours mêlés, présents l'un dans l'autre et que ces mots – Orient, Occident – n'ont pas plus de valeur heuristique que les directions inatteignables qu'ils désignent. J'imagine qu'elle parachèverait le tout par une projection politique sur le cosmopolitisme comme seul point de vue possible sur la question. Moi aussi, si j'étais plus – plus quoi ? Plus brillant, moins malade, moins velléitaire je pourrais développer cet article dérisoire sur *Mârouf, savetier du Caire*, Henri Rabaud et Charles Mardrus et construire une vraie synthèse sur ce fameux Tiers-Orient dans la musique française [...]. (*B* 187sq)

Dans cet extrait, Franz prête à Sarah le pouvoir d'énoncer un savoir pertinent ; c'est elle qui incarne, ici comme ailleurs, la force de l'érudition, c'est elle qui a, malgré la violence, le deuil et la maladie, « la persévérance de continuer à

---

27 Pour cette citation et les suivantes, *cf.* *B* 120.
28 Piégay-Gros, *L'érudition imaginaire, op. cit.*
29 *Ibid.*, p. 143.

fouiller dans la tristesse du monde pour en tirer la beauté ou la connaissance » (*B* 339). Il s'ensuit que le désenchantement vis-à-vis du savoir, dont témoigne habituellement Franz, porte moins sur la connaissance en tant que telle que sur l'instance énonciatrice qui la profère (souvent : lui-même). En fin de compte, ce qui importe, c'est que l'érudition et les écrits académiques apocryphes participent à une certaine mise en cohérence du monde et de l'histoire, et que la subjectivité (manifestée par la passion ou l'ironie), qui menaçait *a priori* cette mise en ordre, n'implique pas son impossibilité. Malgré son ironie et sa mélancolie, le personnage de Franz parvient, nous semble-t-il, à édifier un savoir positif. Même si le commentaire critique d'une mise en scène carnavalesque de *Mârouf, savetier du Caire* « donnerait un côté un peu 'magazine' à une contribution plutôt sérieuse » (*B* 189), les analyses sur le « *Tiers-Orient* dans la musique française » (*B* 188), données en amont sur deux pages, demeurent pertinentes, et contribuent à renforcer le propos du roman.

4 Hybridations

En plus de mettre en scène l'irruption de la subjectivité dans le savoir académique, sans renoncer pour autant à une certaine mise en forme du monde, le roman de Mathias Énard donne à voir une possible hybridation des régimes discursifs respectifs de l'université et de la littérature. En ce sens, la description musicologique peut par instants se faire très précise :

> [Dans le *Chant du muezzin amoureux*, Szymanovski] se contentait [de] reprendre les secondes augmentées et les mineures typiques des imitations de la musique arabe, sans se soucier des quarts de ton introduits par Félicien David [...] ; Szymanowski n'avait pas besoin, dans cette évocation, de se défaire de l'harmonie, d'y briser la tonalité. Mais ces quarts de ton, il les avait entendus ; il les utilisera dans *Mythes*, et je suis persuadé qu'à l'origine de ces pièces qui transformèrent radicalement le répertoire pour violon du XXe siècle se trouve la musique arabe. Une musique arabe digérée, cette fois-ci, non plus un élément exogène mis en œuvre pour obtenir un effet exotique, mais bel et bien une possibilité de renouvellement. (*B* 158sq)

Ici, Franz reprend deux catégories définies par Jean-Pierre Bartoli dans une étude sur la musique de Félicien David : d'une part, l'emprunt adapté, qui « résulte d'une collecte plus ou moins fidèle de matériaux mélodiques ou rythmiques effectivement entendus par le compositeur et restitués de façon évidemment et fatalement approximative dans le système scalaire de la musique occidentale »[30]. D'autre part, la re-création pseudo-authentique, qui consiste à créer des mélodies, rythmes et timbres, qui seront perçus comme typiquement orientaux par les auditeurs[31]. Ritter semble donc produire un discours analytique original sur l'œuvre de Szymanovski, employant les codes de la tradition académique, dans le cours même de la narration. Il est intéressant de constater que ce passage intervient durant le récit de son aventure avec Sigrid, avec laquelle il est libéré des « correspondances de l'âme » (*B* 159), comme s'il fallait que la passion amoureuse s'éloigne pour que surgisse un discours plus technique.

À l'inverse, le style académique de Sarah est caractérisé par sa dimension littéraire : Franz le définit d'ailleurs comme lyrique (*B* 16). La citation textuelle du préambule de la thèse le confirme. On jugera sur pièce, avec les premières lignes :

> 'Dans la vie il y a des blessures qui, comme une lèpre, rongent l'âme dans la solitude', écrit l'Iranien Sadegh Hedayat au début de son roman *La Chouette aveugle* : ce petit homme à lunettes rondes le savait mieux que quiconque. C'est une de ces blessures qui l'amena à ouvrir le gaz en grand dans son appartement de la rue Championnet à Paris, un soir justement de grande solitude, un soir d'avril, très loin de l'Iran, très loin, avec pour seule compagnie quelques poèmes de Khayyam et une sombre bouteille de cognac, peut-être, ou un galet d'opium, ou peut-être rien, rien du tout, à part les textes qu'il gardait par-devers lui et qu'il a emportés dans le grand vide du gaz. (*B* 9)

Narrativisation, anaphores, suppositions : la thèse de Sarah rompt radicalement avec les exigences stylistiques de la certification scientifique, ce que ne manquent pas de signaler les membres de son jury de thèse. Ainsi, la fiction met en scène à la fois l'irruption ponctuelle du discours technique dans le monologue romanesque et la littérarisation du discours scientifique. En outre, l'idée-force que Sarah cherche à défendre dans sa thèse « sur les images et les représentations de l'Orient » (*B* 12), c'est que « ce qu'on avait longtemps appelé folie, mélancolie, dépression, était souvent le résultat d'un frottement, d'une perte de soi dans la création, au contact de l'altérité » (*B* 12sq). Or,

30 Jean-Pierre Bartoli, « L'orientalisme dans la musique française du XIXe siècle. La ponctuation, la seconde augmentée et l'apparition de la modalité dans les procédures exotiques », *Revue belge de musicologie* 51, 1997, pp. 137-170, p. 142.

31 *Cf. ibid.*, p. 143.

cette dépossession de soi dans l'altérité est l'un des enjeux fondamentaux du roman : l'hypothèse universitaire apocryphe vient ici éclairer le questionnement romanesque.

Au nombre de ces jeux de miroir entre écriture fictionnelle et écriture scientifique, il faut compter la notion de 'promenade'. Bien évidemment, la promenade est avant tout un motif et plus encore, depuis Rousseau, un genre littéraire, où s'exerce et se médite la subjectivité[32]. D'un point de vue structurel, elle permet de conserver une forme de continuité dans l'asystématicité ; il s'agit d'un des principes compositionnels du roman[33], qui permet au lecteur de « passer sans heurt »[34] d'un élément à l'autre[35]. Cependant, Sarah en fait un principe méthodologique pour sa thèse, contesté par son jury, dont le monologue de Ritter permet de retracer la genèse. Le terme apparaît pour la première fois lorsque les deux protagonistes évoquent le livre de Claudio Magris, *Danube*, qui fait d'un voyage le long du fleuve un prétexte à la convocation de multiples anecdotes historiques : Franz y voit « une promenade érudite et subjective » (*B* 22) quand Sarah le trouve trop austro-centré. Toutefois, Sarah reprend à son compte l'idée de promenade pour en infléchir le sens : de simple procédé formel, elle devient un concept épistémologique qui permet de penser les relations entre Orient et Occident. Sarah cherche en effet à briser « ces miroirs entre Orient et Occident [...] par la continuité de la promenade » (*B* 275). Or, c'est cette continuité, ce mouvement entre le chez-soi et l'ailleurs, cet entre-deux entre le connu et l'inconnu[36] que symbolise la promenade et que le roman veut raconter. La promenade, principe formel et générique éminemment littéraire, se voit ainsi dotée d'une puissance heuristique et épistémologique, peut-être plus efficace que les méthodes académiques traditionnelles, qu'un travail universitaire, à cause des conditions de certification qui sont les siennes (objectivité, systématicité), ne saurait mettre à profit.

---

32 À ce sujet, *cf.* Alain Montandon, éd., *Promenades et écriture*, Clermont-Ferrand, Presses Universitaires Blaise Pascal, 1996, et Alain Montandon, *Sociopoétique de la promenade*, Clermont-Ferrand, Presses Universitaires Blaise Pascal, 2000.

33 France Culture, « La Grande Table », *op. cit.*, 18e minute.

34 Fabien Ribéry, « Tramways de porcelaine, pour clochettes, zarb, et bols tibétains / Entretien avec Mathias Énard », *Le Poulailler. La revue indépendante du bout du monde*, 5 novembre 2015. URL : http://le-poulailler.fr/2015/11/tramways-de-porcelaine-pour-clochettes-zarb-et-bols-tibetains/. Consulté le 6 septembre 2019.

35 La promenade renvoie aussi peut-être à l'*ars memoria* antique : l'orateur se remémore l'articulation de son discours en s'en représentant les différentes parties comme les stations d'une promenade connue – le monologue serait ainsi cette promenade dans la mémoire (Montandon, *Sociopoétique*, *op. cit.*, p. 25).

36 Montandon, *Sociopoétique*, *op. cit.*, p. 16.

Ce n'est peut-être pas, cependant, du côté de la production des écrits académiques et des œuvres d'art qu'il faut rechercher le lieu de leur rencontre, mais du côté des effets qu'ils peuvent provoquer sur le récepteur. Dans un des courriers qu'elle adresse à Franz, Sarah fait le récit d'une conférence, au sujet du poète combattant Ibn Nagrila, à laquelle elle a assisté (*B* 357[37]). À l'issue de la conférence, « habitée » par les vers du poète, elle se promène et est alors « prise d'un sentiment étrange ; j'avais l'impression d'avoir devant moi tout le tumulte du Temps ». Quelques lignes plus loin, elle précise : « À la fois l'expérience de la beauté et la sensation de sa vacuité ». Sarah décrit là ce sentiment océanique, une forme d'extase devant la beauté qu'on appelle aussi le syndrome de Stendhal, que Franz avait ressenti lors de sa visite de la mosquée Süleymaniye, identique à ce que la musique peut provoquer chez lui (*B* 71sq, 102). Le savoir universitaire apparaît alors comme un médiateur vers une expérience artistique d'ordre spirituel. Mais pas seulement : il participe pleinement à ce transport quasi-mystique éprouvé par Sarah :

> Et peut-être parce que je sortais de ce congrès d'historiens attachés à écrire patiemment le récit des existences, j'ai eu la vision de l'Europe aussi indistincte, aussi multiple, aussi diverse que ces rosiers de l'Alhambra qui plongent leurs racines, sans s'en apercevoir, si profondément dans le passé et l'avenir, au point qu'il est impossible de dire d'où ils surgissent réellement. (*B* 357)

Art et connaissance sont indissociablement liés : l'accès à ce point de vue de Sirius qui permet l'observation des racines enchevêtrées de l'Europe et des rhizomes de l'Orient (voir *supra*) n'est possible que dans la mesure où recherches érudites et émotions artistiques se complètent mutuellement.

Avant de conclure, nous voudrions ouvrir la réflexion à la genèse du roman : que reste-t-il de la plume académique de Mathias Énard dans l'écriture de *Boussole* ? Sans doute, les deux régimes discursifs littéraire et scientifique se dissocient-ils clairement du point de vue de l'*elocutio* et de la *dispositio*, mais il pourrait exister une forme de continuité dans l'*inventio* : lors d'un entretien, Énard avouait emprunter à une méthode désormais universitaire : la recherche plein-texte dans une base de données alimentée au fil de ses lectures[38]. Les 'modules' d'érudition ainsi convoqués, il s'agit maintenant de les distribuer, de les disposer, non plus selon une logique argumentative aride, mais dans une

---

37 *Id.* pour les citations suivantes.

38 Mathias Énard, « Entretien avec l'auteur dans le cadre de la remise du prix littéraire 'Liste Goncourt/Le choix de la Suisse' » à Berne, 7 mars 2016.

continuité romanesque de promenade. En définitive, ce que donne à voir cette dernière, c'est ce que le discours universitaire doit taire : la part de subjectivité, de désir, de passion qui anime et que suscite la connaissance.

Bibliographie

Bartoli, Jean-Pierre (1995). « Forme narrative et principe du développement musical dans la *Symphonie fantastique* de Berlioz ». *Musurgia. Analyse et pratique musicales* 2, pp. 25-50.

Bartoli, Jean-Pierre (1997). « L'orientalisme dans la musique française du XIXe siècle. La ponctuation, la seconde augmentée et l'apparition de la modalité dans les procédures exotiques ». *Revue belge de musicologie* 51, pp. 137-170.

Berlioz, Hector (1969). *Mémoires I*. Paris : Garnier-Flammarion.

Coustille, Charles (2013). « Le double jeu de l'écrivain-professeur, nouvelle figure de la littérature contemporaine ». *Les Cahiers du Ceracc* 6, *en ligne*.

Diaz, José-Luis (2011). *L'homme et l'œuvre. Contribution à une histoire de la critique*. Paris : PUF.

Dömling, Wolfgang (1979). *Hector Berlioz. Die symphonisch-dramatischen Werke*. Stuttgart : Reclam.

Énard, Mathias (2015). *Boussole*. Arles : Actes Sud.

Énard, Mathias (2016). « Entretien avec l'auteur dans le cadre de la remise du prix littéraire 'Liste Goncourt/Le choix de la Suisse' » à Berne, 7 mars.

Foucault, Michel (1971). *L'ordre du discours*. Paris : Gallimard.

France Culture (2015). « La grande table », 21 septembre, *en ligne*.

Heinich, Nathalie (2000). *Être écrivain. Création et identité*. Paris : La Découverte.

Hirigoyen, Marie (2015). « L'orientalisme est un humanisme ». In : *Page des libraires* 27 juillet, *en ligne*.

Jaussi, Sophie (octobre 2019). *« Il était deux fois ». Philippe Forest écrivain-professeur: l'entaille du roman dans le bois du savoir*. Sous la direction de Thomas Hunkeler et Tiphaine Samoyault, Universités de Fribourg et Paris 3 – Sorbonne Nouvelle.

Lahire, Bernard (2006). *La condition littéraire. La double vie des écrivains*. Paris : La Découverte.

Macdonald, Hugh (2001). « Berlioz, Hector ». In : Deane L. Root, *The New Grove. Dictionary of Music and Musicians* 3, pp. 384-420.

Macdonald, Hugh (2004). *Berlioz's Orchestration Treatise. A Translation and Commentary*. Cambridge : Cambridge University Press.

Mann, Thomas (1996). *Le docteur Faustus. La vie du compositeur allemand Adrian Leverkühn racontée par un ami*. Traduit par Louise Servicen. Paris : Albin Michel [[1]1950].

Mayer-Rosa, Eugen (1974). *Musik und Technik*. Wolfenbüttel/Zürich : Karl Heinrich Möseler.

Montandon, Alain, éd. (1996). *Promenades et écriture*. Clermont-Ferrand : Presses Universitaires Blaise Pascal.

Montandon, Alain (2000). *Sociopoétique de la promenade*. Clermont-Ferrand : Presses Universitaires Blaise Pascal.

Piégay-Gros, Nathalie (2009). *L'érudition imaginaire*. Genève : Droz.

Ribéry, Fabien (2015). « Tramways de porcelaine, pour clochettes, zarb, et bols tibétains / Entretien avec Mathias Énard ». *Le Poulailler. La revue indépendante du bout du monde*, 5 novembre, *en ligne*.

RTL (2016). « Chemins d'écrivains », 21 août, *en ligne*.

Représentations et usages de l'érudition chez Mathias Énard

Victor Toubert

Résumé

Les propos des narrateurs des romans de Mathias Énard s'appuient sur une multiplicité de documents, d'archives et de biographies. Énard fait donc un certain usage de l'érudition que nous voudrions analyser à partir de ses représentations dans la fiction. L'insistance sur l'histoire et la présence d'une intertextualité extrêmement riche vont de pair avec une compréhension réflexive de l'écriture comme travail de montage. Réinvestie par Mathias Énard, représentée à l'aide de certains personnages, l'érudition permet de comprendre les reconfigurations des champs des savoirs et de la littérature, et de placer l'écrivain sur un seuil où il tente, par l'écriture, de mieux comprendre le monde dans lequel il vit.

Depuis une cinquantaine d'années, les rapports de la littérature aux savoirs et la vision critique que nous avons de ces rapports ont profondément évolué. La lecture que Foucault a faite de *La Tentation de Saint Antoine* de Flaubert pointe le nouveau rapport fantastique, imaginatif, créatif, entretenu par les écrivains avec le savoir à partir du milieu du XIXe siècle : le fantastique est puisé « à l'exactitude du savoir », « en attente dans le document »[1] ; le savoir est un espace investi par l'imagination, dont la littérature s'empare. Barthes développe une idée très proche quelques années plus tard, et montre comment la littérature fait tourner les savoirs, sans en fixer aucun, dans une démarche réflexive[2]. Ces deux approches critiques marquent un tournant dans l'entente

1 Michel Foucault, « La bibliothèque fantastique. À propos de *La tentation de Saint Antoine* de Gustave Flaubert » [1964]. In : Michel Foucault, *Dits et écrits. Volume I*, Paris, Gallimard, 2001, pp. 321-353, p. 325.

2 Roland Barthes, « Leçon inaugurale au Collège de France ». In : Roland Barthes, *Œuvres Complètes. Volume III*, Paris, Seuil, 1995, pp. 801-814, p. 805 : « Cependant, en cela véritablement encyclopédique, la littérature fait tourner les savoirs, elle n'en fixe, elle n'en fétichise aucun ; elle leur donne une place indirecte, et cet indirect est précieux [...]. Parce qu'elle met en scène le savoir, au lieu, simplement, de l'utiliser, elle engrène le savoir dans le rouage de la réflexivité infinie : à travers l'écriture, le savoir réfléchit sans cesse sur le savoir, selon un discours qui n'est plus épistémologique, mais dramatique ».

 | DOI:10.1163/9789004425507_009

des relations entre le savoir et la littérature. Depuis, on a vu se rapprocher les champs autrefois séparés de la littérature et des savoirs, et on a pu comprendre la littérature comme une reprise des discours du savoir, comme une mise à distance ironique et critique, insistant sur leur dimension langagière et rhétorique, mais aussi comme la production originale d'un savoir particulier restant à préciser. C'est en tant que l'érudition constitue, comme le dit Bruno Blanckeman, un « idéal du savoir »[3], qu'il nous semble que ce terme devient aujourd'hui pertinent pour penser des dynamiques contemporaines, pour comprendre une part importante de la littérature d'aujourd'hui, pour arriver à situer le discours littéraire à l'intérieur des savoirs, à déterminer les configurations nouvelles de ses rapports avec l'histoire ou d'autres sciences humaines, et pour souligner son rôle cognitif particulier, qui en fait toute sa valeur heuristique. Étudier les rapports de la littérature aux savoirs revient à s'interroger sur les manières dont des savoirs peuvent être mobilisés dans et par l'écriture, mais demande aussi de comprendre quel pourrait être le savoir particulier porté par les textes. Une réflexion sur l'érudition chez Mathias Énard aurait ainsi pour but de situer son œuvre dans les dynamiques de reconfiguration et de recomposition des champs des savoirs et de la littérature auxquelles nous assistons, qui concernent non seulement la littérature française, mais aussi, plus largement, la littérature européenne et même mondiale, et dont certains écrivains particulièrement importants pour Mathias Énard, comme Pierre Michon ou W.G. Sebald, font également l'expérience. De manière plus large que ce que nous proposerons ici, on peut se demander dans quelle mesure les signes d'un âge nouveau des relations entre savoirs et littérature peuvent être décelés dans ces productions contemporaines, après le rapport fantastique au savoir dont Foucault avait montré l'émergence au XIXe siècle.

Dans la culture contemporaine, l'érudition, dont on peut tenter d'avancer une définition opératoire très large, en la comprenant comme une manière de se rapporter aux textes et aux documents, à l'histoire et au réel, se trouve dans une situation au moins paradoxale, sinon contradictoire : moqué, critiqué, souvent dévalué et discrédité[4], l'érudit n'en reste pas moins une figure d'autorité. Poussiéreuse, apparemment inactuelle, voire même archaïque, l'érudition est en même temps fortement mobilisée et reconfigurée à l'époque contemporaine, où l'on peut remarquer la très forte présence des problématiques de la preuve, de l'archive, du désir de connaissance, dans le cadre de ce que Laurent

3 Bruno Blanckeman, « L'érudition comme stratégie de résistance ». In : Éric Méchoulan, éd., *Érudition et fiction*, Paris, Classiques Garnier, 2014, pp. 103-115, p. 111.

4 Nathalie Piégay-Gros a en particulier insisté sur ce discrédit de l'érudition dans la première partie de son important ouvrage, *L'érudition imaginaire*, Genève, Droz, 2009.

Demanze a proposé d'appeler l'« encyclomanie » de la culture contemporaine[5]. L'érudition, si on entend par elle un ensemble de pratiques intellectuelles en mouvement, et non un invariant historique lié à une image idéalisée du lettré ou de l'érudit, participe aux reconfigurations des champs des savoirs et de la littérature auxquelles nous assistons. Réinvestie à des degrés divers par de nombreux écrivains contemporains, elle fonctionne à la fois comme une manière de se rapporter au passé, de placer la littérature en rapport avec le réel et avec les savoirs, ainsi que comme un levier particulièrement efficace pour prendre position dans le champ littéraire.

La trajectoire de Mathias Énard, aboutissant à une sorte de consécration et de légitimation totale, publique et critique, avec le prix Goncourt de 2015, semble particulièrement significative de cette situation contradictoire de l'érudit dans la culture contemporaine. On peut d'ailleurs remarquer à ce titre que nombre de comptes rendus et d'articles consacrés à *Boussole* dans la presse française ont mis l'accent sur l'érudition du roman. Une étude de quelques citations de critiques témoigne de ces conflits dans lesquels la culture contemporaine place l'érudition. Pour Philippe Lançon, « l'érudition tous azimuts » d'Énard « alourdit le propos »[6] : l'érudition est là comprise dans le cadre d'une opposition topique entre légèreté et lourdeur, tempérée par la liaison entre le savoir mobilisé par l'auteur et sa vie : l'érudition est « le produit d'une vie »[7], un savoir incarné dans l'auteur. Dans un article du *Figaro*, on trouve une autre caractéristique de l'érudition : « L'érudition est là, sans limite, excessive, dynamitée par des ruades, des accélérations de l'écrivain qui sauvent le roman de l'écueil »[8]. L'érudition est abordée de façon quantitative, elle est excessive, le roman donnant forme à l'excès, mélangeant l'accumulation propre à l'encyclopédie et le développement organique du récit ; l'érudition se retrouve ici considérée presque comme la description dans la rhétorique classique, dans un rapport d'opposition et de subordination par rapport à la narration, presque comme extérieure au récit, qui viendrait la « dynamiter » et l'accélérer.

Pour ne pas reproduire d'emblée ces images habituelles et ces conflits autour de la notion d'érudition, pour voir aussi si l'on peut se réapproprier un terme aussi vague que celui-ci, qui bien souvent ne sert qu'à appuyer des jugements quant à la valeur des œuvres commentées, on peut tenter de déplacer le propos et essayer de comprendre comment fonctionne l'érudition dans

5 Laurent Demanze, *Les fictions encyclopédiques*, Paris, Corti, 2015, p. 16.

6 Philippe Lançon, « Mathias Énard, *Boussole* », *Libération* 7 octobre 2015.

7 *Ibid.*

8 Etienne de Montety, « Mathias Énard : que vaut *Boussole*, élu Prix Goncourt 2015 ? », *Le Figaro* 3 novembre 2015.

les textes. Peut-être pourrait-on avancer que l'érudition participe de ce que Dominique Viart a proposé d'appeler la 'transitivité' du roman contemporain[9] : le récit rend compte d'un dehors, s'appuie sur des compléments qui sont des documents, des archives, d'autres textes, pour produire un savoir particulier.

Sans porter un regard érudit sur l'érudition d'Énard, sans étudier dans le détail le rapport à ses sources, on peut se demander comment est représentée l'érudition dans les œuvres, et tenter ainsi d'en comprendre ses usages. Nous voudrions partir de l'étude de quelques cas qui nous semblent particulièrement symptomatiques de la place centrale accordée à l'érudition dans l'œuvre d'Énard, et étudier la présence de quelques figures érudites qui se retrouvent, avec des variantes, dans plusieurs de ses romans. Certains personnages apparaissent comme des figures, des intermédiaires, des médiateurs, des intercesseurs dans les multiples relations qui font que le roman érudit parvient à transmettre quelque chose du passé au présent, entre le livre et le monde, entre le savoir et le récit, entre le lecteur et l'auteur. Ces figures de médiateurs nous permettent de mettre en évidence la zone intermédiaire entre histoire et fiction, invention et érudition, dans laquelle les récits d'Énard se déroulent, et de comprendre quelques dynamiques du fonctionnement de l'érudition dans son écriture.

1 Quelques figures érudites chez Mathias Énard : médiateurs et intercesseurs

Identifier des figures érudites dans les romans d'Énard nous permet peut-être d'arriver à caractériser certains aspects de l'érudition à l'œuvre dans les récits, et à comprendre le rapport ambigu sinon conflictuel entretenu par l'auteur avec les diverses formes que peut prendre le savoir. Nous allons en particulier essayer de rapprocher l'érudition chez Énard de certaines pratiques hétérodoxes du savoir que l'on trouve chez d'autres écrivains du collectif *Inculte* qui, s'ils pensent la littérature comme une entreprise cognitive, produisant et transmettant un certain savoir sur le monde, ne reprennent pas pour autant les figures classiques de l'érudition et du savoir et cherchent même à les critiquer[10]. On va commencer par étudier la mise à distance critique et ironique

9 Notamment dans Dominique Viart et Bruno Vercier, *La littérature française au présent. Héritage, modernité, mutations*, Paris, Bordas, 2005, p. 14.

10 Le portrait que fait Mathieu Larnaudie de l'écrivain en pirate, « sémionaute » naviguant parmi les signes du contemporain, en témoigne par exemple. *Cf.* Mathieu Larnaudie, « Empoigner le monde – captures et captations ». In : Collectif Inculte, *Devenirs du Roman. Volume 2 : Écriture et matériaux*, Paris, Inculte, 2014, pp. 83-103, p. 88.

de la figure du professeur, traditionnellement attachée à l'érudition et au savoir, dans *Zone* et surtout dans *Boussole*, avant d'étudier la manière particulière dont Énard s'empare de la figure de l'autodidacte, qui est aussi valorisée et mise en avant par d'autres écrivains d'*Inculte*. La particularité d'Énard est peut-être qu'il réserve également une place importante à la figure du voyageur, en faisant du déplacement un outil de dépassement des oppositions binaires, de compréhension de l'altérité, d'ouverture à la connaissance de l'autre.

Commençons notre galerie de personnages érudits par la figure qui correspond peut-être le mieux, dans l'imaginaire, à l'érudition, qui est celle du professeur, et en particulier du professeur d'histoire.

À la fin de *Zone*, alors que le narrateur, retraçant la genèse en lui de l'idéologie d'extrême-droite avec laquelle il se débat tout au long du livre, se penche sur sa jeunesse scolaire, surgit au détour de la phrase, en incise, le souvenir de son professeur d'histoire au lycée, M. Moussempès :

> M. Moussempès notre professeur de terminale était un sympathique Landais originaire de Dax avec un fort accent du Sud-Ouest pourtant difficile à soupçonner de crypto-sémitisme, sa faconde gasconne en faisait un orateur extraordinaire quand il s'agissait de raconter les batailles la diplomatie les intrigues politiques c'est sans doute grâce à lui que je réussis ensuite par miracle le concours prestigieux de la rue Saint-Guillaume[11]

Ce qui frappe dans cette figure du professeur d'histoire « orateur extraordinaire », qui n'est certes que peu développée ici, c'est, en plus des remarques sur l'accent qui insistent sympathiquement sur la performance orale que représente la prise de parole du professeur, à quel point elle vient rencontrer celle que l'on trouve dans le dernier roman de W.G. Sebald, *Austerlitz*, publié quelques années avant *Zone*. Le professeur d'histoire de Jacques Austerlitz, André Hilary, se caractérise aussi par la force oratoire de ses récits en classe, qui parviennent à plonger ses élèves dans les batailles, à leur donner l'impression de vivre les événements passés[12]. Le récit historique fait par un orateur exceptionnel fonctionne comme une hypotypose : il rend présent ce qui est passé, et peut alors servir de modèle réflexif à la littérature qui se comprend, pour Sebald, mais aussi peut-être dans une certaine mesure pour Mathias Énard, comme une « tentative de restitution »[13], proche dans ses buts de l'histoire :

11 Mathias Énard, *Zone*, Arles, Actes Sud, 2013 (désormais *Z*), p. 450.
12 W.G. Sebald, *Austerlitz*, Arles, Actes Sud, 2013, pp. 84ssq.
13 W.G. Sebald, *Campo Santo*, Arles, Actes Sud, 2009, pp. 231-239.

éloquente, la littérature fait vivre le passé dans le présent, et en cela favorise le passage d'un temps à l'autre.

Par opposition à ce personnage assez isolé dans le personnel romanesque de l'œuvre d'Énard, les représentations des professeurs témoignent dans l'ensemble d'une critique des pratiques et des comportements qui vont avec le savoir, qui est toujours situé socialement, qui est toujours en rapport avec un pouvoir. *Boussole* prend place dès son ouverture dans le genre du roman universitaire, même si, comme le *2666* de Roberto Bolaño, il représente plus une torsion de ce genre qu'un roman critique ou parodique, à la manière de David Lodge, par ailleurs cité par Frantz Ritter comme la « meilleure introduction possible au monde universitaire »[14]. La dimension parodique du texte et la caricature de la figure de l'universitaire qu'on y trouve se font sentir dès la scène de la soutenance de thèse, en particulier dans les rapports entre le directeur de thèse et Sarah, jeune docteure :

> Gilbert de Morgan, son directeur de thèse, était là bien sûr ; je l'avais déjà croisé à Damas. Il ne cachait pas sa passion pour sa protégée, il la couvait d'un œil paternel qui louchait doucement vers l'inceste au gré du champagne : à la troisième coupe, le regard allumé et les joues rouges, accoudé seul à une table haute, je surpris ses yeux errer des chevilles jusqu'à la ceinture de Sarah, de bas en haut puis de haut en bas – il lâcha aussitôt un petit rot mélancolique et vida son quatrième verre. (*B* 13)

Il me semble qu'on peut tenter de prendre au sérieux cette caricature de l'universitaire libidineux et frustré, qui a une fonction essentiellement comique. Cette caricature porte peut-être avec elle une réflexion sur les rapports entre l'érudition comme idéal du savoir et l'université, et sur ce que l'on pourrait appeler la « sortie de l'université » de l'érudition. Dans un article de 1994, « L'érudition et ses ennemis », Judith Schlanger retrace la tradition française de condamnation et de dérision de l'érudition et avance l'idée que les représentations caricaturales de l'universitaire ou du professeur s'expliquent par la dissociation entre l'institution scolaire et la tradition savante de l'érudition[15].

---

14 Mathias Énard, *Boussole*, Arles, Actes Sud, 2015 (désormais *B*), p. 26.

15 « Pendant les trois quarts du XIXe siècle, en France, ce n'est pas le personnel de l'Université, ni dans les collèges ni d'ailleurs dans les facultés, qui porte la tradition de l'érudition savante. Cette tradition se poursuit en France, et même s'épanouit, mais ailleurs, par d'autres filières et sous d'autres formes. Non, le collège n'est pas un lieu d'érudition ; mais c'est un lieu qui attire la caricature », Judith Schlanger, « L'érudition et ses ennemis », *Poétique* 99, 1994, pp. 277-289, p. 278.

Cette hypothèse d'une séparation de l'institution et de ses buts savants est en quelque sorte illustrée par Énard dans la suite du roman, qui mentionnera par exemple des doutes quant à l'idée que l'érudition puisse encore trouver dans l'université contemporaine un lieu qui permette son développement. La caricature de l'universitaire va avec une certaine défiance vis-à-vis des évolutions historiques de l'université, une certaine critique envers la réalité du travail universitaire contemporain, en particulier les contraintes des évaluations quantitatives. Dans *Boussole*, Franz Ritter remarque que son article le plus cité porte sur un compositeur azéri, alors qu'il n'est jamais allé en Azerbaïdjan, et déplore avec mélancolie qu'on se souviendra de lui pour cet article :

> Ce décompte informatique des citations et des indexations conduit aujourd'hui l'Université à sa perte, personne ne se lancera plus aujourd'hui dans de longs travaux difficiles et coûteux, mieux vaut publier des notules bien choisies que de vastes ouvrages d'érudition – je ne me fais pas d'illusions quant à la qualité réelle de l'article Hadjibeyov, il est repris dans toutes les publications qui traitent du compositeur, machinalement, comme une des rares contributions européennes aux études sur Hadjibeyov l'Azéri, et tout l'intérêt que je voyais dans ce travail, l'émergence d'un orientalisme *oriental*, passe bien évidemment à la trappe. (*B* 193)

La description de la bibliothèque de l'Institut de Damas, la nuit, comme un monde en cage, un zoo rempli de fantômes en attente de la rédaction de leur œuvre, qui reprend d'ailleurs deux lieux centraux dans *Austerlitz* de Sebald qui commence au Nocturama d'Anvers et se termine presque à la BnF, permettrait également d'appuyer cette critique des rapports contemporains entre l'université et le savoir : l'université n'est plus le lieu de l'érudition, l'érudition ne se trouve pas à l'université. Cette critique de l'université contemporaine s'appuie sur une figure conflictuelle et contradictoire du professeur, qui va de pair avec une valorisation de la figure de l'autodidacte.

La critique de l'universitaire s'accompagne d'un souci de renverser les légitimations traditionnelles associées au savoir, et de valoriser à l'inverse, à l'heure de la démocratisation du savoir, des figures apparemment étrangères à cette légitimation. On retrouve ce souci chez de nombreux autres écrivains du collectif *Inculte*, qui veulent considérer les productions de la culture admise, officielle, sérieuse, sur le même pied que celles de la culture populaire : des séries télévisées, le football, ont autant d'intérêt que Perec ou Proust ; on retrouve également cette réévaluation des procédures et des figures traditionnelles de légitimation de la culture chez Jean-Yves Jouannais, qui reprend l'histoire de la figure de l'idiot en montrant son importance en art au XXe siècle[16].

Un personnage de Mathias Énard me semble particulièrement représentatif de cette volonté de renversement des procédures de légitimation associées au savoir : Lakhdar, dans *Rue des voleurs*, qui est véritablement un autodidacte, qui cherche un « livre inconnu qui ait le pouvoir de changer le cours des choses, de remettre le monde en ordre »[17] et lit des romans policiers. Ce genre, traditionnellement dévalué dans la hiérarchie reproduite par les instances de légitimation de la culture, joue un rôle dans la construction du personnage de Lakhdar : comme tout autre roman, il permet une construction imaginaire de soi, une subjectivation qui passe par le biais de l'identification aux personnages de fiction : sur des forums, Lakhdar prend le pseudonyme d'Eugène Tarpon, personnage de Manchette ; quand il rentre dans un bar, il se prend pour Philip Marlowe ou Fabio Montale. On peut d'ailleurs signaler que les romans lus par Lakhdar ne sont pas n'importe quels romans policiers : Manchette, Jean-Claude Izzo, doivent être mis en rapport avec ce que dit Énard du genre dans un entretien paru à l'occasion de la sortie de *Rue des voleurs*, et de Montalbán : le polar est « tout ce qui nous reste de littérature sociale », et Montalbán, comme d'autres auteurs de romans noirs, « utilise un genre pour dire autre chose »[18] et pour s'intéresser au message politique et social de son livre.

Dans ce même entretien, Mathias Énard fait remarquer le caractère exemplaire du personnage de Lakhdar, personnage autodidacte qui souligne à de nombreuses reprises la manière dont la littérature permet à l'individu de se construire, et sert à renverser les hiérarchies traditionnellement associées au savoir. *Rue des voleurs* est un roman de construction de soi à travers les livres, le récit d'une formation qui ne va pas sans humour et ironie (« à ce rythme-là il allait bientôt me pousser des lunettes », *RV* 277). Et lorsque l'on comprendra que le narrateur du roman est en prison, la bibliothèque de cette prison apparaîtra comme un abri, un lieu retiré du monde et de ses dangers, rejouant tout un imaginaire du lieu retiré comme propice à l'érudition, que William Marx dans *Vie du lettré* a associé en particulier à l'image de l'île dans la tempête[19] :

---

16 Jean-Yves Jouannais, *L'idiotie : art, vie, politique-méthode*, Paris, Beaux Arts Éditions, 2003.

17 Mathias Énard, *Rue des voleurs*, Arles, Actes Sud, 2014 (désormais *RV*), p. 110.

18 Thierry Guichard, « La vie des autres, entretien avec Mathias Énard », *Le Matricule des anges* 136, 2012, pp. 20-25, 23.

19 William Marx, *Vie du lettré*, Paris, Minuit, 2009, en particulier pp. 170ssq.

> Un ciel d'une infinie noirceur, voilà ce qui nous attendait – aujourd'hui dans ma bibliothèque, où la fureur du monde est assourdie par les murs, j'observe la série de cataclysmes comme qui, dans un abri réputé sûr, sent le plancher vibrer, les parois trembler, et se demande encore combien de temps il va pouvoir conserver sa vie : dehors tout semble n'être qu'obscurité. (*RV* 272)

Dans l'entretien au *Matricule des anges* déjà cité, Énard dit de Lakhdar qu'il est un « déplacé », sur le plan géographique, qui vit sur de multiples frontières, et dont l'identité multiple vient de ces parcours, de ce déplacement. Cette identité en mouvement, en construction, en déplacement, est une des caractéristiques importantes des personnages d'Énard, autant pour les narrateurs et les personnages principaux que pour certains personnages qui interviennent beaucoup plus ponctuellement dans le récit. D'autres déplacés, exilés, voyageurs (opposés aux touristes), apparaissent comme des figures érudites, et il peut être intéressant de remarquer aussi la forte présence, parmi eux, d'écrivains ou de musiciens, d'artistes, qui témoignent également du fait que l'érudition est sortie de l'université. Pour se limiter à *Boussole*, on peut mentionner Kafka, et la manière dont Sarah comprend ce qu'elle appelle son « identité-frontière » (*B* 107) ; Francisco Salvador Daniel, violoniste espagnol professeur de violon à Alger, « premier grand ethnomusicologue avant la lettre » (*B* 122), ami de Courbet et Jules Vallès, directeur du Conservatoire pendant la Commune de Paris, et dont la parole du narrateur dresse le tombeau ; Julien Jalaleddin Weiss, joueur de cithare converti à l'Islam dont l'œuvre est « placée sous le signe de la rencontre, de l'échange et de l'interrogation de la tradition, de la transmission de la musique savante » (*B* 163) ; ou encore le poète iranien Parviz, qui fait de l'érudition un refuge face à la tristesse. Ces artistes sont des érudits car ils construisent des liens, des ponts sur le Bosphore, ils établissent des rapports entre des zones éloignées géographiquement ou culturellement, ils montrent que la culture est dans le rapport, dans la relation, et on voit déjà ici comment l'érudition se forme comme une chaîne de transmission : parlant de ces artistes, le roman transmet le « savoir » qu'ils portent[20], et prend place à son tour dans une chaîne de transmission.

---

20 Nous utilisons le terme de savoir dans un sens très général, pour désigner ce que ces artistes transmettent par leurs œuvres ; Christian Jacob a proposé dans *Lieux de savoirs. Volume 1* (Paris, Albin Michel, 2007), une définition pragmatique des savoirs, qui passe moins par une interrogation sur leurs contenus que par leurs modalités de production, de validation, de transmission. *Cf.* l'introduction générale, p. 13 en particulier.

On peut remarquer également que ces figures des voyageurs érudits s'accompagnent d'un intérêt tout particulier pour les langues étrangères, et il faudrait parler plus longuement de la place importante qui leur est laissée dans le récit, sans traduction, sans notes, dans le corps du texte, que cela soit dans *Zone*, dans *Rue des voleurs*, ou dans *Boussole*. Le voyage est un thème qui permet de dépasser les oppositions binaires, d'inscrire l'altérité dans le texte, de dépasser l'opposition aujourd'hui trop rigide que Ricardou utilisait pour expliquer le Nouveau Roman, entre « l'écriture d'une aventure » et « l'aventure d'une écriture » : les romans d'Énard inscrivent l'altérité dans le texte, se comprennent comme un déplacement, et la présence thématique du déplacement, du voyage, va de pair avec une réflexivité sur l'activité d'écrire, le premier usage de l'érudition étant justement le déplacement qu'elle provoque. Les figures du voyageur et de l'écrivain se confondent[21]. Ces personnages érudits qui semblent parfois déphasés avec le réel, qui comme Franz Ritter peuvent avoir du mal à trouver une prise sur lui et sont parfois fatigués ou gagnés par la mélancolie, ont bien un rôle central dans l'entreprise d'Énard, qui se propose de prendre en compte la complexité du monde, de s'attacher aux relations, de comprendre davantage les liens qui relient les hommes. Il nous faut, pour clarifier cela, comprendre désormais quel est l'usage de l'érudition chez Énard, comment l'érudition vient fonctionner dans les textes, et participer à leur efficacité.

2 Dans la zone entre histoire et fiction : « Curzio Malaparte raconte cette histoire dans un roman, est-elle vraie, que sais-je » (*Z* 289)

Le travail de Mandana Covindassamy sur W.G. Sebald peut être ici mobilisé pour parler d'une « écriture en déplacement » à propos de Mathias Énard : le déplacement n'est pas qu'une thématique narrative, qu'une caractéristique des personnages qui sont souvent des voyageurs, mais aussi un effet de l'écriture qui déplace le lecteur dans le temps et dans l'espace, le déstabilise, le met en mouvement. Dans l'introduction de son livre, Mandana Covindassamy expose cette notion, qui est d'ailleurs profondément liée à la question de l'érudition :

---

21 « On ne sera jamais autrui, mais il faut essayer d'imaginer l'altérité, de prendre contact avec l'altérité pour nous grandir nous-même. Et élargir notre horizon. Pour prendre contact avec des réalités qui ne sont pas les nôtres. C'est ce que faisaient autrefois les voyageurs et c'est ce que font aujourd'hui les romanciers. C'est une de leurs fonctions : essayer de regarder le monde, de le retranscrire par le biais de l'altérité », Énard dans Guichard, « La vie des autres », *op. cit.*, p. 23.

> Cette aptitude à toucher la part sensible de la mémoire témoigne de la capacité de déplacement propre à l'écriture sebaldienne. La mobilisation de la mémoire implique celle d'un vaste univers culturel. Toute l'œuvre de Sebald est irriguée par une érudition remarquable. Elle se traduit dans les récits par de nombreuses références, explicites ou masquées, précises ou falsifiées, à des livres issus de la littérature mondiale. En se conjuguant à l'insertion d'images dont la provenance n'est pas précisée, le jeu intertextuel contribue à désarçonner le lecteur, sans cesse renvoyé à des éléments extérieurs à la narration. L'émergence de souvenirs ranimés au gré des rencontres fait naître la capacité à voyager dans le temps, si bien que la désorientation culturelle se double d'une perte de repères spatio-temporels. L'ensemble de ces traits saillants ressortit à ce qu'on qualifiera d'écriture en déplacement'[22].

Il est d'ailleurs intéressant de remarquer qu'Énard développe dans *Boussole* une pratique de l'insertion d'images non légendées dans le texte qui très proche de celle de Sebald. Covindassamy propose de parler d'écriture en déplacement pour ne pas tomber dans l'écueil d'une étude de l'écriture du déplacement, qui resterait au niveau thématique sans permettre de bien comprendre les effets particuliers produits par ce type d'écriture. Cette notion de l'écriture en déplacement nous montre bien que les choses ne sont pas aussi binaires que pour Ricardou : les récits de Sebald, comme ceux d'Énard, sont des récits qui comportent une dimension thématique du déplacement (dans des trains, à pied, en bateau ...), dont les personnages sont souvent des voyageurs, des exilés, des émigrants, mais ces récits comportent également une dimension réflexive, qui est due à la capacité du texte de mettre en mouvement son lecteur. Le voyage est un thème narratif qui permet de dépasser les oppositions binaires, de penser l'altérité, et de donner une dimension réflexive à l'écriture.

Plus précisément, l'écriture d'Énard nous déplace dans un espace intermédiaire, dans une zone limitrophe, au sens que Derrida accordait au terme. Derrida, et à sa suite Marielle Macé dans son récent ouvrage *Sidérer, considérer. Migrants en France, 2017*[23], rappellent que le terme limitrophe vient de *limes*, la limite, la frontière, et de *trophê*, l'aliment, l'action de nourrir ; limitrophe désigne donc à la fois ce qui avoisine les limites mais aussi ce qui se nourrit, s'entretient, se cultive aux bords de la limite. Derrida poursuivait : « Tout ce que je dirai ne consistera surtout pas à effacer la limite, mais à multiplier ses

22 Mandana Covindassamy, *W.G. Sebald. Cartographie d'une écriture en déplacement*, Paris, Presses Université Paris-Sorbonne, 2014, pp. 14sq.

23 Marielle Macé, *Sidérer, considérer. Migrants en France, 2017*, Lagrasse, Verdier, 2017.

figures, à compliquer, épaissir, dé-linéariser, plier, diviser la ligne justement en la faisant croître »[24]. Il me semble que l'entreprise littéraire d'Énard peut se comprendre à la lumière de ces lignes : la zone que les romans d'Énard ouvre est un lieu qui vise à la complication, à la multiplication des figures et des images de la limite, qui va avec la multiplication des liens et des rapports. S'appuyant sur de nombreux faits historiques, les mettant en relation, tissant entre eux des réseaux inattendus, des leitmotivs, des rappels, l'écrivain ouvre ainsi une zone intermédiaire entre histoire et fiction. L'écriture érudite met en mouvement le lecteur, le déplace, à l'aide d'un usage particulier de l'histoire dont il nous faut maintenant parler.

Voir en Mathias Énard un écrivain qui provoque le déplacement de son lecteur en se nourrissant de la limite, qui trouve dans la frontière le lieu de sa culture, de son innutrition, c'est aussi renouveler la figure de l'ogre historien dont parlait Jacques Le Goff à la suite de Marc Bloch[25] : il y a quelque chose de l'ordre de la démesure dans la manière dont Énard mobilise les histoires, les événements, se nourrit des personnages historiques que l'on retrouve dans les multiples événements et anecdotes de ses romans. On peut ici rappeler la différence entre une anecdote, qui est un fait mis en langage, intégré à un discours où il prend sens, et le fait divers, autonome, totalité signifiante qui lui donne une dimension presque gratuite ; on peut également se souvenir du rôle des anecdotes biographiques dans la « méthode » de Nietzsche étudiée par Deleuze, cet intérêt pour les petits faits de la vie quotidienne visant à « atteindre à un point secret où la même chose est anecdote de la vie et aphorisme de la pensée »[26]. Ces anecdotes sont rassemblées, reliées, à l'intérieur de ce que Walter Benjamin appelle une constellation[27] : cette figure représente chez Benjamin une logique de composition non linéaire, un montage particulier des événements qui est aussi une manière de les comprendre à travers leurs relations, où c'est la mise en relation qui permet le sens, et l'orientation dans l'histoire et dans le récit. Il y a un geste de mise en relation de ces éléments rapportés par les narrateurs d'Énard, qui permet la constitution du

24 Jacques Derrida, *L'animal que donc je suis*, Paris, Galilée, 2006, cité par Macé, *Sidérer, considérer*, p. 19.

25 Marc Bloch, *Apologie pour l'histoire*, Paris, Armand Colin, 1997 : « Le bon historien ressemble à l'ogre de la légende. Là où il flaire la chair humaine, il sait que là est son gibier », p. 4.

26 Gilles Deleuze, *Logique du sens*, Paris, Minuit, 1969, p. 153.

27 Walter Benjamin, « Sur le concept d'histoire ». In : Walter Benjamin, *Œuvres. Volume III*, Paris, Gallimard, 2001, pp. 427-443 : Benjamin appelle dans ce texte la venue d'un « historien baroque » qui « cesse d'égrener la suite des événements comme un chapelet », et saisira « la constellation que sa propre époque forme avec une telle époque antérieure », p. 443.

sens et la possibilité de sa transmission : le sens n'est pas immédiat, attaché à la singularité de l'événement, mais à construire en relation et à transmettre. Dès lors, la lecture fonctionne chez Énard comme un apprentissage : on apprend quelque chose à la lecture des livres d'Énard, sur l'Orient et l'Occident, sur la Méditerranée, sur la guerre ; des anecdotes se rejoignent et prennent sens. L'érudition est une manière de mettre en rapport, de construire des relations, de rassembler les débris et les traces de la destruction. Énard reprend cette idée, très proche aussi de celle de Benjamin rapprochant à la suite de Baudelaire la tâche du poète de celle du chiffonnier, en utilisant en particulier les métaphores de la marqueterie, du tissage, de la mosaïque :

> sur la plage de Mégara on trouve encore, ramenées par les vagues, des tesselles de mosaïques arrachées aux palais puniques qui dorment au fond de la mer, comme les épaves des galères de Lépante, les cuirassés coulés aux Dardanelles, les cendres jetées dans des sacs de ciment par les SS de la Risiera le long du dock n° 7 du port de Trieste, je ramasse ces cailloux carrés et multicolores, je les mets dans ma poche comme par la suite je ramasserai des noms et des dates pour les ranger dans ma mallette, avant de reconstruire la mosaïque entière, le tableau, l'état des lieux de la mort violente (*Z* 107)

Cet intérêt pour la mise en relation des événements, pour « l'idée un peu karmaïque que tout se tient »[28] s'accompagne d'un grand souci de la documentation, que l'on retrouve chez de très nombreux écrivains contemporains. Un bon exemple de ce souci de la documentation est expliqué par Énard dans l'entretien avec le *Matricule des anges* réalisé à l'occasion de la sortie de *Rue des voleurs*, que nous avons déjà cité à propos de Lakhdar. Dans *Rue des voleurs*, le personnage de Cruz vient à la fois d'une certaine réalité, et s'appuie aussi sur une référence intertextuelle, au personnage de Kurtz dans *Au cœur des ténèbres*. Énard dit travailler sur l'actualité, avec des documents qui proviennent de la presse, mais il transforme ce matériau à l'aide de références littéraires empruntées à Conrad, dans un geste d'actualisation analogue à celui de Coppola dans *Apocalypse Now* :

> Comme je travaillais beaucoup sur l'actualité, j'ai utilisé bon nombre de sources de presse et tout provient de la réalité, de l'actualité. Notamment le personnage de Cruz : j'ai effectivement lu dans la presse que des sociétés de pompes funèbres du sud de l'Espagne étaient payées pour stocker les cadavres des migrants qui s'étaient noyés en essayant d'atteindre la

28 Énard dans Guichard, « La vie des autres », *op. cit.*, p. 21.

> côte espagnole. C'est vrai que les types étaient payés au nombre de jours qu'ils stockaient ces cadavres, jusqu'à ce qu'on les rapatrie dans leur pays quand on avait fini par savoir qui ils étaient. [...] La figure de Cruz renvoie à celle de Kurtz, le personnage de Conrad dans *Au cœur des ténèbres*. Dans *Apocalypse Now*, Coppola donne une citation de T.S. Eliot, du poème 'Les Hommes creux'. Or, 'The Hollow Men' a en exergue une phrase de Conrad qui renvoie à la mort de Kurtz. Et moi j'ai refait un peu la même chose, puisque je mets en exergue à *Rue des voleurs* cette phrase de Conrad que je trouve assez magnifique puisqu'elle dit qu'on peut apprendre quelque chose du mal lui-même : '- Mais quand on est jeune il faut voir des choses, amasser de l'expérience, des idées, s'ouvrir l'esprit. – Ici !, interrompis-je. On ne sait jamais ! C'est ici que j'ai rencontré M. Kurtz'. Ça résume un peu le livre[29].

Énard s'appuie donc sur l'histoire, sur des faits et des documents historiques, comme sur diverses références littéraires ou cinématographiques pour construire ses personnages et son récit, et tenter d'élaborer une compréhension d'événements historiques. La documentation est comme passée au filtre d'un usage littéraire, rapprochée d'autres textes qui lui sont étrangers ou éloignés, ou encore mise en récits autour de schémas narratifs traditionnels et efficaces, comme le triangle amoureux que l'on retrouve aussi bien dans *Boussole* que dans *Parlez-leur de bataille, de rois et d'éléphants* ou dans *L'alcool et la nostalgie*. La mise en récit de l'érudition qui, après que beaucoup d'écrivains aient tenté de s'en défaire, accorde une grande part au romanesque et qui s'appuie sur le plaisir particulier qu'il procure, rend presque impossible le fait de dissocier l'érudition de la fiction chez Énard. Plutôt que de parler d'extériorité de l'érudition à la narration, que d'opposer l'érudition et le récit comme les critiques que nous avions rapidement vues en introduction, il semble important de montrer à quel point chez Énard l'érudition fait partie du récit, est l'un des éléments de la marqueterie, de la mosaïque, en est indissociable, puisqu'elle en est l'un des principaux moteurs et principes structurants.

L'usage particulier de l'histoire qui est fait par Énard dans ses récits n'est pas tant de comprendre ou d'exposer la vérité des faits, que de ressentir les événements avec empathie, comme il le dit dans l'entretien à propos de *Rue des Voleurs*[30]. On retrouve ici la figure du voyageur, qui bien plus qu'une simple figure romanesque, fonctionne comme une image idéalisée de l'écrivain, com-

---

29 *Ibid.*, p. 23.

30 *Ibid.* : « Ce n'est pas tellement comprendre (le but du roman) ! C'est, par empathie, essayer d'avoir cette expérience qu'on n'aura jamais de vivre 'd'autres vies que la mienne' comme dirait Carrère ».

portant une dimension éthique et politique. L'érudition fonctionne, comme le récit dont elle est inséparable pour Énard, comme une manière d'approcher l'altérité, d'élargir l'horizon de chacun, comme une mise en partage du monde, pourrait-on dire pour reprendre un terme que certains théoriciens de la littérature comme Hélène Merlin-Kajman se réapproprient aujourd'hui dans l'approche de la littérature[31].

Après avoir montré l'inscription de l'érudition dans la fiction par les personnages, et après avoir tenté d'étudier le fonctionnement de l'érudition à l'œuvre dans les récits d'Énard, je voudrais maintenant avancer quelques pistes pour tenter de comprendre la manière dont cette question de l'érudition a rencontré l'entreprise littéraire d'Énard, ce qui nous permettra peut-être de préciser aussi quelques caractéristiques du savoir transmis par ces récits.

3 « Rajouter des textes les uns aux autres jusqu'à la fin des temps »

Sans avoir la prétention d'aller aux sources de la question de l'érudition chez Énard, je voudrais commencer par étudier deux textes qui se situent très tôt dans la carrière d'écrivain de Mathias Énard, et qui me semblent expliquer, en partie du moins, l'intérêt d'Énard pour cette question de l'usage de l'érudition dans le roman : un article donné à la revue *Inculte*, publié en novembre 2004[32], et un entretien avec Pierre Michon, publié en 2002 dans la revue culturelle catalane *Lateral*[33]. Tout d'abord, l'entretien que Michon, auteur célébré, accorde à Énard, aspirant écrivain n'ayant pas encore publié un livre, se termine par une remarque de Michon sur le rapport entre les grands écrivains et l'érudition : Hugo et Borges, nous dit Michon, sont deux grands écrivains parce qu'ils ont l'érudition, et qu'ils arrivent à la dépasser : ils sont à la fois très documentés et très libres. On peut penser que cette remarque a été très importante pour le jeune Énard, qu'elle l'a entraîné dans cette dynamique d'écriture que nous avons voulu présenter, et qui consiste à accorder à l'érudition une place centrale.

Le rapport entre Michon et Énard autour de la question de l'érudition, faisant toujours intervenir Borges et son « érudition imaginaire »[34], se poursuit

31 Voir en particulier Hélène Merlin-Kajman, *L'animal ensorcelé*, Paris, Ithaque, 2016.

32 Mathias Énard, « Le faux n'est qu'un vrai qu'on ignore, sur le *Traité des idiots* du Pseudo-Jâhiz », *Inculte* 2, novembre 2004, pp. 48-52.

33 Mathias Énard, « Yo camino con un museo en la espalda, entretien avec Pierre Michon », *Lateral* septembre 2002.

34 Sur ce sujet, l'article de Dominique Jullien (« L'érudition imaginaire de Jorge Luis Borges », *Romanic Review* 68,3, 1987, pp. 383-398) fait toujours autorité.

dans le deuxième numéro de la revue *Inculte*, dans un dossier thématique portant sur « Le faux », et sur les rapports entre le faux et la fiction. Pour sa première contribution à la revue, Énard publie un article intitulé « Le faux n'est qu'un vrai qu'on ignore, sur le *Traité des idiots* du Pseudo-Jâhiz ». Ce texte se présente comme une sorte d'article théorique, et possède une certaine valeur parodique : on y trouve le mime d'un discours savant, très proche dans sa forme de certains textes de Borges. Et il n'est d'ailleurs pas à exclure qu'on soit avec ce texte face à un exercice d'érudition imaginaire : le texte joue constamment avec l'idée qu'il est lui-même un faux, et va même jusqu'à avancer l'hypothèse que le livre dont il retrace l'histoire, le *Traité des idiots* du Pseudo-Jâhiz, est un faux ; il insiste surtout sur la réversibilité du vrai en faux, et du faux en vrai, et sur l'idée que la littérature est quelque part entre le vrai et le faux, et on retrouve ici cette idée de l'intermédiaire si importante pour lire Énard. Ce texte propose des éléments d'une théorie de l'auteur qui conteste l'histoire littéraire, et qui met l'accent sur la question de la relance de la littérature, comprise comme une entité quasi divine, anonyme et atemporelle. Cette question de la relance de la littérature et de la dimension collective de la littérature se retrouve aussi bien chez Borges que chez Michon[35]. Retraçant l'histoire du désir d'attribuer les textes à des auteurs, Énard remet en question l'introduction, par les orientalistes du XIXe siècle, des notions d'auteur, d'œuvre, d'authenticité du texte dans l'histoire de la littérature orientale :

> La possibilité qu'un écrivain décide d'abandonner son identité pour écrire des poèmes d'Abu Nuwâs ou de Majnûn Layla, des poèmes d'un autre, qu'il se substitue sciemment à l'auteur réel, qu'il entre en lui pour participer à une réalité atemporelle et anonyme accessible à tous et rejoigne ainsi une nébuleuse, une galaxie portant le nom de 'l'homme originel', une telle conception de l'œuvre et de la littérature n'était pas jugée digne d'intérêt. Le scientifisme découlant de l'introduction de l'histoire littéraire à l'université et des débuts des sciences coloniales ne pouvait s'accommoder d'un tel manque de sérieux. [...] Subséquemment, l'auteur n'était plus *l'augmenteur* d'un ensemble vivant de littérature, il

---

35 Dans les célèbres articles de Borges sur « La sphère de Pascal » et « La fleur de Coleridge » repris dans *Autres inquisitions* (*Enquêtes, puis Autres inquisitions*. Traduit par Paul et Sylvia Bénichou, Paris, Gallimard, 1963), on trouve développée l'idée d'une histoire de la littérature qui serait l'histoire de métaphores indépendantes des noms des auteurs. Cette idée de la littérature comme une opération de relance, insistant sur sa dimension collective, est ponctuellement énoncée par Pierre Michon, dans *Trois auteurs* (Paris, Verdier, 1997), *Corps du Roi* (Paris, Verdier, 2002) ou encore *Rimbaud le Fils* (Paris, Gallimard, 1991) notamment.

> devenait un homme lié à une réalité historique, une *personne* dont les textes ne pouvaient plus dépasser ses limites physiques, imposées par le temps et l'espace. L'auteur, le nom de l'auteur, ses textes, tout cela rejoignait mille ans plus tard son corps décomposé dans la tombe ; enfin, tout s'y limitait[36].

La conception de l'auteur comme un augmenteur peut correspondre à l'importance de l'érudition mobilisée dans les écrits d'Énard, d'autant plus qu'on la retrouve chez Michon et chez Borges, qui tous deux développent et reprennent l'idée d'une littérature impersonnelle, répétitive, écrite collectivement, dont chaque auteur n'est qu'un maillon. Cette idée de l'auteur-augmenteur, qui précède peut-être l'élaboration de la « fonction-auteur » que Foucault met en évidence, correspond à une dynamique profonde de l'écriture d'Énard. On voit cette dynamique à l'œuvre dans les nombreux phénomènes de reprise, dans l'importance accordée à l'intertextualité qui va souvent jusqu'à être utilisée pour les titres des romans. En plus de *Zone* et de son rapport à Apollinaire, le titre évocateur de cette dynamique de la transmission à l'œuvre dans l'érudition est *Parle-leur de batailles, de rois et d'éléphants* : Michon citant Kipling est, à son tour, cité par Énard, et l'écriture apparaît bien sous la forme d'une chaîne anonyme et atemporelle[37]. On peut aussi signaler la reprise par Énard d'une ambiguïté de sens associée à cette citation par Michon, chez qui ce terme d'éléphants est souvent associé aux grands auteurs ; on trouve inscrite dans cette citation, pour Michon du moins, l'idée que la littérature est à la fois épique et érudite, parle de batailles et reprend d'autres textes, d'autres écrivains. Dans la suite de cet entretien, Énard aborde la question de la gloire, que Michon travaille constamment dans ses œuvres, et Énard dit : « Ce qui est important dans la gloire, ce n'est pas apporter l'argent, mais mettre de la beauté dans le monde, mettre quelque chose en partage. C'est cette idée du partage qu'on peut avoir autour d'un texte et c'est rajouter des textes les uns aux autres jusqu'à la fin des temps »[38].

---

36 Énard, « Le faux n'est qu'un vrai », *op. cit.*, p. 50.

37 « Il y a aussi quelque chose de Pierre Michon dans ce livre. Le titre m'a été soufflé par Michon qui cite dans un entretien l'introduction de *Au hasard de la vie* de Kipling : 'parle-leur batailles et rois, chevaux, diables, éléphants et anges', que j'avais complètement oubliée. Michon a été important pour moi, qui m'a montré des façons d'écrire et comment le contemporain peut s'approprier de façon très moderne des moments d'histoire sans faire du roman historique. Non pas amener le lecteur au XVIe siècle, mais amener le XVIe siècle ici. » (Thierry Guichard, « L'un et l'autre, entretien avec Mathias Énard », *Le Matricule des anges* 117, 2010, pp. 32-33, p. 32).

38 *Ibid.*, p. 32.

La notion de partage, qu'on avait déjà rapidement mentionnée, semble bien capitale pour comprendre l'écriture d'Énard, qui porte donc un savoir particulier, qui a à voir avec une construction du lecteur. L'usage de l'érudition que l'on peut attribuer à Énard, à travers ce que l'on voit dans ses textes, n'est donc pas uniquement fantastique, ou imaginaire, pour reprendre les termes de Foucault. L'érudition n'est pas mobilisée uniquement comme une manière d'inscrire le texte dans le réseau du déjà-écrit, comme un jeu avec la réversibilité du faux et du vrai. C'est aussi une manière de l'inscrire dans la construction d'un partage, d'une mémoire collective, et elle comporte une dimension politique. Chez Énard, l'érudition est combattive, elle a un lien avec une certaine résistance vis-à-vis de l'actualité, résistance qui, à l'opposition binaire, préfère la recherche d'un troisième terme qui n'est pas celui d'un désengagement, mais bien d'un dépassement. Cette recherche d'un troisième terme se remarque particulièrement dans *Boussole*, que l'on peut lire comme le récit de la recherche d'un 'Tiers-Orient', d'un lieu que Barthes aurait peut-être appelé neutre, entre Orient et Occident. *Boussole* viserait, comme Barthes le dit dans ses cours au Collège de France, à donner au neutre une positivité et une valeur : « relève du Neutre toute inflexion qui déjoue ou esquive la structure paradigmatique, oppositionnelle, du sens, et vise par conséquent à la suspension des données conflictuelles du discours »[39]. Le troisième terme, le dépassement des oppositions, n'est pas une synthèse mais une esquive, un déplacement, un mouvement ; c'est la seule réponse à la violence de l'opposition binaire, de la confrontation, de la violence bête du noir ou blanc, de l'Orient opposé à l'Occident. L'érudition chez Énard vise ce but, cette mise en mouvement. Pour résumer l'importance de l'érudition dans la démarche d'écriture d'Énard, on pourrait remobiliser une figure qui aujourd'hui est trop rapidement condamnée, sans qu'on insiste sur sa dimension conflictuelle : celle du passeur. Aujourd'hui, le terme est presque exclusivement employé pour désigner des trafiquants d'êtres humains ; le mot est devenu un acte d'accusation qui vaut déjà une condamnation, alors qu'il désigne aussi celui qui traduit, qui transmet, qui fait passer entre les hommes, dans l'espace ou dans le temps, les savoirs, la mémoire, tout ce qui donne sens au monde. N'ayons pas peur d'utiliser ce mot, de lui donner un sens positif : l'érudition, mettant le lecteur en mouvement, instaurant un partage littéraire, fait de l'écrivain, et peut-être du lecteur à sa suite, un passeur.

39 Roland Barthes, « Résumé pour l'annuaire du collège de France ». In : Roland Barthes, *Le Neutre, notes de cours au Collège de France, 1997-1978*, Paris, Seuil, 2002, p. 261.

Bibliographie

Barthes, Roland (1995). « Leçon inaugurale au Collège de France ». In : Roland Barthes, *Œuvres Complètes, Volume III*, Paris : Seuil [[1]1978], pp. 801-814.

Barthes, Roland (2002). « Résumé pour l'annuaire du collège de France ». In : Roland Barthes, *Le Neutre, notes de cours au Collège de France, 1997-1978*, Paris : Seuil, coll. « Traces écrites ».

Benjamin, Walter (2001). « Sur le concept d'histoire ». In : Walter Benjamin, *Œuvres. Volume III*, Paris : Gallimard, pp. 427-443.

Blanckeman, Bruno (2014). « L'érudition comme stratégie de résistance ». In : Éric Méchoulan, éd., *Érudition et fiction*, Paris : Classiques Garnier, pp. 103-115.

Bloch, Marc (1997). *Apologie pour l'histoire*. Paris : Armand Colin [[1]1949].

Borges, Jorge Luis (1963). *Autres inquisitions* (*Enquêtes, puis Autres inquisitions*). Traduit par Paul et Sylvia Bénichou. Paris : Gallimard [original : *Otras inquisiciones*, 1952].

Covindassamy, Mandana (2014). *W.G. Sebald. Cartographie d'une écriture en déplacement*. Paris : Presses Université Paris-Sorbonne.

Deleuze, Gilles (1969). *Logique du sens*. Paris : Minuit.

Demanze, Laurent (2015). *Les Fictions encyclopédiques*. Paris : Corti.

Derrida, Jacques (2006). *L'animal que donc je suis*. Paris : Galilée.

Énard, Mathias (2002). « Yo camino con un museo en la espalda, entretien avec Pierre Michon ». *Lateral*, septembre.

Énard, Mathias (2004). « Le faux n'est qu'un vrai qu'on ignore, sur le *Traité des idiots* du Pseudo-Jâhiz ». *Inculte* 2, pp. 48-52.

Énard, Mathias (2013). *Zone*. Arles : Actes Sud [[1]2008].

Énard, Mathias (2014). *Rue des voleurs*. Arles : Actes Sud [[1]2012].

Énard, Mathias (2015). *Boussole*. Arles : Actes Sud.

Foucault, Michel (2001). « La bibliothèque fantastique. À propos de *La tentation de Saint Antoine* de Gustave Flaubert » [[1]1964]. In : Michel Foucault, *Dits et écrits, Volume I*, Paris : Gallimard [[1]1994], pp. 321-353.

Guichard, Thierry (2010). « L'un et l'autre, entretien avec Mathias Énard ». *Le Matricule des anges* 117, pp. 32-33.

Guichard, Thierry (2012). « La vie des autres, entretien avec Mathias Énard ». *Le Matricule des anges* 136, pp. 20-25.

Jacob, Christian (2007). *Lieux de savoirs. Volume 1*. Paris : Albin Michel.

Jouannais, Jean-Yves (2003). *L'idiotie : art, vie, politique-méthode*. Paris : Beaux-Arts Éditions.

Jullien, Dominique (1987). « L'érudition imaginaire de Jorge Luis Borges ». *Romanic Review* 68,3, pp. 383-398.

Lançon, Philippe (2015). « Mathias Énard, *Boussole* ». *Libération* 7 octobre.

Larnaudie, Mathieu (2014). « Empoigner le monde. Captures et captations ». In : Collectif Inculte, *Devenirs du Roman. Volume 2 : Écriture et matériaux*, Paris : Inculte, pp. 83-103.

Macé, Marielle (2017). *Sidérer, considérer. Migrants en France, 2017*. Lagrasse : Verdier.

Marx, William (2009). *Vie du lettré*. Paris : Minuit.

Merlin-Kajman, Hélène (2016). *L'animal ensorcelé*. Paris : Ithaque.

Michon, Pierre (1991). *Rimbaud le Fils*. Paris : Gallimard.

Michon, Pierre (1997). *Trois auteurs*. Paris : Verdier.

Michon, Pierre (2002). *Corps du Roi*. Paris : Verdier.

de Montety, Etienne (2015). « Mathias Énard : que vaut *Boussole*, élu Prix Goncourt 2015 ? ». *Le Figaro* 3 novembre.

Piégay-Gros, Nathalie (2009). *L'érudition imaginaire*. Genève : Droz.

Schlanger, Judith (1994). « L'érudition et ses ennemis ». *Poétique* 99, pp. 277-289.

Sebald, W.G. (2009). *Campo Santo*. Arles : Actes Sud.

Sebald, W.G. (2013). *Austerlitz*. Arles : Actes Sud [[1]2001].

Viart, Dominique et Vercier, Bruno (2005). *La littérature française au présent. Héritage, modernité, mutations*. Paris : Bordas.

L'érudit insomniaque et veilleur, ou *Boussole* en roman de formation ?

Vanessa de Senarclens

Résumé

En m'appuyant sur les catégories proposées par la narratologie, je me penche dans cet article sur la tension romanesque propre à *Boussole* de Mathias Enard, ce roman si riche en références érudites et en digressions savantes en abordant tour à tour les questions suivantes : comment est organisé ce récit d'une nuit d'insomnie sans aucun événement? Quelles voix se font entendre? Et comment se succèdent-elles faisant intervenir tour à tour l'insomniaque, le veilleur et aussi l'amoureux ? Et, enfin, détachée de cette analyse strictement narratologique, mais en lien avec cette succession de voix, comment lire la note d'espoir – plus précisément d'« espérance » qui est le dernier mot du livre – sur laquelle se termine le roman ?

Les nuits sans sommeil sont propices aux introspections et aux bilans de vie ; dans *A la Recherche du temps perdu* de Marcel Proust, l'insomnie forme le cadre temporel et spatial d'un récit autobiographique à la première personne structuré autour d'une remontée tantôt lente, tantôt fulgurante du passé dans le présent de la narration. Les premières pages du magistral récit rappellent le « drame du coucher », cet épisode répété de l'enfance du narrateur qui, tôt couché, peine à s'endormir et passe de longues heures à attendre la visite incertaine de sa mère à son chevet. Ce « drame » de l'enfance appartient, dès les premières lignes de la *Recherche*, au passé du narrateur, mais le chagrin attaché à ce souvenir est, lui, bien vivant et, dans le silence de la nuit, « lorsque la vie se tait », il déploie toute sa puissance :

> Il y a bien des années de cela. La muraille de l'escalier où je vis monter le reflet de sa bougie n'existe plus depuis longtemps. [...] Mais depuis peu de temps, je recommence à très bien percevoir *si je prête l'oreille*, les sanglots que j'eus la force de contenir devant mon père et qui n'éclatèrent que quand je me retrouvais seul avec maman. *En réalité ils n'ont jamais cessé ; et c'est seulement parce que la vie se tait davantage autour de moi que je les entends de nouveau*, comme ces cloches de couvent que couvrent si bien

 | DOI:10.1163/9789004425507_010

> les bruits de la ville pendant le jour qu'on les croirait arrêtées mais qui se remettent à sonner dans le silence du soir[1].

L'insomnie du narrateur est dans le récit de Marcel Proust le point de départ qui met en mouvement un va-et-vient entre le présent du récit et le passé des souvenirs, les fait tantôt converger ou diverger. Dans la rétrospection, le narrateur domine un réseau de souvenirs enchevêtrés, qui est la matière même de l'œuvre. Erich Auerbach[2] puis surtout Gérard Genette[3] ont tour à tour analysé la structure temporelle de ce passage clef du début de la *Recherche* et mis en évidence les articulations complexes entre le temps du récit (celui qui concerne l'acte de narration même) et le temps de l'histoire (celui des événements racontés).

Le roman de Mathias Énard *Boussole*[4] est construit autour d'une semblable exploration subjective du passé : celle qui absorbe le musicologue Franz Ritter au cours d'une nuit d'insomnie dans son appartement viennois encombré de livres, de CD et de paperasses universitaires. Entre vingt-trois heures et sept heures du matin d'une nuit de décembre 2015, alors que les nouvelles de son poste de radio mentionnent des événements bien réels de l'actualité du début du XXIe siècle, telle la destruction de Palmyre en Syrie, il cherche le sommeil avec inquiétude[5]. Dans ce cadre spatio-temporel bien circonscrit refont surface dix-sept années de souvenirs partagés avec celle qui est à l'horizon de toutes ses pensées et se nomme Sarah. Insomnie, introspection et rétrospection jusqu'au petit matin, mais contrairement à l'exemple donné par Proust dans le *Temps retrouvé* où une dernière phrase formule, dans la prudence d'un conditionnel, un projet possible pour le narrateur[6], dans *Boussole*, l'évocation des souvenirs de voyage en Orient finit par converger avec le présent de l'énonciation

1 Marcel Proust, *A la recherche du temps perdu. Volume I : Du côté de chez Swann*, Paris, Gallimard, 1954, p. 37 (je souligne).

2 Erich Auerbach, *Mimesis. La représentation de la réalité dans la littérature occidentale*, Paris, Gallimard, 1969, p. 539.

3 Gérard Genette, *Discours du récit. Essai de méthode*. In : Gérard Genette, *Figure III*, Paris, Seuil, 1972, p. 108sq.

4 Mathias Énard, *Boussole*, Arles, Actes Sud, 2015 (désormais *B*).

5 Le roman de Mathias Énard, *Zone* (Arles, Actes Sud, 2008) est également construit autour d'une nuit d'insomnie et d'une rétrospection.

6 Le projet de devenir écrivain : « Du moins, si elle [la force] m'était laissée assez longtemps pour accomplir mon œuvre, ne manquerais je pas [...] », Marcel Proust : *À la Recherche du temps perdu. Volume III : Le temps retrouvé*, Paris, Gallimard, 1954, p. 1048.

et suspendre le flux monologique de la narration[7]. Le romanesque – le roman est le genre assigné par Mathias Énard à son ouvrage – prend le pas sur le récit d'introspection lorsque les ressassements sans fin du narrateur sont interrompus par un échange (sous forme de courriels) qui fait rebondir l'intrigue amoureuse.

En m'appuyant sur les catégories proposées par la narratologie de Gérard Genette[8], j'aimerais me pencher sur la tension romanesque d'un récit si riche en références érudites et en digressions savantes en traitant successivement des questions suivantes : comment est organisé ce récit d'une nuit d'insomnie sans événements autres que les bruits du passage du tram, les allées et venues d'un voisin et de son chien et les changements du programme nocturne de la première radio autrichienne ? Quelles voix se font entendre dans cet entremêlement de temporalités ? Et comment se succèdent-elles faisant intervenir tour à tour l'insomniaque, le veilleur et aussi l'amoureux ? Et, enfin, détachée de cette analyse strictement narratologique, mais en lien avec cette succession de voix, comment lire la note d'espoir – plus précisément d'« espérance », qui est aussi le dernier mot du livre – sur laquelle se termine le roman ?

1 Insomnie et rétrospection

Passé l'incipit formé autour d'un « nous » figé dans l'immuabilité d'un présent intemporel – « Nous sommes deux fumeurs d'opium chacun dans son nuage » (*B* 7) –, *Boussole* est mis en mouvement au sein de cette longue première phrase par un « je » aux prises avec toutes les potentialités temporelles que permet la position en surplomb de la rétrospection. Le présent de celui qui raconte alterne avec le passé de ses souvenirs. Au-delà de ces deux temporalités subjectives que séparent dix-sept années, depuis la rencontre déterminante à un colloque en Autriche de celui qui dit « je », Franz Ritter, avec la femme dont il est depuis amoureux, Sarah, s'ajoutent encore des espaces chronologiquement plus lointains. Ce sont ceux auxquels renvoient les citations et les longues digressions académiques sur l'Orient dans la perspective des voyageurs (Chateaubriand, Lamartine, Flaubert entre nombreux autres) et des musiciens des XIXe et XXe siècles (Liszt, Beethoven, Berlioz, Wagner, Schubert etc.).

---

7 À ce sujet, *cf.* dans ce volume l'article de Markus Messling, « *Boussole*, ou le romantisme de Mathias Énard », pp. 81-96.

8 *Boussole* fait un clin d'œil à l'attention de ses patentés lecteurs universitaires aux deux ultimes ouvrages du théoricien de la littérature, Gérard Genette, *Codicille* (Paris, Seuil, 2009), et *Apostille* (Paris, Seuil, 2012), dans *B* 144.

Le début du roman pose le cadre spatio-temporel du narrateur Franz : la rue définie d'un certain quartier de Vienne, le lampadaire en son angle dont l'éclairage froid pénètre jusque dans sa chambre, un voisin bruyant, le déferlement des trams, les carreaux glacés de la cuisine, un bureau en désordre. La description au présent installe le lecteur dans le soliloque d'un insomniaque malade ou qui se croit malade et qui, face à l'inquiétude qui le gagne, tente de reprendre contrôle de son angoisse en s'exerçant à un regard détaché sur soi : celui que recommandent les ouvrages sur les techniques de méditation : « je pose mes lunettes [...] tiens mes doigts ont laissé des traces sur la couverture jaunie » (B 105)[9]. L'immédiat et le concret du récit au présent sont encore renforcés par des déictiques de lieu (les démonstratifs de lieu, surtout) et de temps (les « maintenant », notamment[10]) qui redoublent la claustration de celui qui, de manière erratique, note le défilement des heures entre vingt-trois heures dix et six heures du matin. Il se lamente sur son état de santé, s'agace lui-même de son incapacité à corriger le mémoire d'une étudiante ou de ses échecs répétés à déjouer l'insomnie. Ce présent de l'énonciation du narrateur est le temps repère dans l'ordre narratif par rapport auquel s'organisent les autres temporalités du récit.

À côté du présent de l'énonciation de cette longue nuit sans sommeil du musicologue s'immiscent dans le récit quelques formules au futur, qui est souvent le temps des projets impossibles, telle : « je ne sais pas ce qu'il adviendra de moi » (*B* 91). Plus souvent s'élabore un projet de livre mais au temps du conditionnel. L'idée du musicologue semble improbable, menacée par ses incertitudes et ses doutes. Les récurrentes formules modales – « il faudrait », « je devrais », « on pourrait » – renforcent encore cette impression d'improbabilité[11]. Le conditionnel convoie le manque d'assurance du narrateur quant à ce qu'il peut ou croit pouvoir : « un livre pourquoi pas, je pourrais écrire un livre » ou, encore :

---

9 Ou encore : « Je vais essayer de réduire mes pensées au silence, au lieu de m'abandonner au souvenir et à la tristesse », *B* 47.

10 P. ex. : « Mon cœur bat trop vite, je le sens ; je respire trop souvent [...] je vais me lever », *B* 49 ; ou encore : « Mais maintenant les yeux grands ouverts, soupirant, un peu fiévreux, je vais devoir essayer de me rendormir », 35.

11 Trois exemples parmi de nombreux autres: « Cette idée mériterait d'être creusée », 91 ; sur le livre à écrire : « Il y aurait là un beau matériau ... », 79 ou, encore, « il faudrait que je donne à réparer cette robe de chambre », 221.

> Il y aurait là un beau matériau, chez les fous d'amour de toutes espèces, heureux ou malheureux, mystiques ou pornographes, femmes et hommes, si seulement j'étais bon à autre chose qu'à ressasser de vieilles histoires assis dans mon lit [...]. (*B* 91)

Ce livre est tantôt présenté comme celui qu'il aurait su écrire, n'eût-il pas été malade ou eût-il eu assez du talent, mais aussi élaboré au cours de longs passages de réflexion sur l'orientalisme en littérature, en musique et dans les domaines religieux et philosophiques. En somme, le récit romanesque englobe la matière savante d'une vaste monographie[12]. Celle-ci se superpose au roman et constitue l'esquisse d'un ouvrage en cinq chapitres intitulé non sans ironie : *Des différentes fformes de ffolies en Orient*. L'orthographe fantaisiste et l'allitération du titre redoublent mimétiquement la folie du savant gagné par son objet d'étude (comme Oreste devenant fou dans la pièce de Racine et proférant cette phrase non moins sonore : « Pour qui sont ces serpents qui sifflent sur nos têtes »[13]). Ses cinq chapitres intitulés « les Orientalistes amoureux », « La Caravane des travestis », « Gangrène et tuberculose », « Portraits d'orientalistes en commandeurs des croyants », « L'Encyclopédie des décapités » ne sont pas seulement mentionnés au fur et à mesure que s'élabore au conditionnel ce projet d'emblée pensé comme irréalisable, les titres de chapitres construisent réellement le paratexte du roman de *Boussole*, qui comprend une table des matières organisée autour d'eux.

À côté des temps du présent et du conditionnel, il y a surtout dans *Boussole* les récits faits au passé des souvenirs de voyage du narrateur à Istanbul, Téhéran ou en Syrie centrés autour de la rencontre de Franz et Sarah. Les récits au passé alternent l'imparfait (« Sarah était moins radicale », *B* 28), le passé composé, mais aussi le présent de narration sur de longs passages qui place le lecteur dans l'actualité du souvenir[14]. Fonction du phénomène mnémonique, le récit varie les temporalités du passé, du présent et d'un futur hypothéqué par la maladie. En revanche, les temps du passé sont utilisés de manière plus stable lorsque le narrateur par association évoque le parcours et la biographie de certains écrivains ou musiciens.

Ce qui frappe dans cette organisation des modalités temporelles de la rétrospection, c'est le rythme avec lequel, au tournant d'une phrase, le récit est

---

12 *Cf.* dans ce volume l'article de Luc Vallat et d'Antoine Vuilleumier, « Les écrits universitaires apocryphes de *Boussole* : représentations du savoir académique dans la fiction romanesque », pp. 99-113.

13 Jean Racine, *Andromaque*, Paris, Larousse, 1959, acte V, scène 5, p. 115.

14 P. ex., évoquant la scène de leur première rencontre à Hainfeld, le récit passe de l'imparfait au présent (« Sarah s'approche fascinée ; elle se penche [...]. Je suis gêné », *B* 33).

replacé dans la perspective de l'insomniaque qui, au vacarme que cause son voisin courant vers sa salle de bain, redescend des sphères de ses rêveries : « Tiens, à propos de musique militaire : la galopade de M. Gruber qui va se coucher » (*B* 44). Comme dans cette citation, le « tiens » fonctionne d'embrayeur récurrent qui fait passer du temps de l'histoire, au cadre spatio-temporel de l'énonciation (*B* 88 et 269). La narration de l'insomnie est souvent marquée par des verbes modaux (devoir, falloir, pouvoir) marquant la volonté tendue du sujet de reprendre contrôle sur son insomnie : « respirons calmement, allongé sur le dos [...]. Ne pensons pas au seuil de cette chambre de l'hôtel Baron à Alep », alors que le rythme même de la phrase embraie vers le récit de souvenirs dont le cadre devient précisément « cette » chambre de l'hôtel Baron à Alep auxquels il ne faudrait plus songer (*B* 108). L'injonction personnelle à demeurer dans l'*ici* et le *maintenant* de la méditation reste lettre morte et cette faillite ouvre sur une remémoration à l'imparfait de temps doublement passés : celui des souvenirs personnels de Franz à Alep, ceux de la mémoire des lieux et des personnes qui ont visité cette ville avant sa destruction (en l'occurrence ceux de Laurence d'Arabie ou de la Zurichoise Annemarie Schwarzenbach). On quitte le souvenir de temps et d'espace lointains pour retrouver un sujet embourbé dans le contexte restreint et la trivialité de sa nuit sans sommeil. Parfois, c'est l'inverse, et le cadre immédiat de la narration joue le rôle d'élément déclencheur de la rêverie, lorsque, par exemple, le récit passe d'une quête triviale, telle « où sont mes lunettes ? » (*B* 50 et 74), à une réflexion plus abstraite et philosophique sur « le temps qui dépouille » et l'encombrement du monde[15]. Le récit est construit autour de ces variations de temps et de modes qui redoublent le mouvement rapide, imprévisible et capricieux du fonctionnement mnémonique : le temps de l'histoire, avec ses nombreux portraits d'orientalistes rencontrés au cours des voyages de Franz ; le temps du récit qui ramène à l'état de demi-somnolence du sujet qui, au présent, cherche le sommeil : « Mais maintenant les yeux grands ouverts, soupirant, un peu fiévreux, je vais devoir essayer de m'endormir [...] et d'oublier Sarah » (*B* 35).

2 L'insomniaque et le veilleur

Le récit de rétrospection à la première personne permet une modulation entre le présent du récit et le passé des souvenirs. Ces faits de temporalités mettent

15 L'encombrement du sujet narrateur est un motif récurrent avec lequel contraste le dépouillement de Sarah qui, elle, ne possède rien.

en jeu des instances narratives distinctes : des voix[16]. Dans ce va-et-vient temporel entre le présent de narration, le passé proche terreau du romanesque et le lointain convoyé par les références aux textes littéraires et historiques des XIXe et XXe siècles, j'aimerais donner à entendre deux voix singulières qui semblent se relayer dans *Boussole* : celle de l'insomniaque et celle du veilleur.

Le présent de narration est la voix de l'insomniaque inquiet qui observe son corps, guette ses symptômes, observe ses manifestations : sa fièvre, son pouls cardiaque, ses mains moites, ses besoins pressants de se lever, de boire et d'uriner. Le récit plonge le lecteur dans le discours intérieur haletant et sans répit d'un malheureux qui s'énerve, se crispe en se harcelant de recommandations impérieuses à s'endormir, à « ne pas penser à ces saloperies d'examens », à faire ceci, et puis cela. De courtes phrases redoublent le rythme d'une respiration entrecoupée qui n'a de cesse de se heurter au cadre trop concret et étroit des obligations universitaires du narrateur, de son appartement avec sa lampe de chevet à réparer et ses rideaux qu'il faudrait faire rallonger. Le lecteur est confronté à un ressassement qui piétine et aux soliloques d'un narrateur mécontent de lui-même, juge peu indulgent de lui-même : « voilà une heure que je suis assis dans mon lit la lumière allumée avec mes lunettes sur le nez un article dans les mains à fixer bêtement les rayonnages de ma bibliothèque » (*B* 9). Un mode ironique domine l'autodérision de cet érudit hypocondriaque qui cherche ses lunettes et se prend les pieds dans sa « robe de chambre » (*B* 221) – depuis Denis Diderot et ses « Regrets sur ma vieille robe de chambre »[17], ce vêtement désuet emblématise le « pittoresque » de l'homme de lettres qui fond dans un environnement suranné et un peu morbide fait de livres et de vieilleries poussiéreuses.

A côté de cette voix d'un narrateur encombré, inquiet et déplorant, le récit fait aussi entendre celle de celui que l'on pourrait désigner comme le veilleur. Avant le « flâneur » de la modernité baudelairienne urbaine et cosmopolite épinglé par Walter Benjamin, la figure ou, plus exactement, la posture du poète en veilleur apparaît dans les récits de voyageurs en Orient. On songe aux *Ruines ou Méditations sur les Révolutions des Empires* (1791) de Volney, un ouvrage écrit en pleine Révolution Française dans le site alors inexploré de Palmyre en Syrie. Dans la solitude de ce désert de pierres, le voyageur médite sur les révolutions des gouvernements et l'inconstance des choses humaines :

---

16 *Cf.* les exemples de Rousseau et de Proust analysés par Genette, *Discours du récit, op. cit.*, pp. 106ssq.

17 Denis Diderot, « Regrets sur ma vieille robe de chambre ou Avis à ceux qui ont plus de goût que de fortune » (1772). In : Denis Diderot, *Miscellanea philosophiques*. Édité par J. Assézat et M. Tourneux, Paris, Garnier, 1875-1877, pp. 5-12.

> Je m'assis sur le tronc d'une colonne ; et là, le coude sur la main, tantôt portant mes regards dans le désert, tantôt les fixant sur les ruines, je m'abandonnais à une rêverie profonde[18].

À suivre la définition du dictionnaire, le veilleur est tant celui qui garde la nuit en faisant la sentinelle autour d'une ville à protéger, que celui qui surveille et soigne un malade ou simplement reste présent à côté d'un défunt. En retrait, dans le silence de la nuit, il observe, entend et voit de manière plus pénétrante. Ses sens sont aiguisés par le silence et le vide qui l'entourent. L'état de veille devient alors productif ; il évoque cette « demi-somnolence », mentionnée dans *Sylvie* de Gérard de Nerval, à même de faire émerger des trésors enfouis dans la conscience du narrateur : « Cet état, où l'esprit résiste encore aux bizarres combinaisons du songe, permet souvent de voir se presser en quelques minutes les tableaux les plus saillants d'une longue période de la vie »[19]. Par ses sens affutés, le veilleur saisit l'essentiel.

Cette voix du veilleur se fait entendre dans *Boussole*, par exemple, au cœur du récit relatif au séjour de Franz à Téhéran, qui comprend de nombreux portraits d'orientalistes plus ou moins remis des expériences qu'ils firent avec l'opium. Après une longue énumération de différentes personnalités tant réelles (Novalis, Berlioz, Nietzsche) que fictive (Faugier), le récit quitte alors les temps de l'histoire pour retourner à un présent de l'énonciation :

> J'entends paisiblement cette mélodie lointaine, je regarde, de haut, tous ces hommes, toutes ces âmes qui se promènent encore autour de nous : qui a été Berlioz, qui a été Wagner et tous ceux qu'ils ont connus, Musset, Lamartine, Nerval, un immense réseau de textes, de notes et d'images, net, précis, un chemin visible de moi seul qui relie le vieux von Hammer-Purgstall à tout un monde de voyageurs, de musiciens, de poètes, qui relie Beethoven à Balzac, à James Morier, à Hofmannsthal […] est-il possible que l'opium m'accompagne encore après toutes ces années, qu'on puisse convoquer ses effets comme Dieu dans la prière […]. (*B* 66)

---

18 Constantin François de Volney, *Les ruines ou méditations sur les révolutions des empires*, Paris, Desenne/Volland/Plassan, 1791, ch. 1, p. 5.

19 « Je regagnai mon lit et je ne pus y trouver le repos. Plongé dans une demi-somnolence, toute ma jeunesse repassait en mes souvenirs. Cet état, où l'esprit résiste encore aux bizarres combinaisons du songe, permet souvent de voir se presser en quelques minutes les tableaux les plus saillants d'une longue période de la vie », Gérard de Nerval, *Sylvie. Les Chimères. Poésies diverses*. Édité par Daniel Couty, Paris, Larousse, 1985, p. 48.

Le calme qui transparaît de cette voix est lié à la perception d'un tout. Comme le rêveur des *Médiations* de Volney évoqué précédemment, le narrateur voit depuis un promontoire surélevé, il entend les mélodies, il saisit d'un regard l'ensemble des réseaux et des trajectoires parallèles. L'absence de sommeil n'est alors plus la calamité de l'insomnie à subir, mais l'occasion d'une réflexion productive qui débouche sur une réconciliation, une synthèse apaisée. Les rêveries éveillées cessent alors d'être ruminations, regrets, rabâchages sans fin, mais deviennent visions d'un tout relié par des liens de sens. Ou, à l'image de cette déambulation de Franz dans le cimetière Montmartre entre les tombes de Heinrich Heine, de Théophile Gautier et d'Hector Berlioz en la compagnie de Sarah, la promenade en veille tourne à une réflexion sur les « réseau[x] souterrain[s] » et les liens (*B* 279).

A cette tradition du poète comme veilleur font écho deux références aux auteurs du romantisme français que sont Chateaubriand et Lamartine[20]. À deux reprises, Chateaubriand est qualifié dans *Boussole* comme celui qui, avec son *Itinéraire de Paris à Jérusalem et de Jérusalem à Paris*, « invente la littérature de voyage » (*B* 94, 184) au début du XIXe siècle. Et cette place d'inventeur que lui attribue Franz est liée à une approche du voyage en rupture par rapport à celle de ses prédécesseurs du XVIIIe siècle annoncée au début de l'*Itinéraire* : « je ne marche point sur les traces des Chardin, des Tavernier, des Chandler, des Mungo Park, des Humboldt »[21], annonce-t-il à la première page. Dans une « Préface », il justifie même ses imprécisions et parti-pris subjectifs expliquant que son voyage est moins une enquête qu'une quête :

> J'ai déclaré que je n'avais aucune prétention ni comme savant, ni comme voyageur. Mon *Itinéraire* est la course rapide d'un homme qui va voir le ciel, la terre et l'eau, et qui revient à ses foyers avec quelques images nouvelles dans la tête et quelques sentiments dans le cœur [...][22].

20 Sur le récit de voyage et l'infléchissement qu'il connaît vers l'autobiographie au dix-neuvième siècle, l'importance de l'intertextualité pour l'écriture du voyage et le caractère dialogique du genre, *cf.* l'ouvrage central de Sarga Moussa, *La relation orientale. Enquête sur la communication dans les récits de voyage en Orient (1811-1861)*, Paris, Klincksieck, 1995. On retrouve les positions nuancées et historiciste de Sarga Moussa dans le propos de Franz, notamment dans la discussion autour de l'ouvrage – et la critique– de l'ouvrage d'Edward Saïd (*Orientalism*, New York, Pantheon Books, 1978).

21 François de Chateaubriand, *Itinéraire de Paris à Jérusalem et de Jérusalem à Paris* ... Édité par Jean-Claude Berchet, Paris, Gallimard, 2005, « Préface à la première édition », p. 55.

22 Chateaubriand, *Itinéraire*, p. 64n.

Chateaubriand prend ostensiblement ses distances par rapport à la curiosité des penseurs des Lumières et se moque gaillardement de ceux qui voyagent pour « mesurer des pierres » à l'instar d'un incommode archéologue italien qui l'ennuie sur l'Acropole avec ses explications. Aux mensurations topographiques du site, il préfère la rêverie : celle qui lui permet d'« errer avec l'ombre d'Agamemnon »[23]. Il n'est guère davantage intéressé par l'exotisme et le pittoresque oriental et son intérêt pour les peuples réellement rencontrés au cours de son périple, notamment les Turcs qui « campent » sur les ruines de l'Acropole, est presque nul. Son voyage est un pèlerinage moins religieux que littéraire[24].

Après Chateaubriand, il est également souvent question dans *Boussole* de Lamartine, tant de sa poésie que de son *Voyage en Orient*[25], notamment l'épisode de sa rencontre avec Lady Stanhope (*B* 134). L'Orient prend l'aspect d'un lieu de retour, c'est le terme d'une quête nostalgique aux sources de son identité[26]. Dans cette tradition qui s'étend des *Méditations* de Volney à la *Prière sur l'Acropole* d'Ernest Renan, le voyageur ne cultive pas le regard de l'ethnographe, mais se met à distance, contemple et devient le gardien de textes oubliés où il cherche et, parfois, trouve une forme de clef à la plénitude. Celle-ci surgit par intermittence lorsqu'il est question dans *Boussole* d'échanges fructueux entre les traditions orientales et occidentales. Par exemple, des vers de Lamartine du poème intitulé « Bénédiction de Dieu dans la Solitude » (issu du recueil *Harmonies poétiques et religieuses*) sont cités dans le contexte de leur adaptation musicale par Liszt : « D'où me vient, ô mon Dieu ! cette paix qui m'inonde ? / D'où me vient cette foi dont mon cœur surabonde ? » Et, à

---

23 Il s'agit du Dr. Avramiotti, comme le rappelle Jean-Claude Berchet dans son « Introduction » (in : Chateaubriand, *Itinéraire*, p. 15) : « ce médecin rancunier et pointilleux » qui « a poursuivi mes rêves un à un : quand j'errais dans les ruines avec l'ombre d'Agamemnon, il voulait me faire mesurer des pierres ».

24 Jean Claude Berchet précise, en ce sens : « Son *Itinéraire* vise moins à localiser des sites qu'à élaborer une anthologie de textes appris, c'est un voyage au pays de la mémoire », Berchet, « Introduction », p. 32sq et sur l'Ancien Testament comme source de Chateaubriand, *cf.* Vanessa de Senarclens, « Moses im postrevolutionären Frankreich : Der Prophet des Alten Testaments als Erinnerungsfigur im apologetischen, erzählerischen und dramatischen Werk Chateaubriands », *Romanische Forschungen* 130,1, 2018, pp. 70-81.

25 Alphonse de Lamartine, *Souvenirs, impressions, pensées et paysages pendant* Un Voyage en Orient *(1832-1833), ou Notes d'un voyageur*. Édité par Sophie Basch, Paris, Gallimard, 2011.

26 Moussa, *La relation orientale, op. cit.*, p. 60sq. – Dans son ouvrage Sarga Moussa montre aussi ce qui là où Lamartine prend le contrepied dans *Voyage en Orient* prend le contrepied de l'*Itinéraire* : « L'Orient n'est plus seulement comme chez Chateaubriand le lieu historique de la civilisation judéo-chrétienne, mais une terre dont le voyageur porterait la marque [...]. L'Orient pays natal apparaîtrait comme le lieu du retour à la terre des ancêtres », *ibid.*, p. 112.

suivre l'interprétation proposée par le narrateur musicologue, la réponse à cette question s'articule autour de la rencontre du musicien avec « la lumière orientale » (*B* 70)[27]. Cette voix de veilleur se fait entendre lorsque, par endroits du récit, le narrateur ressaisit l'ensemble des promenades érudites en Orient sous l'angle d'un point de vue d'ensemble donnant accès à un univers de sens. Il est alors comme le vigile qui garde la ville, celui qui protège et reste fidèle aux auteurs et aux compositeurs oubliés auxquels il rend hommage.

3 De l'introspection à l'échange amoureux

Les deux voix narratives de l'insomniaque et du veilleur alternent, prenant tour à tour le dessus l'une sur l'autre, mais, à mesure que le récit d'insomnie progresse vers l'aube, une troisième voix se fait entendre de manière toujours plus distincte : celle de l'amoureux. En ce sens, la fin du récit correspond au moment où l'histoire rejoint le présent de l'énonciation et le narrateur prend les contours d'un héros romanesque. En somme, les échanges épistolaires qui rythment les dernières pages réalisent une fusion progressive des niveaux narratifs. Le monologue intérieur de Franz est d'abord interrompu par des échanges épistolaires du passé relus et intercalés dans le récit, tant ceux envoyés à Sarah que les siens. Puis, de la communication différée de la lettre relue, le récit passe à l'immédiat de l'échange par le truchement de courriels. Plus d'allées et venues entre le présent de l'insomnie et le passé des souvenirs, le récit s'installe dans l'immédiat de la communication digitale – il est question du « djinn Google à 0,009 seconde » (*B* 378)[28].

On le sait depuis l'analyse narratologique des récits épistolaires, une lettre peut modifier radicalement le rythme d'un récit et changer le cours de l'intrigue. La révélation que contient, par exemple, la dernière lettre de Roxane à Usbek des *Lettres Persanes* (1721) de Montesquieu modifie fondamentalement la donne (en lui annonçant sa décision de se suicider et en lui avouant sa haine viscérale et ses tromperies depuis le début de leur relation, Roxane confronte Usbek à ses leurres et le démasque. L'ultime lettre d'accusation donne à relire

27 Alphonse de Lamartine, « Bénédiction de Dieu dans la solitude », Ve Harmonie. In : Alphonse de Lamartine, *Harmonies poétiques et religieuses*. In : *Œuvres Complètes. Volume 10*, Bruxelles, Aldoph Wahlen, 1836, p. 101.

28 Dans son essai *Figures III*, Genette analyse l'effet des lettres dans certains romans de Balzac ou de Flaubert et les convergences qu'elles permettent : « Ces effets de convergence finale, les plus saisissants, jouent sur le fait que la durée même de l'histoire diminue progressivement la distance qui les sépare du moment de la narration. Mais leur force tient à la révélation inattendue », Genette, *Discours du récit, op. cit.*, p. 232.

les *Lettres persanes* dans une nouvelle perspective interprétative ; elle jette un nouveau jour sur ce voyageur-philosophe curieux qui ne croyait pas que « la lumière orientale dût seule nous éclairer »[29]).

De la même manière, les dernières pages de *Boussole* proposent un rebondissement et une forme de révélation. Plus encore que la lettre, le courriel installe le récit dans l'immédiat d'une énonciation au présent et d'un dialogue à distance. Les dernières pages du roman se composent d'échanges par courriels, d'abord celui que Franz formule à l'adresse de Sarah, épuisé par son insomnie, dans lequel il dit simplement l'inquiétude qu'il se fait à son sujet, son désir de la revoir et d'avoir de ses nouvelles. Puis la réponse de Sarah au point du jour qui fait irruption sur l'écran alors que Franz est encore devant son ordinateur[30]. Le récit trouve son dénouement dans un dialogue fait d'aveux mutuels par courriels qui modifient l'action. Elle l'interpelle : « Franz ! C'est étrange et agréable de te savoir là, de l'autre côté du monde et de penser que ces messages vont bien plus vite que le soleil. J'ai la sensation que tu m'écoutes » (*B* 375). Sarah poursuit ensuite l'amorce de dialogue engagé par Franz et installe le récit dans une communication simultanée avec des formules écrites proches de celle de la communication à l'oral (*B* 376). Dans son message, Sarah fait le bilan des années écoulées (ses recherches sur l'Orient, sa quête spirituelle et un deuil qui ne la quitte pas) et invite Franz à « briser le silence » entre eux et à reprendre leur histoire amoureuse interrompue. Elle épilogue aussi dans ce long courriel sur « l'amour total » mais tragique et voué à la mort qu'incarne, dans le tradition occidentale, l'histoire de Tristan et Iseult[31]. Mais c'est pour choisir de s'en détourner en proposant une image emblématique alternative à celle d'amants à l'agonie : celle d'elle-même en amante amie attendant sur un banc dans la cour de son université celui dont elle connaît les difficultés, les hésitations et les fragilités[32]. « Nous ne sommes pas des êtres illuminés, malheureusement » (*B* 377), conclut-elle, laissant ainsi entendre que l'absolu qu'elle a cherché en littérature, dans le voyage et l'expérience spirituelle n'aura su la guérir du deuil et de la mélancolie. Son courriel esquisse son espoir d'un lien tendre nourri par la connaissance mutuelle et le partage. L'amour est alors décrit comme partage, comme ce qui « ouvre » à autrui[33] et parvient à briser

29 Genette, *Discours du récit, op. cit.*, p. 228.

30 « Embrasser, signer, envoyer vite pour ne pas lui laisser la possibilité de repartir vers Dieu sait quels pays mystérieux », *B* 375.

31 Denis de Rougemont, *L'amour et l'Occident*, Paris, Plon, 1956.

32 « Je vais venir un peu à Vienne, qu'en penses-tu ? Je viendrai te chercher à l'université, je m'assiérai sur le banc dans la jolie cour, je t'attendrai », *B* 376.

33 « Seul l'amour, pensai-je en regagnant la tente, en frémissant de froid [...], nous ouvre sur autrui », *B* 185.

la solitude des opiomanes (évoquée à maintes reprises dans le récit depuis sa première phrase[34]), comme celle des savants-érudits enfermés dans leur tour[35]. Cette proposition de Sarah provoque comme un instant de délibération chez Franz : « C'est l'aube ; [...] Sarah. Isolde. Non, pas Isolde. Détournons le regard de la mort. Comme Goethe » (*B* 377). L'évocation du nom de l'héroïne tragique puis sa répudiation relate une forme de ressaisissement intérieur. Il ne s'est rien passé mais de cette nuit de rétrospection et d'introspection est née une résolution de celui qui dit « je ».

4 Le principe espérance

Peut-on parler de *Boussole* comme d'un roman de formation ?[36] L'analyse du récit a mis en évidence une quête et de son progressif aboutissement ou, du moins, dénouement, au terme d'une nuit qui, aux dernières pages du roman, « commence à s'éclaircir » (*B* 373). Sarah est dans *Boussole* l'emblème d'une quête de sens. Le narrateur la suit dans tous ses voyages réels, dans ses lectures et, lorsqu'ils sont séparés, par la pensée, dans son deuil et sa profonde mélancolie. Elle est tant un double du narrateur, malade comme lui, séparée des autres, seule dans son « nuage », en cheminement vers une forme d'absolu[37], mais aussi l'objet de son désir amoureux.

Si l'on compare la fin de *Boussole* avec la très célèbre fin du fameux roman de formation qu'est *L'Éducation sentimentale* de Flaubert, leurs dénouements respectifs frappent par une différence fondamentale d'orientation. Là où chez Flaubert l'ellipse finale va vers un retour en boucle au point de départ (« il revint ») et une forme de désenchantement du narrateur –

34 En fait de consolation, il est souvent question de ces orientalistes fictifs du récit de *Boussole* (Faugier, Bilger), mais aussi réels issus de l'Histoire (Nietzsche, Trakl, Baudelaire, Gautier et tutti quanti) qui la cherchèrent et la trouvèrent dans l'expérience de l'opium. Le motif du stupéfiant donnant l'oubli et le calme et anesthésiant de manière temporaire le mal-être humain est aussi présent dans la littérature antique comme le rappelle *Boussole* au sujet de Télémaque, *B* 63.

35 La bibliothèque comme univers clos est une autre tentation de l'érudit : « Il y a tout l'univers dans une bibliothèque, aucun besoin d'en sortir : à quoi bon quitter la Tour, disait Hölderlin », *B* 206.

36 Sur le genre *cf.* Hans Heinrich Borcherdt, « Bildungsroman ». In : Werner Kohlschmidt et Wolfgang Mohr, éds., *Reallexikon der deutschen Literaturgeschichte. Volume 1*, Berlin, De Gruyter, ^{2}1958, pp. 175-178 et Philippe Chardin, éd., *Roman de formation, roman d'éducation dans la littérature française et dans les littératures étrangères*, Paris, Kimé, 2007.

37 « Quelle vérité nous a brûlés, nous, quelle beauté avons-nous entrevue avant qu'elle nous élude, quelle douleur, comme Lamartine au Liban », *B* 162.

> Il voyagea. Il connut la mélancolie des paquebots, les froids réveils sous la tente, l'étourdissement des paysages et des ruines, l'amertume des sympathies interrompues. Il revint.

– le roman de *Boussole* se termine, lui, davantage à la manière d'un conte philosophique voltairien, concluant avec une sorte de volontarisme résolu : « *mais*, il faut cultiver notre jardin »[38]. Le pendant à cette formule voltairienne pourrait être dans *Boussole* : « il faut espérer », il faut se tourner vers la vie à l'instar de Goethe, qui refuse de voir s'approcher la maladie et sa fin prochaine. Cette injonction à espérer rappelle aussi le titre de l'ouvrage d'Ernst Bloch *Le Principe Espérance* (1938), dont il est question deux fois dans le récit de *Boussole*[39]. Une forme d'urgence transparaît dans cette résolution matinale du narrateur à espérer, à vouloir voir « la lumière atone de l'espoir » et qui se répète dans son monologue intérieur comme en mantra: « il faut tout voir avec les bésicles de l'espoir ». En effet, le roman se termine à l'aube par l'évocation du « tiède soleil de l'espérance » (*B* 378).

Peut-on déceler dans le récit de cette nuit d'insomnie quelque chose comme un cheminement intérieur, une forme d'itinéraire du narrateur Franz Ritter, le faisant passer du désespoir et de la solitude d'un « fumeur d'opium » enfermé dans son « nuage » ou sa « Tour » d'Hölderlin à la prise de conscience que son cœur « bat toujours » ? Ne fait-il pas référence, au plus fort de son désespoir, à son « chemin de Damas »[40] ? L'insomnie n'est pas un fléau subi mais le cadre d'un tournant de son existence qui transforme l'érudit solitaire, malade, enfermé dans son moi, proscrit dans sa tour savante en cet amant qui prend conscience que son « cœur bat toujours ardemment ». La répétition du *lied* de Schubert du *Winterreise* mis en épigraphe – « Noch schlägt das Herz so warm » – redouble de manière métaphorique cette nuit d'insomnie en traversée du désert (*B* 378). Ce qui, malgré les longues digressions érudites, confère

---

38 Voltaire, *Candide ou l'optimisme, traduit de l'allemand par le Docteur Ralph*, Paris, Larousse, 1970, p. 128. – On peut rappeler en ce sens que le dernier mot du « Poème sur le désastre de Lisbonne » (qui commence par « Ô malheureux mortels ! Ô terre déplorable ! ») est également celui d'*espérance* (Emmanuel Berl, éd., *Mélanges*, Paris, Gallimard, 1965, p. 309).

39 « Je me retrouve aujourd'hui aussi désemparé qu'autrefois, sans la consolation de la foi [...] je suis condamné au matérialisme utopique d'Ernst Bloch, qui dans mon cas est une résignation », *B* 156, mais aussi référence à Bloch, *B* 362. Il est davantage inspiré par un autre texte du même auteur sur Avicenne, « prince des savants », spécialiste des maladies de l'âme et guérisseur d'un prince atteint d'une grave mélancolie.

40 « J'ai suivi mon chemin de Damas en solitaire », *B* 198. – Il se réfère aussi à la cantate de J.S. Bach BWV 12 (*Weinen, Klagen, Sorgen, Zagen*) qui, comme souvent chez Bach, se termine par une chorale d'affirmation de la foi et de célébration divine : « Was Gott tut, das ist wohlgetan ».

au récit son caractère romanesque, c'est, à n'en point douter, cette transformation du narrateur.

Bibliographie

Auerbach, Erich (1969). *Mimesis. La représentation de la réalité dans la littérature occidentale.* Paris : Gallimard [^{1}1946].

Berl, Emmanuel, éd. (1965). *Mélanges.* Paris : Gallimard, coll. « Bibliothèque de la Pléiade ».

Borcherdt, Hans Heinrich (^{2}1958). « Bildungsroman ». In : Werner Kohlschmidt et Wolfgang Mohr, éds., *Reallexikon der deutschen Literaturgeschichte. Volume 1*, Berlin : De Gruyter, pp. 175-178.

Chardin, Philippe, éd. (2007). *Roman de formation, roman d'éducation dans la littérature française et dans les littératures étrangères.* Paris : Kimé.

de Chateaubriand, François (2005). *Itinéraire de Paris à Jérusalem et de Jérusalem à Paris ...* Édité par Jean-Claude Berchet. Paris : Gallimard, coll. « folio ».

Diderot, Denis (1875-1877). *Regrets sur ma vieille robe de chambre ou Avis à ceux qui ont plus de goût que de fortune* (1772). In : Denis Diderot : *Miscellanea philosophiques.* Édité par J. Assézat et M. Tourneux. Paris : Garnier, pp. 5-12.

Énard, Mathias (2008). *Zone.* Arles : Actes Sud.

Genette, Gérard (1972). *Discours du récit. Essai de méthode.* In : Gérard Genette, *Figure III*, Paris : Seuil.

Genette, Gérard (2009). *Codicille.* Paris : Seuil, coll. « Fiction & Cie ».

Genette, Gérard (2012). *Apostille.* Paris : Seuil, coll. « Fiction & Cie ».

de Lamartine, Alphonse (1836). « Bénédiction de Dieu dans la solitude », Ve Harmonie. In : Alphonse de Lamartine, *Harmonies poétiques et religieuses.* In : *Œuvres Complètes. Volume 10*, Bruxelles : Aldoph Wahlen, p. 101.

de Lamartine, Alphonse (2011). *Souvenirs, impressions, pensées et paysages pendant Un Voyage en Orient (1832-1833), ou Notes d'un voyageur.* Édité par Sophie Basch. Paris : Gallimard, coll. « folio ».

Messling, Markus (2020). « *Boussole*, ou le romantisme de Mathias Énard ». In : Markus Messling, Cornelia Ruhe, Lena Seauve et Vanessa de Senarclens, éds., *Mathias Énard et l'érudition du roman*, Leiden : Brill/Rodopi, pp. 81-96.

Moussa, Sarga (1995). *La relation orientale. Enquête sur la communication dans les récits de voyage en Orient (1811-1861).* Paris : Klincksieck.

de Nerval, Gérard (1985). *Sylvie. Les Chimères. Poésies diverses.* Édité par Daniel Couty. Paris : Larousse.

Proust, Marcel (1954). *A la recherche du temps perdu. Du côté de chez Swann. Volume I.* Édité par Pierre Clarac et André Ferré. Paris : Gallimard, coll. « Bibliothèque de la Pléiade ».

Proust, Marcel (1954). *A la Recherche du temps perdu. Le temps retrouvé. Volume III.* Édité par Pierre Clarac et André Ferré. Paris : Gallimard, coll. « Bibliothèque de la Pléiade ».

Racine, Jean (1959). *Andromaque.* Paris : Larousse.

de Rougemont, Denis (1956). *L'amour et l'Occident.* Paris : Plon.

Saïd, Edward (1978). *Orientalism.* New York : Pantheon Books.

de Senarclens, Vanessa (2018). « Moses im postrevolutionären Frankreich : Der Prophet des Alten Testaments als Erinnerungsfigur im apologetischen, erzählerischen und dramatischen Werk Chateaubriands ». *Romanische Forschungen* 130,1, pp. 70-81.

Vallat, Luc et Vuilleumier, Antoine (2020). « Les écrits universitaires apocryphes de *Boussole* : représentations du savoir académique dans la fiction romanesque ». In : Markus Messling, Cornelia Ruhe, Lena Seauve et Vanessa de Senarclens, éds., *Mathias Énard et l'érudition du roman*, Leiden : Brill/Rodopi, pp. 99-113.

de Volney, Constantin-François (1791). *Les ruines ou méditations sur les révolutions des empires.* Paris : Desenne/Volland/Plassan.

Voltaire (1970). *Candide ou l'optimisme, traduit de l'allemand par le Docteur Ralph.* Paris : Larousse.

PARTIE 3

Zone et ses intertextes

Soleil des cous coupés : la Zone selon Apollinaire et Énard

Claudia Jünke

Résumé

L'article met en dialogue le roman *Zone* de Mathias Énard et l'un de ses intertextes les plus importants, le poème « Zone » de Guillaume Apollinaire (1913). Dans les deux œuvres, la 'zone' est un espace topographique, temporel et subjectif dans lequel se cristallise une poétique de la rupture ou du découpage. Énard, cependant, ne se limite pas à articuler l'idée d'un morcellement métaphorique du monde, du moi et du langage mais introduit aussi l'idée d'un découpage physique et corporel. En se penchant particulièrement sur l'image finale du poème – le « soleil cou coupé » –, Énard souligne l'un des propos centraux de son roman : écrire l'histoire à partir du côté obscur de la civilisation méditerranéenne et présenter le traumatisme d'un bourreau hanté par les fantômes de son passé.

1 Introduction

Comme le montrent les contributions de ce volume, l'œuvre de Mathias Énard fait preuve d'une érudition qui se traduit, entre autres choses, par un haut degré d'intertextualité qui caractérise ses œuvres littéraires. Cette contribution portera sur le roman *Zone* et l'un de ses intertextes les plus importants : le poème « Zone » de Guillaume Apollinaire. Ce poème est à la fois une référence littéraire très évidente – Énard intitule son roman d'après le poème d'Apollinaire – et très cachée, parce qu'elle est plus implicite que par exemple les allusions fréquentes et explicites à l'épopée homérique de l'*Iliade*. Le large poème « Zone » est paru en 1913 comme ouverture du recueil *Alcools* et donc comme texte programmatique de l'une des œuvres-clés dans la quête d'une modernité en littérature[1]. Le poème présente les errances nocturnes d'un flâneur parisien qui plonge dans ses souvenirs et imaginations et qui évoque la

---

1 Sur la fonction symptomatique du poème au seuil de deux époques *cf.* Hans-Robert Jauß, « Die Epochenschwelle von 1912 : Guillaume Apollinaires *Zone* und *Lundi rue Christine* ». In : Hans-Robert Jauß, *Studien zum Epochenwandel der ästhetischen Moderne*, Frankfurt/Main, Suhrkamp, 1990, pp. 216-256.

 | DOI:10.1163/9789004425507_011

fin du monde ancien et l'avènement d'un monde nouveau caractérisé par la modernité urbaine et le progrès technique.

Qu'est-ce que nous apporte la lecture du poème d'Apollinaire à la lecture et à l'interprétation du roman d'Énard ? Dans ce qui suit, il ne s'agira pas de détecter les points communs et les différences – évidemment nombreuses – entre les deux textes, ce qui serait une entreprise peu productive. Nous voudrions plutôt les mettre en dialogue pour détecter les résonnances du poème dans le roman et pour savoir dans quelle mesure le roman d'Énard peut être compris comme une actualisation du poème d'Apollinaire, près d'un siècle plus tard.

Pour procéder à cette mise en dialogue, nous nous focaliserons sur l'idée de la 'zone' qui sert de titre aux deux textes en question. Énard utilise cette notion à plusieurs reprises au cours de son récit pour désigner la région méditerranéenne, qui est l'espace d'opération du protagoniste pendant ses activités d'agent secret. Apollinaire, en revanche, n'emploie le terme 'zone' que dans le titre de son poème, renonçant donc à en donner une explication précise[2]. Qu'est-ce que la Zone selon Apollinaire, qu'est-elle selon Énard et quelle est la fonction de cette référence que fait Mathias Énard à un poème qui est l'une des œuvres-clés des avant-gardes françaises ? Nous voudrions montrer qu'Apollinaire et Énard fondent leurs textes et leurs poétiques autour de la notion spatiale de la 'zone', qui n'est pas seulement un espace topographique, mais aussi un espace temporel et un espace subjectif. Par ailleurs, dans la notion de 'zone' se cristallise une poétique du découpage ou de la « rupture »[3] qui a une fonction particulière dans les deux textes en question.

2 La Zone comme espace topographique

Pour commencer, on peut constater que, d'une manière générale, la notion de la 'zone' est une notion spatiale qui désigne une étendue de terrain ou un espace avec certaines caractéristiques. Cette idée spatiale ou topographique de la 'zone' comme terrain, territoire ou région est très présente dans les deux textes dans lesquels le motif du voyage joue un rôle fondamental. La Zone est l'espace traversé par les deux protagonistes qui sont à la fois les sujets de l'énonciation, respectivement le moi lyrique et le narrateur. Ce qu'il est intéressant

2 Le concept de la 'zone' dans la poésie des avant-gardes est analysé dans Aleksandar Flaker, « Zone. Raumgestaltung in der Dichtung der Avantgarde: Zum Begriff 'Zone' », *Zeitschrift für Slavische Philologie* 60, 2, 2001, pp. 283-295.

3 Jean Burgos parle, à propos du recueil *Alcools*, d'une « poétique de la rupture », *cf.* Jean Burgos, « Une poétique de la rupture ». In: Michel Murat, éd., *Guillaume Apollinaire, Alcools* (Littératures contemporaines 2), Paris, Klincksieck, 1996, pp. 63-80.

de noter, c'est la coexistence – et dans le poème, et dans le roman – de deux concepts spatiaux différents : d'une part, on trouve une limitation et concentration spatiale au niveau de l'action externe, c'est-à-dire en ce qui concerne les agissements et les déplacements des deux protagonistes dans le présent ; d'autre part, il y a une délimitation et extension spatiale au niveau de l'action interne, c'est-à-dire sur le plan des pensées, mémoires et imaginations des deux personnages.

Dans le poème d'Apollinaire, la Zone est tout d'abord le Paris dans lequel le moi lyrique se promène pendant une journée et une nuit entière jusqu'au crépuscule. Ce Paris que parcourt le flâneur est une ville marquée par les signes de la vie urbaine moderne, comme par exemple la foule de gens, les automobiles, les secteurs industrialisés et les affiches publicitaires. De plus, les quartiers traversés sont parmi les plus marginalisés de la capitale française ; par exemple celui des immigrés juifs pauvres. Cet intérêt pour les espaces urbains périphériques fait référence à une signification particulière de la Zone : la bande de terrains vagues tout autour de Paris, à l'emplacement même des anciennes fortifications où habitaient, du temps d'Apollinaire, les populations les plus modestes. L'espace d'action du protagoniste d'Énard est également restreint : Francis entreprend un voyage de Milan à Rome ; néanmoins, l'espace d'action est en réalité bien plus limité puisque le protagoniste-narrateur quitte à peine son compartiment de train. Le narrateur même parle d'une « cage en mouvement »[4], ce qui souligne l'étroitesse de l'espace dans lequel il se sent encapsulé.

Dans leurs réflexions, souvenirs et imaginations, les deux personnages transgressent pourtant ces espaces limités et évoquent mentalement une géographie beaucoup plus vaste et étendue. Chez Apollinaire, le moi lyrique se sent transporté vers des lieux qu'il a vus auparavant au cours de ses voyages passés. Voici le début de quelques vers :

> Maintenant tu es au bord de la *Méditerranée* [...]
> Tu es dans le jardin d'une auberge aux environs de *Prague* [...]
> Te voici à *Marseille* au milieu des pastèques
> Te voici à *Coblence* à l'hôtel du Géant
> Te voici à *Rome* assis sous un néflier du Japon
> Te voici à *Amsterdam* avec une jeune fille [...][5].

Au voyage du flâneur à travers le Paris du présent correspondent donc les voyages entrepris dans le passé, qui l'ont mené vers diverses villes et régions

---

4 Mathias Énard, *Zone*, Arles, Actes Sud, 2008 (désormais *Z*), p. 281.

5 Guillaume Apollinaire, *Alcools*, Paris, Gallimard, 1997, pp. 11sq (c'est moi qui souligne).

européennes, y compris vers les bords de la Méditerranée, qui joueront un rôle fondamental dans le texte d'Énard. Les souvenirs de ces voyages apparaissent par éclairs, sous forme d'images fragmentées qui rendent présent le passé dans le moment actuel. Les incipit des vers – « tu es », « te voici » – montrent que le moi est transposé encore une fois dans des situations passées. Au niveau de l'action interne, c'est-à-dire dans ce qui se passe à l'intérieur du moi, l'espace d'action s'élargit donc considérablement : la Zone est constituée par un archipel de lieux multiples et lointains. Elle est donc un espace dont on ne peut fixer les limites de manière précise et objective.

Énard reprend cette délimitation et extension spatiale : l'espace d'action s'agrandit également au niveau des souvenirs et imaginations, car Francis ne reconstruit pas seulement sa propre biographie et ses propres voyages passés, mais aussi l'histoire des guerres et conflits violents de la région méditerranéenne. Ainsi, il mentionne une multitude de lieux divers autour de la Méditerranée – de l'est à l'ouest, du nord au sud : des pays comme l'Espagne et le Liban, l'Algérie et l'Italie, l'Égypte et la France ; des villes comme le Caire, Trieste, Barcelone, Jérusalem, Tanger, Rome et Beyrouth ; des îles comme la Sicile, Corfou, Rhodes et la Crète. À la différence du mouvement spatial unidirectionnel et linéaire au niveau de l'action externe (le voyage de Milan à Rome), l'espace que le narrateur traverse mentalement est, comme chez Apollinaire, un archipel composé de lieux divers dont le centre est la mer méditerranéenne[6]. Cela se reflète à maintes reprises, par exemple dans le fragment suivant :

> [...] l'identité de Barcelone doit se trouver cachée quelque part entre ces deux images [les images du sordide et du moderne], comme Beyrouth de l'autre côté exactement de la Zone [...] reflet, symétrie de Barcelone sur l'axe centrale de l'Italie, la Méditerranée pliée en deux les deux ports de l'Est et de l'Ouest se recouvrent exactement (*Z* 229sq)

En laissant courir librement le flot de ses pensées ou en construisant – comme dans cette citation – des connexions et analogies entre ce qui paraît différent, le narrateur relie mentalement des lieux divers qui se trouvent autour de la Méditerranée. L'archipel de la Zone qu'il évoque dans ses réflexions consiste donc d'une multitude de lieux qui sont isolés et à la fois connectés les uns aux autres.

---

6 Sur la sémantisation de l'espace de la Méditerranée dans le roman d'Énard *cf.* Cornelia Ruhe, « L'espace de la guerre et de la violence. La Méditerranée selon *Zone* de Mathias Énard ». In : Lena Seauve et Vanessa de Senarclens, éds., *Grenzen des Zumutbaren – Aux frontières du tolérable*, Frankfurt/Main, Peter Lang, 2019, pp. 147-164.

3 La Zone comme espace temporel

Cette délimitation et extension spatiale va de pair avec une délimitation et extension temporelle : les deux protagonistes ne font pas seulement un voyage dans l'espace mais aussi – pour citer une formule du texte d'Énard – « un voyage dans le temps » (*Z* 15). En d'autres mots : l'espace de la Zone est un espace temporalisé. Le moi lyrique d'Apollinaire subit une désorientation temporelle – « j'ai perdu mon temps »[7], dit-il – et se voit transporté vers différentes périodes de son passé, par exemple son enfance (« tu n'es encore qu'un petit enfant »[8]). Apollinaire brise l'unité du lieu et la linéarité du temps pour atteindre une ubiquité et une simultanéité qui seront considérées comme signes distinctifs de l'esthétique des avant-gardes. Selon Karlheinz Stierle, la modernité d'Apollinaire s'exprime précisément dans cette fragmentation et discontinuité qui se traduisent dans « Zone » et autres poèmes du recueil *Alcools*[9].

À la différence du poème d'Apollinaire, le voyage dans le passé chez Énard ne comporte pas seulement la biographie du protagoniste – sa participation dans les guerres de Yougoslavie, ses activités en tant qu'agent secret, ses amours fracassées – mais encore l'histoire violente de la région méditerranéenne, de la bataille mythique de Troie jusqu'à nos jours. Au cœur du roman se trouve une accumulation non-chronologique d'histoires de guerres et d'extrême violence. Cela suggère que l'unité de la zone méditerranéenne n'est pas en premier lieu fondée sur les acquis culturels et civilisateurs de la région qui remontent jusqu'à l'Antiquité, mais plutôt sur la persistance et la continuité de la violence à travers les siècles.

La Zone constitue donc un espace temporalisé à deux égards – dans une dimension individuelle et dans une dimension collective. D'une part, elle garde les traces de la vie d'un narrateur profondément marqué par ses expériences personnelles : « plongé dans ma Zone solitaire peuplée de fantômes d'ombres vivantes ou mortes » (*Z* 153). Francis est hanté par les fantômes de son passé comme mercenaire dans l'armée croate – il ne peut pas se débarrasser de la mémoire douloureuse des guerres auxquelles il a lui-même participé. D'autre part, l'espace méditerranéen conserve les traces d'une Histoire violente et belliqueuse : « la Zone territoire des dieux courroucés et sauvages qui s'affrontaient à l'infini depuis l'âge du bronze » (*Z* 156). Cette dimension collective s'exprime aussi dans l'une des métaphores centrales du roman : le narrateur désigne la

---

7 Apollinaire, *Alcools*, *op. cit.*, p. 12.

8 *Ibid.*, p. 8.

9 Karlheinz Stierle, « Babel und Pfingsten. Zur immanenten Poetik von Apollinaires *Alcools* ». In : Rainer Warning et Winfried Wehle, éds., *Lyrik und Malerei der Avantgarde*, München, Fink, 1982, pp. 61-112, p. 94.

Méditerranée comme « cimetière bleu » (*Z* 283, 471 et 516). Cette mer est d'un côté un espace géographique et naturel et, de l'autre, un espace temporel et historique, car elle est – en tant que « cimetière » – l'espace de la mort et du deuil partagé.

Dans le roman d'Énard, la Zone est donc avant tout un continuel champ de bataille recouvert depuis toujours et à jamais par une « vendetta éternelle et interminable » (*Z* 234) à laquelle les hommes ne peuvent échapper. Cette conception de l'historicité favorisée par le narrateur, conception qui se base sur la supposition de l'existence transhistorique d'une confrontation sanglante, est plus mythique qu'historique car elle fait passer au second plan les particularités de chaque événement historique ; elle transforme la différence en identité et remplace la contingence par la détermination inéluctable. Cette vision mythique de l'histoire est confirmée par le deuxième intertexte fondamental du roman, à savoir l'*Iliade*, en particulier par ses références au pouvoir et aux interventions des dieux dans le cours de la bataille de Troie. En évoquant les différentes batailles de l'histoire méditerranéenne, le narrateur se sert souvent du modèle interprétatif de la bataille des dieux qui ont aidé soit les Grecs soit les Troyens : « Apollon protégeait les Serbes et les Bosniaques, Athéna aux yeux pers veillait sur nous » (*Z* 47). De cette manière, Francis réduit l'imputabilité des hommes et présente les conflits violents comme un destin inévitable.

4 La Zone comme espace subjectif

Pourtant, la Zone est plus encore qu'un espace topographique et un espace temporel : elle est aussi un espace subjectif. Ce dernier aspect a déjà été mentionné quand nous avons vu que celle-ci constitue un espace qui n'existe pas indépendamment du sujet percevant, mais qui dépend essentiellement de ses mouvements, de ses expériences et de ses imaginations. Dans le roman d'Énard, cela se traduit aussi dans le fait que le narrateur parle à plusieurs reprises de « ma Zone »[10], subjectivant et s'appropriant ainsi l'espace topographique. Mais ce n'est pas tout. En plus du fait qu'ils mettent en scène des « voyages dans l'espace » et des « voyages dans le temps », les deux textes présentent aussi des « voyages dans le moi intime ». Les déplacements dans l'espace géographique sont la condition pour que le sujet puisse s'explorer lui-même. Ainsi, au début de son monologue intérieur, le narrateur d'Énard constate : « ce train dont le rythme vous ouvre l'âme plus sûrement qu'un scalpel » (*Z* 11). En passant,

---

10 *Cf.* par exemple : « pour me former à ma Zone » (*Z* 137) ; « plongée dans ma Zone » (*Z* 153) ; « mon père me précéda dans ma Zone » (*Z* 174).

nous trouvons pertinent de mentionner que l'on retrouve cette idée de la Zone comme espace à la fois extérieur-géographique et intérieur-subjectif dans un autre chef-d'œuvre du XXe siècle : le film *Stalker* d'Andreï Tarkovski, de 1979, dans lequel le réalisateur soviétique met en scène le voyage de trois personnages désespérés qui entrent dans la Zone pour chercher le lieu où tous les vœux seront exaucés.

Les deux textes qui nous intéressent ici présentent – conformément aux déplacements spatiaux et aux discontinuités temporelles – une décomposition et désintégration du moi qui traverse l'espace temporalisé de la Zone. Ils montrent un 'moi' en crise existentielle qui plonge dans ses souvenirs et imaginations et qui, d'un geste de rupture, veut se débarrasser de son passé individuel et du passé collectif – de l'Histoire, de la culture, de la tradition. Sur le plan individuel, Apollinaire montre un flâneur qui se sent seul et délaissé, qui souffre de la perte d'un amour et qui noie ses soucis dans l'alcool. Au niveau textuel, cette crise devient patente dans la décomposition où le dédoublement du moi fragmenté dans un 'je' et un 'tu' : le moi ne peut pas dire « moi », il ne se perçoit pas comme un sujet cohérent mais éprouve une auto-aliénation. Sur le plan collectif, le moi lyrique souffre également une perte : il n'arrive plus à s'identifier avec les traditions culturelles et religieuses de l'histoire occidentale. Cela est évident dès le début du texte : « À la fin tu es las de ce monde ancien [...] Tu en as assez de vivre dans l'antiquité grecque et romaine »[11]. Au seuil d'un temps nouveau, le moi sent la nécessité de couper les ponts avec le monde ancien et sa tradition culturelle qui remonte jusqu'à l'Antiquité. De plus, il renonce à la religion chrétienne à laquelle il était très attaché dans son enfance.

Apollinaire reprend cette idée de la rupture et de la fin d'un monde ancien avec laquelle son texte commence, tout à la fin de celui-ci, dans une image très expressive : « Adieu Adieu/Soleil cou coupé »[12]. L'auteur crée ici l'image violente d'un découpage et morcellement dans laquelle culmine la fragmentation invoquée tout au long du texte. On retrouve cette fragmentation et décomposition aussi au niveau de la forme et de l'esthétique. En tant que premier texte du recueil *Alcools*, « Zone » comporte – comme nous l'avons déjà dit – une certaine fonction programmatique et se présente comme une œuvre précurseur d'une conception poétique que l'auteur appellera un peu plus tard, en 1915, « une esthétique toute neuve »[13]. Dans « Zone », cette esthétique ne se

---

11 Apollinaire, *Alcools*, *op. cit.*, p. 7.

12 *Ibid.*, p. 14. Le dernier vers du poème, « Soleil cou coupé » est adopté, en 1948, par Aimé Césaire comme titre d'un de ses recueils de poèmes.

13 Pour Apollinaire, l'œuvre-clé de cette « esthétique toute neuve » était le poème « Les fenêtres », publié dans le volume *Calligrammes*. *Cf.* Guillaume Apollinaire, *Œuvres poétiques*. Édité par Marcel Adéma et Michel Décaudin, Paris, Gallimard, 1965, p. 1079.

traduit pas seulement par cette vision fragmentée de l'espace, du temps et du moi que nous venons de commenter. Elle s'exprime aussi par le renoncement à une régularité métrique et par l'absence de ponctuation (pas seulement dans « Zone », mais dans le volume *Alcools* entier), ce qui permet de mettre en place des ambivalences et des ambiguïtés sémantiques qui contribuent à la vision kaléidoscopique du monde présentée par le poème.

Dans le roman d'Énard, les motifs de la rupture et de l'apocalypse sont également omniprésents. En faisant le voyage à Rome et le voyage dans le passé, le protagoniste-narrateur veut rompre avec sa vie et commencer une nouvelle existence, en adaptant une nouvelle identité. Plusieurs fois, dès le début de son monologue, il évoque « la fin du monde », expression qui apparaît aussi à la toute fin du texte. Comme le moi lyrique d'Apollinaire, Francis subit une crise existentielle, souffre de la perte de ses amours, noie ses soucis dans l'alcool et veut se débarrasser de tout ce qu'il était auparavant.

Néanmoins, c'est dans cette dimension subjective de la Zone que réside la différence la plus importante entre les deux textes en question. Tandis que le locuteur dans le texte d'Apollinaire s'inscrit dans une tradition de flâneurs urbains[14], le narrateur du roman est un ancien combattant coupable d'actes d'extrême violence – et bien plus : il est un criminel de guerre. Les déplacements, discontinuités, décompositions et délimitations dans les dimensions de l'espace, du temps, du moi et de la narration peuvent être interprétés comme des stratégies de la mise en scène du traumatisme du narrateur – donc du traumatisme d'un bourreau incapable d'affronter sa propre condition de coupable[15].

Ainsi, par exemple, le dédoublement du moi, qui s'exprime parfois non pas à la première mais à la deuxième personne, a une autre fonction que dans le poème d'Apollinaire : quand le narrateur dit « pense à autre chose Francis » (*Z* 389), Énard ne montre pas seulement l'auto-aliénation du sujet, mais il nous présente un délinquant qui essaie de se débarrasser des images des actes cruels commis dans le passé qui ne cessent de le hanter dans le présent. En général, les particularités formelles et narratives du texte contribuent à la représentation de l'état traumatisé du protagoniste : la narration non-linéaire, répétitive et associative, l'accumulation excessive d'histoires de guerre et de violence autres que la sienne, l'omission partielle de la ponctuation (autre révérence au

---

14 *Cf.* Harald Neumeyer, « Apollinaire, Avantgardismus und Anachronismus des Flaneurs ». In: Harald Neumeyer, *Der Flaneur. Konzeptionen der Moderne*, Würzburg, Königshausen & Neumann, 1999, pp. 237-265.

15 Sur la mémoire traumatique dans le roman *cf.* Claudia Jünke, « Trauma and Memory in Mathias Énard's *Zone* », *Journal of Romance Studies* 17,1, 2017, pp. 71-88.

poème d'Apollinaire), le fait qu'on ne trouve, sur le plan des signes de ponctuation, qu'un seul point, tout à la fin du texte – tout cela montre que Francis n'est pas capable de venir à bout – ni du passé, ni de ses crimes, ni de sa narration. De la même façon, la vision mythique de l'Histoire dont nous venons de parler peut également être comprise comme stratégie d'évitement – Francis est incapable d'assumer sa propre responsabilité.

On pourrait donc dire qu'en ce qui concerne les thèmes de la guerre, de la culpabilité et de la fureur vindicative, l'intertexte le plus important du roman n'est pas le poème d'Apollinaire mais l'*Iliade*, l'épopée d'Homère sur la colère d'Achille et la destruction de la ville de Troie. Or, c'est justement dans ce contexte que l'on trouve la référence la plus explicite au texte du poète français. À la dernière page du roman, Énard reprend le dernier vers du texte d'Apollinaire et le varie légèrement. Ainsi, en parlant de l'homme qui est assis près de lui, le narrateur dit : « c'est le prêtre d'Apollon c'est un démiurge il a vu la guerre lui aussi il a vu la guerre et l'aveuglant soleil des cous coupés, il attend tranquillement la fin du monde » (*Z* 517). Outre le fait que l'on peut spéculer ici si la ressemblance phonétique entre « Apollon » et « Apollinaire » est délibérée, Énard reprend dans l'expression « soleil des cous coupés » l'image de la décollation ou décapitation, image finale du poème. Dans le poème, l'image du soleil décapité peut être interprétée comme résumé d'une esthétique fondée sur la fragmentation du monde, du moi et du langage lyrique qui se propose de rompre avec la tradition poétique précédente. Dans le roman, en revanche, les « cous coupés » font surtout allusion au thème de la guerre, de la violence et de la culpabilité du bourreau que nous venons de commenter. L'acte le plus cruel que Francis – le « boucher de Bosnie » (*Z* 278) selon ses propres mots – ait commis pendant la guerre de Croatie et qui pèse sur sa conscience est la décapitation d'un Bosnien innocent et sans défense – un acte qu'il ne peut confronter dans toute sa dimension inhumaine qu'à la fin de son large monologue intérieur[16]. L'image du « soleil des cous coupés » renvoie donc au thème principal du roman : la violence extrême et les atrocités qui sont – selon l'auteur – le fil rouge de l'histoire méditerranéenne.

16 Il y a deux autres variations du vers d'Apollinaire dans le roman dont l'une relie encore plus explicitement l'image du « soleil cou coupé » au thème de la décapitation : le narrateur établit une connexion directe entre « le petit musulman décapité » et « le cou coupé sans soleil » (*Z* 247). Par ailleurs, il parle du tableau de la Méduse décapitée de Caravaggio dans lequel le peintre se représente lui-même « dans le visage douloureux de la Gorgone au cou coupé » (*Z* 328). Enfin, en plus de cette référence au poème d'Apollinaire, le motif de la décapitation est récurrent dans le roman.

5 Conclusion : l'espace textuel de la Zone

Pour conclure, nous pouvons constater que les résonnances du poème d'Apollinaire dans *Zone* font partie de cette érudition caractéristique de l'œuvre de Mathias Énard – une érudition qui, dans ce roman, se fonde sur un vaste savoir historiographique et littéraire. En ce qui concerne le savoir littéraire du roman, les références principales sont le poème d'Apollinaire et l'*Iliade* d'Homère, car ces deux textes constituent les pôles extrêmes de cette « zone intertextuelle » qu'ouvre le roman : ici, un poème de l'avant-garde focalisant sur un individu solitaire et postulant la fragmentation et l'éclatement de toute totalité ; là, une épopée prémoderne qui montre un collectif en guerre et qui unit l'individu et le monde dans ce que Georg Lukács appelle « la totalité extensive de la vie »[17]. Énard fait référence aux deux modèles littéraires sans harmoniser leurs différences : son roman présente l'histoire d'un individu *et* d'un collectif, une vision à la fois fragmentée *et* totalisante du monde, une vue également historique *et* mythique sur le passé de la région méditerranéenne. Sa « poétique du découpage » prend le « découpage » au pied de la lettre : il ne s'agit pas seulement d'un morcellement métaphorique du monde, du moi et du langage, mais d'un dépeçage physique et corporel. En mettant l'accent sur l'image finale du poème d'Apollinaire – l'image de la décapitation violente et sanglante –, l'auteur souligne l'un des propos centraux de son roman : écrire l'histoire du côté obscur de la civilisation méditerranéenne et présenter le traumatisme d'un bourreau hanté par les fantômes de son passé.

Bibliographie

Apollinaire, Guillaume (1965). *Calligrammes*. In : Guillaume Apollinaire, *Œuvres poétiques*. Édité par Marcel Adéma et Michel Décaudin. Paris : Gallimard, coll. « Bibliothèque de la Pléiade ».

Apollinaire, Guillaume (1997). *Alcools*. Paris : Gallimard.

Burgos, Jean (1996). « Une poétique de la rupture ». In : Michel Murat, éd., *Guillaume Apollinaire, Alcools* (Littératures contemporaines 2), Paris : Klincksieck, pp. 63-80.

Césaire, Aimé (1948). *Soleil cou coupé*. Paris : K éditeur.

Énard, Mathias (2008). *Zone*. Arles : Actes Sud.

Flaker, Aleksandar (2001). « Zone. Raumgestaltung in der Dichtung der Avantgarde: Zum Begriff 'Zone' ». *Zeitschrift für Slavische Philologie* 60 (2), pp. 283-295.

17 Georg Lukács, *La Théorie du roman*, Paris, Gallimard, 2001, p. 49.

Jauß, Hans-Robert (1990). « Die Epochenschwelle von 1912: Guillaume Apollinaires *Zone* und *Lundi rue Christine* ». In: Hans-Robert Jauß, *Studien zum Epochenwandel der ästhetischen Moderne*, Frankfurt/Main : Suhrkamp, pp. 216-256.

Jünke, Claudia (2017). « Trauma and Memory in Mathias Énard's *Zone* ». *Journal of Romance Studies* 17 (1), pp. 71-88.

Lukács, Georg (2001). *La Théorie du roman*. Paris : Gallimard.

Neumeyer, Harald (1999). « Apollinaire, Avantgardismus und Anachronismus des Flaneurs ». In: Harald Neumeyer, *Der Flaneur. Konzeptionen der Moderne*. Würzburg : Königshausen & Neumann 1999, pp. 237-265.

Ruhe, Cornelia (2019). « L'espace de la guerre et de la violence. La Méditerranée selon *Zone* de Mathias Énard ». In : Lena Seauve et Vanessa de Senarclens, éds., *Grenzen des Zumutbaren – Aux frontières du tolérable*, Frankfurt/Main : Peter Lang 2019, pp. 147-164.

Stierle, Karlheinz (1982). « Babel und Pfingsten. Zur immanenten Poetik von Apollinaires *Alcools* ». In: Rainer Warning et Winfried Wehle, éds., *Lyrik und Malerei der Avantgarde*, München : Fink, pp. 61-112.

Zones archaïques modifiées : Énard entre épopée antique et avant-garde

Niklas Bender

Mathias, c'est un écrivain comme je les aime, qui connaît Joyce et Proust, et Homère et Claude Simon, mais aussi Kessel et Cendrars.

OLIVIER ROLIN[1]

∴

Résumé

La contribution analyse *Zone* (2008), le troisième roman de Mathias Énard, pour y déceler deux héritages opposés : celui de l'épopée antique et celui des avant-gardes du XXe siècle. Ainsi, elle se propose de délimiter et d'explorer les dimensions et les fonctions de la mémoire littéraire dans l'œuvre d'Énard. Elle procède par quatre étapes : premièrement, elle présente la structure narrative de *Zone*, base indispensable à l'interprétation du roman. Deuxièmement, elle définit le rôle et la fonction de la littérature pour le narrateur et pour le texte dans son ensemble. Finalement, les apports respectifs de l'épopée antique et des avant-gardes du XXe siècle sont analysés.

1 Introduction

Toute œuvre recèle une tension : elle se place entre la tradition littéraire et l'aspiration à une expression propre, voire entre différents héritages d'un côté et recherches variées de l'autre. Ce constat général trouve une articulation spécifique et radicale dans l'œuvre de Mathias Énard. D'abord, cette œuvre relève de multiples traditions, elle conjugue notamment celles d'Orient et d'Occident ; mais elle semble aussi bien exprimer une pluralité de penchants, qui se manifestent dans la multitude des sujets ainsi que dans une multiformité générique. En effet, chez Énard, on trouve de tout – de la poésie, du roman, du conte, du

1 Olivier Rolin, « Préface ». In : Mathias Énard, *Dernière communication à la société proustienne de Barcelone*, Paris, Inculte, 2016, pp. 5-6, p. 5.

 | DOI:10.1163/9789004425507_012

bréviaire, de la bande dessinée – et cette diversité renvoie à une pluralité de styles et de tonalités d'écriture.

Soit dit entre parenthèses : par le rapprochement entre recherche personnelle et choix générique, on voit que l'opposition esquissée est quelque peu factice. Chaque recherche individuelle s'exprime par le biais de procédés littéraires établis, et chaque emploi d'un genre traditionnel s'effectue de façon individuelle. Si je maintiens ici cette opposition, c'est à titre d'outil heuristique, car elle permet de mesurer jusqu'à quel degré l'auteur recourt à des instruments préexistants.

Dans les lignes qui suivent, je me pencherai sur *Zone* (2008), le troisième roman d'Énard et le premier à avoir été remarqué par le grand public, à l'échelle internationale. À juste titre, car pour la première fois, l'écrivain compose l'un de ces romans volumineux qui semblent vouloir faire davantage que raconter une histoire : livrer une somme, dire la totalité d'un sujet. De façon revendiquée, le roman concentre en lui plusieurs traditions, notamment celle du VIIIe siècle avant et celle du XXe siècle après Jésus Christ. Il réunit à la fois l'héritage le plus ancien de la littérature occidentale, celui de l'épopée antique, et l'héritage le plus récent, celui des avant-gardes du XXe siècle. Cet assemblage crée une certaine tension, car l'épopée veut justement n'être qu'un héritage, tandis que les avant-gardes revendiquent au contraire la volonté de détruire toute tradition, d'abolir toute forme de transmission. Néanmoins, ces deux références contribuent amplement à la poétique de *Zone* et je tenterai de démontrer de quelle façon respective. En analysant les héritages les plus lointains et les plus récents, la présente contribution se propose de délimiter et d'explorer les dimensions de l'espace littéraire de Mathias Énard, afin de mettre à jour la mémoire littéraire dans ses romans.

Par la suite, je suivrai quatre étapes : d'abord, je présenterai la structure narrative de *Zone*, la conscience du narrateur auto-diégétique, base indispensable à la juste interprétation du roman. Ensuite, je définirai le rôle et la fonction de la littérature pour le narrateur et pour le texte dans son ensemble, autre préalable nécessaire, étant donnée son importance primordiale. Une fois ce cadre établi, les apports respectifs de l'épopée antique et des avant-gardes du XXe siècle pourront être analysés.

2 Structure et situation narrative de *Zone*

Pour bien comprendre les apports de l'épopée et des avant-gardes, il faut d'abord saisir la structure narrative du roman : le récit de *Zone*[2] est présenté

2 Je cite l'édition de poche : Mathias Énard, *Zone*, Arles, Actes Sud, 2008 (désormais *Z*).

par un narrateur à la première personne qui, lors d'un voyage crucial, fait le bilan de son existence. Tout passe par le filtre de ce personnage, il convient par conséquent de l'analyser en guise de travail préparatoire.

Nous commençons donc avec Francis Servain Mirković, un ancien combattant de la Guerre des Balkans, du côté croate, qui, après une pause de six mois à Venise, a repris des études à Sciences Po à Paris. Il devient « *délégué de défense* » (*Z* 124), c'est-à-dire agent des services français du renseignement en 1995, où il travaille en tant qu'expert du monde arabe. Pendant deux ans, il séjourne en Algérie (*Z* 124sq), passe par Tunis (*Z* 106), Salonique (*Z* 370), le Caire en 1998, etc. Francis a une ex-femme, Marianne, et de nombreuses ex-maîtresses, notamment Stéphanie, une collègue, dont le souvenir le hante. Au début du récit, le 8 décembre 2005[3], Francis s'apprête à quitter son ancienne vie. En conclusion de sa carrière, il se rend à Rome pour acheter sa paix avec une valise contenant des années de renseignements accumulés, valant la coquette (et symbolique) somme de 300.000 dollars (*Z* 95). L'identité du personnage, déjà complexe, se dédouble par les fausses identités assumées tout au long d'une carrière cachotière, à tel point « que je laissais peu à peu mon identité dans ces pseudonymes, je me divisais, petit à petit Francis Servain Mirković se dissolvait dans les vrais faux papiers » (*Z* 211sq). Une vie faite de contradictions résumée au cours d'un voyage de Paris à Rome, dans le trajet en train Milan-Rome plus précisément. Ainsi, le récit cadre est simple, et le temps de ce récit ne comprend que quelques heures[4].

Au-delà de cette histoire, sorte de biographie fictive, Énard tente de saisir l'ensemble de ce que son narrateur appelle la « Zone » : c'est-à-dire un territoire immense, qui recoupe grosso modo la Méditerranée[5], voire une situation existentielle trouble, remplie d'intrigues, de faux-semblants, d'ambiguïté morale, et de doutes. Francis se rappelle :

---

3 Le narrateur nous fait clairement comprendre que nous sommes le 8 décembre (*Z* 15, 32). L'année se déduit de la couverture du magazine *Pronto* que lit un autre voyageur : elle parle d'une overdose de « Lupo », « le neveu ou le petit-fils d'Agnelli le génie de la Fiat » (*Z* 22) – qui s'appelle Lapo Elkann de son vrai nom, erreur que le narrateur suggère déjà (« je dois me tromper » ; *Z* 22). Ce jeu de piste n'est pas inhabituel chez Énard, qui nous fait comprendre de façon analogue l'année à laquelle se situe l'action de *Boussole* : celle suivant le centenaire de la mort de Gustav Mahler, *i.e.* 2012 ; Mathias Énard, *Boussole*, Arles, Actes Sud, 2015 (désormais *B*), p. 25.

4 L'auteur reprend le cadre et le procédé dans Mathias Énard, *L'Alcool et la Nostalgie*, Paris, Inculte, 2011. Toutefois, la durée du trajet est sensiblement allongée, car le narrateur traverse la Russie vers la Sibérie.

5 *Cf.* p. ex. *Z* 234, 349.

> [...] j'eus pour la première fois l'impression d'être enfermé dans la Zone, dans un entre-deux flou mouvant et bleu où s'élevait un long thrène chanté par un chœur antique, et tout tournait autour de moi parce que j'étais un fantôme enfermé au royaume des Morts (*Z* 381)

C'est cette zone des agents, « celle des ombres et des manipulateurs » (*Z* 406), que Francis cherche à quitter en payant le prix de la valisette. Mais avant sa sortie, il fait un tour d'adieu aux ombres.

C'est l'occasion pour Énard de résumer l'histoire récente de la Méditerranée et de lancer le filet des références historiques jusque dans les tréfonds de l'histoire. Le support de cette exploration historico-géographique est la conscience du narrateur : fatigué par le trajet, par la consommation de substances licites et illicites, Francis divague, somnole, laisse errer sa conscience. En partant des impressions du voyage, les souvenirs, les connaissances d'un expert du terrain et la culture générale se mêlent pour former un ensemble qui ne révèle sa cohérence qu'à la seconde lecture. Sous prétexte de s'adapter aux lois des mécanismes psychiques, Énard déploie un texte complexe, doublant la linéarité du récit d'un système d'échos et de renvois. La cohésion de l'ensemble est garantie par des lois esthétiques, telles que la symétrie ou le contraste. Néanmoins, en y regardant de près, on remarque que l'auteur tente de maîtriser le chaos potentiel en suivant généralement la chronologie imposée par la trame biographique.

Pour intégrer cette architecture complexe dans l'écriture d'un roman, le romancier choisit de radicaliser la forme : tout en gardant la structure minimaliste des chapitres non-titrés, déjà utilisée dans ses précédents romans (*e.g.* dans l'agencement du premier roman, *La Perfection du tir*, 2003), Énard privilégie cette fois-ci une syntaxe ouverte, qui ne contient que quelques points et distribue les virgules de façon parcimonieuse[6]. Il en résulte un style souple et associatif, aux transitions faciles, aux références et aux ambiguïtés multiples, qui marquera ensuite *Boussole* (2015) ; parallèle dont Énard semble conscient, puisque les narrateurs portent deux variantes du même prénom (Francis/Franz).

Cette forme souple permet à Énard d'intégrer une véritable connaissance encyclopédique de l'espace méditerranéen. Les références contemporaines touchent aux conflits depuis la guerre des Balkans en 1992-1993, elles évoquent Venise, l'Algérie, Beyrouth, Alexandrie, Istanbul, Paris, La Haye et son tribunal. Mais rapidement, le focus historique s'agrandit pour inclure notamment

6 Je fais exception ici de la partie du texte qui contient le roman que Francis lit au cours de son voyage : celui-ci diffère sensiblement du reste de *Zone*, en maintenant une syntaxe conventionnelle.

la guerre civile espagnole et la Shoah. Surtout, chaque étape vécue se double de références historiques, comme au sujet de La Haye : « d'ici on peut rejoindre le Rhin puis le Rhône déboucher en Méditerranée et atteindre Alexandrie, les commerçants vénitiens rapportaient de Hollande des fourrures qu'ils échangeaient contres des épices et des brocarts » (*Z* 85). Les voies du commerce de la Renaissance – auxquelles le narrateur avait pensé au moment de son séjour à La Haye en 1998 (*Z* 78), ce dont il se souvient actuellement, en 2005 – doublent les souvenirs plus personnels du narrateur, qui connaît les villes en question pour y avoir lui-même vécu. On le comprend : dans ce passage, le souvenir est au moins triple, et la multiplicité des renvois dépend structurellement d'une multiplicité de couches de conscience qui, elle, correspond à différentes strates temporelles.

Pour conclure, une dernière observation, ou plutôt une mise en garde : le récit repose bel et bien sur la conscience du narrateur, mais il ne se résume pas à elle. Il ne s'agit pas là de dire qu'il y a quelque chose qui échappe au filtre de l'instance narratrice, cela serait impossible. Mais le narrateur n'est pas obligatoirement conscient de tous les rapports, ni de toutes les implications de ce qu'il énonce ; d'ailleurs, il ne connaît pas non plus toujours ses propres limites (nous y reviendrons).

3 Le rôle de la littérature dans *Zone*

Compte tenu de l'importance structurelle de la conscience narratrice, notre sujet exige qu'on s'intéresse à la fonction de la littérature pour le protagoniste. En dotant Francis d'une « passion pour la lecture » (*Z* 155), Énard rend vraisemblables de multiples renvois littéraires. Tous les soirs, en rentrant du travail, le héros se jette sur les livres :

> […] bien que j'aie passé déjà une grande partie de ma journée de fonctionnaire trouble à lire – des notes, des rapports, des fiches, sur mon écran bien gardé – il n'y a rien alors que je désire plus qu'un roman, où les personnes soient des personnages, un jeu de masques et de désir, et petit à petit m'oublier moi-même (*Z* 155)

Il lit encore un livre (fictif) dans le train, « trois récits d'un Libanais appelé Rafaël Kahla » racontant des aventures pendant la guerre civile (*Z* 52), notamment celle d'Intissar (*Z* 284), dont des extraits sont repartis dans le roman. De cette passion pour la lecture résulte une culture littéraire solide, et le manque d'enthousiasme que Francis affiche pour l'œuvre de Proust – « je n'avais pas réussi à terminer la *Recherche*, les histoires de nobles et de bourgeois parisiens m'ennuyaient presque autant que les jérémiades de leur narrateur » (*Z* 226) – est à mettre sur le compte de l'ironie de l'auteur ; cela semble d'autant plus vrai que *Zone*, dans son ensemble, doit beaucoup au roman proustien. Il s'agit d'un cas d'école pour le phénomène indiqué plus haut : le narrateur n'est pas conscient de toutes les dettes à l'égard de l'œuvre de Proust ou, du moins, si l'on tient compte de certaines affirmations ironiques où celle-ci figure comme lieu commun[7], il ne saisit pas tout à fait leur portée.

La culture littéraire du narrateur justifie largement la présence massive de références en tous genres. Pour n'en relever que quelques-unes, explicites et particulièrement marquantes : auprès de Proust, nous trouvons son ennemi juré Céline, ainsi que (dans l'ordre alphabétique) Apollinaire, Burroughs, Cervantes, Dante, Du Bellay, Genet, Homère, Joyce, Lowry, Pirandello, Pound, Ungaretti. On voit bien que les références ne se limitent pas à la seule écriture romanesque, comme la citation présentée plus haut suggérait. On observe par ailleurs un penchant prononcé pour le XXe siècle, le modernisme, ainsi que pour la culture occidentale. Ce choix, loin d'être typique pour Énard, s'explique probablement par le caractère du narrateur : malgré son expertise du monde arabe, il semble complètement ancré dans la culture occidentale et moins tourné vers l'Orient que le personnage de Franz dans *Boussole*.

4 L'héritage de l'épopée

Revenons à notre question initiale relative à l'apport de l'héritage antique. Le roman lui-même stipule la référence à l'épopée[8], et la quatrième de couverture nous annonce « une impressionnante *Iliade* de notre temps ». En effet, l'épopée homérique est omniprésente dans *Zone*, ses personnages principaux – Achille et Hector – sont évoqués dès le premier chapitre (*Z* 15). À nouveau, Énard introduit la référence de façon ironique ; les procédés comiques employés méritent d'ailleurs notre attention : les champions de la guerre de Troie se trouvent réduits au format modeste de policiers milanais, leurs chars à celui de trottinettes électriques. De plus, les efforts des anciens antagonistes se

7 Le narrateur évoque un mauvais « vin rosé appelé Rubis d'Égypte » qui représente « ma madeleine d'Alexandrie » (*Z* 27), car il lui permet de se remémorer son séjour avec la belle Marianne.

8 Le sujet a été analysé par Élodie Coutier, « Un mémorial romanesque pour l'épopée », *Revue critique de Fixxion française contemporaine* 14, 2017. URL: http://www.revue-critique-de-fixxion-francaise-contemporaine.org/rcffc/article/view/fx14.11. Consulté le 5 septembre 2019.

joignent dans la chasse d'« un jeune Noir », dont le « visage tuméfié » (*Z* 16) n'a rien d'une prise de guerre héroïque. Bref, Énard reprend les héros épiques et leur fait subir une déflation parodique dont le comique est toutefois limité par la compassion éprouvée pour la victime.

Or, nous l'avons vu à propos de Proust, l'ironie n'empêche absolument pas la pertinence et l'importance du renvoi, surtout si on l'intègre dans une perspective plus large. Cela est particulièrement vrai pour tout ce qui touche à la guerre, cadre général de l'action de *L'Iliade* et expérience fondatrice du narrateur de *Zone*. Car même si la guerre des Balkans ne peut prétendre à la dignité de celle de Troie, et même si bien des 'exploits' militaires relatés sont loin d'être héroïques, semblent même franchement pitoyables, révoltants ou dégoûtants (tant par le sujet que par le mode de présentation), il ne reste pas moins vrai que Francis y a risqué sa vie et perdu des frères d'armes, bref, que le sérieux existentiel de l'expérience est indéniable. C'est dans cette perspective qu'il faut envisager les parallèles entre *Zone* et *L'Iliade*.

Outre cette présence évidente, qui passe surtout par l'onomastique, et des reprises au niveau de l'action[9], Élodie Coutier cite trois traits caractéristiques de l'épopée que l'on retrouve dans *Zone* : « l'épithète homérique, le catalogue et la 'présentification' » remarquée par Erich Auerbach[10]. En effet, les personnages sont souvent dotés d'une épithète, que celle-ci soit un adjectif substantivé, tel « Andrija le féroce » (*Z* 276), cité par Coutier, ou par un nom cité en guise d'antonomase, présent dès le début par l'évocation du « fils de Tydée » (*Z* 16), c'est-à-dire Diomède[11]. En effet, on trouve des catalogues[12]. Le dernier point, en revanche, mériterait une discussion approfondie, car la « présentification » (qui veut dire explication immédiate et représentation exclusive du présent)

---

9 Des épisodes entiers sont intégrés ; Coutier, « Un mémorial romanesque », *op. cit.*, p. 98.

10 *Ibid.*, pp. 6-9.

11 Coutier cite notamment l'épisode où Ulysse et Diomède entreprennent une expédition dans le camp troyen (*L'Iliade*, chant X) comme exemple d'une reprise de l'action de *L'Iliade* ; *cf.* Coutier, « Un mémorial romanesque », *op. cit.*, p. 10.

12 Coutier (*ibid.*, pp. 7sq) cite celui des jambes à la fin du texte (*Z* 514sq). La liste des contenus de la valise, qui correspondent aux souvenirs du narrateur (*ibid.*, 381sq), constituerait un autre exemple. Cependant, la question est à poser si le catalogue épique ne présume pas une transmission orale, et relève d'une fonction mnémotechnique, contraire en cela justement à la liste, technique d'énumération littéraire : selon cette définition restreinte, nul catalogue dans *Zone*. *Cf.* Bernard Sève, *De haut en bas. Philosophie des listes*, Paris, Seuil, 2010 (sur la marque de l'oralité, *cf.* aussi notre développement ci-dessous). Sur le catalogue dans *Zone*, *cf.* aussi l'article de Cornelia Ruhe dans le présent volume : « Un cénotaphe pour les morts sans sépulture : Mathias Énard en thanatographe », pp. 200-216.

ne peut s'appliquer que très partiellement à *Zone*, un texte qui est structuré par une conscience narratrice plongée dans ses souvenirs personnels[13].

En revanche, on peut ajouter d'autres caractéristiques, en particulier la marque d'une narration orale. Celle-ci n'est plus l'oralité versifiée de la tradition[14], relevant à la fois de la présentation et de la mnémotechnique, mais elle semble néanmoins bien présente dans une prose dense et rythmée, qui marque une tendance à négliger les règles de la syntaxe au profit d'autres unités, de sens, d'agencement, de rythme. Cette impression serait à développer, au risque de constituer un sujet à part entière.

Au-delà de ces procédés littéraires, il me semble important de relever les sujets épiques et les fonctions qui y sont liées. L'épopée dans sa 'forme pleine' (« Vollform »), narrative[15], est généralement un récit de guerre et d'aventure, qui chante le destin d'une collectivité face à ses adversaires ; le cas de *L'Iliade* est ici particulièrement typique. Dans *Zone*, la guerre des Balkans est bien plus que le premier épisode dans la carrière de Francis : elle marque le passage à l'âge adulte ; nous avons donc affaire à un seuil initiatique qui fait de Francis « le guerrier le meurtrier » (*Z* 509). C'est ce statut qui compliquera sa vie amoureuse et incitera Stéphanie à la rupture – « *tu es un tueur alcoolique* » (*Z* 325) –, rupture dont les conséquences indirectes sont la crise et la démission finale de Francis. Le résultat : quand Francis a fait la paix avec sa situation, il devient un « Achille calmé » (*Z* 517), perspective réconciliatrice qui manque évidemment à *L'Iliade*. Nous voyons à quel point l'épisode guerrier est fondateur pour le personnage et pour le récit.

Cet épisode guerrier fournit également les premiers morts gisant le long du chemin de Francis, qu'il s'agisse d'ennemis tués, d'amis qui tombent ou de la simple mémoire des champs de bataille. Les morts se multiplient par la suite et viennent peupler d'ombres la conscience du protagoniste : « le train roule au pas sur des milliers de corps disposés les uns derrière les autres, le bois des traverses, les corps sont du bois c'est ce que disait Stangl à Treblinka, c'est ce que

---

13 Auerbach explique dans le premier chapitre de *Mimesis* ce principe, en opposition avec l'Ancien Testament qui, lui, offre une représentation psychique compliquée, bien plus proche de *Zone* que l'évidence qu'Auerbach accorde à l'épopée. Erich Auerbach, *Mimesis. Dargestellte Wirklichkeit in der abendländischen Literatur*, Tübingen/Bâle, A. Francke, 2001 ([1]1946), pp. 5-27.

14 Le mètre est l'hexamètre dactylique, sans division strophique, dans le cas de *L'Iliade* et de *L'Odyssée* ; d'autres traits formels de ces 'prototypes' étant l'épithète, la formule, la parabole, le catalogue, la description et la scène typique ; le discours direct prend une place majeure, 67 % dans les deux épopées homériques. *Cf.* Hans Neumann, Joachim Latacz et Edward Courtney, « Epos ». In : Hubert Cancik et Helmuth Schneider, éds., *Der Neue Pauly. Volume IV*, Stuttgart/Weimar, J.B. Metzler, 1998, col. 10-29, col. 12sq.

15 *Ibid.*, col. 12.

disait aussi mon père en Algérie » (*Z* 515). À ce sujet, la guerre et les morts, correspond l'une des fonctions les plus importantes de l'épopée : la perpétuation du souvenir des gestes héroïques et des guerriers décédés – elle remplit une fonction mémorielle pour la collectivité. Chez Énard, cette mémoire est doublement présente : d'un côté, elle hante la conscience de Francis et, de l'autre, elle est matériellement présente puisque Francis transporte sa soigneuse documentation avec lui, dans sa mallette (*Z* 489). Cette double présence, psychique et matérielle, correspond à une double fonction : si Francis est poursuivi par les souvenirs et les connaissances, il espère également obtenir grâce à eux sa libération, voire son salut.

Un deuxième trait distinctif de l'épopée est justement le caractère collectif : le chant épique est destiné à rassembler un peuple autour d'un récit fondateur, il a une fonction fédératrice. Pour ce faire, il peut directement raconter les débuts d'une ville ou d'un état (*Gilgamesh, L'Énéide*) ; il peut aussi bien évoquer un événement qui a marqué l'histoire collective (*L'Iliade, La Chanson de Roland, La Gerusalemme liberata*). Évidemment, on pourrait objecter, d'abord, que Francis raconte son épopée à lui, ensuite, que les faits relatés sont tout sauf héroïques, et finalement, que cette guerre des Balkans manquait de légitimité (au moins celle des Croates en Bosnie). Faut-il le rappeler ? Dans sa jeunesse, notre protagoniste a montré des sympathies fascistes. Si, donc, dimension collective il y a, elle se situe dans le tableau de notre époque que *Zone* entreprend de brosser, avec ses horreurs, ses zones d'ombre, ses ambiguïtés. Plusieurs événements peuvent prétendre au statut fondateur, la Shoah surtout[16], mais aussi cette guerre des Balkans, premier grand conflit armé en Europe depuis 1945, celui qui marque la fin de l'après-guerre.

Une troisième caractéristique de l'épopée est importante car elle a trait à la mémoire[17] : souvent (quoique pas nécessairement), l'épopée propose une connaissance exhaustive, du moins du parti qui représente la collectivité ; dans *L'Iliade*, les catalogues des bateaux grecs (chant II) et des guerriers (chant III) donnent leur poids au récit. Or, ce besoin marque clairement la démarche de Francis, glaneur de renseignements s'il en est, et aussi celle d'Énard, qui propose un état des lieux de l'Occident d'après 1989.

En guise de conclusion, je voudrais simplement citer un passage qui précise la proximité que le narrateur établit entre la réalité antique chantée dans l'épopée et son propre sujet :

---

16 Le narrateur établit un parallèle entre « ma guerre à moi » (celle des Balkans) et la Seconde Guerre mondiale, et ce dès le deuxième chapitre (*Z* 19).

17 Paul Merchant souligne la tension de l'épopée entre le récit 'historique' et le rappel des traditions et faits quotidiens d'une collectivité : « It was a chronicle, a 'book of the tribe', a vital record of custom and tradition, and at the same time a story-book for general entertainment », Paul Merchant, *The Epic*, Londres, Methuen & Co., 1971, p. 1.

> [...] sans doute m'aurait-il fallu remonter moi aussi à la nuit des temps, à l'homme préhistorique effrayé qui peint dans sa caverne pour se rassurer, à Pâris s'emparant d'Hélène, à la mort d'Hector, au sac de Troie, à Enée parvenu aux rivages du Latium, aux Romains qui enlèvent les Sabines, à la situation militaire des Croates de Bosnie centrale début 1993 (*Z* 81)

Tout de suite après la préhistoire débute l'histoire qui le concerne, celle de l'épopée – et entre celle-ci et le présent, il n'y a ni transition, ni le moindre écart.

5 L'héritage des avant-gardes

Les liens à la guerre, aux morts et à la mémoire (collective, exhaustive) me semblent être les points forts qui nous suggèrent un héritage épique dans *Zone*. Le roman s'en réclame dès les premières lignes, mais il le transforme, voire le dément également, par le recours aux avant-gardes. J'étudierai trois cas allant dans ce sens : Leiris, Apollinaire et Butor.

Je me limite donc volontiers au contexte français. Une comparaison possible aurait été celle avec *Ulysses* (1922), le fameux roman de James Joyce. Il constitue un hypotexte potentiel en ceci qu'il raconte une journée de la vie de Leopold Bloom à Dublin, en la calquant sur *L'Odyssée* de Homère ; tout comme *Zone*, *Ulysses* combine un héritage antique avec des procédés narratifs modernes. Cependant, et malgré le titre annonciateur, la reprise de cet héritage se fait de façon bien plus dissimulée et le mode de la reprise diffère également : Joyce fait tout pour combiner hauteur épique et vie moderne banale, ce qui mène souvent à un mode parodique ou ironique. Un seul exemple : dans le chapitre XII d'*Ulysses*, Bloom combat le 'cyclope' (Polyphème, dans chant IX de *L'Odyssée*), incarné par un patriote antisémite soûl ; en guise de pieu embrasé aveuglant, Bloom n'a qu'un cigare, et la seule agression physique sera le jet d'une boîte de biscuit[18]. Énard, en revanche, reprend les *res gestae* en tant que telles : Francis a vraiment fait la guerre, les comparaisons avec les héros antiques sont motivées par l'action du roman et reposent sur une expérience existentielle du narrateur. Il en résulte que – aussi parodiques ou ironiques que soient certaines reprises – le rapprochement entre *Zone* et *L'Iliade* se fait sur un fondement tout à fait sérieux. Si pour *Ulysses*, la question de la proximité avec

---

18 Pour une analyse détaillée, je renvoie au chapitre consacré à Joyce dans mon étude sur le comique moderne : Niklas Bender, *Die lachende Kunst. Der Beitrag des Komischen zur klassischen Moderne*, Freiburg/Breisgau, Rombach, 2017, pp. 254-292.

le *mock epic* (l'épopée comique de la Renaissance, *e.g.* celle de l'Arioste) se pose avec insistance, elle est tout au plus secondaire à *Zone*.

Revenons au tout début du roman afin de voir l'apport de ce deuxième pôle, la littérature avant-gardiste du XXe siècle : « tout est plus difficile à l'âge d'homme, tout sonne plus faux un peu métallique comme le bruit de deux armes de bronze l'une contre l'autre elles nous renvoient à nous-mêmes sans nous laisser sortir de rien c'est une belle prison, on voyage avec bien des choses » (*Z* 11). L'épopée homérique est clairement présente dans les « deux armes de bronze », dont le bruit sert à définir « l'âge d'homme », la maturité donc. Ce passage semble simplement confirmer l'importance à la fois de la guerre en tant qu'expérience initiatique et de l'épopée antique dans l'articulation de celle-ci. Mais le texte contient bien davantage d'allusions, et ce dès la première ligne : « à l'âge d'homme » renvoie à l'autobiographie de Michel Leiris du même titre (1939), composée entre 1930 et 1935, au moment de sa cure psychanalytique (1929-1935).

Le texte de Leiris articule l'expérience de son auteur à l'âge de 34 ans, à la « moitié de la vie »[19]. Il a ceci de spécifique que, issu du surréalisme, il s'intéresse aux mécanismes psychiques et met à contribution l'apport de la psychanalyse[20], même s'il marque en même temps une certaine distance par rapport à celle-ci[21]. Leiris conserve sa liberté de parole à propos des sujets tabous, surtout dans le domaine de la sexualité : il choisit d'adopter une extrême franchise, n'admet que des éléments « d'une véracité rigoureuse » qu'il combine « en une sorte de collage surréaliste ou plutôt de photo-montage »[22]. La nuance introduite par « ou plutôt » est des plus importantes, puisque Leiris ne compte pas donner libre-cours au hasard, comme les surréalistes : il tente un récit « documentaire, presque scientifique ou clinique »[23]. Délaissant à la fois

19 Michel Leiris, *L'Âge d'homme*, Paris, Gallimard, 1973, p. 23.

20 À ce propos, voir la préface de Leiris : « De la littérature considérée comme une tauromachie ». In : Leiris, *L'Âge d'homme, op. cit.*, pp. 9-22.

21 Dans une critique explicite, Leiris constate que « l'essentiel du problème » de l'existence humaine ne réside dans aucun des sujets abordés par la psychanalyse (l'Œdipe, la castration, la culpabilité, le narcissisme) mais bel et bien dans « la mort » et son appréhension – il « relève donc de la métaphysique » (*ibid.*, p. 152). Les notes qu'il ajoute dans deux éditions successives creusent la distance (*cf. ibid.*, p. 211). Philippe Lejeune résume l'attitude ambiguë de Leiris face à la psychanalyse : Philippe Lejeune, *L'Autobiographie en France,* Paris, Armand Colin, 1971, pp. 98-100.

22 *Ibid.*, p. 16. *Cf.* l'article de Marie-Pascale Huglo sur l'esthétique spécifique de ce texte : Marie-Pascale Huglo, « L'image-vérité dans *L'Âge d'homme* de Michel Leiris ». *Versants* 29, 1996, pp. 55-74. Elle souligne notamment l'apparent paradoxe qui se crée par la mise en œuvre parallèle d'un photomontage et d'une interrogation du mythe.

23 Robert Bréchon, L'Âge d'homme *de Michel Leiris*, Paris, Hachette, 1973, p. 68.

les aléas et la subjectivité excessive[24], Leiris propose un renouvellement radical du genre autobiographique[25]. Le texte de Leiris se termine par l'âge adulte, qui coïncide avec le moment de devenir écrivain[26].

Énard a pu se sentir inspiré par un texte qui tente un aveu radicalement sincère, attitude narrative commune aux narrateurs de *L'Âge d'homme* et de *Zone*. Il ne faut pas pour autant confondre une autobiographie véritable et un roman basé sur les confessions (mentales) d'un personnage purement fictif. D'autres ressemblances semblent alors plus pertinentes, par exemple le recours massif à la mythologie. Leiris puise dans les mythes grecs, romains et juifs, il organise l'ensemble de son texte autour des personnages de Judith et de Lucrèce. À partir d'une peinture de Cranach[27], Leiris les oppose, faisant d'elles les deux pôles structurant l'ensemble du récit. Elles représentent deux archétypes féminins qui fascinent le narrateur : Lucrèce est le type de la « femme ou blessée ou châtiée » tandis que Judith représente toutes les « femmes dangereuses »[28]. Entre les deux, Judith prévaut. Leiris souligne la fascination qu'elle exerce sur lui et retient qu'elle est « la figure autour de laquelle cristallisent des images qui eurent une influence décisive sur ma vie »[29] ; il lui consacre la majeure partie du texte. Par Judith, la décapitation joue un rôle majeur : pour Leiris, elle signifie « la castration »[30], danger planant sur tout acte amoureux[31]. Ce danger se reflète dans l'acte même d'écrire, car pour Leiris, l'écrivain doit s'exposer, tel un torero qui brave le taureau (l'image de la tauromachie parcourt l'ensemble du récit et Leiris la reprend dans sa préface).

Or, l'importance de la mythologie antique – même si elle est essentiellement grecque – n'est plus à prouver pour *Zone*. Surtout, la décapitation est une véritable hantise dans le roman d'Énard[32], d'ailleurs, le personnage de Judith y

---

24 Paradoxalement, vu qu'il écrit une autobiographie, observe à juste titre Bréchon, L'Âge d'homme *de Michel Leiris*, *op. cit.*, p. 67.

25 Malgré l'appréciation de l'auteur lui-même, Jacqueline Chénieux-Gendron oppose son récit autobiographique aux récits fictifs précédents, en soulignant le caractère « scientifique et engagée » de ce premier ; si l'usage de la métaphore y est en effet moins expérimental, il n'est pas simplement dans la tradition de Rousseau pour autant. *Cf.* Jacqueline Chénieux-Gendron, *Le Surréalisme et le roman 1922-1950*, Lausanne, L'Âge d'homme, 1983, p. 281.

26 Leiris, *L'Âge d'homme*, *op. cit.*, p. 181.

27 *Ibid.*, pp. 39sq.

28 *Ibid.*, p. 84.

29 *Ibid.*, p. 88.

30 *Ibid.*, p. 201.

31 *Cf.* p. ex. *ibid.*, p. 99.

32 Je n'en indique que quelques exemples : *Z* 125, 132, 163ssq, 247, 283, 326ssq, 349, 359, 371sq, 389, 391ssq, 426, 469, 472, 501sq, 509. À côté des décapitations historiquement avérées – les

figure également, quoique de façon subtile[33]. D'autres motifs partagés seraient à évoquer, telle la Méduse. Enfin, dans *L'Âge d'homme*, on trouve le récit d'un rêve, fait après un voyage en Grèce, portant sur la guerre de Troie : il suggère ainsi une proximité avec *L'Iliade* (et semble inspirer *Zone*)[34].

Quelle est la fonction de ces références ? Pour Leiris, la mythologie sert à expliquer le fonctionnement psychique, en particulier le désir, justement comme dans la psychanalyse. La figure de Judith représente le danger inhérent à l'amour, la castration, la mort. Déceler la signification de la figure fait partie d'un processus d'auto-analyse, elle y est présente en tant que matériel et matrice explicative. L'héritage antique dans son ensemble est transformé par les mécanismes psychiques de Leiris, qui admet avec franchise : « Depuis longtemps, je confère à ce qui est *antique* un caractère franchement voluptueux »[35]. Ainsi, le rêve de Troie est interprété comme un rêve érotique. Bref, le rapport à l'héritage antique passe chez Leiris par le prisme de la pensée moderne, subjective ; en le citant, Énard pose, pour ainsi dire, un deuxième filtre. Cela ne veut pas dire qu'il l'adopte complètement : la décapitation, par exemple, est souvent un motif à référence historique dans *Zone*, alors que la dimension historique est absente dans *L'Âge d'homme*[36].

La deuxième référence, plus évidente encore, se trouve dans le titre du roman, *Zone* : c'est un renvoi net à l'héritage des avant-gardes[37], car il évoque le fameux poème d'ouverture du recueil *Alcools*[38], poème qui est une sorte

---

moines de Tibhirine – figurent les motifs religieux, mythologiques et artistiques (saint Jean-le-Baptiste, la Méduse).

33 Directement (*e.g. Z* 165), mais bien plus souvent indirectement, par l'évocation du Caravage, peintre du motif (*e.g. Z* 283, 326ssq, 374, 389, 391ssq). Énard évoque aussi Salomé (*Z* 28), figure proche de Judith, traitée en cette qualité par Leiris également (Leiris, *L'Âge d'homme, op. cit.*, par exemple : pp. 42, 53sq, 60, 92ssq). – Judith fascine Énard au-delà de *Zone*, elle figure comme motif de peinture et comme comparaison à la danseuse-amante-meurtrière de Michel-Ange dans Mathias Énard, *Parle-leur de batailles, de rois et d'éléphants*, Arles, Actes Sud, 2010, pp. 83, 146.

34 Leiris, *L'Âge d'homme, op. cit.*, pp. 59ssq.

35 *Ibid.*, p. 54.

36 L'idée de présenter la décapitation comme noyau d'une rêverie historique pourrait venir d'une source contemporaine : il s'agit de *Méroé* (1998) d'Olivier Rolin, dont l'influence est sensible dans *Zone*. *Méroé* est construit autour d'un épisode de l'histoire coloniale, la présence anglaise au Soudan ; la décapitation de Charles George Gordon (1833-1885) alias Chinese Gordon y figure en bonne et due place. – Dans *L'Alcool et la Nostalgie*, Énard rend un vibrant hommage à Rolin : *En Russie* (Paris, Quai Voltaire, 1987) de ce dernier incite le narrateur à partir pour Moscou (pp. 72sq.).

37 Pour le titre, on peut ajouter une autre référence encore, proposée par Énard (*Z* 350) : *Interzone* de William Burroughs.

38 Guillaume Apollinaire, *Alcools*. In : Guillaume Apollinaire, *Œuvres poétiques*. éd. par André Billy *et al.*, Paris, Gallimard, 1965, pp. 37-154, p. 39-44.

de manifeste de la modernité. Les deux références – Leiris et Apollinaire – se trouvent alors imbriquées l'une dans l'autre : il n'y a certainement pas de hasard au fait qu'avec Leiris, Énard ait choisi un admirateur d'Apollinaire. Dans *L'Âge d'homme*, Leiris exprime clairement cette admiration[39] et insère même deux fois « cou coupé »[40] dans son récit, citant ainsi le fameux vers final « Soleil cou coupé » du poème d'Apollinaire. Énard, lui, reprend le procédé textuel et cite au moins trois fois ce même vers (*Z* 247, 512, 517), qui s'insère parmi les nombreuses images de décapitation ; évidemment, le renvoi est double, car en citant Apollinaire, Énard renvoie également à Leiris. Au niveau des motifs, le poème « Zone » est un modèle dans la mesure où ce poème présente Paris comme ville cosmopolite et universelle, point de départ à un inventaire global, juxtaposant parfois abruptement héritage antique et technique moderne, publicité et littérature, christianisme et fétichisme. Je me limite à l'évocation rapide de ces éléments, la contribution de Claudia Jünke étant déjà consacrée à l'influence d'Apollinaire.

Mais, pourrait-on demander, quel est le rapport entre l'esthétique des avant-gardes et un roman qui revendique l'héritage épique ? Plus précisément, peut-on trouver dans *Zone* l'esthétique de la surprise, telle qu'Apollinaire la développe dans ses écrits[41] ? La réponse doit être affirmative pour autant qu'on la comprenne bien : Apollinaire ne prône pas une rupture brutale avec le passé, il propose plutôt une réorientation, une réinterprétation de l'héritage littéraire. Ainsi, le poème « Zone » dit d'emblée « À la fin tu es las de ce monde ancien », ce qui suggère une rupture, mais revient sur ses pas en fusionnant les images du paysage urbain moderne (la Tour Eiffel, les ponts de Paris) avec des motifs bucoliques, relevant de l'héritage arcadien. Ce va-et-vient entre la modernité – celle des automobiles, des avions, de la publicité – et la tradition – des motifs littéraires, de la mythologie, de l'église notamment – devient le mouvement du poème. La prise de distance par rapport au positionnement radical de son ami Marinetti le suggère[42] : Apollinaire est un avant-gardiste qui tente d'intégrer la tradition plutôt que de la détruire[43].

---

39 Leiris, *L'Âge d'homme*, *op. cit.*, pp. 152, 185, 201.

40 *Ibid.*, p. 50, 199.

41 Concernant la poétique d'Apollinaire (et les références critiques qui sont de mise), je renvoie au chapitre consacré à « Zone » dans Bender, *Die lachende Kunst*, *op. cit.*, pp. 226-253.

42 *Cf.* sa (douce) parodie d'un manifeste futuriste : Guillaume Apollinaire, « L'antitradition futuriste. Manifeste=synthèse ». In : Guillaume Apollinaire, *Œuvres en prose complètes. Volume II.* Édité par Pierre Caizergues et Michel Décaudin. Paris : Gallimard, 1991, pp. 937-939 ; ainsi que l'analyse de Paul Geyer, « Apollinaires Humor ». In: Ludger Scherer et Rolf Lohse, éds., *Avantgarde und Komik*, Amsterdam/New York, Rodopi, 2004, pp. 85-95.

43 Au même titre, et plus spécifiquement concernant Homère, on peut citer l'exemple de Joyce, auteur évoqué dans *Zone* aussi, évidemment ; *cf.*, à titre d'exemple, p. 424, 437.

Apollinaire intègre une multitude de croyances qu'il met sur un pied d'égalité. Cette opération se fait sur la base d'une énonciation peu commune, le moi lyrique est ici un « tu », et le poème entier ressemble à une sorte de monologue intérieur. Cette perspective est très personnelle, elle permet d'aligner le vécu et les souvenirs et de conférer une teinte humoristique à l'ensemble : à titre d'exemple, je ne rappelle que la présentation de Jésus-Christ en « joli voltigeur », en « premier aéroplane », approche ludique justifiée par un souvenir d'enfance (vv. 48, 50) ; cette approche subjective et humoristique me semble lier le poème au roman. Une dernière similitude pourrait résider dans une certaine liberté de la forme conjuguant lyrisme et prose. Si, par la longueur et le besoin d'exhaustivité de son texte, Énard s'éloigne du genre poétique, il s'en rapproche de nouveau par ses qualités lyriques. Elles résultent entre autres du parti pris d'une syntaxe libre, permettant à la fois une densification du texte et une multiplication des rapports possibles entre les mots. C'est justement la raison pour laquelle les citations d'Apollinaire sont bien camouflées, intégrées à une cadence poétique.

Il reste une troisième référence primordiale à citer qui, elle, ne figure nulle part explicitement, à ma connaissance. Sur plusieurs aspects, elle est pourtant la plus importante : il s'agit de *La Modification* (1957), le troisième roman de Michel Butor[44]. En effet, difficile de nier la présence de ce roman dont, justement, en 1958, Leiris écrit un compte rendu important intitulé « Le réalisme mythologique de Michel Butor »[45], titre qui conviendrait d'ailleurs tout autant à *Zone*. Il n'y a qu'un pas à faire pour relever, dans l'évocation de Leiris dès la première ligne du roman, un renvoi en biais à Butor…

Pour honorer le sujet principal de notre ouvrage, j'ajoute que la façon de procéder ici me semble typique d'Énard. Elle a de quoi rendre paranoïaque l'interprète, car le fil évident du texte s'avère appartenir à un gigantesque filet de références, un système de relations infinies. Si l'on creuse un tant soit peu, on se rend compte que chaque élément du texte est surdéterminé, que tout est lié ou que – comme le dit si bien Sarah dans *Boussole* – « il n'y a pas de hasard » (*B* 25). La référence à Butor, cachée et par bande, représente à nos yeux un bon exemple de l'écriture de Mathias Énard, plus précisément de l'érudition dont ses romans font preuve. Leur savoir romanesque consiste en une mise en relation radicale des éléments dans un système de correspondances, de parentés et de contrastes, système non argumentatif mais esthétique.

44 Je cite l'édition de poche : Michel Butor, *La Modification*, Paris, Minuit, 1980 ([1]1957).

45 Article paru en 1958 dans *Critique* 129, reproduit dans Butor, *La Modification*, *op. cit.*, pp. 287-314.

Si *La Modification* est connue pour être un récit à la deuxième personne du pluriel, ce n'est pas ce procédé narratif qui inspire Énard. En revanche, il reprend le sujet et l'architecture du roman, puisque *La Modification* relate également un voyage en train de Paris à Rome. Ceci implique bien plus qu'une situation : c'est d'abord le cadre spatial et temporel qui est repris, même si Énard le limite au tronçon Milan-Rome. Ensuite, Énard emprunte aussi le mode de récit, c'est-à-dire les souvenirs d'un personnage qui se déroulent face à un paysage changeant. Entre les personnages principaux, quelques ressemblances existent. Léon Delmont, le héros de Butor[46], se trouve comme Francis dans une crise de milieu de vie – même si, à 45 ans[47], il est plus âgé –, et il s'apprête à quitter son existence de « directeur du bureau parisien des machines à écrire Scabelli »[48] afin de vivre avec son amante Cécile à Rome. Hormis la situation familiale – Delmont est marié et père de quatre enfants –, la situation existentielle est donc sensiblement la même : l'homme de Paris, la maîtresse à Rome, la crise profonde, le voyage comme motif et comme cadre, la tentative échappatoire, le revirement final.

Au-delà de ces similitudes, *La Modification* construit un rapport à l'épopée et au mythe qui n'est pas sans rappeler celui de *Zone*. Butor calque une partie de son récit sur *L'Énéide*, plus précisément sur l'épisode de la catabase, la descente aux enfers[49]. Qui plus est, l'opposition entre Rome et Paris structure le récit, et cette opposition – spatiale, historique, esthétique – est aussi déclinée dans le cadre d'une approche mythologique. Rome est un « mythe » pour le protagoniste[50], la ville incarne l'idée d'un centre : « Vous équilibriez votre insatisfaction parisienne par une croyance secrète à un retour à la *pax romana*, à une organisation impériale du monde autour d'une ville capitale qui ne serait peut-être plus Rome mais par exemple Paris »[51]. Or, « le souvenir de l'Empire est maintenant une figure insuffisante pour désigner l'avenir de ce monde »[52], l'histoire prend désormais un autre cours ; cela vaut pour le destin des peuples et celui, plus modeste, du protagoniste. De là, l'abandon final du projet d'une nouvelle vie à Rome avec Cécile et, à la place, l'idée d'écrire un livre. Si chez

46 Le nom de celui-ci est aussi bien dissimulé dans le roman que les indications chronologiques dans *Zone*.

47 Butor, *La Modification, op. cit.*, p. 7.

48 *Ibid.*, p. 10.

49 *Cf.* Gamila Morcos, « La descente aux Enfers dans *La modification* de Butor et l'*Enéide* de Virgile ». *Dalhousie French Studies* 16, 1989, pp. 84-98. – On ajoutera que le principal héritier de Virgile – Dante – figure en bonne et due place dans *Zone* et dans *L'Âge d'homme*.

50 Butor, *La Modification, op. cit.*, p. 239.

51 *Ibid.*, p. 279.

52 *Ibid.*

Virgile, Énée pose les fondements de Rome et prévoit, lors de la descente aux enfers, le siècle d'Auguste, Butor prévoit plutôt des siècles décentrés, et privilégie l'écriture romanesque, individuelle à la fondation politique. Énard, quant à lui, confirme le constat de son prédécesseur : la 'zone' est le sujet de préoccupation de son protagoniste, nous sommes donc justement immergés dans ce monde sans centre esquissé de façon prémonitoire dans *La Modification*.

En guise de conclusion : au-delà des emprunts particuliers énumérés, quels sont les apports respectifs de Leiris, Apollinaire et Butor à *Zone* ? Les trois avant-gardistes représentent à la fois une reprise et un mode de traitement des mythes et des croyances. Ce traitement est individuel avant tout : les grands récits aux fonctions sociales sont intégrés dans une perspective subjective ; ce changement est aussi accompagné d'une moindre hauteur du sujet et du style[53]. L'approche subjective se trouve liée à une entreprise littéraire exigeante sur le plan de l'innovation formelle : chacun des trois reprend les formes existantes – l'autobiographie, le poème, le roman – et les utilise de sorte qu'elles s'adaptent à la refonte du mythe.

6 L'épopée et l'avant-garde modifiées selon Énard

Les trois exemples cités concordent : si fonction sociale il y a – mémoire, fondation du bien commun, rassemblement –, elle doit se créer à partir d'une approche radicalement subjective. Cette mise en perspective diffère de l'épopée, qui se veut justement 'objective' dans le sens d'une perspective collective[54], et qui évite un positionnement individualiste du narrateur. De toute évidence, Énard hérite de cette approche, car chez lui aussi, la mémoire collective, pour citer le point le plus important, passe par le souvenir personnel de Francis, qui sert de prisme à la reconstitution de l'histoire contemporaine.

Ainsi, pourrait-on résumer, Énard reprend des sujets, des procédés et des fonctions de l'épopée. Sa façon de les manier, pourtant, suit le chemin tracé par l'avant-garde : il les intègre à la perspective – forcément subjective – de son héros et narrateur et les transforme selon les mécanismes psychiques de celui-ci. Cependant, Énard dépasse cette limitation, et cela doublement : d'abord il dépasse – tout comme le moi lyrique d'Apollinaire ou les narrateurs

53 Alors que l'épopée se consacre non seulement aux grands faits des grands personnages, mais également à un style sublime y correspondant, *cf.* Neumann, Latacz et Courtney, « Epos », *op. cit.*, col. 13.

54 Michael J. Alexander, « Epic ». In : Peter Childs et Roger Fowler, éds., *The Routledge Dictionary of Literary Terms*, Londres/New York, Routledge, 2006, pp. 68-70.

de Leiris et de Butor – le subjectif vers l'universel[55]. Ensuite, il transcende également les emprunts aux auteurs modernes, en mettant l'avant-garde à distance : par son intégration dans le récit romanesque, aux côtés des références épiques, elle devient elle-même un élément historique parmi d'autres. Dans cette perspective, l'érudition de *Zone* est aussi à comprendre comme l'assemblage de différentes traditions littéraires, qui constituent le tissu même de *Zone*.

Bibliographie

Alexander, Michael J. (2006). « Epic ». In: Peter Childs et Roger Fowler, éds., *The Routledge Dictionary of Literary Terms*. Londres/New York : Routledge, pp. 68-70.

Apollinaire, Guillaume (1965). *Alcools*. In : Guillaume Apollinaire, *Œuvres poétiques*. Édité par André Billy *et al.* Paris : Gallimard, coll. « Bibliothèque de la Pléiade », pp. 37-154.

Apollinaire, Guillaume (1991). « L'antitradition futuriste. Manifeste=synthèse ». In : Guillaume Apollinaire, *Œuvres en prose complètes. Volume II*. Édité par Pierre Caizergues et Michel Décaudin. Paris : Gallimard, coll. « Bibliothèque de la Pléiade », pp. 937-939.

Auerbach, Erich (2001). *Mimesis. Dargestellte Wirklichkeit in der abendländischen Literatur*. Tübingen/Bâle : A. Francke ([1]1946).

Bender, Niklas (2017). *Die lachende Kunst. Der Beitrag des Komischen zur klassischen Moderne*. Freiburg/Breisgau : Rombach, coll. « Litterae ».

Bréchon, Robert (1973). L'Âge d'homme *de Michel Leiris*. Paris : Hachette, coll. « poche critique ».

Burroughs, William (1989). *Interzone*. New York : Viking Press.

Butor, Michel (1980). *La Modification. Roman*. Paris : Minuit ([1]1957).

Chénieux-Gendron, Jacqueline (1983). *Le Surréalisme et le roman 1922-1950*. Lausanne : L'Âge d'homme, coll. « Lettera ».

Coutier, Élodie (2017). « Un mémorial romanesque pour l'épopée ». *Revue critique de Fixxion française contemporaine* 14, *en ligne*.

Énard, Mathias (2008). *Zone*. Arles : Actes Sud 2008, coll. « Babel ».

Énard, Mathias (2010). *Parle-leur de batailles, de rois et d'éléphants*. Arles : Actes Sud 2010, coll. « Babel ».

55 Dans cette démarche, Énard suit l'épopée moderniste, marquée par « an allusion to and reliance on the mythical wholeness promised by traditional epic, in order to show up the chaos and flux of the present day », pourrait-on dire en suivant l'appréciation quelque peu générale d'Adeline Johns-Putra, *The History of the Epic*, Houndmills, Basingstoke/New York, Palgrave Macmillan, 2006, p. 157.

Énard, Mathias (2011). *L'Alcool et la Nostalgie*. Paris : Inculte.

Énard, Mathias (2015). *Boussole*. Arles : Actes Sud 2015.

Geyer, Paul (2004). « Apollinaires Humor ». In : Ludger Scherer et Rolf Lohse, éds., *Avantgarde und Komik*. Amsterdam/New York : Rodopi, coll. « Faux Titre », pp. 85-95.

Huglo, Marie-Pascale (1996). « L'image-vérité dans *L'Âge d'homme* de Michel Leiris ». *Versants* 29, pp. 55-74.

Johns-Putra, Adeline (2006). *The History of the Epic*. Houndmills, Basingstoke/New York : Palgrave Macmillan.

Leiris, Michel (1958). « Le réalisme mythologique de Michel Butor ». *Critique* 129, reproduit dans Butor, *La Modification*, pp. 287-314.

Leiris, Michel (1973). *L'Âge d'homme*. Paris : Gallimard, coll. « folio ».

Leiris, Michel (1973). « De la littérature considérée comme une tauromachie ». In : Michel Leiris, *L'Âge d'homme*, pp. 9-22.

Lejeune, Philippe (1971). *L'Autobiographie en France*. Paris : Armand Colin, coll. « Collection U ».

Merchant, Paul (1971). *The Epic*. Londres : Methuen & Co.

Morcos, Gamila (1989). « La descente aux Enfers dans *La modification* de Butor et l'*Enéide* de Virgile ». *Dalhousie French Studies* 16, pp. 84-98.

Neumann, Hans, Joachim Latacz et Edward Courtney (1998). « Epos ». In : Hubert Cancik et Helmuth Schneider, éds., *Der Neue Pauly. Volume IV*. Stuttgart/Weimar : J.B. Metzler 1998, col. 10-29.

Rolin, Olivier (1987). *En Russie*. Paris : Quai Voltaire.

Rolin, Olivier (1998). *Méroé*. Paris : Seuil.

Rolin, Olivier (2016). « Préface ». In : Mathias Énard, *Dernière Communication à la société proustienne de Barcelone*, Paris : Inculte, pp. 5-6.

Ruhe, Cornelia (2020). « Un cénotaphe pour les morts sans sépulture. Mathias Énard en thanatographe ». In : Markus Messling, Cornelia Ruhe, Lena Seauve et Vanessa de Senarclens, éds., *Mathias Énard et l'érudition du roman*, Leiden : Brill/Rodopi, pp. 200-216.

Sève, Bernard (2010). *De haut en bas. Philosophie des listes*. Paris : Seuil.

Zone : une « dialectique négative » de la conscience ?

Markus A. Lenz

Résumé

L'utilisation de la technique du flux de conscience dans la littérature européenne depuis William James, James Joyce, Alfred Döblin et Virginia Woolf est l'une des grandes innovations narratives de la fin du XIXe siècle. En ce début de XXIe siècle, le roman *Zone* de Matthias Énard reprend ce tour de passe-passe narratif pour approcher la modernité du monde globalisé par le jeu de réflexion interne du flux de conscience du protagoniste-narrateur. Les immenses espaces géographiques et historiques du pourtour méditerranéen secoué par les guerres sont arpentés par un passager en train dans un voyage allant de Milan à Rome. La médiation entre « l'Histoire » générale et « les histoires » concrètes ne semble plus possible. On peut néanmoins se demander dans quelle mesure il est possible de transmettre le général par le particulier dans la littérature. Cette médiation entre consciences particulières et l'histoire demeure tendue et ténue. *Zone* pourrait être ainsi lu comme un exemple de dialectique négative, telle que l'a défini le philosophe Theodor W. Adorno.

La trame de l'histoire est en fait assez simple : voyageant en train de nuit de Milan à Rome, un homme médite sur sa vie, ses projets, ses amours perdues, et un continent, théâtre des guerres depuis plusieurs siècles : l'Europe. Francis Servain Mirković, protagoniste et narrateur du roman *Zone* de Mathias Énard, incarne l'agitation et l'hétérogénéité de l'Europe à travers sa fierté culturelle et les atrocités de ses guerres, opposant à l'universalisme français, éclairé, raffiné, cosmopolite, mais mensonger et basé sur la « mission civilisatrice » épuisée de la seule nation française, la puissante vision d'un autre nationalisme européen, particulariste, consciemment essentialiste, fier, sauvage et aveugle. Les parents du héros incarnent cette tension. Loin des stéréotypes racistes de l'Europe occidentale qui, encouragés par la guerre froide, ont construit l'image du Slave 'inculte' et brutal[1], la mère est une fière patriote croate et pianiste concer-

1 Une étude sur l'anti-slavisme en France serait souhaitable. Pour les cas de l'Allemagne et de l'Italie, ce sujet a depuis longtemps été traité. *Cf.* par exemple Adamantis Skordos, « Vom 'großrussischen Panslawismus' zum 'sowjetischen Slawokommunismus'. Das Slawentum als

 | DOI:10.1163/9789004425507_013

tiste douée et sensible, pour qui toute éducation est moyen de se démarquer socialement[2] ; même si cela se traduit avant tout en termes nationalistes. Le père est français – un homme abattu et fatigué, qui se tait sur les crimes qu'il a commis durant la guerre d'Algérie (*Z* 172sqq). Quand il était jeune, Francis avait des doutes sur ce qui faisait la personnalité de ses parents : sur la puissance de la musique, ainsi que sur la gloire de la France coloniale. Lui-même cherche son salut en s'engageant dans la bataille pour l'ex-Yougoslavie après que ses espoirs de carrière diplomatique ont été déçus. À ses yeux, l'Europe chancelle entre la barbarie brutale de nombreuses guerres et la coexistence civilisée, entre ses frontières géographiques 'naturelles' et son histoire. Son centre vide, la Méditerranée[3], représente une plaque tournante pour les intérêts des puissances, les projections et les migrations – et pour la culpabilité des criminels de guerre. Entre Barcelone et Damas, pas un lieu qui n'ait connu de camp de concentration, de massacres ou de nettoyage ethnique. A la mémoire personnelle du protagoniste Francis Mirković se superposent les résultats de ses recherches sur plusieurs criminels de guerre européens et leurs fausses identités, qu'il garde avec lui dans une valise. Ces deux types de mémoire forment le paradigme d'une identité européenne qui, malgré la politique pacifique d'une partie du continent, notamment entre les pays de l'Union Européenne, garde enfouis en profondeur les stigmates de ses guerres. Les conflits sont désormais repoussés aux frontières de l'Europe, bien que la Syrie, les Balkans ou la côte nord-africaine, à bien des égards, fassent partie de l'Europe.

1 La narration comme dialectique négative

Comment faire coexister, dans cette zone liée par une histoire commune, ceux qui doivent vivre en tant que victimes, ceux qui ont été leurs bourreaux, et leurs enfants et petits-enfants respectifs ?

Analyser les instruments narratifs avec lesquels le roman illustre la possibilité de maintenir une 'dialectique négative' (« Negative Dialektik ») entre l'expérience individuelle et la mémoire collective pourrait être éclairant. Je propose donc de lire le roman *Zone* à partir de la théorie d'une dialectique

---

Feindbild bei Deutschen, Österreichern, Italienern und Griechen ». In : Agnieszka Gasior, Lars Karl et Stefan Troebst, éds., *Post-Panslavismus : Slavizität, Slavische Idee und Antislavismus im 20. und 21. Jahrhundert*, Göttingen, Wallstein, 2014, pp. 388-426.

2 Mathias Énard, *Zone*, Arles, Actes Sud, 2008 (désormais *Z*), pp. 182-187.

3 Sur les conséquences et la logique historique et politique d'une conception de la Méditerranée comme 'centre vide' *cf.* Franck Hofmann et Markus Messling, éds., *Leeres Zentrum. Das Mittelmeer und die literarische Moderne. Eine Anthologie*, Berlin, Kulturverlag Kadmos, 2015.

négative[4] comme le philosophe Theodor Adorno l'a conçue. Par mon hypothèse, je conçois le texte littéraire comme un dispositif épistémologique précaire de l'histoire. Un dispositif qui néanmoins contient une vérité historique, en articulant 'teneur chosale' (« Sachgehalt ») par l'expression linguistique. De cette façon, dans l'espace littéraire, il devient possible de capturer le 'non-identique' dans les discours sur l'histoire qui, par l'historiographie, semble être raisonnablement ordonnée par son filtre rétrospectif et classée par faits et événements. Pour Adorno, le concept du 'non-identique' n'a rien à voir avec une renonciation aux objectifs des Lumières d'acquérir une sorte de connaissance contraignante du monde et de l'histoire humaine. Au contraire, il essaie de les imposer face aux tendances totalitaires des théories sur l'histoire et sur la vérité historique qui en est découlée, comme le montre sa phrase : « Selbstreflexion der Aufklärung ist nicht deren Widerruf »[5]. Ce n'est pas moins que la possibilité d'établir, à notre époque postmoderne, un savoir historique, un savoir du vivre-ensemble[6] ancré dans la raison humaine, qui est ici en jeu. L'érudition du roman en général, et du roman *Zone* en particulier, fournissent un exemple approprié pour réfléchir à ces possibilités.

Adorno définit le concept de dialectique négative avec les mots suivants :

> La Dialectique négative qui se tient à l'écart de tout thème esthétique pourrait s'appeler antisystème. Avec les moyens de la logique, elle tente d'avancer au lieu du principe de l'unité et de la toute-puissance du concept souverain, l'idée de ce qui échapperait à l'emprise d'une telle unité. Depuis que l'auteur se fia à ses propres impulsions spirituelles, il ressentit comme son devoir de dissiper, avec la force du sujet, l'illusion d'une subjectivité constitutive [...]. Un de ses motifs déterminants fut alors de parvenir de façon rigoureuse au-delà de la séparation officielle entre philosophie pure et teneur chosale [...][7].

---

4 « Die Kraft der Sprache bewährt sich darin, daß in der Reflexion Ausdruck und Sache auseinander treten. Sprache wird zur Instanz von Wahrheit nur am Bewußtsein der Unidentität des Ausdrucks mit dem Gemeinten », Theodor W. Adorno, *Negative Dialektik*, Frankfurt/Main, Suhrkamp, 1966, p. 115.

5 Ibid., p. 158 (« Proposer une autoréflexion sur les Lumières ne signifie pas de les révoquer » ; ma traduction).

6 Pour la question du « Comment vivre ensemble ? », de la coexistence entre individu libre et groupe, et de comment elle est médiatisée par la littérature *cf.* Roland Barthes, *Comment vivre ensemble. Cours et séminaires au Collège de France* (1976-1977). Texte établi, annoté et présenté par Claude Coste, Paris, Seuil, 2002; ainsi que Ottmar Ette, *Roland Barthes. Landschaften der Theorie*, Konstanz, Konstanz University Press, 2013.

7 Theodor W. Adorno, *Dialectique négative*. Traduit par le groupe de traduction du Collège de Philosophie, Paris, Payot, 1992, pp. 7sq.

L'objectif est de comprendre l'esthétique du roman *Zone* appliqué politiquement à la problématisation de l'histoire européenne comme « concept souverain ». C'est ce que nous allons essayer de faire. Dans sa *Théorie esthétique*, Adorno emprunte à Leibniz le concept de la monade, qu'il recontextualise et problématise afin de théoriser le caractère autonome de l'œuvre d'art. L'immanence de l'œuvre d'art, avec sa propre historicité et sa propre dialectique, ressemble au 'réel' mais en reste complètement dissociée. En se dissolvant hors du charme et de la compulsion de la réalité rationalisée du monde administré, l'œuvre peut déployer son potentiel critique[8]. Mais d'un autre côté, appartenant à la sphère de l'art littéraire, l'esthétique du roman, sa mimésis et sa diégèse représentent pour chaque lecteur l'accès à la narration d'une historicité officielle. Un accès qui va à l'encontre de la rationalité historique officiellement assumée et est donc antisystématique, tout en demeurant néanmoins dans la logique du sujet qui veut établir un lien entre sa temporalité, son histoire privée, et le grand récit mondial. Cela fait de tout roman historiquement référencé un travail ambivalent entre l'art et le document. Adorno parle de la logique autosuffisante de la forme de l'œuvre. Cependant, dans les romans contenant des références historiques, cette forme n'est pas destinée à être captée dans son immanence, mais dans les connexions qu'elle établit avec la narration 'officielle' de l'histoire.

Dans *Zone*, la question de la conscience historique comme fonction d'une subjectivité collective est aussi l'objet du travail de la conscience d'un individu, notamment du narrateur. Car il y a une contradiction entre ses propres expériences faites pendant la guerre en Yougoslavie et pendant ses voyages en Europe, et une conscience collective de l'histoire européenne. Le drame propre du roman réside donc dans le fait que cette subjectivité ne réussit pas à assumer son objet – la 'teneur chosale' (« Sachgehalt ») de l'objet-histoire qui ne peut être appréhendée qu'à travers les récits de la science historique et les connaissances acquises par d'autres (professeurs, parents, etc.). Mais sans désespérer de cette tension du non-identique des propres expériences avec l'objet-histoire, la conscience du narrateur va continuer à créer du sens en sortant de la tension indissoluble du non-identique par la comparaison de l'histoire officielle avec l'histoire individuelle de ses propres expériences et réflexions. À travers cette dissociation de l'expérience individuelle, pensée comme 'teneur de vérité' (« Wahrheitsgehalt ») et comme critique de la 'teneur chosale' (« Sachgehalt »), de l'histoire collective, l'historicité du sujet devient elle-même semblable à la 'teneur de vérité' de la littérature comme

8 *Cf.* Adorno, *Ästhetische Theorie*. Édité par Gretel Adorno et Rolf Tiedemann, Frankfurt/Main, Suhrkamp, 2012, p. 15, pp. 268-270.

œuvre d'art telle qu'elle est théorisée par Walter Benjamin dans « Goethes Wahlverwandtschaften »[9]. Cette conscience individuelle (le particulier), la vie et ses expériences de guerre, semblent éclairer la perte de la souveraineté historique, d'une conscience européenne narrative homogène et collective (le général) qui était construit par les médias et par une historiographie officielle : une réponse du particulier au général historique, qui reste négative puisque ce dernier est en contradiction avec les situations quotidiennes dans lesquelles le sujet peut vérifier ou falsifier ce qu'il (ou elle) a appris sur l'histoire par les narrations transmises à l'école, dans le cercle familial, etc. Seule la temporalité propre du sujet, sa biographie, maintient la cohérence de toutes les expériences que ni les récits propagés médiatiquement, partagés collectivement, ni l'histoire universelle ne permettent de concilier. En résumé, je voudrais poser cette question : comment un écrivain, Mathias Énard en l'occurence, a-t-il réussi à tracer précisément le mouvement d'une dialectique émancipatrice entre mémoire collective et mémoire individuelle qui, pour citer encore une fois Adorno, porte un « devoir de dissiper, avec la force du sujet, l'illusion d'une subjectivité constitutive »[10].

2 Structure narrative

Tout d'abord, soumettons la structure narrative du roman à une analyse plus détaillée. Il est frappant que le roman est composé comme un monologue, l'anamnèse d'une conscience comme flux d'associations, qui se traduit par une longue phrase sans point. Le mouvement du train et celui des pensées du protagoniste se rejoignent pour ne faire plus qu'un seul mouvement. Il serait donc juste d'appliquer la célèbre définition de William James :

> Consciousness, then, does not appear to itself chopped up in bits. Such words as 'chain' or 'train' do not describe it fitly as it presents itself in the first instances. It is nothing jointed ; it flows. A 'river' or a 'stream' is the metaphor by which it is most naturally described. In talking hereafter, let us call it the stream of thought, of consciousness, or of subjective life[11].

---

9 *Cf.* Walter Benjamin, « Goethes Wahlverwandtschaften » [1924/1925]. In : *Gesammelte Schriften. Vol. I,1: Abhandlungen.* Édité par Rolf Tiedemann et Hermann Schweppenhäuser, Frankfurt/Main, Suhrkamp, 1991, pp. 123-202, cf. ici p. 135.

10 Adorno, *Dialectique négative*, *op. cit.*, p. 7.

11 William James, *The Principles of Psychology*, Cambridge, Harvard University Press 1983, p. 233.

L'utilisation de cette technique permet au lecteur d'assister à la construction d'un monde et d'une vie personnelle par une codification individuelle de symboles et d'associations.

Dans *Zone*, cette réalité est présentée comme l'expérience monologique du monde. Cette expérience menace souvent de se perdre au fil des années en mélangeant les souvenirs du passé avec le présent expérimenté. Les associations flottantes créent ainsi un tissu intertextuel, déclenché par certains signifiants. Prenons pour exemple la scène d'ouverture à la gare de Milan : dans le flux de la réflexion, la non-identité de la pensée quant à ses concepts se manifeste dans le mot 'Milan' lui-même qui, sans pour autant perdre sa fonction conceptuelle, s'enrichit dans le sujet en s'associant à d'autres fonctions, tout en gardant en vue le point du départ : le passé fasciste. Pour éviter les malentendus, précisons que l'on ne se trouve pas ici face à une « dissémination » des composants du texte littéraire telle que l'a conceptualisée Jacques Derrida – car une telle dissémination interdirait toute pensée dialectique :

> S'il n'y a donc pas d'unité thématique ou de sens total à se réapproprier au-delà des instances textuelles, dans un imaginaire, une intentionnalité ou un vécu, le texte n'est plus l'expression ou la représentation (heureuse ou non) de quelque vérité qui viendrait se diffracter ou se rassembler dans une littérature polysémique. C'est à ce concept herméneutique de polysémie qu'il faudrait substituer celui de dissémination[12].

Derrida comprend l'extension incomplète de la dissémination explicitement en comparaison avec la dialectique de la polysémie, qui, elle, a encore un contenu conceptuel et donc un contenu de vérité[13]. Dans le contexte de cette amorce théorique poststructuraliste qui contredit la dialectique négative d'Adorno, il est important de noter que, dans *Zone*, la référence à la polysémie du mot 'Milan' devient la réponse négative de la conscience du sujet-narrateur à une situation interprétable et incomplète, mais néanmoins vraie dans sa référence matériellement exacte et stable, partagée avec le lecteur : une réponse à l'élégance même de la ville italienne où se trouve le narrateur concret à ce moment du récit. C'est d'abord dans le regard jeté par le narrateur sur la gare monumentale milanaise et son architecture fasciste que toute la ville apparaît, et avec elle l'évocation du général fasciste José Millán Astray avec son cache-œil comme marque emblématique – un général qui fut le modèle historique pour Jean-Marie Le Pen –, et avec lequel semble s'identifier pour un instant

12 Jacques Derrida, *La Dissémination*, Paris, Seuil, 1972, p. 294.
13 *Cf.* Jacques Derrida, *Positions*, Paris, Minuit, 1972, p. 61.

le narrateur. Après ce train de pensée, c'est le Madrid fasciste qui surgit, et la vision monoculaire et cyclopique du nationalisme (*Z* 12sqq). Ce thème se trouve également dans l'*Ulysse* de James Joyce[14], et mène à une allusion au parcours mythologique du héros Ulysse, archétype littéraire et mythe brisé dans *Zone*. Le thème de l'histoire – une histoire du nationalisme et du fascisme –, est conservé dans sa polysémie, mais il est l'expression de la conscience individuelle qui l'établit contre l'apparence de la 'teneur chosale' du présent, de la ville contemporaine de Milan, de la mode et du luxe qui entourent le voyageur au début du récit. La dialectique matérialiste de l'histoire, quoique négative, persiste donc dans la dispersion des signes et des références.

Pendant son voyage, Mirković est interrompu une seule fois par un deuxième narrateur : il s'agit d'un auteur fictif d'inspiration borgésienne, Rafael Kahla, qui raconte une histoire d'amour datant de « L'opération Paix en Galilée », à savoir l'invasion du Liban de 1982 par l'armée israélienne. Pour le narrateur du premier plan, ce récit enchâssé sert de passe-temps et de trame de fond à ses propres souvenirs[15]. Un passé reçu est ainsi inclus dans la construction littéraire intégrant des éléments de mythification – réfléchis dans la métadiégèse du narrateur-protagoniste : le narrateur agit comme un lecteur. Le caractère pur de l'héroïne de ce récit, la combattante palestinienne Intissar, est un exemple de cette mythification historique, qui représente un idéal de pureté, d'amour et de courage, même dans les actes sanglants de la guerre. La fonction de ces entrées sera discutée plus avant.

Mais pourquoi construire le récit sous forme de flux intérieur, un procédé qui caractérise les rêveurs sans but, alors que le héros a un objectif clair à l'esprit, à savoir soulager sa propre conscience à Rome ? Le symbole de cette nécessité d'oublier le passé est la valise qu'il place au-dessus de sa tête dans le filet à bagages du train de nuit, et qui contient des documents compromettants sur des criminels de guerre, collectionnés depuis des années, devant lui servir de source de revenus pour un nouveau départ, une nouvelle vie. La technique narrative révèle que notre héros est conscient, dès le départ, du fait que sa tentative de récupération d'identité est vouée à l'échec. Cela coïncide avec de nombreux exemples célèbres, où cette technique du flux de conscience est également utilisée pour rendre perceptible la tentative d'apporter de la cohérence à sa propre vision du monde en la racontant. La perspective narrative devient ainsi un projet qui doit être élaboré en partant d'éclats de mémoire et de leur association dénuée de sens immédiat. Je renvoie notamment à des exemples clés du

14 *Cf.* l'épisode « Cyclops » dans James Joyce, *Ulysses*. Avec une introduction de Declan Kiberd, London, Penguin Classics, 2000, pp. 377-445.

15 *Cf.* les chapitres IV, XIII et XX du roman de Mathias Énard.

XXe siècle : d'un côté, les récits de Virginia Woolf et de Samuel Beckett sont immergés dans la tension irréconciliable du paradoxe d'une perspective individuelle. Tous deux ont banni la possibilité de donner du sens à partir de la réflexion du sujet, qui même dans les situations comiques, conserve le caractère tragique de la désespérance existentielle. Évoquons à ce titre la tragédie nostalgique de *Mrs. Dalloway*, ou la contrainte de la parole dans *L'Innommable*[16]. De l'autre côté, avec James Joyce et Italo Svevo[17], la dimension comique atténue ce paradoxe de la conscience réflexive. Les contre-déclarations et réfutations d'autres consciences, intégrées dans la réflexion de l'individu, servent d'inspiration, soit dans les rencontres amoureuses, les amitiés ou, comme chez Molly Bloom, dans l'intimité du mariage, illustré dans sa tentative célèbre de s'endormir à côté de son époux Leopold[18].

La structure du flux de conscience dans *Zone* en diffère : il n'y a pas de place pour le comique et le carnavalesque, bien que certaines situations engendrées par le comportement potache, immature et maladroit du meilleur ami de Francis, Andrija, son Patrocle pendant la guerre en Yougoslavie, aient pu s'y prêter[19]. Le narrateur de *Zone* semble donc opter pour une déclinaison tragique de la technique du monologue intérieur.

Mais cette interprétation serait trop facile, car la tragédie individuelle ne se noie pas dans le vide historique et associatif sans limites d'un espace de conscience sans frontières. Une dialectique semble possible car il reste au moins un effet de miroir déjà mentionné : la lecture dans la lecture du roman de l'auteur fictif Rafael Kahla par le voyageur. Une histoire d'amour pendant la guerre du Liban, qui pourrait, en introduisant la conscience d'un autre individu, à la fois briser et ancrer la conscience réflexive du narrateur. Dans ce jeu de miroir littéraire, l'héroïsme du narrateur ne se confirme pas. Ses expériences en Bosnie et Croatie en sa compagnie, l'amitié masculine, ne montrent que viol et homicide. Après avoir lu comment Intissar lave le corps de son amant Marwan, le narrateur continue :

> [M]iséreux magnifiques ces Palestiniens aux lourds godillots quelle histoire je me demande si elle est vraie Intissar lave le corps de Marwan c'est très triste tout ça très triste, j'aurais aimé laver le corps d'Andrija le caresser avec une éponge une dernière fois, les récits se recoupent, les vêtements de Marwan brûlent dans l'évier beyrouthin comme mes treillis dans ma salle de bains vénitienne, une coïncidence de plus, pauvre

16 *Cf.* Virginia Woolf, *Mrs. Dalloway*, London, Hogarth Press, 1925, ainsi que Samuel Beckett, *L'Innommable*, Paris, Minuit, 1953.

17 *Cf.* Italo Svevo, *La coscienza di Zeno*, Bologna, Cappelli, 1923.

18 *Cf.* Joyce, *Ulysses*, *op. cit.*, pp. 872-932.

19 *Cf.* p. ex. *Z* 43sqq, 87sqq, 276sqq.

> Intissar, malgré les cris de victoire de certains l'été 1982 n'a pas dû être des plus gais, je me demande si Rafael Kahla l'auteur du récit se trouvait à Beyrouth à ce moment-là (*Z* 315)

L'idéal des héros de guerre, celui d'Achille et de Patrocle, est contesté par les questions des circonstances de la littérature, la perspective de l'héroïne du livre, Intissar, reste hors de portée de Francis. Marwan, l'amant d'Intissar, meurt. Elle pleure et elle tue, mais elle maintient une innocence dans ses actes que le narrateur cherche en vain en lui et dans sa propre vie. La littérature devient 'seulement littérature', indication linguistique d'une subjectivité construite que le narrateur-lecteur peut comprendre, mais qui ne peut jamais repousser au second plan ou même remplacer le monde de la vie du lecteur en tant que subjectivité expérimentée. La littérature et la vie restent deux sphères qui se touchent dans les références, mais à la fin restent séparées. Le récit de la guerre civile libanaise ouvre le héros à l'empathie et à l'identification, mais ces forces émotives, loin de le ramener à la guerre et à sa vie politique, le renvoient plutôt à sa vie privée d'avant-guerre, à sa « salle de bain vénitienne » (*Z* 315), à ses amours révolues, à l'échec de ses projets d'héroïsme. La lecture s'entrelace autour de la remémoration et non sous la forme d'une connaissance étendue. Elle accélère simplement la chaîne des identifications et des associations. Il n'y a pas de réponse dans la littérature ; la réponse est donnée par l'anamnèse dialectique du narrateur. La technique du récit enchâssé, la littérature dans la littérature, reste un point de référence à une autre conscience, qui échoue cependant à être intégrée dans le monologue intérieur. Même à travers cette mise en scène d'une conscience (Intissar) par une autre conscience (le narrateur-lecteur), médiatisée par la lecture d'un roman dans le roman, la relation entre ces deux niveaux de conscience reste dans la tension d'une dialectique négative. Il n'y a pas d'identification et donc pas de suspension dialectique de la conscience du personnage de roman fictif (Intissar) dans le narrateur (Mirković). La politique des perspectives dans *Zone* révèle donc un fait anti-hégélien quant à la conscience historique : elle ne peut pas être collectivisée. Retrouver une identité qui pourrait faire la synthèse entre une histoire civilisatrice et une histoire guerrière communes, avec une vie individuelle dépourvue de point fixe : voilà le drame qui se joue dans la conscience du narrateur, et qui reste irrésolu. Le télos du protagoniste consiste en l'absolution cynique et impossible de la conscience morale individuelle d'une dette collective par la seule instance qui, pour un croate catholique, peut pardonner tout péché[20] : le Saint-Siège à Rome. En l'occurrence, cette absolution passe

20 En allemand, la conscience individuelle ainsi que la conscience morale individuelle se traduisent par le même mot « das Bewusstsein ».

par le chantage : obtenir un versement d'argent pour que demeure secrète l'implication de la sainte église dans les machinations des criminels de guerre.

3 La « géographie » du roman

Ce lieu final du voyage nous éloigne de la technique de mise en perspective du récit et nous conduit vers une analyse de la géographie du roman. Il apparaît ici que la richesse et les relations polylogiques deviennent visibles et forcent le lecteur à prendre conscience du fait que l'histoire en tant que mémoire collective représente toujours une résistance à une expérience personnelle. Face à une odyssée à travers l'espace et le temps, l'obsession du monologue de la conscience du voyageur devient la résistance d'un individu et de sa mémoire propre à la 'teneur chosale' de l'histoire. Dans son voyage à travers les temps et les espaces, la conscience du voyageur s'appuie sur sa propre mémoire, les mythes antiques et la littérature, et manifeste ainsi l'échec de sa pensée dialectique. Sur la base de deux exemples géographiques, je voudrais mettre en évidence ce deuxième niveau de négativité de la conscience individuelle qui échoue dans l'historiographie prescrite par le collectif, perdant l'orientation d'un télos historique dans le progrès et la progression du temps.

Un premier exemple se réfère à la géographie du voyage que l'on peut lire comme contre-mouvement de la vie personnelle du protagoniste. En tant que jeune homme critique et idéaliste, Mirković avait cherché à surmonter une opposition 'classique' (et hypocrite) entre la barbarie de l'est et du sud, d'un côté, et la civilisation européenne occidentale, de l'autre, en tentant une expérience extrême : un engagement conscient en faveur de l'identité croate et une participation à la guerre, ce alors même qu'il menait la vie civilisée et abritée de la classe moyenne parisienne. Il devient le « rejeton d'Ares » (*Z* 41) qui suit une logique d'héroïsme archaïque, sa propre *Iliade* :

> [L]es ogres veulent tout, prennent tout, mangent tout, le pouvoir, l'argent, les armes, et les femelles, dans l'ordre, et ces histoires de monstres me rappelaient mes propre ogres, serbes, croates, qui avaient su déchaîner toute leur rage et assouvir toute leur soif d'humanité mythique, de violence et de désir, ces récits faisaient les délices de l'homme de la rue, des petits, des humbles, heureux de voir les puissants s'humilier à leur tour devant plus puissant qu'eux, perdre leur honneur leur femme comme eux avaient perdu leur maison leurs enfants ou leurs jambes dans un bombardement, ce qui après tout semblait moins grave que le déshonneur et l'humiliation, la défaite du puissant est retentissante, belle et bruyante,

> un héros fait toujours du bruit lorsqu'il s'effondre, cent kilos de muscles frappent le sol dans un grand coup mat, l'auditoire est debout pour voir charrier Hector, voir sa tête chanceler et le sang gicler, l'ogre vaincu par plus ogre encore (*Z* 92sq)

C'est seulement de cette façon que l'hypocrisie du mythe de la civilisation européenne semble récupérable par le jeune soldat dans sa « soif d'humanité mythique », tandis que sa sœur talentueuse devient pianiste, suivant les traces de sa mère. Mais cette décision dans l'esprit du *Sturm und Drang* ne conduit pas au fanatisme, mais à une prise de conscience, à une auto-émancipation au milieu du désespoir face à la nature humaine, comme en témoigne l'histoire du roman. Le symbole en est le trajet en train entre deux pôles de la civilisation : Milan et Rome. Deux pôles, dont l'un représente le futurisme et l'idée de progrès, et l'autre la gloire ancienne de l'*urbs caput mundi*.

Ce voyage ne conduira pas notre héros à la réconciliation entre la civilisation et la barbarie dans une Rome spirituelle, mais il le pousse au cœur d'une dialectique sans oubli ni réconciliation, quoique pleine de conscience historique. La fin du roman semble éviter consciemment tout télos dialectique pour renforcer le sujet contre l'histoire, dans son désir de trouver du sens dans la contingence. Une attitude qui doit être difficile pour un Européen engagé, ainsi que pour le témoin qu'est Mirković, d'une certaine façon. L'aéroport, dernier arrêt du voyage du héros, désormais un « Achille calmé » (*Z* 517), et l'ouverture au monde supplantera finalement la position centrale d'une ancienne ville mythique et éternelle. Mais le protagoniste veut rester dans l'état d'attente, dans une zone sans histoire. Ainsi, une transition sans certitude, un avenir sans but marquent la fin du roman :

> [J]'habite la Zone où les femmes sont fardées et portent un uniforme bleu marine beau péplos de nuit étoilée il n'y a plus de désir plus d'envol plus rien un grand flottement un temps mort où mon nom se répète envahit l'air c'est le dernier appel dernier appel pour les derniers passagers du dernier vol je ne bougerai plus de ce siège d'aéroport, je ne bougerai plus c'en est fini des voyages, des guerres (*Z* 516sq)

Deux gestes humains, le sourire d'un siège voisin, un prêtre de civilisation, d'Apollon, offrant une cigarette, complètent un récit fait de nombreuses histoires vraies, de torture, de cruauté et de sang. Dans cet exemple, l'espoir que la raison de l'homme pourrait mettre fin aux guerres subsiste. Une conscience individuelle du présent, quand la conscience collective dans sa temporalité diachronique et historicisée a perdu sa fonction.

Un second exemple géographique met deux villes en miroir, Barcelone et Beyrouth entre guerre et paix, identifiées par le narrateur comme deux fonctionnements distincts de la conscience comme dialectique universelle de commémoration. Car si l'on pliait la carte de la Méditerranée, la *Zone*, sur l'axe civilisationnel déjà mentionné de Milan et Rome, ces deux villes périphériques se recouvriraient l'une l'autre. Et cette connexion topologique n'est pas seulement une curiosité géographique, mais – comme dans les œuvres de Michel Butor[21] – une déclaration politique. Les deux villes « dansent sur les cadavres », mais elles ont trouvé deux réponses différentes au passé que le visiteur Mirković ne peut réconcilier dans sa propre idée de l'Europe. Encore une fois, nous sommes face à l'inconciliable du particulier avec le général, de la pensée avec les choses, l'histoire des guerres européennes et leur mémoire, et le paradoxe particulier dans le processus de cette mémoire. Dans la perception historique de l'histoire, l'observation d'une danse macabre sur les os des voisins semble valable à première vue seulement pour Beyrouth. Après tout, cette ville multiculturelle et vivace est au bord de l'une des régions les plus agitées du monde et semble souffrir encore des blessures ouvertes de ses guerres. D'autre part, l'histoire sanglante de Barcelone est de plus en plus cachée par le tourisme de divertissement : ses discothèques, son air libéral et tolérant et un culte de mémoire ostentatoire des monuments démocratiques. La riche capitale de la Catalogne est une vraie réussite dans la région méditerranéenne :

> [N]ous rentrions à l'hôtel dont on ne ressortait qu'à la nuit tombée, pour nous enfoncer dans le carnaval des ruelles du centre de Barcelone qui donnaient l'impression d'avoir été fabriquées par les touristes eux-mêmes pour le rendre *sympathique*, comme une vieille putain se met une perruque violette s'il le faut, prête à tout pour vous plaire, Barcelone susurrait *fiesta, fiesta* à l'oreille de l'homme du Nord prêt à tout pour se divertir, pour s'empiffrer de soleil et de paella [...] le spectacle si réussi d'une Espagne sauvage et mystérieuse (*Z* 227)

La conscience individuelle du narrateur relativise la superficialité touristique de la ville, l'idée fabriquée et artificielle d'une Europe civilisée par le progrès de l'histoire. Devant l'œil intérieur du narrateur apparaît l'Europe barbare, car les traces des guerres et des « confrères ibères de Bardamu » (*Z* 232) traversent Barcelone. Le sort de Francesc Boix, ancien combattant de la résistance

21 *Cf.* Patrick Suter, « Butor transaréal ». In : Patricia A. Gwozdz et Markus Lenz, éds., *Literaturen der Welt. Zugänge, Modelle, Analysen eines Konzepts im Übergang*, Heidelberg, Winter, 2018, pp. 443-465.

emprisonné dans le camp de concentration de Mauthausen (*Z* 213sqq), dont Mirković cherche les traces, fait resurgir les couches temporelles qui subsistent dans la splendeur moderne de Barcelone. La cruauté de l'histoire de l'Europe occidentale, exemplifiée par le sort tragique d'un jeune homme, démasque la fausse identité d'une ville qui se nourrit de nostalgie des poètes et d'artistes de toutes les époques et de toutes les nations, et se cache derrière une façade brillante de Gaudí, des cocktails, des tapas et des banques :

> [U]ne ville schizophrène, ou illusionniste, d'un côté le faux sordide nostalgique et de l'autre l'image la plus avant-gardiste de la modernité tranquille et bourgeoise, bien loin de Don Quichotte, les deux aspects tout aussi artificiels l'un que l'autre me semblait-il, l'identité de Barcelone doit se trouver cachée quelque part entre ces deux images, comme Beyrouth de l'autre côté exactement de la Zone se balançait à l'infini entre modernité rutilante et pauvreté belliqueuse. Reflet, symétrie de Barcelone sur l'axe centrale de l'Italie (*Z* 229sq)

La capitale des avant-gardes est devenue la proie d'une dialectique d'oubli par la muséalisation qui, bien que – heureusement ! – démocratique, a déformé non seulement la mémoire collective des victimes sanglantes de l'ère de Franco, mais aussi les mémoires des gens comme Georges Orwell, Jean Genet ou Francesc Boix.

L'avant-garde qui, aux yeux du narrateur, donne une réponse négative et électrisante au passé, c'est Beyrouth. Cette ville est habitée par la joie de vivre méditerranéenne, la fête dionysiaque de la jeunesse, de la beauté et de la sexualité qu'on trouve d'habitude sur les plages d'Espagne. La discothèque B 018 à Beyrouth, dont le plafond s'ouvre comme un cercueil au petit matin, avec des tables qui portent les noms des massacres de Karantina en 1976[22], donne au narrateur l'intuition d'une revanche de l'histoire, par un monument avant-gardiste de mémoire collective qui devient vivant en célébrant le présent :

> [D]ans l'atmosphère explosive de la boîte surchauffée tout le monde buvait des cocktails B-52 enflammés au briquet par un barman expert, tout le monde suait à grosses gouttes, tout le monde secouait son corps, par instants retentissait une sirène bruyante [...] et soudain, par miracle, le

---

22 En ce qui concerne cet étrange mélange d'atmosphère libérale de culture pop et de la commémoration d'une histoire tragique dans un club encore existant qui a ouvert ces portes en 1994 *cf.* sa présence sur Internet : URL : https://de-de.facebook.com/B018Beirut/. Consulté le 10 septembre 2019.

> toit mobile du hangar s'ouvrait, les étoiles et le ciel de Beyrouth apparaissaient au-dessus des danseurs, de buveurs et les chants, les cris, la musique montaient vers les cieux comme une colonne de fumée [...] Beyrouth dansait sur des cadavres et j'ignore s'il s'agissait d'un hommage posthume ou d'une vengeance, une revanche sur la guerre [...] un cimetière musical pour ceux qui n'avaient pas de tombeau (*Z* 231)

Entre les réponses des deux villes au traumatisme de l'Histoire, le narrateur a une nette préférence : Mirković s'est déjà décidé en faveur de l'honnêteté de la danse macabre de Beyrouth, au lieu de la fuite dans la reconstruction nostalgique d'une histoire rendue inoffensive pour la superficialité du présent. L'agitation de ses propres associations, le fossé entre les mythes personnels et collectifs attestent que le récit et la pensée, qui sont présentés au lecteur sous forme de littérature, peuvent également être lus comme une danse avec les récits de l'histoire européenne.

4 *Zone* comme mise en cause de l'idée d'une subjectivité préconçue

Mathias Énard n'est pas le premier à oser cette danse avec succès : le motif du héros errant qui, après avoir vécu les horreurs de la guerre, devient critique farouche de la guerre, du nationalisme irréfléchi, du patriotisme et du colonialisme. Louis-Ferdinand Céline, sous des auspices complètement différents et dans un contexte revanchiste et discutable, envoya son Bardamu dans un voyage à la fin de la nuit européenne de l'entre-deux-guerres, osant des libertés linguistiques qui, probablement, lui ont coûté le Goncourt[23]. Le dernier a été attribué à Énard pour *Boussole*[24], mais au bout du compte, ce ne sont pas les honneurs cérémoniels de l'institution littéraire qui doivent être considérés comme garants de la signification d'un texte. Quel avenir peut être concédée aujourd'hui à une littérature critique de l'histoire et finalement caractérisée par un humanisme du particulier, celui qui contredit, comme on a tenté de le montrer, chaque dialectique de l'histoire, sans remettre en question sa validité et sa détermination dans le contexte de l'universalité de la raison humaine ? La philosophie de la dialectique négative a un objectif clair selon Adorno :

23 *Cf.* Sylvie Ducas, *La littérature, à quel(s) prix ? Histoire des prix littéraires*, Paris, La Découverte, 2013, pp. 53sqq.

24 *Cf.* Mathias Énard, *Boussole*, Arles, Actes Sud, 2015.

> Étant donné la situation historique, la philosophie a son véritable intérêt là où Hegel, d'accord avec la tradition, exprimait son désintérêt : dans le non-conceptuel, l'individuel et le particulier ; dans ce qui depuis Platon a été écarté comme éphémère et négligeable et sur quoi Hegel colla l'étiquette d'existence paresseuse. Son thème serait les qualités ravalées par elle comme contingentes au rang de quantité négligeable. Ce qui est urgent pour le concept, c'est ce à quoi il n'atteint pas, ce qu'exclut son mécanisme d'abstraction, ce qui n'est pas déjà un exemplaire du concept[25].

Ce problème philosophique de la perte du particulier dans l'abstraction du général hégélien affecte aussi la littérature. Sans pouvoir aborder ce problème ici, la question touche au thème de la concurrence entre l'historiographie et l'art poétique[26] qui détermine la valeur et la forme de la contingence individuelle et de l'universel humain dans la littérature. Un roman n'a pas besoin d'être un travail scientifique de l'histoire afin de faire justice au rôle du particulier dans l'histoire. Peut-être n'est-ce pas la grande érudition et les nombreux détails historiques qui circulent dans ce roman, mais les chaînes artistiques d'associations, les sauts temporels, et les rêves irrationnels qui libèrent la force émancipatrice d'une destruction consciente de la subjectivité. *Zone* pourrait donc aussi être lu comme l'un des exemples les plus éloquents aujourd'hui d'une critique de la civilisation qui s'attaque à la dialectique occidentale du progrès civilisationnel – progrès qui ne s'applique bien souvent qu'à la civilisation occidentale elle-même. En évoquant des guerres et massacres ayant lieu aux portes de l'Europe, le roman *Zone* met en évidence le mensonge des revendications civilisatrices d'un universalisme soi-disant éclairé mais voué à l'échec dès le départ, puisqu'il contient encore les germes d'un essentialisme culturel arrogant et dangereux. La première génération de l'École de Francfort a lancé un projet qui n'est pas encore terminé[27]. En faisant écho à cette critique, *Zone* fait voir la réflexion dialectique sur un objet sanglant – la guerre – comme une école d'interprétation de la contingence historique, soit-elle du lecteur, soit-elle du narrateur, en interrogeant sa fonction interprétative d'herméneute avec sa vie personnelle contre les récits partagés, les narratifs historiques et les archétypes mythologiques. L'érudition du roman comme possibilité d'émancipation contre les héritages les plus terribles de la 'teneur chosale' de l'histoire.

---

25 Adorno, *Dialectique négative, op. cit.*, p. 15.

26 *Cf.* le fameux passage de la *Poétique* d'Aristote, Chap. 9, § 3.

27 Outre Theodor W. Adorno, il s'agit avant tout des philosophes sociaux Max Horkheimer, Herbert Marcuse, Leo Löwenthal et Friedrich Pollock. L'expression la plus puissante de cette critique reste encore aujourd'hui celle de Max Horkheimer et de Theodor W. Adorno, *Dialektik der Aufklärung*, Amsterdam, Querido, 1947.

L'abandon du télos dialectique de la conscience générale ne signifie pas le cynisme, mais en fait le début d'une raison générale critique qui commence par les expériences paradoxales de la conscience particulière. La lenteur de la littérature, la complexité de sa production et de sa réception restent les moyens les plus appropriés pour valoriser le particulier et sa dignité contre la cruauté catégorique des mythes historiques[28].

Bibliographie

Adorno, Theodor W. (1947). *Dialektik der Aufklärung*. Amsterdam : Querido.

Adorno, Theodor W. (1966). *Negative Dialektik*. Frankfurt/Main : Suhrkamp.

Adorno, Theodor W. (1992). *Dialectique négative*. Traduit par le groupe de traduction du Collège de Philosophie. Paris : Payot.

Adorno, Theodor W. (2012). *Ästhetische Theorie*. Édité par Gretel Adorno et Rolf Tiedemann [1973]. Frankfurt/Main : Suhrkamp.

Barthes, Roland (2002). *Comment vivre ensemble. Cours et séminaires au Collège de France (1976-1977)*. Texte établi, annoté et présenté par Claude Coste. Paris : Le Seuil.

Beckett, Samuel (1953). *L'Innommable*. Paris : Minuit.

Benjamin, Walter (1991). « Goethes Wahlverwandtschaften » [1924/1925]. In : Walter Benjamin, *Gesammelte Schriften. Volume I, première partie: Abhandlungen*. Édité par Rolf Tiedemann et Hermann Schweppenhäuser. Frankfurt/Main : Suhrkamp, pp. 123-202.

Derrida, Jacques (1972). *La Dissémination*. Paris : Le Seuil.

Derrida, Jacques (1972). *Positions*. Paris : Minuit.

Ducas, Sylvie (2013). *La littérature, à quel(s) prix ? Histoire des prix littéraires*. Paris : La Découverte.

Énard, Mathias (2008). *Zone*. Roman. Arles : Actes Sud.

Énard, Mathias (2015). *Boussole*. Arles : Actes Sud.

Ette, Ottmar (2013). *Roland Barthes. Landschaften der Theorie*. Konstanz : Konstanz University Press.

Hofmann, Franck et Messling, Markus, éds. (2015). *Leeres Zentrum. Das Mittelmeer und die literarische Moderne. Eine Anthologie*. Berlin : Kadmos.

James, William (1983). *The Principles of Psychology*. Cambridge : Harvard University Press [11890].

Joyce, James (2000). *Ulysses*. Avec une introduction de Declan Kiberd. London : Penguin Classics.

28 Je remercie Gabrielle Cornefert pour la lecture attentive de cet article ainsi que pour son conseil important.

Skordos, Adamantis (2014). « Vom 'großrussischen Panslawismus' zum 'sowjetischen Slawokommunismus'. Das Slawentum als Feindbild bei Deutschen, Österreichern, Italienern und Griechen ». In : Agnieszka Gasior, Lars Karl et Stefan Troebst, éds., *Post-Panslavismus : Slavizität, Slavische Idee und Antislavismus im 20. und 21. Jahrhundert*. Göttingen : Wallstein, pp. 388-426.

Suter, Patrick (2018). « Butor transaréal ». In : Patricia A. Gwozdz et Markus Lenz, éds., *Literaturen der Welt. Zugänge, Modelle, Analysen eines Konzepts im Übergang*, Heidelberg : Winter, pp. 443-465.

Svevo, Italo (1923). *La coscienza di Zeno*. Bologna : Cappelli.

Woolf, Virginia (1925). *Mrs. Dalloway*. London : Hogarth Press.

Un cénotaphe littéraire pour les morts sans sépulture : Mathias Énard en thanatographe

Cornelia Ruhe

> The earliest uses of writing were list-making and account-keeping.
>
> DAVID SHIELDS[1]

> Literature is the only available tool for the cognition of phenomena whose size otherwise numbs your senses and eludes human grasp.
>
> JOZEF BRODSKI[2]

Résumé

Cet article est consacré au roman *Zone* (2008) de Mathias Énard, un roman qui donne la parole à Francis, un vétéran de la guerre de Croatie devenu espion au service de la République française. Les listes de victimes, de bourreaux et de crimes de guerre que le narrateur ressasse en un flux monologique de 512 pages, rythment ce roman qui prend, avec sa structure paratactique, le caractère d'une liste, en référence à son intertexte central : l'auteur yougoslave Danilo Kiš. Énard s'inscrit ainsi dans la tradition de la thanatographie, une écriture portant sur l'expérience de la mort violente. Tel son modèle, il a recours à une stratégie élaborée de l'abréviation et de l'énumération, déplaçant l'évocation de l'horreur du niveau manifeste du texte au niveau latent.

Les romans de Mathias Énard sont riches en références érudites et déploient des connaissances d'une étendue parfois presque vertigineuse. L'histoire sanglante de l'Europe et du bassin méditerranéen, une histoire « malade de

1 David Shields, *Reality Hunger. A Manifesto*, London, Hamish Hamilton, 2010, p. 7.

2 Jozef Brodski, « Introduction ». In : Danilo Kiš, *A Tomb for Boris Davidovich*, Champaign, Ill., Dalkey Archive, 2001, p. xvii.

 | DOI:10.1163/9789004425507_014

la mémoire »[3] constitue la matière de ses textes et a déjà fait l'objet de plusieurs études, tout comme le caractère d'épopée de *Zone*[4]. Dans ce qui suit, je m'intéresserai moins au contenu qu'à la forme particulière qu'Énard donne à *Zone* (2008)[5] en référence à un intertexte jusqu'ici négligé.

Zone, grand roman de Mathias Énard publié en 2008, donne la parole à un vétéran de la guerre de Croatie reconverti en « espion au service de la République [française] » (*Z* 282). Fils d'une pianiste croate et d'un père français, qui, lui, est « fils de résistant » (*Z* 462) et fut « affecté aux 'interrogatoires spéciaux' du renseignement militaire » (*Z* 175) pendant la guerre d'Algérie, Francis Mirković porte un nom paradoxal : malgré la violence qui imprègne l'histoire de sa famille tout comme la sienne et celle du continent européen, c'est avec 'mir/мир' – le mot croate aussi bien que serbe pour 'paix' – que commence son nom. Ce Francis pourtant peu paisible passe une nuit blanche dans un train entre Milan et Rome et se remémore les pires excès de violence de l'histoire des pays méditerranéens à travers un immense flux monologique de 512 pages, arrêté par le seul point du texte, mis après le dernier mot du roman. C'est par l'expédient d'une petite valise contenant une liste de bourreaux, mais aussi de victimes de différentes guerres et des documents compromettants qui en témoignent que Francis compte racheter ses propres crimes auprès des « spécialistes de l'éternité » (*Z* 382) du Vatican. Les listes de victimes, de bourreaux, de crimes de guerre, de lieux de la guerre que le narrateur ressasse continuellement, structurent ce roman qui prend lui-même, avec sa structure paratactique, le caractère d'une liste, comme j'aimerais le montrer par la suite.

1 Thanatographie européenne

Le roman d'Énard se charge d'une tâche aussi lourde que difficile : faire œuvre de mémoire pour les oubliés de l'histoire. Alors que le narrateur de *Zone*

3 Mathias Énard et Pierre Marquès, *Tout sera oublié*, Arles, Actes Sud, 2013 (désormais TSO), p. 29.

4 Valeria Gramigna, « La geografia dell'anima di Mathias Énard ». In : Matteo Majorano (éd.), *La Giostra dei sentimenti*, Macerata, Quodlibet, 2015, pp. 235-251 ; Élodie Coutier, « Un Mémorial romanesque pour l'épopée : Fonctions de la référence homérique dans *Zone* de Mathias Énard », *Revue Critique de Fixxion Française Contemporaine* 14, 2017, pp. 106-115. URL : http://www.revue-critique-de-fixxion-francaise-contemporaine.org/rcffc/article/view/fx14.11. Consulté le 5 septembre 2019 ; Claudia Jünke, « Trauma and Memory in Mathias Énard's *Zone* », *Journal of Romance Studies* 17,1, 2017, pp. 71-88 ; Cornelia Ruhe, « L'espace de la guerre et de la violence. La Méditerranée selon *Zone* de Mathias Énard ». In : Lena Seauve et Vanessa de Senarclens, éds., *Grenzen des Zumutbaren – Aux frontières du tolérable*, Frankfurt/Main, Peter Lang, 2019, pp. 147-164.

5 Mathias Énard, *Zone*, Arles, Actes Sud, 2008 (désormais *Z*).

semble parler pour la « collection de fantômes » (*Z* 355) qu'il a rassemblés dans sa valise et qu'il dit vouloir « enterr[er …] dans les archives du Vatican » (*Z* 446) – ce qui pourrait être compris comme une manière de les honorer –, il s'avère au fil du texte que son but est bien plus égoïste : il veut vendre cette liste « comme toute marchandise » pour « trois cent mille dollars, pensant que l'ironie n'échapperait pas aux hommes d'Église, trente deniers » (*Z* 95). Nouveau Judas, la liste de victimes et de bourreaux de différentes guerres ne doit servir qu'à lui procurer, à part l'argent nécessaire pour commencer une nouvelle vie, une absolution cynique qui le marquera définitivement comme traître[6]. Son monologue interminable érige cependant presque malgré lui un hommage qui sort victimes et bourreaux de leur anonymat en les intégrant non pas à l'*Archivum Secretum Apostolicum Vaticanum*, où la liste ne serait accessible qu'aux chercheurs voulant bien s'y intéresser, mais à l'histoire littéraire.

Bien que le protagoniste de *Zone* sillonne tous les pays limitrophes de la Méditerranée en tant qu'espion, son texte se focalise surtout sur l'ex-Yougoslavie dont les conflits et leurs conséquences historiques pour le continent forment un rhizome qui caractérise la région comme le « cœur de l'Europe » ou bien, selon un autre texte de Mathias Énard, comme « son foie » (*TSO* 29)[7].

Dans ce contexte, il n'est pas étonnant que l'auteur choisisse un auteur de la région comme intertexte central : en faisant référence, surtout au niveau de la forme, à Danilo Kiš, un auteur yougoslave qu'il admire[8], Mathias Énard s'inscrit dans une tradition que Renate Lachmann, spécialiste des littératures slaves, a appelé « thanatographie ». Selon Lachmann, la thanatographie « est l'écriture du XXe siècle [et du XXIe siècle, comme on pourrait ajouter] qui concerne l'expérience de la mort violente qui a supplanté la mort normale, la mort humaine »[9]. Tout comme celle de Kiš lui-même, la thanatographie

6 « […] pourquoi ces milliers d'heures à reconstituer patiemment cette liste, […] pour donner un sens à mon existence peut-être, qui sait, pour partir en beauté, pour me faire pardonner mes morts, mais par qui, obtenir la bénédiction du Saint-Père, ou tout simplement de l'argent qui vaut tous les pardons », *Z* 211.

7 La péninsule balkanique aurait ainsi une fonction antitoxique pour l'Europe, elle servirait de catalyseur pour ses 'crises de foi(e)'.

8 C'est par exemple dans un entretien avec le blogueur espagnol Antón Castro que Mathias Énard évoque l'influence de Danilo Kiš : Antón Castro : « Mathias Énard: un diálogo ». URL : http://antoncastro.blogia.com/2011/051702-mathias-enard-un-dialogo.php. Consulté le 13 mars 2018.

9 « Thanatographie […] erscheint als die Schreibweise des 20. Jahrhunderts, die der Erfahrung der gewaltsamen Tode, die den gewöhnlichen, den menschlichen Tod verdrängt haben », Renate Lachmann, « Danilo Kišs Thanatographien. Non omnis moriar », *Wiener Slawistischer Almanach* 60, 2007, pp. 433-454, ici p. 433 (ma traduction).

d'Énard prépare la résurrection non pas religieuse, mais littéraire des victimes évoquées, en les dotant d'un corps de prose.

Pour ne pas verser dans l'épouvante, Kiš et Énard à sa suite ont su soumettre leurs récits de la violence de l'histoire européenne à ce que Danilo Kiš appelle la « grâce de la mise-en-forme »[10] : leurs textes trouveront non seulement les mots, mais aussi la forme adéquate pour l'indicible en ayant recours – entre autres – à une stratégie élaborée de l'abréviation et de l'énumération, qui déplace l'évocation de l'horreur du niveau manifeste du texte au niveau latent.

Pour ce faire, le texte d'Énard s'écarte de la forme et de la structure classique du roman encore plus que son modèle : *Zone* est constitué d'une seule phrase qui court sur 512 pages, qui n'est entrecoupée que par des virgules. La structure paratactique n'instaure pas de lien fort entre les différents éléments, mais leur prête ce que Bernard Sève dans son ouvrage sur les listes appelle une « allure de liste » :

> Je parlerai donc d''allure de liste' pour désigner non pas les effets [...] qu'une vraie liste peut susciter chez son lecteur, mais le sentiment de se trouver en présence d'une liste [...][11].
>
> Il a y 'allure de liste' quand une sorte d'émiettement ou de fragmentation du monde des objets familiers se produit[12].

Cette « allure de liste » s'installe rapidement pour le lecteur de *Zóne* : le texte d'Énard a recours, presque à chaque page, à des énumérations plus ou moins longues tels que

> [...] entre Bolzano et Birkenau, entre Trieste et Klagenfurt ou entre Zagreb et Rome (*Z* 14)
>
> [...] la vie peut ressembler à un mauvais prospectus d'agence de voyage, Paris Zagreb Venise Alexandrie Trieste Le Caire Beyrouth Barcelone Alger Rome, ou à un manuel d'histoire militaire, des conflits, des guerres, la mienne, celle du Duce, celle de Millán Astray (*Z* 32)
>
> [...] des mois à crapahuter dans les montagnes, esprit de corps chansons armes marches commandos nocturnes grenades artillerie légère un dur bonheur partagé avec les camarades (*Z* 41)

---

10 « Gnade der Form », Mark Thompson, *Geburtsurkunde. Die Geschichte von Danilo Kiš*, München, Hanser, 2015, p. 26.

11 Bernard Sève, *De haut en bas. Philosophie des listes*, Paris, Seuil, 2010, pp. 65sq. Le volume *Liste et effet liste en littérature* (éd. par Sophie Milcent-Lawson, Michelle Lecolle et Raymond Michel, Paris, Classiques Garnier, 2013) appelle le même phénomène un « effet liste ».

12 Sève, *De haut en bas, op. cit.*, p. 67.

Je voudrais soutenir dans ce qui suit que ces énumérations forment des listes qui, entrecoupées par des virgules ou simplement enfilées « tourn[ent] le dos au syntagme pour privilégier le paradigme »[13]. En mettant « à l'épreuve les limites de la cohérence narrative »[14], elles interrompent la narration tout en en constituant l'élément formel central : les différentes listes du texte forment un ensemble qui est lui-même un catalogue de la violence de l'Occident[15].

L'un des effets de ce choix de la liste est celui de la relativisation de tout événement violent : le geste bureaucratique de l'intégration immédiate dans une longue liste de faits semblables minimise l'atrocité du crime ou de la guerre individuelle, parfois jusqu'à générer, à force d'exemples, l'indifférence ou même l'ennui du lecteur. Intégrée à une logique sérielle, l'acte violent est dépouillé de sa brutalité spécifique[16]. Séparés uniquement par des virgules « qui conjuguent les éléments comme des parties équivalentes d'une séquence »[17], les événements ne peuvent plus être considérés comme sortant de l'ordinaire, bien au contraire : c'est l'ordinaire de la violence et de la mort que les listes font saillir. De plus, en se présentant comme preuves accablantes de la continuité de l'état de conflit, elles suggèrent qu'il s'agit là d'une constante anthropologique faisant partie intégrante de la région méditerranéenne, une logique à laquelle ni la région, ni les individus qui l'habitent ne peuvent échapper[18].

---

13 Laurent Demanze, *Les fictions encyclopédiques de Gustave Flaubert à Pierre Senges*, Paris, Corti 2015, p. 91. *Cf.* aussi Françoise Sammarcelli, « Entre vestige et émergence. Poétique de l'effet-liste dans *The Invention of Solitude* de Paul Auster ». In : Milcent-Lawson, Lecolle et Michel, éds., *Liste et effet liste, op. cit.*, pp. 519-530, p. 524sq.

14 Demanze, *Les fictions encyclopédiques, op. cit.*, p. 91.

15 Les références du texte d'Énard à l'*Illiade* de Homère ont déjà souvent été relevées (*cf.* entre autres Coutier, « Un Mémorial romanesque pour l'épopée » et Ruhe, « L'espace de la guerre et de la violence »). Dans ce contexte, il est important de noter que la pratique de la liste en littérature commence avec Homère et le catalogue des vaisseaux – la tradition dans laquelle s'inscrit Énard pourrait donc avoir pris source aussi bien chez Homère que chez Kiš (*cf.* Sylvie Perceau, *La parole vive. Communiquer en catalogue dans l'épopée homérique*, Louvain/Paris, Peeters, 2002 et Perceau, « Pour une réévaluation pragmatique du 'catalogue' homérique : énonciation en catalogue et performance poétique », *Textuel* 56, 2008 : E. Vallette, éd., *L'énonciation en catalogue*, pp. 19-50 ainsi que les références à Homère chez Umberto Eco, *Vertige de la liste.* Traduit par Myriem Bouzaher, Paris, Flammarion, 2009).

16 *Cf.* à ce sujet Sabine Mainberger, *Die Kunst des Aufzählens. Elemente zu einer Poetik des Enumerativen*, Berlin/New York, De Gruyter, 2003, pp. 7sq.

17 « Es ist das Komma, das die Elemente als gleichgültige Teile einer Sequenz kopuliert », Renate Lachmann, « Zur Poetik der Kataloge bei Danilo Kiš », *Welt der Slaven* 30, 2008, pp. 296-309, p. 307.

18 C'est de cet « infini » potentiel de la liste que parle Umberto Eco (*Vertige de la liste, op. cit.*, p. 15). Pour le narrateur, mais aussi pour le lecteur d'Énard, la liste des actes violents génère cette même angoisse du caractère infini non seulement de la liste, mais aussi de la violence.

Un autre effet, pour ne pas dire un atout de la liste, est sa capacité à dire l'indicible, comme l'explique Bernard Sève en référence à Umberto Eco :

> On peut penser avec Umberto Eco, que la liste est dans certains cas une 'manière de dire l'indicible' : elle offre alors un échantillon de l'indénombrable, elle vaut moins par ce qu'elle dit que par ce qu'elle suggère ; elle devient un procédé narratif indirect, elle narre ce qui ne peut pas être narré[19].

L'ellipse inhérente à l'énumération et au catalogue produit des lacunes et permet ainsi de faire l'impasse sur l'inexprimable, de le reléguer à l'imagination du lecteur. Contrairement au récit, la liste présuppose un lecteur actif qui soit à même « de dégager les significations multiples de la liste »[20]. Elliptiques en soi, les listes font preuve de la « grâce de la mise-en-forme » évoqué par Kiš. Au lieu de l'effacer, souligne Renate Lachmann, c'est « l'énumération qui donne la parole à l'indicible, à l'Holocauste et au goulag »[21]. La mise-en-liste de l'insoutenable serait ainsi une manière oblique de faire face aux traumas que le narrateur a subis[22].

Dans *Zone*, nombreuses sont les listes qui ont pour fonction de dire ou plutôt de taire l'indicible, de charger le lecteur de combler les lacunes :

> [*à propos de la guerre civile en Algérie …*] à quelques centaines de mètres d'un poste de l'armée algérienne une bande de terroristes s'est introduite dans le quartier a commencé systématiquement le massacre de la population les femmes les hommes les hommes les femmes les enfants les nouveau-nés égorgés éventrés brûlés fusillés jetés contre les murs les têtes éclatées les bijoux arrachés des doigts des poignets à la hache (*Z* 133)

---

19 Sève, *De haut en bas, op. cit.*, p. 112, *cf.* Eco, *Vertige de la liste, op. cit.*, p. 49.

20 Alain Rabatel, « Listes et effets-listes. Enumération, répétition, accumulation », *Poétique* 167, 2011, pp. 259-272, p. 270.

21 « […] die Aufzählung, die das Unsagbare (Holocaust und Gulag) zu Worte kommen lässt », Lachmann, « Zur Poetik der Kataloge bei Danilo Kiš », *op. cit.*, pp. 296sq.

22 Dans son article sur *Zone*, Claudia Jünke remarque que cette dialectique de « reluctance and excess » serait caractéristique pour le traumatisme : « On the one hand, Francis is a very reluctant narrator because he avoids as much as possible the confrontation with his own wartime experiences, particularly with those acts that made him a perpetrator and led to a feeling of guilt. On the other hand, he is at the same time an excessive narrator as he accumulates, in his extensive flow of thoughts, a huge amount of historical knowledge. This narrative dialectics can be interpreted as a reflection of the psychological dialectics of reluctance and excess characteristic for the traumatic (non-)experience and the related 'incompletion in knowing' », Jünke, « Trauma and Memory in Mathias Énard's *Zone* », *op. cit.*, p. 76.

> [*à propos de la guerre de Yougoslavie* ...] je l'observe il [Andrija] pleure comme une fontaine silencieuse sans se cacher, pourquoi, des cadavres il en a vu des quantités, des jeunes, des vieux, des mâles, des femelles, des brûlés noircis, des découpés, des mitraillés, nus, habillés ou même déshabillés par une explosion (*Z* 161)
>
> [*à propos de la guerre de Yougoslavie* ...] on a oublié la brûlure de la violence la rage qui lève le bras sur un ennemi sa femme son enfant en voulant la vengeance en leur souhaitant la douleur la souffrance à leur tour, en détruisant leurs maisons en déterrant leurs morts à coups d'obus en mettant notre semence dans leurs femelles et nos baïonnettes dans leurs yeux en les accablant d'injures et de coups de pied parce que moi-même j'avais pleuré en voyant le corps solitaire d'un gamin étêté serrer un jouet dans un fossé, une grand-mère éventrée avec un crucifix, un camarade torturé énucléé grillé à l'essence comme une sauterelle recroquevillée (*Z* 456)

Parfois les virgules mêmes disparaissent et, avec elles, le dernier repère pour diviser le texte en syntagmes syntactiques et sémantiques ; s'y substitue une liste de mots « agrammaticale [... qui] implique la discontinuité de ses éléments »[23], si ce n'était, comme dans le dernier exemple, pour le « en » qui acquiert le caractère d'un « marqueur de liste »[24] et permet ainsi au moins de structurer le texte d'apparence chaotique. Ce refus de lier les mots pour en faire des récits,

> [...] the omission of links which 'normally' function as organizing factors in narrative structures [,] produces blanks which can (and must) be filled. The blanks themselves imply the omitted plot; the omission works as an enthymematic device[25].

Les listes de *Zone* ont beau être effrayantes, leur potentiel d'épouvante est atténué par leur logique antinarrative. La vraie horreur dans ce roman n'a le plus souvent lieu qu'entre les lignes.

Pour se distraire du retour involontaire de sa mémoire sur la violence, Francis lit un roman de l'auteur fictif Rafaël Kahla, acheté la veille de son départ, roman que le lecteur lit avec lui. Avec les parties du 'roman inséré',

---

23 Sève, *De haut en bas*, *op. cit.*, p. 25sq.

24 *Ibid.*, p. 77.

25 Renate Lachmann, « Danilo Kiš : Factography and Thanatography », *Journal of Literature and the History of Ideas* 4, 2006, pp. 219-238, p. 230.

Mathias Énard contraste les deux manières de présenter l'irreprésentable. La narration classique et linéaire du 'roman inséré' traite d'un épisode de la guerre du Liban, ce qui en fait un bien piètre moyen de distraction, comme le narrateur commente laconiquement (*Z* 53). Cependant, les parties insérées servent de toile de fond sur laquelle se détache la narration en forme de liste du reste du texte. Dans le texte du fictif Rafaël Kahla, le lecteur se voit confronté à l'horreur narrée de façon directe. Les images évoquées en gagnent en puissance :

> Elle revoit malgré elle le plus horrible cadavre du siège – à Khaldé, un combattant écrasé par un char sur la route, aussi facilement qu'un rat ou un oiseau. Sa tête sans visage était une flaque plate de cheveux rougis. Les secouristes du Croissant-Rouge avaient dû le décoller en raclant l'asphalte à la pelle. Autour du corps, une mare circulaire de viscères et de sang, comme si on avait marché sur une tomate. (*Z* 66)

La comparaison avec la forme que Mathias Énard a donnée au reste du texte permet d'en mesurer l'effet. D'abord, c'est l'implication du lecteur qui diffère dans ces deux manières de narrer l'insoutenable : alors que la narration classique du 'roman inséré' ne requiert qu'un lecteur passif qui se laisse entraîner par le récit, il n'en est pas de même pour la liste : elle exige un lecteur actif prêt à combler les lacunes.

Mais il y a plus : bien que le lecteur ne puisse complètement se dérober à la violence qui lie les éléments des listes d'Énard, leur caractère antinarratif permet une certaine « maîtrise de la passion » (*Affektregulierung*), selon Renate Lachmann[26]. La liste étant « le contraire d'une structure, ou plutôt le degré zéro de la structure »[27], c'est au lecteur de la structurer et de lui donner une cohérence, de transformer en narration ce qui n'en constitue que l'amorce et de décider de sa charge pathétique. Contrairement à la narration classique, qui agence ses différents éléments pour moduler les passions, pour produire un effet de pathos, la liste tenterait d'échapper au pathétique et à la grandiloquence[28].

---

26 Renate Lachmann, « Danilo Kiš, Affekttherapie durch die Form ». In: Ricardo Nicolosi et Tanja Zimmermann, éds., *Ethos und Pathos. Mediale Wirkungsästhetik im 20. Jahrhundert in Ost und West*, Köln, Böhlau, 2017, pp. 241-268, p. 264.

27 Sève, *De haut en bas, op. cit.*, p. 59.

28 Kiš cité chez Lachmann, « Danilo Kiš, Affekttheraphie », *op. cit.*, p. 264.

2 Un cénotaphe en forme de roman

Alors que le roman de Mathias Énard est truffé de listes, le contenu de celle, centrale, que Francis compte vendre au Vatican reste opaque. Selon Claudia Jünke, la valise et son contenu seraient « [the] enigmatic core »[29] du texte, ce qui semble pertinent pour une lecture traumatologique ; néanmoins, j'aimerais proposer qu'elle acquiert plutôt un caractère de MacGuffin. Selon Alfred Hitchcock, qui est à l'origine du terme, dans les histoires d'espionnage, celui-ci serait toujours un document : dans le roman de son espion Francis, Mathias Énard fait donc une révérence à Hitchcock en faisant d'une collection de documents que le narrateur appelle toujours « la liste » (*Z* 39 et *passim*) l'élément moteur du texte. Comme tout bon MacGuffin, la valise et son contenu jamais précisé sert de prétexte, de déclencheur au développement du texte – c'est pour la vendre que le narrateur prend le train pour Rome. Conforme à la définition de Hitchcock, il deviendra de moins en moins important au fur et à mesure du texte, jusqu'à ce que le narrateur avoue ne plus en avoir besoin, même ne plus vouloir la vendre :

> [...] je n'ai plus besoin de cette valise, plus besoin des deniers du Vatican, je vais tout balancer dans l'eau (*Z* 516)

Pour Francis, une motivation de constituer sa liste semble avoir été le désir de sortir de leur anonymat ceux qui y figurent : sa « mallette [est] remplie de morts et de bourreaux sans espoir de sortir au grand jour jamais » (*Z* 210). Ceux qui figurent dans son « répertoire de morts » (*Z* 58) partagent avec nombre de victimes nommées dans le roman le fait de ne pas avoir été proprement enterrés. Dispersés dans toute l'étendue du roman, ils forment une liste à part : les deux mille corps de Croates victimes des troupes napoléoniennes « du 21 floréal 1796 an IV de la Révolution » (*Z* 30), ceux de la bataille de Gallipoli, à l'honneur desquels fut érigé un « monument aux soldats sans tombes » (*Z* 47), ceux de la bataille de Lépante (*Z* 101sq), ceux des troupes d'Hannibal, auxquels se superposent ceux « d'une des premières batailles de Bonaparte en Italie » (*Z* 105sq), ceux du campo de la Bota à Barcelone (*Z* 238), ceux des Juifs européens assassinés dans les camps (*Z* 179), ceux du bombardement français de Damas en mai 1945 (*Z* 206sq), ceux des « massacrés de la Quarantaine » à

29 Jünke, « Trauma and Memory in Mathias Énard's *Zone* », *op. cit.*, p. 79.

Beyrouth (*Z* 231), ceux des « massacrés de Vukovar » (*Z* 180), ceux des moines de Tibhirine (*Z* 125, 132) et, peut-être le plus important de tous pour Francis, le corps d'Andrija, son compagnon d'armes en Croatie[30] – tous sont des morts sans sépultures, parfois seulement honorés par une simple plaque, un monument ou une stèle.

La nature même de ces commémorations n'est pourtant pas pour plaire au narrateur du roman d'Énard. À Beyrouth, le narrateur se retrouve dans une boîte de nuit « au nom étrange de BO18 » (*Z* 230), dont on lui explique qu'elle se trouve

> à l'endroit précis [... de l']un des premiers massacres de la guerre civile, en janvier 1976 les phalangistes avaient passé par les armes les Palestiniens d'Intissar et les Kurdes qui habitaient ce camp putrescent coincé entre les conteneurs des docks et la décharge municipale (*Z* 230)

La mémoire de cette « boucherie » (*Z* 230) semble avoir complètement disparu pour laisser place à un lieu de liesse où « de jeunes femmes magnifiques dansaient debout sur les tables rectangulaires, sur le bar interminable » (*Z* 230) dans l'éclairage intermittent de la discothèque. Ce n'est qu'après une nuit de fête que la lueur du jour permet au narrateur de saisir le cynisme mémoriel du lieu :

> j'ai regardé la disposition des tables, en rangs parallèles, des blocs en bois, deux mètres de long environ tous alignés comme dans un cimetière, des tombes, j'ai pensé dans mon ivrognerie, les tombes des massacrés de la Quarantaine, j'ai regardé de plus près et effectivement chaque table portait sur le côté une petite plaque en bronze, invisible dans le noir, avec une liste de noms en arabe, les clients dansaient sur les cercueils figurés des morts de la Quarantaine [...], Beyrouth dansait sur des cadavres et j'ignore s'il s'agissait d'un hommage posthume ou d'une vengeance, [...] d'une forme de mémoire aussi (*Z* 231)

L'usage habituel du lieu en tant que discothèque obscure, empêche les visiteurs, trop jeunes pour garder le souvenir de la guerre, de se rendre compte du fait qu'ils dansent littéralement sur des cadavres. Leur danse en acquiert le caractère ambivalent d'un hommage qui pourrait tout aussi bien être lu

30 « Andrija me reprochait d'avoir abandonné son corps », *Z* 80.

comme une profanation, sans que les danseurs ne soient conscients ni de l'un ni de l'autre.

Alors qu'à Beyrouth, les plaques avec les noms des victimes, bien qu'illisibles pendant les heures d'activité de la discothèque, témoignent encore de la volonté de commémorer – ce, toutefois, de manière douteuse, voire cynique –, à Barcelone, le narrateur se verra confronté à une autre tentative d'amnésie architecturale. Là où l'Avenue Diagonale rejoint la mer, se situe un énorme chantier,

> un terrain vague semé de bulldozers et de bétonneuses, au bas d'immeubles élégants, avec vue, parmi les plus chers et les plus modernes de la ville, ce terrain vague fourmillant d'ouvriers s'appelait autrefois campo de la Bota, le camp de la Botte, et les phalangistes l'avaient choisi comme lieu d'exécution par balle, deux mille innocents, anarchistes, syndicalistes, ouvriers, intellectuels, avaient été massacrés sous les fenêtres des appartements de luxe d'aujourd'hui […] : à la place du charnier aux deux mille cadavres la mairie de Barcelone construisait son Forum des Cultures, Forum de la Paix et de la Multiculturalité, en lieu et place de la boucherie franquiste on élevait un monument au loisir et à la modernité, à la fiesta, [… pour] enterrer de nouveau à jamais les pauvres vaincus de 1939, les sans-grade, ceux qui n'ont rien à opposer aux excavatrices et aux pelleteuses (*Z* 238)

Furieux, le narrateur d'Énard constate le cynisme d'une urbanisation qui limitera la mémoire à un minimum, « un architecte brillant trouvera bien un moyen de dissimuler un vibrant hommage dans son œuvre, quitte à mettre quelques fausses traces de balles dans un mur de béton » (*Z* 238sq). Il suggère que ce n'est pas le fruit du hasard si les traces du passé sont rendues illisibles, sont effacées. Or, pour lui, cela ferait partie de la construction d'une mémoire culturelle exploitable politiquement et artistiquement qui, ajoutée à une mémoire bien dosée, palliée, deviendrait ainsi purement ornementale. La ville refaite à neuf ne prévoit plus de place pour les fantômes du passé, comme le narrateur doit le constater :

> […] les fantômes n'existent malheureusement pas, ils ne viennent pas tarabuster les locataires des HLM de Drancy, les nouveaux habitants des ghettos vidés de leurs juifs ou les touristes qui visitent Troie, ils n'entendent plus les pleurs des enfants brûlés dans les ruines de la ville (*Z* 239)

Si, comme Jacques Derrida l'avance, « la hantise marquerait l'existence même de l'Europe »[31], alors le refus de céder une place aux spectres et aux fantômes mettrait en question les fondements culturels de l'Europe[32].

Le narrateur d'Énard suppose que même les monuments moins problématiques que ceux de Beyrouth ou de Barcelone n'aident pas à préserver les fantômes, encore moins à les apaiser, car ils

> n'émeuvent plus personne, ils trônent sur des ronds-points fleuris dans des squares en face d'églises solennelles [...] une curiosité un décor ainsi la colonne de Marathon ne serre plus la poitrine d'aucun touriste (*Z* 240)

Aux monuments que leur présence quotidienne à rendu ordinaires jusqu'à les dépouiller de leur fonction mnémotechnique, Mathias Énard oppose une pratique de la mémoire plus active – *Zone* est sa thanatographie, sa tentative de garder vive la mémoire de tous ses morts sans sépulture, de leur élever un cénotaphe non pas de marbre ou de béton, mais de mots[33].

Comme tout cénotaphe, le roman consacre la mémoire des défunts en l'immortalisant en littérature. Contrairement à la pratique funéraire commune de n'afficher que noms et dates, le roman est de surcroît capable de préserver jusqu'à l'histoire de la mort violente des victimes, bien qu'elle soit le plus souvent moins individuelle que collective. C'est à la littérature qu'il revient de préserver une culture de la hantise, d'évoquer les spectres qu'un discours officiel renie, de rendre lisible et visible ce que d'autres voudraient escamoter.

Son cénotaphe de prose pour les victimes de tant de guerres est l'hommage ultime que Mathias Énard rend à Danilo Kiš et à son recueil de nouvelles *Un tombeau pour Boris Davidovitch*. La nouvelle éponyme de Kiš est, elle aussi, un cénotaphe pour une victime fictive du goulag, car son protagoniste Boris Davidovitch se jettera dans un chaudron bouillant de scories liquides pour échapper à ses bourreaux, de sorte qu'il ne restera de lui que « quelques

---

31 Jacques Derrida, *Spectres de Marx. L'état de la dette, le travail du deuil et la nouvelle internationale*, Paris, Galilée, 1993, p. 23.

32 *Cf.* aussi Cornelia Ruhe, « L'archéologie urbaine. La disparition du terrain vague dans la fiction française contemporaine ». In : Jacqueline Broich, Wolfram Nitsch et Daniel Ritter, éds., *Terrains vagues. Les friches urbaines dans la littérature, la photographie et le cinéma français*, Clermont-Ferrand, Presses universitaires Blaise Pascal 2019, pp. 131-146.

33 Mathias Énard poursuit ses réflexions sur les monuments commémoratifs dans *Tout sera oublié*, analysés par Lena Seauve dans son article « À la recherche d'un monument : mémoire et oubli dans *Tout sera oublié* de Mathias Énard et Pierre Marquès » dans le présent volume, p. 266-282.

cigarettes et une brosse à dent »[34]. Kiš évoque la tradition des cénotaphes dès le début de son texte :

> Les Grecs anciens avaient une coutume digne de respect : à ceux qui avaient brûlé, que les cratères des volcans avaient engloutis, que la lave avait ensevelis, à ceux que les bêtes sauvages avaient lacérés ou que les requins avaient dévorés, à ceux que les vautours avaient déchiquetés dans le désert, ils édifiaient dans leur patrie ce qu'on appelle des *cénotaphes*, des tombeaux vides, car le corps est feu, eau ou terre, mais 'l'âme est l'alpha et l'oméga, c'est à elle qu'il faut élever un sanctuaire'[35].

C'est de manière ironique que le texte de Kiš, tout comme après lui celui d'Énard, évoque non pas les victimes de cataclysmes naturels, mais des catastrophes causées par l'homme, car « l'histoire est décidément partout celle de la violence et de la guerre » (*TSO* 81). À défaut de pouvoir être des sanctuaires, leurs textes sont autant de tombeaux vides, ce sont les lacunes que leur prose ciselée fait naître entre les éléments des listes qui reconstituent les destins atroces des victimes et leur rendent leur dignité.

En ce qui concerne le texte de Danilo Kiš, Lachmann signale que l'évocation littéraire des victimes du goulag, leur sépulture symbolique, prépare la résurrection, pour laquelle non seulement un tombeau, mais surtout un corps est nécessaire dans la tradition chrétienne. À défaut de corps véritables, le texte de Kiš et dans sa lignée celui d'Énard les revêt de prose :

> Avec son texte-monument, Kiš prend le rôle du constructeur de cénotaphe grec. La formule de Kiš correspond à la définition classique de cénotaphe […]. C'est l'absence d'ossements ou la sépulture loin du pays d'origine qui peut être remédiée grâce à l'érection d'un simulacre, d'un simulacre qui suggère l'idée d'une âme qui pourrait y élire domicile[36].

---

34 Danilo Kiš, « Tombeau pour Boris Davidovitch ». In : Danilo Kiš, *Tombeau pour Boris Davidovitch. Sept chapitres d'une même histoire.* Traduit du serbo-croate par Pascale Delpech, Paris, Gallimard, 1979, p. 90.

35 Kiš, « Tombeau », *op. cit.*, p. 90.

36 « Kiš übernimmt mit seinem Textmonument […] die Rolle der griechischen Kenotaph-[-]Erbauer. Kišs Formulierung entspricht der klassischen Definition des 'Scheingrabs', wie eine deutsche Bezeichnung lautet. Es ist die Abwesenheit der Gebeine oder die von der Heimat entfernte Grablegung eines Toten, denen durch die Errichtung eines Simulakrums begegnet wird, eines Simulakrums, das die Vorstellung einer Seele nahe legt, die darin Wohnung nehmen kann », Lachmann, « Danilo Kišs Thanatographie », *op. cit.*, pp. 436sq (ma traduction).

Comme le postule Renate Lachmann à propos du texte de Kiš, le cénotaphe ainsi créé aurait fonction de restitution, tel que « l'ordre troublé, il réconcilie les mânes par un rituel mnémotechnique qui gratifie les morts de l'honneur qui leur est dû »[37]. Bien que le narrateur Francis décide à la fin du texte de jeter la mallette dans les eaux du Tibre, qui devient ainsi fleuve de la mort, le texte d'Énard se fait, lui-aussi, rituel mnémotechnique, en intégrant les morts non pas aux archives du Vatican, mais à ceux de la littérature, ce qui est un plus sûr moyen de les préserver de l'oubli[38].

3 La mémoire de l'oubli

Alors que la capacité mnémotechnique des monuments aux morts faiblit avec les années, selon Laurent Demanze, cela n'est pas le cas pour une mémoire mise en liste comme dans le roman d'Énard :

> Si le récit épouse le cours du temps, tendu entre ressouvenir et attente, la liste s'oppose au temps dans un geste de résistance à la consécution : elle est plutôt le lieu d'un impossible deuil qui est semblable au geste du collectionneur par ce désir de constituer une arche de Noé qui préserve le monde, avec l'angoisse folle d'oublier quelque chose. [...] Non pas la continuité de la narration, ni l'éparpillement des fragments, mais la cohésion fragile d'un monde que l'on égrène avec angoisse, comme un chapelet[39].

Le geste obsessionnel du narrateur-collectionneur de *Zone* cherche effectivement à constituer un monde, celui de l'Europe en guerre depuis la nuit des temps, et à lui redonner sa cohésion, fut-elle négative.

Cependant, l'objectif du roman de Mathias Énard ne me semble pas seulement être la ressuscitation de tant de fantômes afin de déstabiliser la

---

37 « Zugleich aber stellt der Kenotaph die gestörte Ordnung wieder her, versöhnt die Manen durch ein mnemotechnisches Ritual, das den Toten die Ehre zuteil werden lässt, die ihnen als Toten gebührt », Lachmann, « Danilo Kišs Thanatographien », *op. cit.*, p. 437 (ma traduction).

38 *Boussole*, couronné par le Prix Goncourt en 2016, peut être lu comme un autre cénotaphe, cette fois-ci non pas pour les morts de différentes guerres, mais pour un monde perdu : la Syrie et son histoire millénaire que l'État Islamique a détruit. Il serait à explorer comment, dans ce roman, Mathias Énard a recours non pas à la liste, mais plutôt à une narration encyclopédique qui ressuscite un monde désormais disparu.

39 Demanze, *Les fictions encyclopédiques*, *op. cit.*, p. 92.

projection d'un avenir paisible de l'Europe ; il faut évoquer la mémoire, faire le deuil, compter avec les fantômes[40], pour « sertir et [... pour] cerner un oubli essentiel »[41], pour arriver à ce que Giorgio Agamben appelle la « mémoire de l'oubli » :

> Ce que le perdu exige, c'est non pas d'être rappelé et commémoré, mais de rester en nous et parmi nous en tant qu'oublié, en tant que perdu – et seulement dans cette mesure, en tant qu'inoubliable. De là l'insuffisance de toute relation à l'oublié qui chercherait simplement à le renvoyer à la mémoire, à l'inscrire dans les archives ou les monuments de l'histoire, – ou à la limite, à construire pour celle-ci une autre tradition et une autre histoire, celle des opprimés et des vaincus, qui s'écrit avec des instruments différents de ceux qui sont employés par l'histoire dominante, mais qui ne diffère pas substantiellement d'elle[42].

C'est en référence à la théorie d'Agamben que l'idée de Francis de vendre sa liste au Vatican dévoile son caractère ambivalent : à part la perspective d'un enrichissement personnel, le roman n'explique pas pourquoi Francis voudrait vendre sa liste au Vatican, ni ce qui pourrait motiver le Vatican à l'acheter. Roman-liste qui pivote autour d'une liste dont la nature exacte n'est jamais dévoilée, il devient pourtant probable que l'enterrement bureaucratique de cette liste de noms dans des archives n'aurait qu'un effet : Francis pourra se vanter de l'officialisation de ces morts violentes qui donnerait enfin aux victimes sans nom la sépulture dont l'histoire les a privés jusqu'ici. En même temps, cela signifierait leur anéantissement définitif car, en hommage à « La lettre volée » d'Edgar Allen Poe, quel meilleur endroit pourrait-on trouver pour cacher une liste que parmi d'autres listes, endroit où elle ne sera accessible qu'à travers un catalogue, qui est lui-même une autre liste ?

L'« inscri[ption] » des morts oubliés de l'histoire « dans les archives » ne les tirerait qu'en apparence de l'anéantissement mémoriel, cela ne reviendrait au contraire qu'à les soumettre à une autre forme d'oubli[43]. C'est en reconstituant

---

40 Derrida, *Spectres de Marx, op. cit.*, p. 18.

41 Demanze, *Les fictions encyclopédiques, op. cit.*, p. 115.

42 Giorgio Agamben, *Le Temps qui reste. Un commentaire de l'Épître aux Romains*. Traduit par J. Revel, Paris, Rivages, 2000, p. 69.

43 Aleida Assmann appelle cette forme d'oubli « Verwahrensvergessen » : « La dynamique de la mémoire culturelle repose sur un échange entre le canon et l'archive. Le matériel archivé se trouve dans un purgatoire entre l'enfer de l'oubli et le paradis de la mémoire. Il existe dans un état de latence », Aleida Assmann, *Formen des Vergessens*, Göttingen, Wallstein,

patiemment leur destin en thanatographe, en le soumettant à la « grâce de la mise-en-forme » pour provoquer un lecteur actif, qu'un texte comme *Zone* réussit à élever un cénotaphe capable d'apaiser les morts oubliés de l'histoire européenne. En leur donnant la paix par son geste ultime, Francis Mirković fera finalement honneur à son nom.

Bibliographie

Agamben, Giorgio (2000). *Le Temps qui reste. Un commentaire de l'Épître aux Romains.* Traduit par J. Revel. Paris : Rivages.

Assmann, Aleida (2016). *Formen des Vergessens.* Göttingen : Wallstein.

Brodski, Jozef (2001). « Introduction ». In: Danilo Kiš, *A Tomb for Boris Davidovich*, Champaign, Ill. : Dalkey Archive, pp. vii-xvii.

Castro, Antón (2011). « Mathias Énard: un diálogo », *en ligne.*

Coutier, Élodie (2017). « Un mémorial romanesque pour l'épopée ». *Revue critique de Fixxion française contemporaine* 14, pp. 106-115.

Demanze, Laurent (2015). *Les fictions encyclopédiques de Gustave Flaubert à Pierre Senges.* Paris : Corti.

Derrida, Jacques Derrida (1993). *Spectres de Marx. L'état de la dette, le travail du deuil et la nouvelle internationale.* Paris : Galilée.

Eco, Umberto (2009). *Vertige de la liste.* Traduit par Myriem Bouzaher. Paris : Flammarion.

Énard, Mathias (2008). *Zone.* Arles : Actes Sud.

Énard, Mathias et Marquès, Pierre (2013). *Tout sera oublié.* Arles : Actes Sud.

Gramigna, Valeria (2015). « La geografia dell'anima di Mathias Énard. » In : Matteo Majorano, éd., *La Giostra dei sentimenti*, Macerata : Quodlibet, pp. 235-251.

Jünke, Claudia (2017). « Trauma and Memory in Mathias Énard's *Zone* ». *Journal of Romance Studies* 17 (1), pp. 71-88.

Kiš, Danilo (1979). « Tombeau pour Boris Davidovitch ». In : Danilo Kiš, *Tombeau pour Boris Davidovitch. Sept chapitres d'une même histoire.* Traduit du serbo-croate par Pascale Delpech, Paris : Gallimard.

Lachmann, Renate (2006). « Danilo Kiš : Factography and Thanatography ». *Journal of Literature and the History of Ideas* 4, pp. 219-238.

2016, p. 41, ma traduction (« Die Dynamik des kulturellen Gedächtnisses beruht auf dem Austausch zwischen den beiden Institutionen Kanon und Archiv. Die Archiv-Materialien befinden sich sozusagen in einem Purgatorium zwischen dem Inferno des Vergessens und dem Paradiso des Erinnerns. Sie existieren in einem Zustand der Latenz »).

Lachmann, Renate (2007). « Danilo Kišs Thanatographien. Non omnis moriar ». *Wiener Slawistischer Almanach* 60, pp. 433-454.

Lachmann, Renate (2008). « Zur Poetik der Kataloge bei Danilo Kiš ». *Welt der Slaven* 30, pp. 296-309.

Lachmann, Renate (2017). « Danilo Kiš, Affekttherapie durch die Form ». In : Ricardo Nicolosi et Tanja Zimmermann, éds., *Ethos und Pathos. Mediale Wirkungsästhetik im 20. Jahrhundert in Ost und West*, Köln : Böhlau, pp. 241-268.

Mainberger, Sabine (2003). *Die Kunst des Aufzählens. Elemente zu einer Poetik des Enumerativen*. Berlin/New York : De Gruyter.

Milcent-Lawson, Sophie, Lecolle, Michelle et Michel, Raymond, éds. (2013). *Liste et effet liste en littérature*. Paris : Classiques Garnier.

Perceau, Sylvie (2002). *La parole vive. Communiquer en catalogue dans l'épopée homérique*. Louvain/Paris : Peeters.

Perceau, Sylvie (2008). « Pour une réévaluation pragmatique du 'catalogue' homérique : énonciation en catalogue et performance poétique ». In : E. Vallette, éd., *L'énonciation en catalogue. Textuel* 56, pp. 19-50.

Rabatel, Alain (2011). « Listes et effets-listes. Enumération, répétition, accumulation ». *Poétique* 167, pp. 259-272.

Ruhe, Cornelia (2019). « L'espace de la guerre et de la violence. La Méditerranée selon *Zone* de Mathias Énard ». In: Lena Seauve et Vanessa de Senarclens, éds., *Grenzen des Zumutbaren – Aux frontières du tolérable*, Frankfurt/Main : Peter Lang 2019, pp. 147-164.

Ruhe, Cornelia (2019). « L'archéologie urbaine. La disparition du terrain vague dans la fiction française contemporaine ». In : Jacqueline Broich, Wolfram Nitsch et Daniel Ritter, éds., *Terrains vagues. Les friches urbaines dans la littérature, la photographie et le cinéma français*, Clermont-Ferrand : Presses universitaires Blaise Pascal, pp. 131-146.

Sammarcelli, Françoise (2013). « Entre vestige et émergence. Poétique de l'effet-liste dans *The Invention of Solitude* de Paul Auster ». In : Milcent-Lawson, Lecolle et Michel, éds., *Liste et effet liste*, pp. 519-530.

Seauve, Lena (2020). « À la recherche d'un monument : mémoire et oubli dans *Tout sera oublié* de Mathias Énard et Pierre Marquès ». In: Markus Messling/Cornelia Ruhe/Lena Seauve et Vanessa de Senarclens, éds., *Mathias Énard et l'érudition du roman*, Boston/Leiden : Brill/Rodopi, pp. 266-282.

Sève, Bernard (2010). *De haut en bas. Philosophie des listes*. Paris : Seuil.

Shields, David (2010). *Reality Hunger. A Manifesto*. London : Hamish Hamilton.

Thompson, Mark (2015). *Geburtsurkunde. Die Geschichte von Danilo Kiš*. München : Hanser.

PARTIE 4

Horizons de la narration

« Un pied dans le jour et l'autre dans la nuit » : sur la création d'un savoir alternatif dans *Parle-leur de batailles, de rois et d'éléphants*

Sara Izzo

Résumé

La présente contribution se propose d'examiner les procédés d'écriture qui mettent en place un savoir alternatif sur un voyage non attesté de Michel-Ange à Constantinople dans le roman biographique *Parle-leur de batailles, de rois et d'éléphants* (2010) de Mathias Énard. En effet, l'auteur, par un jeu avec l'érudition biographique et académique, invente l'histoire de la construction d'un pont sur la Corne d'Or par le sculpteur en mettant en question le fonctionnement de la transmission de l'Histoire et la formation du savoir. De ce fait, le pont en tant que point de ralliement symbolique entre deux espaces culturels se réalise par le récit même qui déstabilise un savoir unilatéralement occidental sur l'artiste.

1 Introduction

Le récit *Parle-leur de batailles, de rois et d'éléphants*[1] de Mathias Énard, publié en 2010, s'inscrit – à côté de *Rue des voleurs* et *Boussole* – dans ce que l'auteur appelle « son cycle [...] [sur] les relations entre Orient et Occident ou monde arabe et Europe »[2]. En effet, son ouvrage prend comme point de départ le débat sur un possible projet de Michel-Ange de construire en 1506, à la demande du sultan Bayazid II, un pont enjambant la Corne d'Or à Constantinople. Ce projet est mentionné pour la première fois par le biographe contemporain de l'artiste Ascanio Condivi. Énard s'inspire de cette controverse de l'histoire de l'art, qui naît d'un flou dans la documentation et de sources peu fiables relatives à une éventuelle immersion dans la culture orientale de Michel-Ange, afin de créer une fiction biographique autour d'un séjour non attesté à Constantinople. En se situant à la frontière entre la biographie et le roman, entre le factuel et le

1 Mathias Énard, *Parle-leur de batailles, de rois et d'éléphants*, Arles, Actes Sud, 2010 (désormais *PBR*).

2 Mathias Énard, « La vie des autres. Entretien avec Thierry Guichard », *Le Matricule des anges* 136, pp. 20-25, p. 25.

 | DOI:10.1163/9789004425507_015

fictionnel, entre l'histoire et la littérature, le genre du récit de vie est en plein essor dans la production littéraire contemporaine. Il met en place ce que Viart a désigné comme un « espace transgénérique »[3]. Comme Blanche Cerquiglini précise, « [l]es romans biographiques *décalent* les biographies historiques : ils se nourrissent des matériaux de l'Histoire pour en faire de la fiction ; la biographie sert de modèle de récit »[4]. Par l'hybridation des genres, l'Histoire ne figure pas uniquement comme source référentielle dans la fiction biographique, mais détermine aussi l'approche méthodologique[5]. Chez Énard, le savoir biographique se manifeste non seulement par l'étude et le rassemblement des sources et des documents, tels que les lettres, les sonnets, les œuvres du sculpteur, mais aussi par une profonde connaissance du discours académique sur Michel-Ange. Malgré l'ancrage historique et documentaire, il reste, selon l'auteur, une différence entre le travail de l'écrivain de fiction et le travail du chercheur ou de l'historien :

> Le travail de l'historien est différent de celui de l'écrivain de fiction [...]. J'ai une dette immense envers certains historiens [...]. Parfois je joue moi aussi à consulter des sources, à travailler d'après archives ; mais ce que j'y cherche est fondamentalement différent. Pour moi, les récits de l'histoire valent pour eux-mêmes, je n'ai pas besoin de les recouper ou de les mettre en perspective. Je m'introduis plutôt dans les interstices laissés par l'histoire[6].

Dans la vie et l'œuvre de Michel-Ange, un interstice apparaît justement par rapport au projet du pont sur la Corne d'Or de sorte que l'auteur, en s'y insérant, met surtout en question le fonctionnement de la transmission de l'Histoire et la formation du savoir académique sur Michel-Ange. L'histoire du pont à Constantinople est, – pour citer l'historien de l'art Dietrich Seybold –, une « histoire de l'absence »[7] qui a soulevé un questionnement sur l'influence

---

3 Dominique Viart, « Essais-fictions : les biographies (ré)inventées ». In : Marc Dambre et Monique Gosselin-Noat, éds., *L'éclatement des genres au XXe siècle*, Paris, Presses de la Sorbonne Nouvelle, 2001, pp. 331-345, p. 338.

4 Blanche Cerquiglini, « Les romans biographiques ». In : Jean-Yves Tadié et Blanche Cerquiglini, éds., *Le roman d'hier à aujourd'hui*, Paris, Gallimard, 2012, pp. 339-352, p. 340.

5 *Cf. ibid.*, p. 343.

6 Laurent Borderie, « Mathias Énard, le génie et la beauté sur le Bosphore », *L'Orient littéraire* 52,10, 2010. URL : http://www.lorientlitteraire.com/article_details.php?cid=33&nid=3271. Consulté le 7 avril 2018.

7 Dietrich Seybold, *Leonardo Da Vinci im Orient. Geschichte eines europäischen Mythos*, Köln, Böhlau, 2011, p. 161. Dans le texte allemand est utilisée l'expression « Geschichte einer Absenz ».

de l'Orient sur Michel-Ange dépassant le simple cadre biographique de l'artiste pour s'interroger, dans une étape ultérieure, sur l'identité culturelle d'une des figures de proue de l'art occidental. Dans cette même optique, le roman d'Énard reconstitue l'histoire orientale non assurée de Michel-Ange par des moyens fictionnels. La recoupe et la mise en perspective des récits de l'histoire que l'écrivain nie dans la citation précédente constituent tout de même des procédés fondamentaux dans sa fiction, qui s'invente comme un fragment possible de l'Histoire et « acquiert ainsi une valeur épistémologique »[8]. On peut constater que le romancier opère sur trois plans différents qui seront analysés par la suite : premièrement, l'usage et le remaniement du matériau documentaire et des données factuelles, deuxièmement, la mise en place d'une narration double, partagée entre un narrateur omniscient et l'instance narrative d'un conteur oriental correspondant à une 'voix de la nuit' et, troisièmement, la visualisation ekphrastique des œuvres d'art dans le but de les réinterpréter dans un contexte oriental.

2 L'usage et le remaniement du matériau documentaire et des données factuelles

Selon Cerquiglini « [l]es caractéristiques propres aux romans biographiques sont du côté des indices qui tendent un pont entre Histoire et roman, indices du genre biographique, raccords entre fiction et Histoire [...] »[9]. En effet, Énard se sert d'un grand nombre de sources et de documents, énumérés dans une note finale du roman de manière à contribuer à l'authenticité du récit, tout en laissant planer un doute sur le statut textuel de cette note. Ces sources constituent la base de la ligne narrative assurée par un narrateur omniscient qui reconstruit l'épisode soi-disant vérifiable, et donc véridique, de la vie de Michel-Ange en ralliant les références, les dates, le matériau documentaire afin de créer une narration cohérente selon la méthode d'une biographie non romancée. Comme références principales dans cette archive établie figurent la biographie d'Ascanio Condivi, parue en 1553, seule biographie autorisée par Michel-Ange lui-même car basée sur ses souvenirs autobiographiques[10], ainsi que la biographie de Giorgio Vasari, parue en 1550 et, en version révisée, en 1568. Cependant, seule la seconde version de Vasari contient l'épisode d'une

8 Cerquiglini, « Les romans biographiques », *op. cit.*, p. 346.

9 *Ibid.*, p. 344.

10 *Cf.* Caroline Elam, « Tiberio Calcagni's Marginal Annotations to Condivi's Life of Michelangelo », *Renaissance Quarterly* 51,2, 1998, pp. 475-497, pp. 481sq.

prétendue demande du sultan de construire un pont sur la Corne d'Or, que le biographe relate en l'introduisant par la formule vague « secondo che si dice »[11], c'est-à-dire 'd'après ce qu'on dit'. Bien que ces deux biographies restent, elles aussi, basées sur un arrangement des faits et une mise en intrigue du matériau biographique[12], les deux ouvrages sont des références reconnues dans le discours académique sur l'artiste. Chez Condivi, la proposition du sultan Bayazid II est située entre deux œuvres majeures de l'artiste, l'exécution du tombeau papal pour Jules II et la décoration du plafond de la chapelle Sixtine, c'est-à-dire entre 1506, annulation de la commande du monument tombal par le pape et 1508, début de la réalisation des fresques. Le narrateur omniscient dans *Parle-leur de batailles, de rois et d'éléphants* appuie explicitement son histoire sur le rapport de Condivi, selon lequel Michel-Ange aurait quitté Rome pour Florence suite à une altercation avec Jules II qui avait détourné son attention de la réalisation du tombeau pour ne plus se vouer qu'à la reconstruction de la basilique de Saint-Pierre[13]. En reprenant la datation du 17 avril 1506, c'est-à-dire la veille de la pose de la première pierre de la nouvelle basilique, le narrateur nous apprend l'arrivée de l'artiste à Florence en fictionnalisant les informations de Condivi par des rajouts sur la situation climatique et le caractère de Michel-Ange :

> Michel-Ange frémit dans son manteau de laine, le printemps est timide, pluvieux. Michelangelo Buonarroti atteint les frontières de la république de Florence à la seconde heure de la nuit, nous apprend Ascanio Condivi, son biographe ; il s'arrête dans une auberge à trente lieues de la ville. Michel-Ange peste contre Jules II le pape guerrier et autoritaire qui l'a si mal traité. Michel-Ange est orgueilleux. Michel-Ange a conscience d'être un artiste de valeur. (*PBR* 13)

11 Giorgio Vasari, *La vita di* Michelangelo *nelle relazioni del 1550 e del 1568. Volume I : Testo.* Curata e commentata da Paola Barocchi, Milano/Napoli, Riccardo, 1962, p. 32.

12 *Cf.* Seybold, *Leonardo Da Vinci im Orient*, *op. cit.*, p. 151. Pour Seybold, les deux biographies sont une mise en scène de la réalité ; notamment celle de Condivi qui, en se basant en partie sur les souvenirs de l'artiste, subit aussi une transformation par les lacunes de mémoire. Cela devient d'autant plus évident dans le deuxième passage de la biographie qui fait allusion à la demande du sultan en évoquant pourtant le possible paiement de l'artiste par l'entremise de la maison Ghondi, une information issue cependant d'une lettre d'un certain Tommaso di Tolfo, résidant à Adrianopoli, et adressée à Michel-Ange en 1519, c'est-à-dire dans un autre contexte. *Cf.* Paola Barocchi et Renzo Ristori, éds., *Il Carteggio di Michelangelo*. Edizione postuma di Giovanni Poggi, Firenze, Sansoni, 1967, pp. 176sq.

13 *Cf.* Ascanio Condivi, *Vita di Michelangnolo Buonarroti raccolta per Ascanio Condivi de la Ripa Transone*, Baton Rouge, Louisana State University Press, 1976, pp. 15sq.

Par l'*argumentum ad auctoritatem* renvoyant à Condivi, mais aussi par le style concis et paratactique est réalisée une simulation d'assertions de non-fiction qui semblent ne pas laisser de doute quant au savoir établi sur l'artiste présenté par le récit. Par le mélange des régimes narratifs de fiction et de non-fiction se produit ce que Genette appelle des « incidents de frontière »[14]. De la même façon est retranscrit le passage de la biographie de Condivi dans lequel Michel-Ange, redoutant l'ire du pape, prend en considération la proposition de fuite en Orient, après avoir reçu l'invitation du 'Grand Turc' par l'entremise des moines franciscains : « Trois jours plus tard, après les vêpres, précise Ascanio Condivi, il reçoit la visite de deux moines franciscains, qui arrivent trempés par la pluie battante » (*PBR* 16). C'est uniquement en remontant aux sources que le lecteur peut s'assurer du fait qu'il est confronté à un jeu avec l'érudition biographique. En vérité, il a affaire à une sélection et une interprétation des données qui sont en plus transformées et remodelées en vue d'une cohérence textuelle. Ainsi, dans la narration, la scène de la remise de l'invitation est immédiatement suivie de la traversée de l'Adriatique afin de rejoindre Constantinople, tandis que la biographie de Condivi précise que le gonfalonier de Florence, Pier Soderini, dissuade Michel-Ange de cette idée en argumentant qu'il vaut mieux être tué par le pape que vivre chez le 'Grand Turc' :

> Michelangelo alhora vedendosi condotto a questo, temendo de l'ira del Papa, pensò d'andarsene in Levante, massimamente essendo stato dal Turco ricercato, con grandissime promesse, per mezzo di certi frati di San Francesco, per volersene servire in far un ponte da Constantinopoli a Pera, et in altri affari. Ma ciò sentendo il Gonfaloniere, mandò per lui, et lo distolse da tal pensiero, dicendo che più tosto eleggerebbe di morire andando al Papa, che vivere andando al Turco[15].

Le récit procède donc par sélection et remaniement des données biographiques pour en produire de nouvelles, ce que l'on peut également observer concernant les lettres de Michel-Ange à son frère Buonarroto et à l'architecte Sangallo, insérées dans la narration (*PBR* 43sq) et considérées comme « authentiques » (*PBR* 169) dans la note finale. Si, en effet, elles sont en grande partie authentiques, elles n'en sont pas moins retouchées. Du contenu de la première lettre à son frère, qui parle principalement de la commande d'une

---

14 Gérard Genette, « Récit fictionnel, récit factuel ». In : Gérard Genette, *Fiction et diction*, précédé de *Introduction à l'architexte*, Paris, Seuil, 2004, pp. 141-168, p. 167.

15 Condivi, *Vita di Michelangelo Buonarroti*, *op. cit.*, p. 18.

dague par un certain Piero Aldobrandini[16], sont modifiés la datation et le lieu d'expédition ainsi que toute allusion au lieu, de sorte qu'elle ne date plus de décembre 1506, lorsque Michel-Ange séjournait déjà à Bologne pour se réconcilier avec le pape, mais de mai 1506. La fonction majeure de cette lettre est qu'elle permet de créer l'illusion d'une distance géographique entre Florence et 'ailleurs' et qu'elle introduit l'objet de la dague qui jouera un rôle important dans la suite du récit, comme on le verra dans la troisième partie de l'analyse. La deuxième lettre à Sangallo datant, en réalité, du 2 mai, et reportée ici au 19 mai 1506 (PBR 53sq), est l'une des rares lettres existantes témoignant de la fuite de Michel-Ange de Rome. Par son contenu même, elle amplifie la dispute avec le pape[17], et par conséquent la crédibilité des faits narrés, surtout que, comme dans le premier cas, toute allusion au véritable lieu d'expédition – ici Florence – est extirpée et que, de plus, cette lettre évoque une deuxième raison non spécifiée de la fuite de Michel-Ange, qui a fait couler beaucoup d'encre dans le domaine de l'histoire de l'art : « Ma questo solo non fu cagione interamente della mia partita, ma fu pure altra cosa, la quale non voglio scrivere »[18]. En recontextualisant cette lettre par rapport à l'invitation du sultan, Énard consolide la cohésion de son texte tout en prenant lui-même position dans ce discours, car dans la logique du texte, l'« autre affaire » ne peut être que la construction du pont, et non, comme généralement présumé, la décoration de la chapelle Sixtine[19]. Au fil du récit, on découvre même la raison pour laquelle les lettres ne mentionnent pas Constantinople comme lieu de séjour :

> Seuls ses frères savent qu'il est à Constantinople. Il cache son séjour pour le moment et date ses autres lettres de Florence, par l'intermédiaire du marchand Maringhi, auquel il a demandé la plus grande discrétion. (PBR 56)

Outre les renvois explicites aux divers documents et sources, le récit utilise aussi des connaissances biographiques et historiques sur l'hypothétique

16 *Cf.* Michelangelo Buonarroti, « Al fratello Buonarroto in Firenze, Bologna 19 dicembre 1506 ». In : Michelangelo Buonarroti, *Rime e lettere*. A cura di Paola Mastrocolo, Torino, Unione tipográfico, pp. 317ssq.

17 *Cf.* Michelangelo Buonarroti, « A Giuliano da Sangallo in Roma, Firenze 2 maggio 1506 ». In : Buonarroti, *Rime e lettere*, *op. cit.*, pp. 315ssq.

18 Michelangelo Buonarroti, « Al fratello Buonarroto in Firenze », *op. cit.*, p. 316. Chez Énard nous trouvons la traduction de cette phrase comme suit : « Mais ceci ne fut pas la seule cause de mon départ, il y a aussi une autre affaire, que je ne veux pas écrire ici », PBR 54.

19 *Cf.* Volker Herzner, *Die Sixtinische Decke. Warum Michelangelo malen durfte, was er wollte*, Hildesheim, Georg Olms, 2015, p. 18.

immersion orientale dans l'œuvre de Michel-Ange, issues du discours académique. On peut par exemple citer l'influence de la critique ecclésiastique et de l'image des Turcs de Savonarole sur l'œuvre de Michel-Ange, traduit dans le récit par une hantise du protagoniste de sa mort sur le bûcher (*PBR* 85sq)[20], ainsi que la prétendue compétition avec Léonard de Vinci, au sujet de laquelle existe un dessin d'un projet de pont de Constantinople à Péra datant de 1502[21], comme cela est également mentionné dans la note à la fin du récit (*PBR* 169). Ainsi, dans *Parle-leur de batailles, de rois et d'éléphants*, ce qui décide finalement le protagoniste à accepter l'invitation du 'Grand Turc', c'est le refus de l'esquisse de son concurrent Léonard par ce dernier, qui est mentionné par les moines franciscains dans un discours persuasif :

> Le moine, sans trop s'en rendre compte, a immédiatement trouvé les mots pour convaincre Michel-Ange : Vous le dépasserez en gloire si vous acceptez, car vous réussirez là où il a échoué, et donnerez au monde un monument sans pareil, comme votre David. (*PBR* 19)

On peut donc constater que, par la simulation d'une méthode scientifique de travail et d'écriture, se créé un univers fictif qui, en interagissant avec des faits réels et des connaissances acquises, participe à la formation et à la circulation d'un savoir hypothétique, mais crédible, car partiellement documenté, sur Michel-Ange. Le récit démontre parfaitement que les textes littéraires peuvent être définis selon Klausnitzer comme « Erkenntnisformationen »[22], c'est-à-dire comme des systèmes de formation de connaissances – une expression rappelant toutefois la terminologie de Foucault. Dans cette même optique, Klein interprète l'imbrication entre littérature et savoir :

---

20 Sur l'influence de Savonarole *cf.* Herzner, *Die Sixtinische Decke*, *op. cit.*, pp. 115ssq. Le sonnet « Qua si fa elmi di calici e spade » de Michel-Ange, signé « Vostro Miccelangniolo in Turchia », est généralement cité comme preuve écrite de l'influence de la critique ecclésiastique et de l'image des Turcs de Savonarole sur le sculpteur. *Cf.* Michelangelo Buonarroti, *Rime e lettere*. A cura di Paola Mastrocolo, Torino, Unione tipográfico, pp. 75ssq.

21 *Cf.* Seybold, *Leonardo Da Vinci im Orient*, *op. cit.*, p. 152. Seybold relate que le motif d'une rivalité entre les deux artistes centrée sur le projet du pont à Constantinople n'a jamais été avancé par les contemporains, mais par Jean-Paul Richter au tournant du 19e siècle, ce qui, par la suite, a mené à d'ultérieures fabulations par des critiques d'art.

22 Ralf Klausnitzer, *Literatur und Wissen. Zugänge – Modelle und Analysen*, Berlin, De Gruyter, 2008, pp. 210ssq.

> Literarische Texte setzen sich mit Wissensbeständen auseinander – sie speichern und transportieren Erkenntnisse und reflektieren den Umgang mit Wissen oder spielen mit ihm[23].

En produisant un dispositif narratif sur l'immersion dans la culture orientale de Michel-Ange par une recoupe et un réarrangement des sources, l'écrivain met en question le fonctionnement de la transmission de l'Histoire et donne vie et voix à un discours prétendument offusqué, ce qui est accentué par le dédoublement de la voix narrative, comme nous le démontrerons par la suite.

3 La mise en place d'une narration polyphonique

En effet, le récit est mené par deux points de vue narratifs, un narrateur hétérodiégétique et omniscient qui reconstruit le séjour à Constantinople de manière pseudo-scientifique, comme on vient de le voir, et une voix oscillante entre une position hétéro- et homodiégétique dont les traits caractéristiques ressemblent à ceux d'un conteur, un amuseur des foules orientales qui, pourtant, s'adresse par un « tu » appellatif à Michel-Ange même. Tandis que le narrateur omniscient met au point, dans un ordre linéaire, les événements autour de la construction du pont, la deuxième voix, qu'Énard qualifie de « voix entre deux »[24] et qui s'élève de la nuit et du milieu de la nuit, tient, de manière intercalée au récit principal, un discours de l'altérité. En opposition avec le jour, elle se caractérise comme marginale et éphémère, puisque disparaissant avec l'aube :

> La nuit ne communique pas avec le jour. Elle y brûle. On la porte au bûcher à l'aube. Et avec elle ses gens, les buveurs, les poètes, les amants. Nous sommes un peuple de relégués, de condamnés à mort. (*PBR* 9)

Mais outre le combat symbolique entre jour et nuit, elle expose avant tout, par ses origines mauresques, le conflit entre chrétienté et islam en relatant, par exemple, l'expulsion de sa famille musulmane de l'Andalousie par les armées chrétiennes (*PBR* 31). La voix de la nuit situe Michel-Ange dans ces mêmes

---

23 Christian Klein, « Erzählung ». In : Roland Borgards, Harald Neumeyer, Nicolas Pethes et Yvonne Wübben, éds., *Literatur und Wissen. Ein interdisziplinäres Handbuch*, Stuttgart/ Weimar, Metzler, 2013, pp. 17-21, p. 20.

24 Mathias Énard, « L'un et l'autre. Entretien avec Thierry Guichard », *Le Matricule des anges* 117, 2010, pp. 32-33, p. 33.

dichotomies, le voyant « perdu dans un crépuscule infini, un pied dans le jour et l'autre dans la nuit » (*PBR* 10). Mais surtout, elle problématise dans un discours divinatoire et quasi méta-textuel au milieu du roman le sujet de la transmission du savoir, en utilisant la même métaphore de la lumière et de l'obscurité :

> Je devine ton destin. Tu resteras dans la lumière, on te célébrera, tu seras riche. Ton nom immense comme une forteresse nous dissimulera de son ombre. On oubliera ce que tu as vu ici. Ces instants disparaîtront. Toi-même tu oublieras ma voix, le corps que tu as désiré, tes tremblements, tes hésitations. Je voudrais tant que tu en conserves quelque chose. Que tu emportes une partie de moi. Que se transmette mon pays lointain. Non pas un vague souvenir, une image, mais l'énergie d'une étoile, sa vibration dans le noir. Une vérité. (*PBR* 71)

Dans cette prophétie, la voix différencie donc entre un savoir conservé et transmis et un savoir refoulé et oublié sur Michel-Ange, ce qui reproduit ce que Foucault appelle un système d'exclusion, basé sur un partage entre vrai ou faux, voire sur le rejet d'un certain discours qui n'a pas lieu d'être[25]. Elle explique l'oubli d'un savoir en rapport avec un collectif oriental qui n'a pas laissé de trace écrite et qui prend sa forme à travers ce récit, auquel la voix fait référence sur un plan méta-discursif :

> Ils [les hommes] s'accrochent aux récits, ils les poussent devant eux comme des étendards ; chacun fait sienne une histoire pour se rattacher à la foule qui la partage. On les conquiert en leur parlant de batailles, de rois, d'éléphants et des êtres merveilleux. (*PBR* 71sq)[26]

Comme évoqué ici, l'écriture revêt une importance primordiale non seulement pour sa fonction de support de stockage d'un savoir à transmettre, mais aussi

---

25 *Cf.* Michel Foucault, *L'ordre du discours, leçon inaugurale au Collège de France prononcée le 2 décembre 1970*, Paris, Gallimard, 2010, pp. 12-16.

26 Comme la note à la fin du récit l'indique, cette citation, qui constitue aussi le titre de l'ouvrage, appartient à Rudyard Kipling. *Cf.* *PBR* 169. Dans une interview, l'auteur explique la signification de cette phrase de Kipling qui « définit très bien ce qu'est la position d'un artiste, d'un créateur, qui cherche à communiquer avec un public, à s'inscrire dans la tradition, tout en s'en séparant, comme Michel-Ange. Nous parlons tous de batailles, de rois et d'éléphants, comme Michel-Ange peignait des thèmes bibliques ; c'est l'injonction de l'histoire, le poids de la tradition. » *Cf.* Borderie, « Mathias Énard, le génie et la beauté sur le Bosphore », *op. cit.*, s. p.

par son potentiel identificatoire. Il s'agit d'une codification symbolique, une « formation culturelle »[27] selon Assmann, qui constitue un savoir sur lequel se fonde une conscience collective. Sur le plan d'une politique d'identité, la présomption – même fictionnelle – d'une influence orientale sur Michel-Ange laisse une empreinte sur la conscience collective. Elle déstabilise son image comme représentant exclusif de l'art occidental ainsi que l'idée d'une ligne de faille entre l'Orient et l'Occident qui paraît être un produit discursif, voire idéologique, comme le remarque Énard :

> Michel-Ange est le plus grand artiste de la tradition occidentale, le nom qui représente presque l'art européen à lui tout seul et on lui propose d'aller construire un pont à Constantinople. Ça montre deux choses : qu'au XVIe siècle, le sultan d'Istanbul pouvait accueillir à sa cour des artistes comme Michel-Ange et Léonard de Vinci et que la ligne de faille qu'on voudrait nous faire voir aujourd'hui entre deux mondes n'a pas lieu d'être. C'est un pur produit idéologique des XIXe et XXe siècles[28].

Pourtant au niveau de la diégèse, les noces de Michel-Ange avec l'Orient restent inaccomplies. Au fur et à mesure que le récit avance, on croit pouvoir identifier la voix de la nuit avec celle du personnage de la chanteuse-danseuse de sexe indéfinissable que Michel-Ange voit en scène lors des soirées, qu'il passe à la taverne avec son guide, le poète Mesihi de Pristina, autre personnage historique, secrétaire du vizir Ali Pasha sous le règne de Bayazid II. Les deux fils narratifs confluent donc à travers la figure de la danseuse-chanteuse androgyne qui fascine l'artiste. Michel-Ange est décrit comme « envahi par l'émotion » (*PBR* 47) lorsqu'il assiste au spectacle de danse et de chant dont il ne comprend pourtant pas un mot :

> [C]'est avec cet accompagnement que la jeune femme – ou le jeune homme, on ne saurait jurer de son sexe, pantalon bouffant et ample chemise – chante des poèmes auxquels Michelangelo ne comprend rien. (*PBR* 46)

À plusieurs reprises, Michel-Ange termine la nuit au lit avec le personnage androgyne, sans qu'il n'y ait pourtant de contact physique ou de dialogue entre

---

27 Jan Assmann, *Das kulturelle Gedächtnis. Schrift, Erinnerung und politische Identität in frühen Hochkulturen*, München, Beck, [5]2005, pp. 139sq. Dans le texte original, il est question de « kulturelle Formation ».

28 Énard, « L'un et l'autre », *op. cit.*, p. 33.

les deux, de sorte que les discours intercalés de la voix ressemblent à des confidences sur l'oreiller, à une « confession murmurée »[29] restant sans réponse directe. Encore une fois dans une prévision méta-textuelle, la voix ajourne la réussite d'un dialogue entre Orient et Occident dans un futur indéfini et le repose sur le conte de batailles, de rois et d'animaux :

> Il ne restera rien de ton passage ici. Des traces, des indices, un bâtiment. Comme mon pays disparu, là-bas, de l'autre côté de la mer. Il ne vit plus que dans les histoires et ceux qui les portent. Il leur faudra parler longtemps de batailles perdues, de rois oubliés, d'animaux disparus. De ce qui fut, de ce qui aurait pu être, pour que cela soit de nouveau. Cette frontière que tu traces en te retournant, comme une ligne avec un bâton dans le sable, on l'effacera un jour. (*PBR* 140sq)

Bien qu'il n'y ait pas de dialogue direct entre Michel-Ange et la danseuse-chanteuse, sa voix, son chant, marque l'artiste dans son inconscient, lui insinue une vérité correspondante à celle du récit, comme le lecteur apprend dans un changement de perspective :

> Il [Michel-Ange] ne sait rien d'elle ; il s'est laissé charmer par cette voix épuisée, puis il l'a regardée s'assoupir [...]. Trois mots espagnols tournent dans sa tête comme une mélodie : *Reyes, batallas, elefantes. Battaglie, re, elefanti.* (*PBR* 142)

C'est finalement le récit qui prend la fonction du projet de pont, projet architectural fortement symbolique – s'agissant d'« un pont militaire, un pont commercial, un pont religieux, [u]n pont politique » (*PBR* 37) – qui ne se réalisera ni dans la réalité ni dans la diégèse, mais à travers le récit même. Le texte construit les traces manquantes du passage en Orient, il ré-établit l'archive des énonciations figurant comme sa preuve, il se configure lui-même, à travers la voix de la nuit, comme la trace, la source principale et, sur cette base, il dirige dans une étape ultérieure une réinterprétation de l'œuvre artistique de Michel-Ange dans un contexte oriental. Le motif du pont figure donc comme métaphore d'une volonté de rallier deux espaces culturels séparés, de surmonter une scission, ce qui paraît réalisable par l'écriture.

29 Blanche Cerquiglini, « Des vies rêvées », *Critique* LXVII, 767, 2011, pp. 293-304, p. 294.

4 La réinterprétation de l'œuvre artistique de Michel-Ange dans un contexte oriental

Comme le narrateur omniscient l'indique,

> [e]n peinture comme en architecture, l'œuvre de Michelangelo Buonarroti devra beaucoup à Istanbul. Son regard est transformé par la ville et l'altérité ; des scènes, des couleurs, des formes imprégneront son travail pour le reste de sa vie. La coupole de Saint-Pierre s'inspire de Saint-Sophie et de la mosquée de Bayazid ; la bibliothèque des Médicis de celle du sultan […] ; les statues de la chapelle des Médicis et même le Moïse pour Jules II portent l'empreinte d'attitudes et de personnages qu'il a rencontrés ici, à Constantinople. (*PBR* 97)

Outre ces références simplement énumérées, on trouve, dans la narration, des passages qui s'exposent comme source d'inspiration des œuvres d'art et des formes créées par Michel-Ange. On peut notamment citer la scène de la décapitation d'un condamné à mort, à laquelle Michel-Ange assiste pendant l'une de ses promenades avec Mesihi dans la ville (*PBR* 81sq). C'est ensuite la voix omnisciente qui suggère que cet événement pourrait être à l'origine de la fresque montrant « La décapitation de Goliath par David » dans un pendentif de la chapelle Sixtine, tout en recadrant que « [b]ien sûr, Michel-Ange ne pense pas alors à ces fresques qu'il réalisera trois ans plus tard et qui lui vaudront une gloire encore plus immense » (*PBR* 83). Le narrateur omniscient se présente donc aussi comme critique d'art en mettant en relation la biographie orientale avec l'œuvre de l'artiste, ou plus précisément en interprétant la création artistique de Michel-Ange à la base de ses expériences en Orient. Ce faisant, il brouille la chronologie de genèse entre les fresques et les épisodes narrés dans le texte qui, en réalité, ne sont que la visualisation ekphrastique d'un choix de peintures réellement existantes. Dans une mise en scène plus complexe encore, on voit attribué à la voix de la nuit, c'est-à-dire au personnage androgyne de la danseuse-chanteuse de la taverne, ce que Louvel appelle une « condition ekphrastique »[30] du personnage. En effet, ce qui mène au dénouement de l'histoire, c'est un complot de meurtre contre Michel-Ange déjoué, qui est censé être accompli par la danseuse-chanteuse pendant la nuit, avec la dague mentionnée dans la lettre au frère de Michel-Ange. C'est uniquement grâce au poète Mesihi que l'attentat n'a pas lieu. Par une référence intermédiale im-

30 Liliane Louvel, « Déclinaisons et figures ekphrastiques : Quelques modestes propositions », *Arborescences* 4, 2014, pp. 15-32, p. 17.

plicite exprimée par le personnage de la danseuse, on établit *ex negativo* une analogie entre cette tentative de meurtre et la fresque du pendentif « Judith décapitant Holopherne » au plafond de la chapelle Sixtine :

> Judith l'a accompli jadis, pour sauver son peuple. Je n'ai pas de peuple à sauver, pas de vieille femme qui tienne un sac dans lequel dérober ta tête ; je suis seule et j'ai peur. (*PBR* 146)

D'ailleurs, dans un précédent passage du texte, le lecteur apprend par le narrateur que l'apparence de la danseuse a laissé son empreinte sur les fresques, bien que la description du personnage ne corresponde pas tout à fait à l'image de Judith dans la fresque, les bracelets et le grain de beauté évoqués n'étant pas visibles sur la peinture réelle :

> On retrouvera les cinq bracelets d'argent autour de la cheville fine, la robe aux reflets orangés, l'épaule dorée et le grain de beauté à la base du cou dans un recoin de la chapelle Sixtine quelques années plus tard. (*PBR* 97)

L'association prend plus d'envergure encore lorsque l'on se rend compte de l'autoportrait de Michel-Ange dans la tête d'Holopherne ainsi que du motif du corps étendu sur un lit à l'arrière-plan sombre de la fresque, qui rappelle justement la scène décrite dans le texte. Comme Zöllner le souligne, les autoportraits cachés et assez singuliers de Michel-Ange sont le signe d'un entremêlement profond entre le personnage de l'artiste et son œuvre[31]. L'autoportrait reconnaissable dans la tête d'Holopherne est généralement interprété comme l'expression d'un geste de souffrance miroitant le supplice que Michel-Ange aurait ressenti en réalisant ces fresques. Dans le roman d'Énard, le complot de meurtre est inventé comme prélude à la création de cette fresque particulière, qui peut être lue comme une cristallisation, une matérialisation du personnage de la chanteuse-danseuse dans l'art de la peinture et, à travers elle, de la voix de la nuit, porteuse d'une histoire de l'altérité orientale dans l'œuvre de Michel-Ange. La fresque devient ainsi le reflet de ce dialogue indirect entre Michel-Ange et la voix de la nuit, des passages oniriques en Orient, de la vérité du livre même. L'écriture ekphrastique ne fonctionne donc pas suivant la prémisse selon laquelle « ce que le texte semble taire, l'image le montre »[32], mais, à l'inverse, ce que l'image semble taire, le texte le montre. En bref, le voyage

31 *Cf.* Frank Zöllner, *Michelangelos Fresken in der Sixtinischen Kapelle. Gesehen von Giorgio Vasari und Ascanio Condivi*, Freiburg, Rombach, 2002, pp. 116ssq.

32 Louvel, « Déclinaisons et figures ekphrastiques », *op. cit.*, p. 19.

non-avéré en Orient de Michel-Ange est présenté dans le récit comme étape décisive dans l'évolution stylistique de son œuvre.

5 Conclusion

Pour conclure, dans *Parle-leur de batailles, de rois et d'éléphants*, le savoir biographique est mis au service de la création d'un épisode oriental dans la vie de Michel-Ange qui met en question la formation du savoir et la transmission de l'Histoire. Dans un chassé-croisé entre des aspects fictionnels et factuels, entre différents régimes narratifs, entre une voix du jour et de la nuit, entre des éléments textuels et visuels, Énard arrive à « remplacer ce pont qui n'a jamais vu le jour par un pont de papier, un de ces ponts intellectuels que sont les livres »[33]. Par le dérèglement d'une histoire unilatéralement occidentale de l'artiste, l'auteur crée un nouveau savoir sur Michel-Ange en positionnant l'artiste à l'interstice entre Occident et Orient, entre faits et fiction, « un pied dans le jour et l'autre dans la nuit » (*PBR* 10). Le texte même transmet donc une force de cohésion collective, tels que les 'livres-étendard' dont la voix de la nuit rend compte par la référence méta-textuelle aux récits parlant de batailles, de rois et d'éléphants – ne serait-ce que dans l'imaginaire du lecteur.

Bibliographie

Assmann, Jan ([2]2005). *Das kulturelle Gedächtnis. Schrift, Erinnerung und politische Identität in frühen Hochkulturen*. München : Beck.

Barocchi, Paola et Ristori, Renzo, éds. (1967). *Il Carteggio di Michelangelo*. Edizione postuma di Giovanni Poggi. Firenze : Sansoni.

Borderie, Laurent (2010). « Mathias Énard, le génie et la beauté sur le Bosphore ». *L'Orient littéraire* 52,10, *en ligne*.

Buonarroti, Michelangelo (1992). *Rime e lettere*. A cura di Paola Mastrocolo. Torino : Unione tipográfico.

Cerquiglini, Blanche (2011). « Des vies rêvées ». *Critique* LXVII, 767, pp. 293-304.

Cerquiglini, Blanche (2012). « Les romans biographiques ». In : Jean-Yves Tadié et Blanche Cerquiglini, éds., *Le roman d'hier à aujourd'hui*, Paris : Gallimard, pp. 339-352.

Condivi, Ascanio (1976). *Vita di Michelangnolo Buonarroti raccolta per Ascanio Condivi de la Ripa Transone*. Baton Rouge : Louisana State University Press [[1]1553, Roma : Antonio Blado Stampatore].

33 Borderie, « Mathias Énard, le génie et la beauté sur le Bosphore », *op. cit.*, s. p.

Elam, Caroline (1998). « Tiberio Calcagni's Marginal Annotations to Condivi's Life of Michelangelo ». *Renaissance Quarterly* 51,2, pp. 475-497.

Énard, Mathias (2010). *Parle-leur de batailles, de rois et d'éléphants*. Arles : Actes Sud.

Énard, Mathias (2010). « L'un et l'autre. Entretien avec Thierry Guichard ». *Le Matricule des anges* 117, pp. 32-33.

Énard, Mathias (2012). « La vie des autres. Entretien avec Thierry Guichard ». *Le Matricule des anges* 136, pp. 20-25.

Foucault, Michel (2010). *L'ordre du discours, leçon inaugurale au Collège de France prononcée le 2 décembre 1970*. Paris : Gallimard [^{1}1971], pp. 12-16.

Genette, Gérard (2004). « Récit fictionnel, récit factuel ». In : Gérard Genette, *Fiction et diction*, précédé de *Introduction à l'architexte*, Paris : Seuil, pp. 141-168.

Herzner, Volker (2015). *Die Sixtinische Decke. Warum Michelangelo malen durfte, was er wollte*. Hildesheim : Georg Olms.

Klausnitzer, Ralf (2008). *Literatur und Wissen. Zugänge – Modelle und Analysen*. Berlin : De Gruyter.

Klein, Christian (2013). « Erzählung ». In : Roland Borgards, Harald Neumeyer, Nicolas Pethes et Yvonne Wübben, éds., *Literatur und Wissen. Ein interdisziplinäres Handbuch*, Stuttgart/Weimar : Metzler, pp. 17-21.

Louvel, Liliane (2014). « Déclinaisons et figures ekphrastiques : Quelques modestes propositions ». *Arborescences* 4, pp. 15-32.

Seybold, Dietrich (2011). *Leonardo Da Vinci im Orient. Geschichte eines europäischen Mythos*. Köln : Böhlau.

Vasari, Giorgio (1962). *La vita di Michelangelo nelle relazioni del 1550 e del 1568. Volume I : Testo*. Curata e commentata da Paola Barocchi. Milano/Napoli : Riccardo.

Viart, Dominique (2001). « Essais-fictions : les biographies (ré)inventées ». In : Marc Dambre et Monique Gosselin-Noat, éds., *L'éclatement des genres au XXe siècle*, Paris : Presses de la Sorbonne Nouvelle, pp. 331-345.

Zöllner, Frank (2002). *Michelangelos Fresken in der Sixtinischen Kapelle. Gesehen von Giorgio Vasari und Ascanio Condivi*. Freiburg : Rombach.

« Pas encore mort » : l'alcool, la nostalgie et la Russie chez Mathias Énard

Diana Mistreanu

Résumé

Cet article porte sur l'un des textes de Mathias Énard qui a reçu relativement peu d'attention critique jusqu'à présent, à savoir *L'Alcool et la Nostalgie* (2011). Cet ouvrage fut écrit à la suite de son voyage en Transsibérien organisé dans le cadre de l'année croisée France-Russie (2010-2011), un projet qui relève de la politique de *soft power* mise en place par les deux pays pour renforcer leurs liens diplomatiques par le biais de la culture. Ainsi, nous postulons que texte et contexte sont indissociables pour ce qui est de l'émergence de cet ouvrage que nous interrogerons à travers un triple prisme : celui du rapport avec le temps et le lieu auquel il appartient, à savoir la France du début des années 2010, celui des thèmes abordés par l'auteur dans ses autres romans, plus célèbres, et, enfin, celui des traits stylistiques récurrents dans son œuvre. Malgré les opinions qui, influencées sans doute par son contenu, affirment que ce texte s'inscrit dans la tradition littéraire russe, nous montrons qu'il ne constitue pas un hapax dans la création littéraire de l'auteur, mais qu'il s'agit d'un ouvrage éminemment énardien.

1 Introduction

« Lier une œuvre à ce qui l'a rendue possible, penser son apparition en un temps et un lieu déterminés » est, selon Dominique Maingueneau, « une tâche aussi vieille que l'étude de la littérature »[1]. De nos jours, continue le théoricien, l'articulation entre œuvre et contexte est caractérisée par deux attitudes dominantes. La première est l'approche privilégiée par l'histoire littéraire, pour laquelle l'œuvre est essentiellement « représentative de son temps ». La seconde, d'orientation stylistique et fidèle à la tradition structuraliste, étudie le texte en tant qu'un univers clos – méthode qui correspond à l'esthétique du Nouveau Roman français et à la mort de l'auteur proclamée par Roland Barthes, et que Maingueneau juge désuète, même si elle subsiste dans les normes et les

1 Dominique Maingueneau, *Le contexte de l'œuvre littéraire. Enonciation, écrivain, société*, Paris, Dunod, 1993, p. v.

DOI:10.1163/9789004425507_016

pratiques scolaires[2]. Mais si la seconde approche consiste à refuser l'articulation entre l'œuvre et son contexte spatiotemporel, la première colporte souvent des clichés. « Quand l'auteur est bien identifié, le philologue s'attache à montrer qu'il est représentatif de son temps ou de son groupe », qu'il est « lié à son époque » ou qu'en lui « se réconcilient l'individuel et le collectif »[3], confiant au lecteur la tâche d'éclairer davantage le rapport de représentation évoqué par ces lieux communs, comme si leurs significations étaient manifestes. Or, si texte et contexte sont indissociables, il ne suffit pas de le postuler, mais il convient bien de le problématiser, voire de le démontrer, ce en quoi consistera la première partie de notre article, dans laquelle nous interrogerons le rapport de *L'Alcool et la Nostalgie* (2011) de Mathias Énard avec le temps et le lieu auxquels l'ouvrage appartient, à savoir la France du début des années 2010. Dans les deux parties suivantes, en revanche, nous déplacerons l'accent de « l'esprit de l'époque » vers celui du romancier, en invoquant le principe spitzerien de cohésion, qui conçoit l'œuvre d'un écrivain comme une totalité organique dont tous les aspects expriment l'étymon spirituel de leur auteur[4]. Aussi s'agira-t-il de montrer qu'en dépit de sa réception critique, moins tonitruante que celle des autres textes en prose d'Énard, et malgré sa comparaison – notamment par la critique journalistique et celle des blogs littéraires[5] – avec de célèbres auteurs russes du XIXe siècle, *L'Alcool et la Nostalgie* n'est pas un texte marginal écrit par un épigone des écrivains russes du siècle d'or – ce qui le rendrait

2 « [L]a majorité des 'usagers' continuent à raisonner sur les schémas traditionnels, sans s'apercevoir que la conjecture qui leur donnait sens a disparu ». En même temps, « bien des chercheurs ont pris acte de cette transformation », Maingueneau, *Le contexte*, *op. cit.*, p. VI. L'émergence de l'analyse du discours et son intérêt pour l'image d'auteur et les hypostases auctoriales, le paradigme indiciaire de Carlo Ginzburg, ainsi que la réémergence de l'imagologie – surtout dans les pays anglo-saxons où, sous l'égide de théoriciens comme Joep Leerssen et Manfred Beller, on s'intéresse justement au contexte historique, politique et culturel des représentations textuelles –, renforcent la prise de position de Maingueneau. En outre, les réflexions métalittéraires de certains écrivains contemporains, comme Jean Rouaud ou Andreï Makine, s'inscrivent dans la même direction.

3 *Ibid.*, p. 2sq.

4 *Ibid.*, p. 4ssq.

5 Pour ne citer qu'un exemple, pour une bloggeuse, *L'Alcool et la Nostalgie* est un « texte où les ombres de Dostoïevski, Axionov et Gogol ne sont jamais bien loin ... ». S. a., « *L'Alcool et la Nostalgie* de Mathias Énard », *Au café littéraire de Céline*. URL : http://aucafelitteraire deceline.over-blog.com/article-l-alcool-et-la-nostalgie-de-mathias-enard-82988898.html. Consulté le 10 avril 2018. Par ailleurs, ce livre a joui d'une réception chaleureuse de la part des internautes, mais a été négligé par la critique universitaire – si on ne compte pas sa mention dans la liste des « Ouvrages en français sur le monde russe » de Michel Niqueux (*La Revue russe* 36, 2011, p. 177), dans la section « Romans russes en langues occidentales ».

d'ailleurs anachronique et dépourvu de valeur littéraire – mais un texte central, à la fois du point de vue thématique et stylistique, de la création énardienne.

2 L'Alcool et la Nostalgie … et la France

Invité par le poète luxembourgeois Jean Portante à s'exprimer sur la gestation de *Boussole*, Mathias Énard lui répond : « C'est amusant de voir à quel point les livres sont différents et se fabriquent différemment »[6]. Il y ajoute qu'à la différence de *Zone*, né de sa célèbre première phrase, longue de 500 pages, *Boussole* s'est configuré progressivement. À l'idée d'écrire une histoire d'amour s'est ajoutée celle du voyage en Orient, et il y a eu ensuite une documentation assidue, pour créer finalement le personnage de Franz Ritter, qui deviendra le réceptacle de tous les autres fils narratifs. Or, on retrouve les mêmes topoï dans *L'Alcool et la Nostalgie*, qui porte sur le retour impromptu en Russie d'un jeune Français appelé Mathias, narré à la première personne à travers le flux de conscience de celui-ci. Les délimitations chronologiques sont le moment où Mathias reçoit, à Paris, le coup de téléphone de Jeanne qui lui annonce la mort inattendue de leur ami Vladimir, et la tentative de suicide du narrateur, qui a lieu après son arrivée en train à Novossibirsk, où il accompagnait le cercueil de Vladimir.

Ce qui a déclenché l'écriture de cet ouvrage fut cependant un contexte géopolitique particulier. Sa genèse s'inscrit dans le processus de renforcement des relations entre la France et la Russie qui a eu lieu pendant le mandat présidentiel de Nicolas Sarkozy (2007-2012). En effet, se présentant en tant qu'un « homme d'action »[7] dès son entrée en fonction, Sarkozy s'était fixé comme objectif de se rapprocher de la Russie, dont le Président fut, pendant le plus clair de son mandat, Dimitri Medvedev (2008-2012). Cette période est effectivement caractérisée par la densification des coopérations économiques et industrielles, voire militaires, entre les deux pays. Et si, pour Arnaud Dubien, la présidence de Sarkozy marque l'entrée des relations franco-russes dans une

6 Jean Portante, « Tous les chemins partent de Vienne : entretien avec Mathias Énard, prix Goncourt 2015 », *Bücher/Tageblatt* 11-12, 2015, p. 3.

7 Selon John Lichfield, c'est grâce à sa posture d'« homme d'action », et d'« anti-Chirac » que Sarkozy a gagné les élections présidentielles. *Cf.* John Lichfield, « Struggling Sarkozy to Remind French : 'I'm a man of action' », *The Independent* 4, 2008. URL : https://www.independent.co.uk/news/world/europe/struggling-sarkozy-to-remind-french-im-a-man-of-action-814758.html. Consulté le 6 septembre 2019.

nouvelle phase[8], il convient de rappeler que ce revirement s'inscrit néanmoins dans une vaste perspective diachronique. Une interprétation romantique des relations entre les deux acteurs pourrait ainsi placer leur commencement au XIe siècle – quand Anna Iaroslavna, l'une des filles du Prince de Kiev, Iaroslav le Sage, épouse Henri Ier et devient reine des Français –, mais elles ne prennent leur essor qu'au XVIIIe siècle, avec les efforts de Pierre le Grand et de Catherine II d'occidentaliser l'Empire russe, et continuent, avec des syncopes, pendant les siècles à venir – pensons aux alliances et conventions franco-russes (1890-1917), ou à la coopération militaire des deux pays durant les Guerres mondiales[9].

Dans cette optique, *L'Alcool et la Nostalgie* est le résultat d'un projet joint d'usage du *soft power*, concept défini par le politologue Joseph Nye comme le pendant non-violent du pouvoir militaire (*hard power*), et qui repose sur trois ressources : la culture, les valeurs politiques et la politique étrangère[10]. L'Année franco-russe 2010-2011, inaugurée par les présidents Sarkozy et Medvedev en mars 2010 à Paris, est un exemple de *soft power* culturel qui, selon les informations fournies par le Gouvernement français, comprend des « manifestations liées à la culture, l'éducation, l'enseignement supérieur, la science, la jeunesse et au sport », et a un double objectif : celui de faire connaître « l'histoire, la culture, l'économie et les réalités contemporaines du pays partenaire » et celui de « donner un nouvel élan à la coopération franco-russe, en l'inscrivant dans une perspective d'avenir »[11]. Par-delà les festivals, les échanges scolaires et

---

8 Arnaud Dubien, « Nicolas Sarkozy et la Russie, ou le triomphe de la Realpolitik », *Revue internationale et stratégique* 77, 2010, pp. 129-131, p. 131.

9 Le sujet des relations diplomatiques et interculturelles entre la France est la Russie, avec leurs différentes identités (impériale, républicaine, soviétique, etc.) dépasse le cadre de cet article et comprend une bibliographie exhaustive. Consulter à ce sujet les travaux de Vladislav Rjéoutski pour les XVIIIe et XIXe siècles (p. ex., *Quand le français gouvernait la Russie. L'éducation de la noblesse russe 1750-1880*, Paris, L'Harmattan, 2016) ou, sous un angle littéraire, ceux d'Alexeï Evstratov, comme *Les spectacles francophones à la cour de Russie (1743-1796) : l'invention d'une société* (Oxford, Oxford University Press, 2016), de Léonid Livak (parmi d'autres, *How It Was Done in Paris. Russian Émigré Literature and French Modernism*, Madison, University of Wisconsin Press, 2003) ou de Cornelia Ruhe, notamment *'Invasion aus dem Osten' : Die Aneignung russischer Literatur in Frankreich und Spanien (1880-1910)*, Frankfurt/Main, Vittorio Klostermann, 2012.

10 Joseph Nye, *The Future of Power*, New York, PublicAffairs, 2011, p. 84. – Comme le montre le rapport de janvier 2018 du *think tank* « Carnegie Endowment for International Peace », la France est un des pays où le soft power russe est le plus présent. *Cf.* Marlene Laruelle, « Russian Soft Power in France : Moscow's Cultural and Business Para-Diplomacy », *Carnegie Councils for Ethics in International Affairs.* URL : https://www.carnegiecouncil.org/publications/articles_papers_reports/russian-soft-power-in-france. Consulté le 6 septembre 2019.

11 S. a., « L'agenda de l'éducation. Archive. 2010 : Année France-Russie ». URL : http://www.education.gouv.fr/cid50404/2010-annee-france-russie.html. Consulté le 6 septembre 2019.

universitaires et même le colloque sur la Sibérie organisé à Lyon et financé par l'oligarque russe Mikhaïl Prokhorov[12], le programme inclut aussi un voyage en Transsibérien, de Moscou à Vladivostok, organisé à l'aide de *CulturesFrance* (aujourd'hui Institut français), de l'Agence *fédérale russe pour la presse et les communications de masse* (*RIA Novosti*) et de la compagnie des chemins de fer russes (*RJD*) à l'intention d'une trentaine d'écrivains français. Le voyage s'est déroulé du 28 mai au 14 juin 2010 et, parmi ses participants, on compte les académiciens Danièle Sallenave et Dominique Fernandez, ainsi que les écrivains Maylis de Kerangal, Sylvie Germain, Jean Échenoz, Patrick Deville et Olivier Rolin.

L'Alcool et la Nostalgie est le fruit de la participation de Mathias Énard à ce voyage. Le texte fait partie d'un corpus de cinq ouvrages inspirés de cette expérience et publiés à Paris, à savoir *Le Monde sans vous* de Sylvie Germain (Albin Michel 2010), *Tangente vers l'Est* de Maylis de Kerangal (Gallimard 2012), *Transsibérien* de Dominique Fernandez (Grasset 2012) et *Sibir. Moscou-Vladivostok* (*mai-juin 2010*) de Danièle Sallenave (Gallimard 2012). Outre le fait d'être les produits littéraires de ce projet, ces textes partagent une intertextualité intense, caractérisée par la démultiplication des références littéraires et historiques. De plus, les ouvrages de Maylis de Kerangal et de Mathias Énard sont des adaptations de fictions radiophoniques diffusées en juillet 2010 par France Culture et, à en croire l'auteur, son livre aurait même été écrit dans le train, entre Moscou et Novossibirsk, comme le souligne le paratexte :

> *L'Alcool et la Nostalgie* est l'adaptation plus ou moins fidèle d'une fiction radiophonique de 100 minutes écrite dans le Transsibérien entre Moscou et Novossibirsk et diffusée par France Culture en juillet 2010. Dans sa distribution originale, ce *hörspiel* [*sic*] comptait avec la participation des comédiens Julie Pouillon et Serge Vladimirov, et était réalisé par Cédric Aussir. Ce voyage – le vrai – a été rendu possible par *Cultures France*, dans le cadre de l'Année France-Russie[13].

Aussi cet ouvrage est-il un triple hapax dans l'œuvre de Mathias Énard, étant la seule adaptation d'une fiction radiophonique, le seul texte écrit intégralement dans un train[14] et, sans doute, le seul texte écrit à la suite d'une

---

12 L'ouvrage *L'invention de la Sibérie par les voyageurs et écrivains français* (*XVIII*ᵉ-*XIX*ᵉ *siècles*) (Paris, Institut d'études slaves, 2014) édité par Sarga Moussa et Alexandre Stroev, est le fruit de cette manifestation scientifique.

13 Mathias Énard, *L'Alcool et la Nostalgie*, Paris, Inculte, 2011 (désormais *AN*), p. 7.

14 L'idée d'écrire *Zone* serait venue à l'auteur pendant un voyage en train entre Milan et Rome, qui sera également le trajet parcouru par son personnage. *Cf.* Robert Solé, « *Zone*,

commande – à l'exception, peut-être, des *Carnets d'un Barcelonais d'adoption*[15]. Cela ne minimise en rien la qualité littéraire de l'ouvrage, et ne crée pas non plus d'effet de clivage entre ce texte et le reste de l'œuvre énardienne, bien au contraire. Inviter l'auteur à prendre part à ce voyage pour représenter la littérature française en Russie – cinq ans avant qu'il ne reçoive le Prix Goncourt – témoigne de la place que Mathias Énard occupait déjà sur la scène littéraire française contemporaine. Et si la reconnaissance d'un auteur consiste dans sa reconnaissance en tant que créateur d'un monde romanesque qui porte son étymon spirituel, force est de constater que *L'Alcool et la Nostalgie* appartient pleinement à ce monde.

3 Paralysés dans un enfer liquide. La Russie et le désir d'appartenance

Même si, pour le stylisticien Léo Spitzer, l'étymon spirituel d'un écrivain, à savoir la signification inhérente de sa création, est de nature essentiellement linguistique et réside dans un trait qui a la capacité d'organiser toute son œuvre[16], il nous semble que nous pouvons repenser ce concept de manière à ce qu'il résume l'ensemble des caractéristiques, non seulement stylistiques, mais aussi thématiques, qui créent la particularité d'un auteur. Mais avant de le formuler, explorer ses caractéristiques nous semble judicieux.

Au niveau thématique, l'étymon spirituel de Mathias Énard se décline ainsi sous plusieurs aspects qui explorent le rapport entre l'homme, l'espace et l'histoire, ainsi que la relation à l'altérité. La première observation qu'il convient de faire à cet égard est le fait que la manière dont l'espace est mis en récit dans *L'Alcool et la Nostalgie* complète la géographie énardienne. L'image de la Russie s'ajoute à celle de l'Orient – libanais ? – du premier roman de l'auteur, *La Perfection du tir* (2003), à celle de l'Amérique du Sud de *Remonter l'Orénoque* (2005), à celles de l'Italie, du Maghreb et du Proche Orient de *Zone* (2008), et à celle du Constantinople médiéval de *Parle-leur de batailles, de rois*

de Mathias Énard : 'J'ai voulu faire une épopée contemporaine' », *Le Monde* 9 novembre 2008. URL : http://www.lemonde.fr/livres/article/2008/09/11/zone-de-mathias-enard_1093975_3260.html. Consulté le 6 septembre 2019.

15 Il s'agit de quatre textes courts écrits pour l'ouvrage collectif *Barcelone. Histoire, promenades, anthologie et dictionnaire* (Paris, Robert Laffont, 2018), coordonné par Pierre Ducrozet.

16 Anna Jaubert, « Le style et la vision : L'héritage de Léo Spitzer », *L'Information grammaticale* 70, 1996, p. 30.

et d'éléphants (2010), et précède celles de la Barcelone de *Rue de voleurs* (2012)[17] et de l'Empire ottoman, de la Syrie et de l'Iran de *Boussole*. Ensuite, l'espace peut être divisé suivant deux binômes dichotomiques. En premier plan se trouve le binôme central, celui des villes dysphoriques (Moscou, Paris, Nijni-Novgorod, Novossibirsk, Ekaterinbourg) et des villes euphorisantes (Lisbonne et Vladivostok) que Mathias traverse, dont il se souvient ou auxquelles il rêve. En même temps, tout au long de son voyage résonne en contrepoint une seconde opposition, entre l'immensité de la terre (la Sibérie) et l'exiguïté des espaces habités (les petites chambres insalubres dans lesquelles vivent les personnages).

Vue à travers les yeux du personnage, la capitale russe est un gigantesque enfer urbain et liquide, décrite par une suite de métaphores funestes. En effet, la référence à l'enfer dantesque, dont le dernier cercle est glacé, est explicite : « […] à Moscou comme chez Dante, il y a des cercles, des anneaux, des ceintures de voitures immobiles, une coulée de lave de bagnoles » (*AN* 55), et elle est renforcée par un renvoi à un autre enfer urbain, celui de Shelley, dont les vers traversent l'esprit de Mathias lorsqu'il se voit obligé de prendre le métro seul à Moscou : « *Hell is a city much like London/ there are all sorts of people undone / and there's little or no fun done* » (*AN* 58)[18]. Pour le reste, la mégapole est dominée par la sensation de faim, l'image des banlieues sordides et pestilentielles – « l'odeur du chou […] devait flotter là depuis l'hiver dernier » (*AN* 54) –, et le clair-obscur, formé par les ténèbres et la lumière d'un néon « malade ou pudique » (*AN* 54) ou les enseignes des grands magasins.

Un autre trait caractéristique de Moscou, qu'elle partage d'ailleurs avec l'intégralité de l'espace énardien, est son organisation en tant que palimpseste. L'espace porte en effet les traces des métamorphoses, des constructions et des destructions historiques et sociales successives[19], et il suffit d'un regard ou d'une mention de la couche superficielle pour que la mémoire des autres soit réactualisée. Cet espace-palimpseste est parfois présenté de manière implicite et révèle des informations qui peuvent échapper au narrateur même. Par exemple, la métaphore filée de la poupée vaudou « criblée d'épingles »

---

17 La ville de Barcelone revient dans les *Carnets d'un Barcelonais d'adoption*, et la plupart des lieux mentionnés, ainsi que d'autres, comme les villes polonaises ou les Balkans, apparaissent également dans le recueil de poèmes Dernière communication à la société proustienne de Barcelone (Paris, Inculte, 2016).

18 Nous avons gardé les caractères italiques des citations qui sont en italique dans le texte. Cette citation, qui ouvre la troisième partie de *Peter Bell the Third* de Shelley, intitulée « Hell », est inexacte, le deuxième vers (« A populous and smoky city ») étant absent.

19 *Cf.* Olivier Mongin et la notion de ville-palimpseste : *La condition urbaine : la ville à l'heure de la mondialisation*, Paris, Seuil, 2005.

(*AN* 54), qui confère à la ville un caractère sépulcral, a également une signification sociologique. Les « épingles » sont les chaussures des « gigantesques blondes en fourrures » qui descendent des « 4×4 noirs aux vitres teintées [...], haut perchées sur des talons si fins qu'on croyait à chaque instant qu'ils allaient percer le macadam et s'enfoncer, s'enfoncer dans les profondeurs de la ville » (*AN* 54). Or, ce passage évoque les mutations de la Russie post-soviétique. Il désigne particulièrement l'avènement des nouveaux riches – les oligarques qui ont fait fortune après la dissolution de l'URSS par des moyens souvent malhonnêtes –, et l'opulence qui caractérise leur mode de vie et qui s'inscrit en faux contre la pénurie des zones marginales de Moscou et des Russes ordinaires.

La plupart des descriptions des espaces-palimpsestes sont pourtant explicites et consistent dans des énumérations de références historiques ou littéraires. La Sibérie est ainsi présentée comme une terre démesurée et anxiogène, dont les plaies, la souffrance et les traces des camps sont récentes et visibles, et « où dorment toujours les mammouths et les corps oubliés des déportés » (*AN* 46), ce qui renvoie à son usage en tant que colonie pénitentiaire depuis la fin du XVIIe siècle[20]. Il en va de même pour les villes de Nijni-Novgorod et d'Ekaterinbourg. La première est la ville de Gorki, dont la petite maison natale fut transformée en un musée « où l'on voit les branches séchées avec lesquelles ses parents le battaient » (*AN* 25), alors que la seconde est « la ville du massacre et de l'industrie lourde, interdite aux étrangers jusqu'en 1990 » (*AN* 68). Elle apparaît comme inhumaine, métallique et, surtout, régicide, car indissociable du meurtre commis par les bolcheviques sur son territoire en 1918, qui mit fin à la dynastie tricentenaire des Romanov. L'image de la ville de Novossibirsk est moins riche en références historiques, mais elle reste profondément inhospitalière. « Une des villes les plus laides du monde » (*AN* 76), « ville du froid, de l'Ob silencieux et de la glace » (*AN* 82), elle est également le terminus du voyage doublement funèbre de Mathias, car non seulement il y accompagne le cercueil de Vladimir, originaire d'un village de la région, mais il y commet aussi une tentative de suicide. Enfin, Paris est également ajoutée à la liste des villes dysphoriques. Elle est présentée à travers des images de *spleen* baudelairien (« cette tristesse que seul novembre sait fabriquer, novembre et Paris », *AN* 72) et de descriptions des bâtiments insalubres du 18e arrondissement, ce qui crée une correspondance entre la Russie, désignée plusieurs fois par « le Nord », et le quartier parisien où ils avaient habité, « le Nord du 18e » (*AN* 45).

---

20 La katorga (travail carcéral) est instaurée par Pierre le Grand en 1696. Pour la transformation de la katorga en camps soviétiques, consulter le livre d'Anne Appelbaum, *Goulag. Une histoire*, Paris, Gallimard, 2005.

Les deux villes euphorisantes de l'ouvrage sont Lisbonne, où Mathias et Jeanne étaient partis en vacances avant le déménagement de celle-ci à Moscou, et Vladivostok, terminus du Transsibérien, que les personnages ne connaissent pas, mais qu'ils perçoivent comme la fin lumineuse d'un tunnel. La ville de Saint-Pétersbourg est, en revanche, présentée sous un angle ambivalent. En apparence, ses descriptions sont valorisantes. Elle est la « perle de la Baltique, joyau des tsars », une « beauté baroque au bord du golfe de Finlande » (*AN* 60sq), et elle est habitée par les fantômes de Pouchkine, Dostoïevski, Anna Akhmatova et Vladimir Nabokov. Il n'en demeure pas moins que le langage utilisé pour la décrire consiste dans des clichés de brochures touristiques et que, pour Mathias, elle est la ville de la matérialisation du triangle amoureux, car Jeanne y embrasse Vladimir pour la première fois. Somme toute, ces trois villes partagent un élément commun – elles sont des villes portuaires qui ont accès à l'océan planétaire[21]. Qui plus est, Lisbonne et Saint-Pétersbourg, deux anciennes capitales impériales, sont unies également par un lien éthylique, à savoir le vin de Madère, consommé jadis à Saint-Pétersbourg par les tsars russes. En effet, l'élément aquatique domine les descriptions d'espaces et il apparaît sous une multitude de formes, des pluies et neiges moscovites à la bruine et aux larmes des personnages, d'une suite d'hydronymes qui comprennent des rivières (la Néva, le Tage), des fleuves (la Volga, l'Ob, la Léna et l'Amour), des mers et des océans (la mer Baltique, le Pacifique et l'Atlantique) à une longue liste de boissons, dont de nombreux alcools qui renvoient au titre de l'ouvrage (le *mors*[22], la vodka, le vin portugais, etc.).

Ce qui explique la contiguïté de l'eau et de l'espace est le fait qu'ils sont tous les deux des déclinaisons des thèmes centraux du texte, qui sont, d'un côté, la recherche de la communion avec autrui et, de l'autre, l'impuissance de la trouver. Comme le souligne Daniel-Henri Pageaux, « l'espace et le temps ne sont pas seulement générateurs de pittoresque descriptif, mais ils peuvent entretenir avec le système des personnages, avec le narrateur, avec le Je, des rapports explicatifs »[23]. En l'occurrence, la perception du monde comme un *locus hostilis* hyperbolique est la projection d'un profond malaise intérieur des personnages, provoqué par l'impossibilité d'assouvir leur désir de communion. Notons que les critères qui séparent les villes dysphoriques de celles euphorisantes ne sont ni culturels, ni nationales, ni géographiques – Paris est tout

21 L'océan planétaire (ou mondial) désigne, en géographie, la vaste étendue ininterrompue d'eau salée qui existe sur terre.

22 Boisson traditionnelle russe faite de baies ou de cerises.

23 Daniel-Henri Pageaux, « Recherche sur l'imagologie : de l'histoire culturelle à la poétique », *Thélème. Revista Complutense de Estudios Franceses* 8, 1995, pp. 135-160, p. 143.

aussi morne que Novossibirsk[24] –, et qu'ils relèvent de la psyché des personnages. Or, « pour l'inconscient, l'eau est un lait »[25], et son omniprésence est la manifestation matérielle du désir d'appartenance maternelle des personnages, si puissant qu'il ne peut être comblé, au niveau symbolique, que par l'eau des océans. Cela fait écho à d'autres passages qui portent sur la recherche de la maternité, comme celui ou Mathias constate avec amertume qu'« on ne berce pas les enfants grandis » (*AN* 21). Le motif de la berceuse réapparaît d'ailleurs avant sa tentative de suicide, quand il prévoit de s'endormir en pensant à « ta berceuse » (*AN* 82) et en tenant Jeanne par la main. Seulement, le référent du possessif « ta » est ambigu : il peut désigner Jeanne, ou bien Vladimir, à qui le texte est adressé, mais il pourrait aussi renvoyer à quelqu'un d'autre – le souvenir lointain d'une figure maternelle ? – évoqué *in absentia*. Quoi qu'il en soit, le besoin d'une relation fondatrice, qui est l'une des lignes de force de l'ouvrage, explique la valorisation des seuls espaces où l'eau apparaît en quantité suffisante, à savoir les ports maritimes, capables d'assouvir la soif d'amour, de communion et d'appartenance des personnages. Pour être capable de vivre dans d'autres espaces – qui sont, comme nous l'avons précisé, des chambres de transit, souvent exigües, comme celle de l'hôtel soviétique bas de gamme où Mathias décide de mettre fin à ses jours, ou du studio parisien insalubre d'un immeuble abandonné où il avait habité avec Jeanne – le désir d'appartenance ne peut être supporté que grâce aux doses variables d'alcool, de drogues et de littérature.

En outre, la vie quotidienne confronte les personnages à leur impuissance, qui apparaît sous de multiples hypostases, de l'angoisse de la page blanche de Mathias à l'impuissance sexuelle de lui et de Vladimir – chacun d'entre eux ignorant celle de l'autre avant que Jeanne ne la révèle dans son monologue final –, mais qu'on retrouve notamment dans l'impuissance de tous les personnages à accomplir leurs désirs. Les trois semblent, en effet, mener une vie spectrale. Ils sont déconnectés de leurs corps, qu'ils ne peuvent pas contrôler, et leur volonté est paralysée. Le texte abonde en passages qui évoquent l'impossibilité d'agir et le tiraillement entre la volonté et l'action, dont les conséquences sont invariablement dramatiques, comme celui-ci : « J'ai besoin de

24 Qui plus est, des deux binômes spatiaux qui traversent l'imaginaire russe, Moscou/Saint-Pétersbourg et la Russie européenne/la Sibérie, le deuxième est remis en question, alors que le premier n'y apparaît que pour être subverti. Pour une approche diachronique de l'usage que les dirigeants russes on fait de la Sibérie, consulter les travaux de Mark Bassin, notamment « Russia Between Europe and Asia : The Ideological Construction of Geographical Space », *Slavic Review* 50,1, 1991, pp. 1-17.

25 Gaston Bachelard, *L'eau et les rêves. Essai sur l'imagination de la matière*, Paris, Corti, 2018, p. 142.

rester seul, j'ai dit. Quelle connerie prétentieuse. J'avais besoin d'elle, en fait, mais sans pouvoir l'admettre » (*AN* 16). La métaphore de la suspension – un nouveau sport pratiqué par Jeanne, qui consiste à faire suspendre son corps nu à des cordes jusqu'à ne plus le sentir – devient l'image emblématique de cette paralysie intérieure. Sans pouvoir résoudre le problème de leur tiraillement entre deux forces contraires, les personnages développent des mécanismes de compensation. C'est ainsi qu'on peut comprendre la démultiplication des références historiques mentionnée auparavant, car, incapable de remonter aux sources de ses dysfonctions, Mathias, qui éprouve, de manière plus ou moins consciente, le besoin d'explorer les profondeurs, transforme la géographie en l'objet de son impulsion.

Cela nous amène à la morphologie de la nostalgie énardienne. En dépit de la récurrence de certains souvenirs heureux, comme celui du séjour à Lisbonne, la nostalgie se manifeste rarement sous la forme de la douleur, décrite par Vladimir Jankélévitch, provoquée par l'irréversibilité du temps[26]. Ceci s'explique, d'une part, par la pénurie de souvenirs heureux et, de l'autre, par le fait que la clé du malaise existentiel des personnages n'est pas de nature chronologique. En effet, se projeter dans le passé ou dans le futur semble tout aussi vain pour Mathias, en proie à une paralysie spirituelle *permanente*. Ainsi, la nostalgie récurrente dans le texte est celle qui renvoie au sens étymologique du terme, celui de regret d'un milieu auquel on n'appartient plus. Dans ce cas, il s'agit de l'absence totale d'un milieu d'appartenance. L'ouvrage, effectivement, est elliptique à l'égard des relations familiales des personnages, mais il existe des indices – comme leur pénurie alimentaire, signe que personne ne peut subvenir à leurs besoins, ou le fait qu'ils habitent constamment dans des chambres de transit –, qui expriment l'absence d'une appartenance fondatrice et rassurante. Or, ne l'ayant jamais vécue dans leur enfance, ils s'avèrent incapables de la créer dans leur jeunesse. Le monde devient ainsi soit un gigantesque utérus, soit un substitut bon-marché pour apaiser la douleur de l'absence de celui-ci. La manifestation la plus expressive de cette représentation du monde réside dans l'usage que l'auteur fait du langage.

4 Voix et intertextes. Un dédale stylistique

Le malaise existentiel, la recherche de la communion avec autrui, la paralysie ainsi que la perception de l'espace sont exprimés à travers un ensemble de traits stylistiques récurrents, qui font écho aux autres textes en prose de

26 Vladimir Jankélévitch, *L'Irréversible et la Nostalgie*, Paris, Flammarion, 1974, pp. 7-69.

l'auteur. Comme le remarque l'écrivain Michaël Ferrier dans sa recension de *Rue des voleurs*,

> Énard a un style qui s'impose dès les toutes premières lignes. [...] On peut ouvrir le roman à n'importe quelle page : tout de suite, la voix revient, caractéristique, inimitable. C'est un rythme particulier, avec une phrase parfois très longue et pourtant jamais pompeuse ou verbeuse. C'est une phrase en déplacement permanent, une phrase migrante, [...] qui peut épouser aussi bien les sinuosités de la réflexion intérieure que la description d'un paysage de Barcelone ou de Tunis[27].

Mutatis mutandis, ces remarques sont valables aussi pour *L'Alcool et la Nostalgie*. Il en va de même pour d'autres traits identifiés par Ferrier, comme la mécanique des points-virgules[28], mais aussi l'éclectisme générique – le rythme du monologue de Mathias est brisé par l'insertion dans le texte d'une ancienne lettre de Jeanne, ainsi que d'un poème. À cela s'ajoute la polyphonie, à la fois au sens bakhtinien de multiplicité de voix[29], et au sens linguistique de prise en charge par un locuteur des répliques d'autres personnages[30]. Ainsi, le monologue de Jeanne présente le triangle amoureux sous un jour différent, dans lequel elle devient la victime de sa propre impuissance à quitter Mathias et Vladimir. L'introduction, dans le texte, de sa vision de leur relation, permet de confronter deux versions différentes de la même expérience, celle du triangle amoureux. Bien que mort, la voix de Vladimir est également présente, car Mathias se souvient constamment de ses répliques, comme dans ce passage : « c'était quoi ta phrase déjà, 'j'ai laissé grande ouverte la porte de la Sibérie' » (*AN* 23). Par ailleurs, l'effet d'hétéroglossie créé par de tels fragments est amplifié par l'usage de la langue russe – tantôt translittérée, comme le mot « kanietchna » (*AN* 48), tantôt en alphabet cyrillique, notamment par la répétition du vers d'Ossip Mandelstam, « Еще не умер ты, еще ты не один » (*AN* 83) –, ainsi que de l'anglais, dans les vers de Shelley, que nous avons déjà mentionnés.

---

27 Michaël Ferrier, « Mathias Énard, *Rue des voleurs* », *Hommes et Migrations* 1302, 2013, p. 1.

28 *Ibid.* Prenons en guise d'exemple ce passage : « Elle parlait russe, avait des amis russes ; je sais qu'elle a rencontré Vladimir sur la Volga, au cours d'une excursion en bateau au large de Kazan. Kazan, capitale du Tatarstan, doit être un peu en aval, pas très loin d'ici ; en train on ne voit rien, on traverse des fleuves, on parcourt des forêts ; c'est comme si on vous ponçait les yeux au passage [...] », *AN* 32.

29 Mikhaïl Bakhtine, *La poétique de Dostoïevski*, Paris, Seuil, 1998.

30 Henning Nølke, Kjersti Fløttum et Coco Norén, éds., *Scapoline. La théorie scandinave de la polyphonie linguistique*, Paris, Kimé, 2004.

Comme dans *Zone* ou *Boussole*, dans cet ouvrage se côtoient différentes voix, différentes langues et différents alphabets.

Dans le même temps, le texte peut être lu, à l'instar de *Zone*, comme « une épopée contemporaine »[31], où des topoï centraux de l'épopée classique, comme la *Nekuia* et la catabase, sont subvertis. Si, chez Homère, la *Nekuia* est un dialogue avec l'esprit d'un défunt, chez Mathias Énard, elle prend la forme de deux monologues ; l'un de Mathias, l'autre de Jeanne. La différence entre les deux est le rayon d'espoir qui clôt le second, car, comme tous les textes de l'auteur, celui-ci finit aussi par une référence à la lumière. Aussi, la dernière phrase, « Le soleil finira bien par se lever », exprime-t-elle la confiance de Jeanne que Mathias survivra. Pour ce qui est de la catabase, à savoir la « descente aux enfers », elle commence lors de la première arrivée de Mathias à Moscou. Il vit le voyage comme une chute qui s'accentue au moment où il doit descendre dans les souterrains de la ville pour prendre le métro, décrit comme une « crypte de la modernité », « une catacombe aux escalators interminable ornés de flambeaux, si profonde, si profonde qu'on avait peu de chances d'en ressortir jamais » (*AN* 57). Qui plus est, la fin de son trajet n'est pas une remontée vers la lumière, mais une autre chute symbolique, matérialisée par sa tentative de suicide.

Par ailleurs, l'une des lignes de force stylistiques de l'ouvrage est l'intertextualité abondante – dans le sens genettien de références, citations ou allusions à d'autres textes[32] –, qui remplit plusieurs fonctions. Dans un premier temps, elle montre l'érudition exemplaire des personnages, qui ont tous de vastes connaissances littéraires. Les exemples choisis ont en même temps une fonction informative, renseignant le lecteur sur la psyché des personnages et compensant ainsi les ellipses narratologiques. Par exemple, Vladimir est à de nombreuses reprises comparé au prince Bolkonsky, le personnage central de *Guerre et Paix* de Tolstoï, ce qui témoigne de l'image que Mathias a de son ami et rival, ainsi que du complexe d'infériorité de ce dernier. De même, dans les rares passages qui portent sur lui-même – et non pas sur sa relation avec Jeanne et/ou Vladimir –, Mathias répète, tel un mantra, les noms de ses écrivains préférés, à savoir Kerouac, Cendrars et Conrad (*AN* 45), qui deviennent autant de références métatextuelles, puisqu'on retrouve chez tous les trois les thèmes du voyage, de l'intimité et de la relation à autrui qui préoccupent le narrateur. Dans une autre optique, les références à la littérature russe – Tchekhov (*AN* 24), Tolstoï (*AN* 24), Gorki (*AN* 25), Isaac Babel (*AN* 32) – sont

31 Solé, « *Zone*, de Mathias Enard ».

32 Gérard Genette, *Palimpsestes*, Paris, Seuil, 1982. Le plagiat, également répertorié par Genette, est absent chez Mathias Énard.

convoquées lorsque le langage atteint ses limites, pour combler le vide laissé par l'impuissance de Mathias à s'exprimer sur son intimité, alors que celles à la littérature française – Cendrars et Dumas[33], par exemple – sont autant de liens littéraires entre la France et la Russie que Mathias s'efforce de connaître et de comprendre.

Il existe toutefois deux références qui se détachent de la litanie d'écrivains mentionnés par le narrateur, à savoir celles à Sergueï Essenine et à Ossip Mandelstam. Ainsi, les vers d'Essenine, « Je ne suis jamais allé sur le Bosphore, tu ne m'y as jamais amené / Moi dans tes yeux j'ai vu la mer, un scintillant incendie bleu » (*AN* 28sq), extraits du poème éponyme « Un scintillant incendie bleu », comptent parmi les rares mots russes que Mathias a réussi à apprendre, à force de les avoir entendus à chaque fois que Vladimir était ivre, et ils rappellent l'importance de l'eau, omniprésente sous différentes formes dans l'ouvrage, comme nous l'avons déjà montré. Le seul autre vers russe que Mathias connaît par cœur est celui qui ouvre « La Mendiante » de Mandelstam, à savoir « Tu n'es pas mort encore, tu n'es pas encore seul » (*AN* 29)[34], parfois cité en russe – « Еще не умер ты, еще ты не один » (*AN* 29). Ce vers fonctionne comme le refrain du texte, or « l'esthétique du refrain, outre son rôle cyclique, consiste dans la manière dont il s'inscrit à chaque fois dans un nouveau contexte, ce qui nuance son jeu de significations »[35]. En l'occurrence, au moins deux significations sont possibles. La première correspond à celle que ce vers a avant la tentative de suicide de Mathias, et fait écho à l'impossibilité des personnages d'atteindre la communion avec autrui, qu'ils cherchent tout au long du récit. Dans ce contexte, l'existence de l'autre est vécue comme un fardeau car, tout en étant un rappel constant de l'impuissance d'établir des relations authentiques, elle rend également impossible la solitude, dont le seul catalyseur devient la mort. Après la tentative de suicide de Mathias, cependant, le même vers a une fonction de vecteur d'espoir. Répété par Jeanne à son ami qui gît sur un lit d'hôpital – « Еще не умер ты, еще ты не один, tu n'es pas mort encore, tu n'es pas encore seul, je suis là avec toi, je sais que tu m'entends », « Еще не умер ты. Je ne partirai pas d'ici » (*AN* 83) –, il traduit le désir presque

33 Blaise Cendrars est l'auteur du célèbre poème *La Prose du Transsibérien et de la petite Jehanne de France* (1913). D'ailleurs, le nom de Jeanne est sans doute une allusion à ce poème. Alexandre Dumas a fait un long séjour en Russie en 1858. (*Cf.* Alexandre Dumas, *Voyage en Russie*, Paris, Bartillat, 2015).

34 Cette traduction appartient sans doute à l'auteur. Il existe plusieurs traductions françaises de ce poème, la dernière étant celle de Philippe Jaccottet, publiée dans le recueil d'Ossip E. Mandelstam, *Simple promesse. Choix de poèmes 1908-1937*, Génève, La Dogana, 1994, p. 121.

35 Michèle Aquien, *Dictionnaire de poétique*, Paris, Le Livre de poche, 1993, p. 231.

désespéré de Jeanne de résoudre, au cas où Mathias survivrait, l'aporie créée par l'existence d'autrui.

La scène finale, lorsque Jeanne sent le cœur de Mathias battre et fait référence au lever du soleil, ne délivre pas le lecteur du monde liquide et infernal dans lequel il a accompagné les personnages. Au contraire, elle le laisse en suspens entre plusieurs chemins possibles, de celui vers la fin la plus lumineuse jusqu'à celui vers le dénouement le plus sombre, créant un effet de mimétisme entre l'univers diégétique et le processus de lecture. Ainsi, après avoir parcouru, de Paris à Lisbonne et de Moscou à Novossibirsk, le dédale des voix, allusions, citations, émotions, langues et alphabets, le lecteur est contraint de trouver seul le moyen de quitter cette histoire, mais surtout « cette langue inouïe, répétitive jusqu'à l'hypnose » (*AN* 42).

On remarquera cependant qu'à la différence de romans comme *Zone* ou *Boussole*, dans *L'Alcool et la Nostalgie* l'intertextualité abondante n'est pas accompagnée de commentaires et d'échanges de nature politique, ni par la problématisation de questions d'actualité, comme, par exemple, dans *Rue de voleurs*[36]. En effet, la dimension politique du texte est éminemment absente, et la tentation de déceler une critique de l'actualité dans les allusions aux nouveaux riches ou dans les descriptions des chambres insalubres des grandes villes russes est rendue vaine par le fait que Paris est représentée sous le même jour sombre que Moscou ou Nijni-Novgorod. Comment interpréter alors cette ellipse, ou autrement dit – pour reprendre une question posée par le narratologue H. Porter Abbott – comment lire ce qu'on n'a pas écrit[37] ?

La lecture la plus manifeste est celle à travers le prisme des contraintes imposées par les circonstances de la production du texte, à savoir le voyage cofinancé par la France et la Russie et inscrit, comme nous l'avons vu, dans un contexte de rapprochement politique et culturel. Certes, les contraintes n'ont pas été explicites. Bien que leurs ouvrages aient été commandés, les écrivains sélectionnés ont été « libres » – aucun choix esthétique ou thématique ne leur a été imposé. Toujours est-il que la formulation valorisante des objectifs du voyage, ceux de faire connaître « l'histoire, la culture, l'économie et les réalités contemporaines du pays partenaire » et notamment de « donner un nouvel *élan* à la *coopération* franco-russe »[38], n'invitait pas à une critique de nature

36 Sur l'immigration clandestine dans *Rue des voleurs*, consulter l'article de Désirée Schyns, « Harraga dans la littérature francophone : Boualem Sansal, Tahar Ben Jelloun, Mathias Énard et Marie Ndaye », *Romanische Studien* 3, 2016, pp. 201-219.

37 H. Porter Abbott, « How Do We Read What Isn't There to Be Read ? Shadow Stories and Permanent Gaps ». In : Lisa Zunshine, éd., *Cognitive Literary Studies*, New York, Oxford University Press, 2015, pp. 104-119.

38 *Cf. supra*, nous soulignons.

politique et encourageait une forme d'autocensure, sans doute corroborée par une certaine courtoisie et pudeur de la part des auteurs – car dans quelle mesure auraient-ils pu être virulents envers un régime qui les a transformés en ambassadeurs culturels ? En outre, cette grille de lecture est confirmée par la comparaison avec les autres textes du même corpus, tous dépourvus de remarques explicites sur les questions d'actualité de l'époque. Ces remarques sont absentes y compris dans les journaux de voyage – l'écriture intime, débarrassée des contraintes de la fiction, permettant une plus grande ouverture à cet égard. Or, Danièle Sallenave réalise un portrait essentiellement euphorique de la Russie contemporaine, rendant « le discours de l'Occident, constamment et extrêmement négatif »[39], responsable d'avoir créé une image fausse de ce pays, alors que Dominique Fernandez, déjà « amoureux de la Russie »[40], se montre moins enthousiaste tout en restant prudent. Compréhensif et sensible au contexte culturel local, il se contente de remarques de nature sociologique sur la réception de la sexualité, et particulièrement de l'homosexualité, en Sibérie[41]. Somme toute, dans l'ensemble des textes, les commentaires de nature politique ne portent que sur le passé – et particulièrement sur le passé soviétique – du pays, au présent étant réservé le prisme culturel et, de temps en temps, sociologique, ainsi que la lecture de l'espace.

Cette forme d'autocensure – ou faut-il dire, de discrétion ? – n'est cependant pas la seule explication de cette ellipse chez Mathias Énard. Il en existe au moins encore une, qui réside dans la cohérence diégétique du récit. En effet, il est fort improbable que des personnages comme le triptyque Mathias, Vladimir et Jeanne – en proie à un désir dévastateur d'un *regressus ad uterum* qu'ils compensent par des « baignades » littéraires, sexuelles et éthyliques – s'intéressent aux problèmes de l'actualité. Leur perception du temps confirme, par ailleurs, cette hypothèse. Les trois semblent noyés dans une sorte d'atemporalité, et aucune de leurs actions ou paroles ne fait preuve d'ancrage dans le présent ou de préoccupation pour un futur qui, de toute façon, semble imperceptible. Dans ce contexte, les commentaires politiques, s'inscrivant en faux contre leur vécu, leurs émotions, et leur cognition, les auraient rendus invraisemblables. Il n'est pas impossible, en fait, que ce soit justement l'autocensure qui ait contribué au choix du sujet et des personnages. Et si leur histoire n'invite pas au « rapprochement des deux cultures », il ne décourage pas non plus explicitement la découverte de la Russie. Enfin, avant de reprocher à l'auteur que tel aurait été son propos, précisons que les personnages en perte de repères, à la recherche

---

39 Danièle Sallenave, *Sibir. Moscou-Vladivostok. Mai-juin 2010*, Paris, Gallimard, 2012, p. 17.

40 Dominique Fernandez, *Dictionnaire amoureux de la Russie*, Paris, Plon, 2004.

41 Dominique Fernandez, *Transsibérien*, Paris, Grasset & Fasquelle, 2012.

de l'amour et de la compréhension, adonnés à la consommation excessive de drogues, d'alcool ou de la littérature, constituent le prototype du personnage énardien, et non pas une trouvaille qu'il aurait créée pour représenter l'orient russe.

5 Conclusions

Si dans *L'Alcool et la Nostalgie*, l'intériorité des personnages, l'espace, l'histoire et la littérature sont indissociables, l'ouvrage est lui aussi, comme nous l'avons montré, inséparable de l'ensemble des facteurs politiques et culturels dont il est le fruit, à savoir de l'usage joint du *soft power* français et russe dans la France du début des années 2010. En même temps, il s'inscrit de manière cohérente dans l'œuvre énardienne, avec laquelle il partage des traits stylistiques définitoires, comme l'éclectisme générique, la polyphonie ou l'intertextualité abondante. D'un côté, le texte pose donc le problème de la relation entre littérature et politique, que nous avons interrogée succinctement dans la première partie de cet article, mais qui peut sans aucun doute être exploitée davantage ; d'un autre côté, il interroge le complexe rapport qui existe entre l'individualité de l'écrivain et le contexte de son époque. Pour reprendre le concept spitzerien d'étymon spirituel, il nous semble que chez Mathias Énard, celui-ci consiste dans l'exploration voluptueuse de la difficulté d'être au monde au début du XXIe siècle.

Bibliographie

S. a. (2011). « L'Alcool et la Nostalgie de Mathias Énard ». *Au café littéraire de Céline*, en ligne.

Appelbaum, Anne (2005). *Goulag. Une histoire*. Paris : Gallimard.

Aquien, Michèle (1993). *Dictionnaire de poétique*. Paris : Le Livre de poche.

Bachelard, Gaston (2018). *L'eau et les rêves. Essai sur l'imagination de la matière*. Paris : Corti.

Bakhtine, Mikhaïl (1998). *La poétique de Dostoïevski*. Paris : Seuil.

Bassin, Mark (1991). « Russia Between Europe and Asia : The Ideological Construction of Geographical Space ». *Slavic Review* 50,1, pp. 1-17.

Dubien, Arnaud (2010). « Nicolas Sarkozy et la Russie, ou le triomphe de la Realpolitik ». *Revue internationale et stratégique* 77, pp. 129-131.

Ducrozet, Pierre, éd. (2018). *Barcelone. Histoire, promenades, anthologie et dictionnaire*. Paris : Robert Laffont.

Dumas, Alexandre (2015). *Voyage en Russie*. Paris : Bartillat.
Énard, Mathias (2011). *L'Alcool et la Nostalgie*. Paris : Inculte.
Énard, Mathias (2016). *Dernière communication à la société proustienne de Barcelone*. Paris : Inculte.
Evstratov, Alexeï (2016). *Les spectacles francophones à la cour de Russie (1743-1796) : l'invention d'une société*. Oxford : Oxford University Press.
Fernandez, Dominique (2004). *Dictionnaire amoureux de la Russie*. Paris : Plon.
Fernandez, Dominique (2012). *Transsibérien*. Paris : Grasset & Fasquelle.
Ferrier, Michaël (2013). « Mathias Énard, *Rue des voleurs* ». *Hommes et Migrations* 1302, p. 1.
Genette, Gérard (1982). *Palimpsestes*. Paris : Seuil.
Jankélévitch, Vladimir (1974). *L'Irréversible et la Nostalgie*. Paris : Flammarion.
Jaubert, Anna (1996). « Le style et la vision : L'héritage de Léo Spitzer ». *L'Information grammaticale* 70.
Laruelle, Marlene (2018). « Russian Soft Power in France : Moscow's Cultural and Business Para-Diplomacy ». *Carnegie Councils for Ethics in International Affairs, en ligne*.
Lichfield, John (2008). « Struggling Sarkozy to Remind French : 'I'm a man of action' ». *The Independent* 4, *en ligne*.
Livak, Léonid (2003). *How It Was Done in Paris. Russian Émigré Literature and French Modernism*. Madison : University of Wisconsin Press.
Maingueneau, Dominique (1993). *Le contexte de l'œuvre littéraire. Enonciation, écrivain, société*. Paris : Dunod.
Mandelstam, Ossip E. (1994). *Simple promesse. Choix de poèmes 1908-1937*. Génève : La Dogana.
Mongin, Olivier (2005). *La condition urbaine : la ville à l'heure de la mondialisation*. Paris : Seuil.
Moussa, Sarga (2014). *L'invention de la Sibérie par les voyageurs et écrivains français (XVIIIe-XIXe siècles)*. Paris : Institut d'études slaves.
Niqueux, Michel (2011). « Ouvrages en français sur le monde russe ». *La Revue russe* 36.
Nølke, Henning, Fløttum, Kjersti et Norén, Coco, éds. (2004). *Scapoline. La théorie scandinave de la polyphonie linguistique*. Paris : Kimé.
Nye, Joseph (2011). *The Future of Power*. New York : PublicAffairs.
Pageaux, Daniel-Henri (1995). « Recherche sur l'imagologie : de l'histoire culturelle à la poétique ». *Thélème. Revista Complutense de Estudios Franceses* 8, pp. 135-160.
Portante, Jean (2015). « Tous les chemins partent de Vienne : entretien avec Mathias Énard, prix Goncourt 2015 ». *Bücher/Tageblatt* 11-12.
Porter Abbott, H. (2015). « How Do We Read What Isn't There to Be Read ? Shadow Stories and Permanent Gaps ». In : Lisa Zunshine, éd., *Cognitive Literary Studies*. New York : Oxford University Press, pp. 104-119.

Rjéoutski, Vladislav (2016). *Quand le français gouvernait la Russie. L'éducation de la noblesse russe 1750-1880*. Paris : L'Harmattan.

Ruhe, Cornelia (2012). *'Invasion aus dem Osten' : Die Aneignung russischer Literatur in Frankreich und Spanien (1880-1910)*. Frankfurt/Main : Vittorio Klostermann.

Sallenave, Danièle (2012). *Sibir. Moscou-Vladivostok. Mai-juin 2010*. Paris : Gallimard.

Schyns, Désirée (2016). « Harraga dans la littérature francophone : Boualem Sansal, Tahar Ben Jelloun, Mathias Énard et Marie Ndaye ». *Romanische Studien* 3, pp. 201-219.

Solé, Robert (2008). « *Zone*, de Mathias Énard : 'J'ai voulu faire une épopée contemporaine' ». *Le Monde* 9 novembre, *en ligne*.

Rue des voleurs – réseaux, routes et circulation, ou comment repenser la Méditerranée ?

Birgit Mertz-Baumgartner

Rue des voleurs est avant tout un voyage ...

M. ÉNARD[1]

∴

Résumé

La production romanesque française de la dernière décennie se caractérise par un retour du réel et de l'Histoire, portant un intérêt particulier aux guerres mondiales, à la shoah, et à 9/11. *Rue des voleurs* (2012) s'inscrit dans cette tendance *et* s'en distingue puisqu'il focalise sur le bassin méditerranéen et sur l'extrême contemporain (« printemps arabe », élections en Tunisie, au Maroc, en Égypte, crise économique en Espagne, etc.). Je proposerai une lecture du roman à partir de la notion de 'voyage' : voyage dans l'espace géographique (Tanger, Algésiras, Barcelone), mais aussi à travers des espaces littéraires multiples (d'Ibn Batouta à Izzo). Je m'intéresserai par la suite aux réflexions que propose le roman sur l'espace méditerranéen, cet « espace-mouvement », essentiellement caractérisé, selon Braudel, par ses routes et son système de circulation.

1 Introduction

C'est en 2008, avec la publication de *Zone*, que Mathias Énard gagne la faveur des lecteurs et des critiques qui le couvrent d'éloges pour cette épopée de guerre au style homérique. En 2015, *Boussole*, couronné du Prix Goncourt, confirmera Énard comme l'un des plus grands romanciers français de l'extrême-contemporain. Entre ces deux grands romans, l'auteur publie, en 2012, un roman plus modeste, *Rue des voleurs*, qui – selon les critiques unanimes – n'arrive

1 Mathias Énard, « Présentation de *Rue des voleurs* », URL : https://www.youtube.com/watch?v=DnBZbEEf-bw. Consulté le 8 septembre 2019.

 | DOI:10.1163/9789004425507_017

pas à soutenir la comparaison avec son prédécesseur. Lena Bopp commente dans le *Frankfurter Allgemeine Zeitung* : « [...] *Straße der Diebe* wird [...] diesen Erwartungen nicht gerecht »[2]. Du côté français, généralement plus élogieux que l'allemand, Pierre Assouline souligne dans *La République des livres* : « Mais s'il avait pu décevoir les attentes avec *Rue des voleurs*, cette fois [*Boussole*], la réussite est pleine, éclatante, impressionnante »[3]. Les critiques expliquent leur déception provoquée par *Rue des voleurs* par la « construction classique »[4] du roman, son recours conventionnel à l'actualité politique, sa structure temporelle chronologique[5] et son hybridité générique (ni roman de formation, ni roman d'aventures, ni roman noir)[6]. D'autres critiques encore qualifient *Rue des voleurs* de 'simple' illustration de l'histoire contemporaine[7], une histoire de migrations clandestines sur fond de « printemps arabe » et de mouvements de protestation européens.

Par le choix du thème, Énard est pourtant en bonne compagnie si l'on scrute le paysage littéraire français qui, depuis au moins deux décennies, se caractérise par un fort retour du réel et de l'histoire[8]. *Rue des voleurs* s'inscrit dans

---

2 Lena Bopp, « Mathias Énard : *Straße der Diebe.* Ganz Europa wird brennen », *Frankfurter Allgemeine Zeitung* 3 août 2013. URL : http://www.faz.net/aktuell/feuilleton/buecher/rezensionen/belletri-stik/mathias-enard-strasse-der-diebe-ganz-europa-wird-brennen-12317200.html. Consulté le 8 septembre 2019.

3 Pierre Assouline, « *Boussole* : attention, grand livre ! », *La République des livres* 30 août 2015. URL: http://larepubliquedeslivres.com/boussole-attention-grand-livre/. Consulté le 8 septembre 2019.

4 Valérie Trierweiler, « *Rue des voleurs.* Au bord du monde », *Paris Match* 14 novembre 2012. URL : http://www.parismatch.com/Culture/Livres/Rue-des-voleurs-Au-bord-du-monde-par-Valerie-Trierweiler-160637, Consulté le 8 septembre 2019.

5 Dans la *Süddeutsche Zeitung*, Joseph Hanimann parle d'un « Zeitspiegel » et d'un roman « brav auf das chronologische Handlungsraster gefädelt »; Joseph Hanimann, « Der Geschmack des Lebens. In seinem Roman *Straße der Diebe* verliert sich Mathias Énard mit seinem Helden zwischen Tanger und Barcelona », *Süddeutsche Zeitung* 12 septembre 2013. URL: https://www.buecher.de/shop/marokko/strasse-der-diebe/nard-mathias/products_products/detail/prod_id/38129605/. Consulté le 8 septembre 2019.

6 Dans le *Frankfurter Allgemeine*, nous lisons que Mathias Énard n'a probablement pas pu décider « [...] welche Geschichte er seinen Protagonisten denn nun angedeihen lassen wollte. Sollte es ein Bildungsroman werden, ein Abenteuerroman oder ein Krimi? *Straße der Diebe* hat von alldem etwas und doch von allem nicht genug » (Bopp, « Mathias Énard », *op. cit.*). Il faut mentionner que l'hybridité générique dépasse largement les genres cités : roman mémoriel par sa structure narrative ; roman picaresque par le caractère du protagoniste ; roman d'aventures de tradition orientale (p. ex. Nagib Mahfouz) par le récit.

7 Georg Renöckl, « Mörder, Dieb, Araber », *Neue Zürcher Zeitung* 24 février 2014. URL : https://www.nzz.ch/feuilleton/buecher/moerder-dieb-araber-1.18250375. Consulté le 8 septembre 2019.

8 *Cf.* Wolfgang Asholt et Ursula Bähler, éds., *Le savoir historique du roman contemporain, Revue des Sciences humaines* 321, 2016.

cette tendance décrite entre autres par Dominique Viart, bien que localisé dans un autre contexte géographique (le bassin méditerranéen) et une autre temporalité (les années 2010)[9].

Dans cet article, nous avancerons l'hypothèse que, dans *Rue des voleurs*, Mathias Énard ne se limite pas à réfléchir à l'histoire contemporaine – c'est-à-dire à l'immigration clandestine, au « printemps arabe » et à la menace du terrorisme islamiste en Europe – mais qu'il s'intéresse à remettre en perspective, comme dans *Zone*, d'ailleurs, un espace : le bassin méditerranéen ; un espace qui fut configuré, à partir du XIXe siècle au plus tard, par les pays du 'Nord', comme le souligne Iain Chambers dans *Mediterranean Crossings* :

> [B]y the cultural gaze that arrives from northern Europe – that is, from the 'modern', industrialized world, with its 'progress' and nation-states, for whom the northern coast of the Mediterranean Sea (from Spain to Greece, but concentrated above all in Italy) represented its now superseded historical origins and preindustrial past[10].

Il est bien évident que Mathias Énard – né en France et résidant à Barcelone, mais ayant vécu pendant plusieurs années au Proche Orient – adopte, dans ses écrits, une perspective différente sur la Méditerranée, une perspective plus large et inclusive. Celle-ci met au centre les pays souvent « exclus du monde soi-disant méditerranéen » par le point de vue dominant, des pays qui, pour citer encore Mathias Énard, « se perdent dans des dynamiques internes, rétives à l'idée de 'Méditerranée', de communauté de richesses historiques et culturelles [...] »[11]. Si l'on adopte une telle perspective alternative, « la carte se complique », poursuit Énard :

> La fréquence des vols et des migrations saisonnières dessine une autre mer, pleine de golfes profonds défendus par l'insécurité, la guerre souvent civile, l'embargo international, où s'aventure peu la conscience collective européenne. Car, à la Méditerranée contenue et désamorcée voulue par l'Europe, il faut en juxtaposer une autre, plus sauvage, plus éloignée, qui

9 Selon Dominique Viart, les deux guerres mondiales, la shoah, les génocides du XXe siècle (au Rwanda, en Tchétchénie, à Srebrenica) ainsi que le 11 septembre sont les sujets de prédilection des auteurs français intéressés par l'Histoire. *Cf.* Dominique Viart et Bruno Vercier, éds., *La littérature française au présent. Héritage, modernité, mutations*, Paris, Bordas, 2005.

10 Iain Chambers, *Mediterranean Crossings. The Politics of an Interrupted Modernity*, Durham/London, Duke University Press, 2008, p. 33.

11 Mathias Énard, « La Méditerranée en éclats », *La pensée de midi* 14,1, 2005, pp. 26-29, p. 27.

> touche au delta du Danube, aux confins de l'Azerbaïdjan, aux Maures et aux sources du Nil […][12].

C'est donc la Méditerranée « sauvage » et « éloignée », qui souvent échappe au regard européen, ses côtes est et sud – les pays du Moyen-Orient et du Maghreb –, qui sont au centre d'intérêt des romans de Mathias Énard, comme dans *Zone* et *Rue des voleurs*.

Dans le cas de *Rue des voleurs*, nous pouvons parler, en plus, d'une perspective renversée, dans le sens que la perspective dominante du 'Nord' sur la Méditerranée est remplacée par celle du 'Sud' : le narrateur auto-diégétique du roman est un jeune marocain qui présente aux lecteurs non seulement ses réflexions sur la société marocaine et les pays arabes en pleine révolution, mais jette également un regard critique sur l'Europe, surtout l'Espagne et ses nouveaux mouvements sociaux (Indignés, *Okupas*), réprimés par les forces conservatrices du pays. Le renversement des perspectives, cher à l'auteur, se traduit – au niveau de l'histoire racontée – dans le fait que le protagoniste Lakhdar nous fait découvrir sa ville natale, Tanger, en suivant son chemin du quartier périphérique au centre, d'en haut de la médina jusqu'aux bords de la Méditerranée. L'image qui résulte de cette perspective (de la périphérie au centre, du haut vers le bas) contraste avec l'image dominante de la ville, celle que véhiculent les cartes postales, qui montrent le centre touristique de la ville au bord de la mer et une vue sur Tanger qui va du port jusqu'en haut de la médina.

La Méditerranée de *Rue des voleurs* se présente – et c'est notre deuxième hypothèse – non exclusivement comme zone de conflits belliqueux (comme dans *Zone*), mais également comme espace historique d'échanges, de 'partage' et de contacts. Rappelons que cette double-face (de conflits et de contacts) a déjà été analysée comme constitutive de l'aire méditerranéenne par Fernand Braudel qui écrit dans *La Méditerranée. L'espace et l'histoire* (1985) :

> Les civilisations, en effet, ne sont trop souvent que méconnaissance, mépris, détestation d'autrui. Mais elles ne sont pas que cela. Elles sont aussi sacrifice, rayonnement, accumulation de biens culturels, héritages d'intelligence. Si, à ses civilisations, la mer a dû ses guerres, elle leur a dû aussi ses échanges multiples (techniques, idées et même croyances) et les bigarrures et les spectacles mélangés qu'elle nous offre aujourd'hui[13].

12 Énard, « La Méditerranée en éclats », *op. cit.*, p. 27.

13 Fernand Braudel, *La Méditerranée. L'espace et l'histoire*, Paris, Flammarion, 1985, p. 173.

Dans *Rue des voleurs*, les réflexions sur cette Méditerranée à la croisée de multiples mouvements et migrations – de personnes, de pratiques culturelles et de textes littéraires – se tissent en filigrane dans la 'peau' d'un roman qui, selon l'auteur, se veut un « hommage au roman populaire »[14] – ce qui explique probablement aussi la simplicité structurelle de *Rue des voleurs*. Cet article proposera par la suite une lecture 'spatiale' du roman en se concentrant, dans un premier temps, sur la constitution textuelle de la ville de Tanger, pour passer ensuite à l'analyse de cet « espace-mouvement »[15] méditerranéen développé dans le roman.

2 Tanger. Une « identité de frontière »

Dans un entretien avec Catherine Simon dans *Le Monde des livres*, Mathias Énard explique que ce sont le destin historique de la ville, sa position géographique 'excentrique' ainsi que son identité culturelle « de frontière » qui l'ont poussé à choisir Tanger comme point de départ du roman[16]. Situé à la pointe nord du Maroc, à l'ouest du Détroit de Gibraltar, Tanger est l'une des villes les plus 'nordiques' du monde arabe, à 30 kilomètres seulement de Tarifa, à portée de main, donc, de l'Espagne et de l'Europe. Son histoire est étroitement liée à celle de l'Europe : ville byzantine avant la conquête arabe en 702, point de départ de l'invasion arabe de l'Espagne (Tariq ibn Ziyad, 711), ville au carrefour des intérêts coloniaux des Portugais (1471), des Espagnols (1580), des Anglais (1661) durant des siècles, zone internationale[17] de 1923 à 1956 pendant les protectorats français et espagnol au Maroc[18].

14 Catherine Simon, « Mathias Énard. L'identité est elle aussi en mouvement », *Le Monde des livres* 4 septembre 2012. URL : http://www.lemonde.fr/livres/article/2012/09/04/mathias-enard-l-identite-est-elle-aussi-en-mouvement_1753055_3260.html#jfoZXc67RcdQoWiD.99. Consulté le 8 juin 2018.

15 Braudel, *La Méditerranée*, *op. cit.*, p. 77.

16 « Ce qui m'intéresse à Tanger, c'est son destin historique, son identité de frontière, comme dirait Magris. Tanger est beaucoup plus proche physiquement de Cadix ou d'Algésiras que de Casablanca ; c'est à la fois une grande ville arabe contemporaine, un centre industriel marocain et une ancienne ville coloniale. J'ai choisi Tanger comme point de départ du roman pour son 'excentricité', sa position 'décalée', extrémité (géographique, mais aussi symbolique) du monde arabe d'aujourd'hui », Énard, in, Simon, « Mathias Énard », *op. cit.*

17 En 1923, Tanger a été déclarée « zone internationale », administrée par 17 fonctionnaires internationaux (France, Espagne, Royaume-Uni, Pays Bas, la Belgique, l'Union Soviétique et, depuis 1928, l'Italie) et neuf fonctionnaires marocains ; statut interrompu de 1940 à 1944, Tanger étant annexée par l'Espagne franquiste.

18 Dans le Traité de Fès (1912), le Maroc était partagé entre une partie espagnole (côte nord méditerranéenne et Rif) et une partie française.

Rue des voleurs est rapidement ancré dans cette ville géographiquement et historiquement 'excentrique', Tanger, qui est textuellement construite, d'abord, par des stratégies de référentialisation[19] : mention du nom propre de la ville dès l'incipit ; évocation de la situation géographique (le Détroit, les falaises, le Cap Spartel) et des monuments historiques (les tombeaux phéniciens, le musée de la Casbah, le café Hafa) ; citation de noms de rues (rue Pasteur, place de France, grand Zoco). À part cela, Énard recourt à une forte sémantisation de la ville par des isotopies de spécification[20] qui font apparaître aux yeux du lecteur, une ville méditerranéenne et/ou orientale, qui attire des touristes, avec une médina, des maisons blanchies, des « petites rues en pente »[21], des places publiques animées, des marchés ; une ville maritime et portuaire, aussi, à proximité géographique de l'Europe. Lakhdar, jeune marocain et narrateur auto-diégétique, insiste surtout sur cette dernière dimension de Tanger, faisant à maintes reprises référence à la mer, au Détroit, au port et aux ferries à destination de l'Espagne. « À Tanger, je faisais cinq kilomètres à pied deux fois par jour pour aller regarder la mer, le port et le Détroit [...] » (*RV* 11), raconte-t-il dès la première page du roman, révélant ainsi au lecteur son endroit favori sur les falaises, « face au Détroit » (*RV* 11, 17), avec vue sur la baie et les « belles lumières en Espagne »[22]. Sans avoir pu effectuer une analyse de fréquence linguistique, nous osons affirmer que 'mer', 'Détroit', 'port' et 'ferries'[23] comptent parmi les substantifs les plus récurrents du roman. Confronté à l'impossibilité de quitter le Maroc, Lakhdar cherche à compenser sa propre immobilité par l'observation de ce qui symbolise pour lui circulation et mobilité : la mer/le Détroit, le port, les ferries. Tous les trois sont hautement symboliques dans le sens où le Détroit concrétise la proximité géographique entre le Maroc et

19 Nous nous référons aux réflexions d'Andreas Mahler sur la constitution d'une ville textuelle (« Textstadt »). Mahler désigne comme 'ville textuelle' la création d'une ville par la force de l'imaginaire, par le texte. Elle est le résultat d'un processus d'imagination (Andreas Mahler, « Stadttexte – Textstädte. Formen und Funktionen diskursiver Stadtkonstitution ». In : Andreas Mahler, éd., *Stadt-Bilder. Allegorie, Mimesis, Imagination*, Heidelberg, C. Winter, 1999, pp. 11-36.

20 Mahler, « Stadttexte – Textstädte », *op. cit.*, p. 17.

21 Mathias Énard, *Rue des voleurs*, Arles, Actes Sud, 2012 (désormais *RV*), p. 17.

22 Le désir de quitter le Maroc pour l'Europe – espace de projections nostalgiques – s'enracine toujours plus dans Lakhdar. Dans son envie de partir (« il faut partir, il faut partir, les ports nous brûlent le cœur », 44 ; « il faut qu'on parte, qu'on quitte Tanger », *RV* 70), Lakhdar ressemble beaucoup à d'autres protagonistes de romans sur l'immigration clandestine, comme *Cannibales* de Mahi Binebine, *Clandestins* de Youssouf Amine Elalamy, *Partir* de Tahar Ben Jelloun.

23 *Cf.* p. ex. « le va-et-vient des ferries entre Tanger et Tarifa » (*RV* 14); « le sillage des bateaux » (*RV* 14) ; « observer les ferries, au loin, entre le nouveau port, Tarifa ou Algésiras » (*RV* 88) ; « sur le balcon en regardant ces bateaux idiots traverser le Détroit » (*RV* 121).

l'Espagne, le Sud et le Nord ; le port représente l'interconnexion économique des pays ; et les ferries, moyens de transport, les routes maritimes qui, toujours selon Fernand Braudel, constituent l'essence de la Méditerranée[24]. En même temps, les motifs choisis par Énard mettent en relief le caractère contradictoire qui caractérise de nos jours la Méditerranée où routes, circulation et échange contrastent avec l'établissement de frontières et de stratégies de cloisonnement et de séparation[25]. Ainsi, le port et la zone franche qui représentent un monde globalisé en miniature, font ressentir en même temps le clivage entre la libre circulation des marchandises et celle, rigoureusement contrôlée, des personnes. Les ferries, moyen de transport utilisé surtout par les touristes qui se rendent au Maroc, sont le symbole même d'une mobilité unidirectionnelle. Pour les touristes, le Détroit lie l'Espagne et le Maroc ; pour les migrants du Sud global, le Détroit constitue une frontière quasi infranchissable.

3 La Méditerranée : « espace-mouvement »[26]

> La Méditerranée, ce sont des routes de mer et de terre, liées ensemble, des routes autant dire des villes, les modestes, les moyennes et les plus grandes se tenant toutes par la main. Des routes, encore des routes, c'est-à-dire tout un système de circulation[27].

Il saute aux yeux que le motif de la circulation et du voyage est omniprésent dans *Rue des voleurs* : au niveau des références historiques, au niveau des personnages, mais aussi au niveau du discours et du mode de narration. « *Rue des voleurs* est avant tout un voyage … »[28], souligne Énard dans un entretien, et c'est à Tanger que tous ces voyages, toutes ces routes et lignes de circulation se croisent.

Il y a d'abord les références historiques, sélectives mais nullement arbitraires : références aux Phéniciens, évoqués par les tombeaux phéniciens à

24 Mathias Énard connaît les écrits de Fernand Braudel comme le démontre bien son article de 2005, dans lequel il cite *La Méditerranée et le monde méditerranéen à l'époque de Philippe II* (1949). Dans plusieurs paragraphes, Énard se réfère à l'idée de la route qui donne son sens à la Méditerranée. P. ex. « C'est sur les côtes que se règlent les conflits, c'est la force des routes qui se répercute en mer » ou encore « chaque débouché, chaque route, terrestre ou fluviale, qui donne son sens à l'espace méditerranéen » (*RV* 27).

25 *Cf.* aussi Chambers, *Mediterranean Crossings, op. cit.*, p. 3sq.

26 Braudel, *La Méditerranée, op. cit.*, p. 77.

27 *Ibid.*, p. 76sq.

28 Mathias Énard, « Présentation de *Rue des voleurs* », 2012. URL : https://www.youtube.com/watch?v=DnBZbEEf-bw. Consulté le 8 septembre 2019.

Tanger où Lakhdar s'installe avec prédilection pour regarder la mer. Originaire de la Phénicie (qui correspond approximativement au Liban actuel), ce peuple de navigateurs audacieux et de marchands réputés a fondé de nombreuses colonies sur les côtes méditerranéennes, dont Tanger au XIIe siècle av. J.-C., et a établi un réseau commercial 'international'. Référence aussi à la conquête de l'Espagne par les Arabes au VIIIe siècle ap. J.-C.[29], dont les traces scientifiques, philosophiques et culturelles sont bien connues. Ensuite, le roman se réfère extensivement à l'histoire d'Ibn Batouta, né à Tanger, qui en 1325 – quelques décennies après Marco Polo – quitte le Maroc pour voyager jusqu'au Proche Orient et en Chine, voyages qui s'étendent sur presque trente ans de sa vie. C'est la liberté de mouvement dont disposait Ibn Batouta que Lakhdar admire le plus : « À aucun moment, dans ses voyages, Ibn Batouta ne parle de passeport, de papier, de sauf-conduit ; il semble voyager à sa guise [...] » (*RV* 301). Finalement, le texte se réfère aux années 1950 où Tanger attirait de nombreux artistes états-uniens (de la génération des *beatniks*) et français par sa réputation de sensualité et d'ouverture d'esprit.

Le motif du voyage et du mouvement est repris au niveau des personnages qui voyagent quasiment tous (bien que leurs motifs soient bien différents) : Judit, jeune femme espagnole, étudiante en arabe littéral, se rend au Maghreb pour approfondir sa connaissance des langues ; Jean-François Bourrelier, entrepreneur français, fonde une succursale à Tanger pour profiter de la main-d'œuvre bon marché ; M. Cruz, entrepreneur de pompes-funèbres espagnol, pour lequel le protagoniste travaille à Algésiras, ramène les cadavres des noyés en Méditerranée au Maroc ; Lakhdar, jeune Marocain, émigre clandestinement de Tanger à Barcelone ; Bassam, son ami, entre dans un cercle islamiste et reçoit sa formation de terroriste au Proche-Orient avant de se rendre à Barcelone.

Mais le concept des 'routes' et de la 'circulation' peut également nous servir pour analyser les procédés narratifs et discursifs mis en œuvre par Mathias Énard : la mémoire qui met en route les pensées du protagoniste-narrateur vers un ailleurs temporel et spatial ; l'intertextualité comme réseau de routes littéraires ; et la traduction comme outil permettant de faire circuler le savoir culturel entre des aires culturelles éloignées.

D'abord, c'est la situation narrative elle-même qui nous paraît intéressante : dans le *hic et nunc* de la narration, Lakhdar est en prison à Barcelone, comparant son existence de prisonnier à celle « des animaux en cage » (*RV* 12). Privé de liberté et de marge d'action, Lakhdar ne dispose plus que d'une seule forme de mobilité, la mémorielle, les souvenirs lui permettant de 'voyager' dans le Tanger de sa jeunesse et dans la Barcelone de son passé immédiat. *Rue des*

29 *Cf.* *RV* 173sq.

voleurs est donc non seulement un roman d'aventures et/ou un roman noir (comme le caractérisent les critiques), mais également et peut-être avant tout un roman mémoriel. Dans le présent de la narration, cette activité mémorielle remplace la lecture qui, dans le passé, lorsqu'il était 'prisonnier' à Tanger, lui permettait d'échapper à l'immobilité involontaire. Mémoire, lecture et voyage entretiennent une relation de ressemblance, comme le souligne également Ottmar Ette dans *ZwischenWeltenSchreiben. Literaturen ohne festen Wohnsitz*[30]. Tous les trois permettent à l'individu de se déplacer dans le temps et dans l'espace et sont des formes de mobilité rendues possible par le corps humain (le cerveau, l'œil, le corps en général). En lisant le récit de voyage d'Ibn Batouta, Lakhdar se rend dans le Proche Orient du XIVe siècle, de même que la lecture de la trilogie noire de Jean-Claude Izzo le transfère vers Marseille à la fin du XXe siècle, une ville qu'il a l'impression de connaître sans pourtant l'avoir jamais visitée[31]. La lecture comme l'activité mémorielle représentent pour Lakhdar une stratégie de compensation, qui lui permet un déplacement virtuel et rend supportable son immobilité 'réelle'.

À part cela, explique Énard dans l'interview déjà citée du *Monde des livres*, « [l]e récit très rythmé à la première personne fabrique le mouvement, le déplacement, met en route le voyage ».

Comme dans *Zone*, Mathias Énard tisse, dans *Rue des voleurs*, un dense réseau intertextuel, qui va de la *rihla* (récit de voyage) d'Ibn Batouta au roman noir francophone (surtout Izzo et Manchette, tous deux marseillais) et à la poésie arabe classique, en passant par les mémoires de Giacomo Casanova[32], lui aussi grand voyageur 'heureux'[33], ainsi que par les auteurs américains de la *Beat Generation*. C'est Judit, l'étudiante espagnole, qui fait découvrir à Lakhdar les textes de Paul Bowles, William Burroughs, Tennessee Williams et autres, auteurs qui ont forgé la perception de Tanger de la jeune femme, perception qui s'oppose radicalement aux expériences vécues par le protagoniste :

> […] le Tanger de Judit ne coïncidait pas avec le mien. Elle voyait la ville internationale, espagnole, française, américaine ; elle connaissait Paul Bowles, Tennessee Williams ou William Burroughs, autant d'auteurs dont les noms, lointains, m'évoquaient vaguement quelque chose, mais dont

30 Ottmar Ette, *ZwischenWeltenSchreiben. Literaturen ohne festen Wohnsitz*, Berlin, Kulturverlag Kadmos, 2005, pp. 61sq.

31 « J'avais mes souvenirs des polars d'Izzo et l'impression de connaître Marseille », *RV* 267.

32 Le roman raconte la saisie informatique du manuscrit *Histoire de ma vie* par Lakhdar pour l'entrepreneur français, manuscrit qui raconte la vie de Casanova jusqu'à 1774, date qui marque la fin de ses voyages à travers l'Europe.

33 « […] je pensais à Saadi, à Ibn Batouta, à Casanova, aux voyageurs heureux […] », *RV* 201.

> j'ignorais tout. [...] En parlant avec Judit de Tanger, j'avais l'impression d'évoquer une ville différente, deux images, deux territoires étrangers reliés par un même nom, une erreur d'homophonie. Sans doute Tanger n'était ni l'un ni l'autre, ni le souvenir des temps révolus de la ville internationale, ni ma banlieue, ni Tanger Med ou la Zone Franche. (*RV* 82sq)

Il n'est pas étonnant que Lakhdar reconnaisse *son* Tanger plus facilement dans *Pain nu* de Mohamed Choukri, auteur marocain de langue arabe qui – contrairement aux auteurs occidentaux – peint l'image d'une ville aux dures conditions de vie et d'une jeunesse désillusionnée qui lutte pour satisfaire ses besoins existentiels fondamentaux. Énard donne une importance particulière au texte de Choukri, à la perspective d'un écrivain marocain arabophone, donc, ce qui se manifeste surtout dans la fréquence à laquelle le roman est cité[34]. Ces quelques observations révèlent déjà que l'intertextualité mise en œuvre par Énard est transtemporelle et transgénérique, c'est-à-dire qu'elle inclut des références à des textes narratifs, poétiques, fictionnels et non-fictionnels du Moyen-Âge au XXe siècle. En outre, le réseau intertextuel de *Rue des voleurs* est hautement transculturel – nous empruntons le terme d''intertextualité transculturelle' à Manfred Schmeling[35] – et plurilingue (incluant des textes francophones, anglophones, arabophones et autres).

Outre la riche intertextualité transculturelle du roman qui fait (entre autres) dialoguer les rives nord, sud et est de la Méditerranée, c'est le plurilinguisme du roman (se manifestant sous diverses formes) qui contribue à la 'mobilité' ou à la 'mobilisation' du texte. Si, au niveau de l'histoire, l'idée de voyage, de circulation, de traversée (ou de son impossibilité) prédomine, celle-ci est reprise au niveau du discours par l'idée d'une circulation langagière, circulation opérée par le passage d'une langue à l'autre par le biais de la traduction. Dans ce contexte, il nous paraît symptomatique qu'Énard ait choisi *Pain nu* de Mohamed Choukri comme intertexte dominant, un roman considéré aujourd'hui comme texte arabophone canonique, mais dont l'histoire de la publication est une histoire de traduction : la première version du texte a été publiée, en 1973, en anglais, transcrite par Paul Bowles – l'un des auteurs américains de la *Beat Generation* – d'après des enregistrements sonores de Mohamed Choukri ; cette première version a été suivie d'une deuxième, en 1980, traduite

---

34 P. ex. *RV* 83, 104, 113, 117, 146, 147, 156.

35 Manfred Schmeling, « Poetik der Hybridität – hybride Poetik ? Zur ästhetischen Präsentation von Kulturkonflikten im multikulturellen Roman », *Komparatistik. Jahrbuch der Deutschen Gesellschaft für Allgemeine und Vergleichende Literaturwissenschaft* 2000, pp. 9-17.

en français de l'original arabe par Tahar Ben Jelloun. L'édition arabe ne fut publiée que deux ans plus tard, mais fut immédiatement supprimée par la censure marocaine, jusqu'en 2000. Ce sont finalement ses traductions qui ont fait connaître et circuler le roman.

Mathias Énard, de son côté, se sert de la traduction (de l'auto-traduction) pour insérer dans *Rue des voleurs* des extraits de poèmes arabophones inconnus de la majorité des lecteurs occidentaux. Ainsi, il les met en circulation, en route, dans une aire culturelle dont ils seraient autrement absents. Comme les migrants qui apportent d'autres langues, d'autres graphies, d'autres textes en Europe, Énard, lui aussi, enrichit *Rue des voleurs* par des textes arabophones (versets du Coran inclus) en traduction française, et y intègre des passages en arabe et en caractères arabes, suivis d'une traduction. Si la traduction vient en aide au lecteur monolingue (du moins non arabophone), la coexistence de l'arabe et du français ainsi que de caractères arabes et latins sont susceptibles de provoquer une légère frustration, attirant de ce fait l'attention du lecteur sur le plurilinguisme du bassin méditerranéen et sur l'importance de l'arabe et des littératures arabophones dans cette aire culturelle. Or, comme la Méditerranée sud et est échappent souvent au regard 'canonique' européen, les littératures arabophones sont rarement intégrées dans ce que nous appelons les 'littératures méditerranéennes'.

4 Conclusion : comment penser la Méditerranée ?

En conclusion, nous pouvons retenir que Mathias Énard cherche à modifier une certaine vision dominante sur la Méditerranée[36], vision occidentale ayant la Grèce hellénistique et l'Italie pour centres. Il essaie – comme le revendique également Iain Chambers – d'intégrer et de valoriser « Slav, German, Arabic, and African histories as an integral part of the Mediterranean's fluid state, its peoples, histories and cultures »[37]. À un espace supranational, mais forgé par des États nationaux et des frontières, il oppose un « espace-mouvement » mobile, formé par toutes sortes de routes et de mouvements migratoires (de personnes, mais aussi de textes) qui l'ont toujours traversé et le traversent encore. Ainsi, la Méditerranée énardienne développe le modèle

36 Comme la vue de Lakhdar sur Tanger (d'en haut sur la mer) qui s'oppose radicalement aux vues touristiques et des cartes postales (d'en bas sur la médina).

37 Chambers, *Mediterranean Crossings*, *op. cit.*, p. 40.

d'un espace-mouvement « mobile et vectorisé »[38] qui, si l'on met de côté les guerres et conflits successifs, se caractérise surtout par un système de circulation et d'échanges.

De ce point de vue, *Rue des voleurs* avec sa construction classique ne nous paraît ni banal, ni une simple illustration de l'histoire actuelle, mais une réflexion sur l'espace méditerranéen dans la tradition d'un Fernand Braudel, d'un Thierry Fabre, d'un Predrag Matvejevic ou d'un Amin Maalouf.

Bibliographie

Asholt, Wolfgang et Bähler, Ursula, éds. (2016). *Le Savoir historique du roman contemporain. Revue des Sciences humaines* 321.

Assouline, Pierre (2015). « *Boussole* : attention, grand livre ! ». *La République des livres* 30 août, *en ligne*.

Bopp, Lena (2013). « Mathias Énard : *Straße der Diebe*. Ganz Europa wird brennen ». *Frankfurter Allgemeine Zeitung* 3 août, *en ligne*.

Braudel, Fernand (1949). *La Méditerranée et le monde méditerranéen à l'époque de Philippe II*. Paris : Armand Colin.

Braudel, Fernand (1985). *La Méditerranée. L'espace et l'histoire*. Paris : Flammarion.

Chambers, Iain (2008). *Mediterranean Crossings. The Politics of an Interrupted Modernity*. Durham/London : Duke University Press.

Énard, Mathias (2005). « La Méditerranée en éclats ». *La pensée de midi* 14,1, pp. 26-29.

Énard, Mathias (2012). *Rue des voleurs*. Arles : Actes Sud.

Énard, Mathias (2012). « Présentation de *Rue des voleurs* », *en ligne*.

Ette, Ottmar (2005). *ZwischenWeltenSchreiben. Literaturen ohne festen Wohnsitz*. Berlin : Kulturverlag Kadmos.

Ette, Ottmar (2012). *TransArea. Eine literarische Globalisierungsgeschichte*. Berlin/Boston : de Gruyter.

Hanimann, Joseph (2013). « Der Geschmack des Lebens. In seinem Roman *Straße der Diebe* verliert sich Mathias Énard mit seinem Helden zwischen Tanger und Barcelona ». *Süddeutsche Zeitung* 12 septembre, *en ligne*.

---

38 Nous empruntons cette notion à Ottmar Ette qui parle d'un « mobilen, vektorisierten Bewegungs-Raum » (Ottmar Ette, *TransArea. Eine literarische Globalisierungsgeschichte*, Berlin/Boston, Walter de Gruyter, 2012, p. 29). Ette définit l'espace mobile et vectorisé comme suit : « Erst die Bewegungen bringen mit ihren Mustern und Figuren, mit ihren spezifischen Kreuzungen und Querungen, einen Raum im vollen (und nicht nur im euklidischen) Sinne hervor » (*ibid.*, p. 28) ; « Ce sont les mouvements et les figures et motifs créés par eux, le croisement spécifique des lignes, qui produisent l'espace 'vrai' (et non seulement euclidien) » (ma traduction).

Mahler, Andreas (1999). « Stadttexte – Textstädte. Formen und Funktionen diskursiver Stadtkonstitution ». In : Andreas Mahler, éd., *Stadt-Bilder. Allegorie, Mimesis, Imagination*, Heidelberg : C. Winter 1999, pp. 11-36.

Renöckl, Georg (2014). « Mörder, Dieb, Araber ». *Neue Zürcher Zeitung* 24 février, *en ligne*.

Schmeling, Manfred (2000). « Poetik der Hybridität – hybride Poetik ? Zur ästhetischen Präsentation von Kulturkonflikten im multikulturellen Roman ». *Komparatistik. Jahrbuch der Deutschen Gesellschaft für Allgemeine und Vergleichende Literaturwissenschaft*, pp. 9-17.

Simon, Catherine (2012). « Mathias Énard. L'identité est elle aussi en mouvement ». *Le Monde des livres* 4 septembre, *en ligne*.

Trierweiler, Valérie (2012). « *Rue des voleurs*. Au bord du monde ». *Paris Match* 14 novembre, *en ligne*.

Viart, Dominique et Vercier, Bruno, éds. (2005). *La littérature française au présent. Héritage, modernité, mutations*. Paris : Bordas.

À la recherche d'un monument : mémoire et oubli dans *Tout sera oublié* de Mathias Énard et Pierre Marquès

Lena Seauve

Résumé

L'article définit la nouvelle graphique *Tout sera oublié* de Mathias Énard et Pierre Marquès comme *fiction métahistoriographique*. Le livre représente une réflexion profonde sur le problème de la mémoire et de l'oubli d'évènements historiques violents. L'article analyse les différentes techniques de commémoration auxquels le livre fait appel : le monument classique, le mémorial, la mémoire individuelle, le témoignage oral, le texte littéraire et l'image. C'est aussi à travers le rapport souvent embrouillé entre texte et image que le problème de la représentation et de l'irreprésentable est abordé dans *Tout sera oublié*. Le livre peut être lu comme un commentaire métapoétique sur le rôle que peuvent jouer l'art et la littérature dans la création d'une mémoire collective.

Écrit à la première personne, *Tout sera oublié* de Mathias Énard et Pierre Marquès (2013) traite du savoir sur le passé et de la mémoire à la fois individuelle et collective[1]. Il s'agit d'un « livre savant »[2] dans le sens où il fait référence à une multitude de discours sur la culture de la mémoire et les monuments en général, plus spécifiquement sur la guerre en Yougoslavie et la Shoah. L'impuissance de l'individu, mais aussi des collectivités, face à la mémoire des catastrophes violentes de l'Histoire se trouve au cœur de ce livre. À la recherche d'inspiration et d'informations, le narrateur de *Tout sera oublié* parcourt une partie de l'Europe. Il traverse d'abord la France, puis se rend en Bosnie, à Sarajevo, à Mostar, ensuite en Pologne, à Treblinka, à Sobibor, à Lublin et Cracovie. Il retourne ensuite dans les Balkans, en Serbie cette fois, à Belgrade. Pendant son voyage, il rencontre deux personnages : à Sarajevo, Marina, qui devient sa maîtresse, et à Belgrade, Igor, un écrivain.

1 *Cf.* l'article de Cornelia Ruhe « Un cénotaphe pour les morts sans sépulture : Mathias Énard en thanatographe » dans ce volume, pp. 200-216.

2 Mathias Énard et Pierre Marquès, *Tout sera oublié*, Arles, Actes Sud, 2013 (désormais *TSO*), p. 58.

 | DOI:10.1163/9789004425507_018

Bien que paru dans la collection BD d'Actes Sud, le livre n'appartient pas au genre de la bande dessiné au sens strict, ni à celui du roman graphique, malgré le fait que cette notion est parfois utilisée pour le définir[3]. Nous éviterons d'aborder le problème de la définition complexe de la bande dessinée ou de ce qui la distingue du roman graphique ; citons en guise de délimitation une définition assez rigide de la bande dessinée : « comics are a way of storytelling that is based on the sequential decoding of juxtaposed images that are gathered page by page »[4]. Cette dimension séquentielle, toujours plus ou moins valable pour toutes formes de nouvelle ou de roman graphiques, est presque entièrement absente dans *Tout sera oublié*[5]. Le rapport entre texte et images – nous allons y revenir plus loin – est moins étroit que ne l'exigerait une définition « stricte » comme nouvelle graphique, même si, du point de vue du contenu, de nombreux aspects paradigmatiques, comme le caractère autobiographique et autoréflexif, l'importance du narrateur et le contenu « sérieux » se retrouvent dans ce livre[6]. Il s'agit plutôt d'un « livre illustré »[7], d'un texte accompagné d'illustrations. Les auteurs eux-mêmes parlent d'un « livre hybride »[8]. Les illustrations de Pierre Marquès prennent, dans cette coexistence entre images et texte, beaucoup plus d'espace que le texte de Mathias Énard. Le texte ne comprend jamais plus de six lignes en bas de la page, strictement séparées des images par un espace blanc toujours très net. Dans certains cas, une illustration occupe toute la page. En revanche, il n'existe aucune page, à l'exception de la dernière, sans image.

Le texte est composé de phrases souvent courtes, allusives, et de fragments de dialogues. La langue utilisée a un caractère poétique, préférant des phrases elliptiques ou des parataxes. Néanmoins, le texte représente une narration

---

3 *Cf.* Annabelle Hautecontre, « *Tout sera oublié*, le monumental roman graphique de Mathias Énard & Pierre Marquès, artistes de la mémoire ». *L'Internaute* 26 mai 2013. URL: http://salon-litteraire.linternaute.com/fr/mathias-enard/review/1836443-tout-sera-oublie-le-monu-mental-roman-graphique-de-mathias-enard-pierre-marques-artistes-de-la-memoire. Consulté le 6 septembre 2019.

4 Jan Baetens et Hugo Frey, *The Graphic Novel. An Introduction*, Cambridge, Cambridge University Press, 2014, pp. 8-9.

5 Il existe néanmoins, dans *TSO*, quelques paires ou groupes d'images qui ont un caractère cohérent mais qui sont, malgré tout, dépourvus de la sérialité qui permettrait d'en déduire le déroulement d'une action ou d'une pensée.

6 *Cf.* Julia Abel et Christian Klein, éds., *Comics und Graphic Novels. Eine Einführung*, Stuttgart, J.B. Metzler, 2016, p. 157.

7 *Cf.* Catherine Simon, « Bosnie : peindre le désastre », *Le Monde des Livres* 30 mai 2015. URL : https://www.lemonde.fr/livres/article/2013/05/30/bosnie-peindre-le-desastre_3420999_3260.html. Consulté le 6 septembre 2019.

8 *Ibid.*

cohérente et indépendante, il peut être lu et compris sans les images. Ces dernières, des photographies retravaillées à la gouache, montrent – à quelques exceptions près – ce que voit, pourrait voir ou imaginer le protagoniste, même si le cadrage ne représente pas toujours la perspective du protagoniste ; par exemple lorsque l'on voit ses mains ou ses genoux (*cf.* TSO 6sq et 48). En regardant les illustrations sans le texte, il serait impossible de reconstruire une narration cohérente. Les images ajoutent parfois des détails ; dans ces cas-là, elles constituent comme le complément d'un texte pauvre en descriptions, en adjectifs même. Dans d'autres cas, les images n'ont aucun rapport évident avec le texte.

1 Fiction métahistoriographique

L'angliciste Ansgar Nünning introduit, dans un essai de 2002, la notion de *fiction métahistoriographique* pour décrire de nouvelles formes du Roman Historique :

> De nouvelles formes […] qui abordent, de manière autoréflexive, des problèmes de la formation d'un sens historique et historiographique et qui assument des fonctions productives pour la mémoire collective et la mise en place de visions de l'Histoire dans la société contemporaine[9].

Cette notion élargie du roman historique semble tout à fait applicable à la forme hybride de *Tout sera oublié*. Les réflexions théoriques de Nünning peuvent ainsi aider à analyser les stratégies narratives complexes dont se sert le livre d'Énard et Marquès pour parler d'Histoire, de mémoire et d'oubli. Comme Nünning le souligne, les textes qu'il réunit sous la notion de « fiction métahistoriographique » sont des textes qui aident à créer une mémoire collective et à produire, dans la société contemporaine, une certaine vision de l'Histoire. Parmi ses propositions pour définir les nouveaux éléments qu'utilisent ces textes, on

9 Ansgar Nünning, « Von der fiktionalisierten Historie zur metahistoriographischen Fiktion : Bausteine für eine narratologische und funktionsgeschichtliche Theorie, Typologie und Geschichte des postmodernen historischen Romans ». In : Daniel Fulda et Silvia Serena Tschopp, éds., *Literatur und Geschichte. Ein Kompendium zu ihrem Verhältnis von der Aufklärung bis zur Gegenwart*, Berlin, De Gruyter, 2001, pp. 541-569, p. 543 (« Neue Erscheinungsformen […] die sich in selbstreflexiver Weise mit Problemen historischer und historiographischer Sinnbildung auseinandersetzen und die produktive Funktionen für die kollektive Erinnerung und die Generierung von Geschichtsbildern in der zeitgenössischen Gesellschaft übernehmen » ; ma traduction).

trouve entre autres : la sémantisation des espaces (« Erinnerungsraum », soit : espace de mémoire[10]), l'intertextualité et les éléments métafictionnels et/ ou métahistoriographiques[11]. L'une des expressions récurrentes de Nünning, celle de « Sinnstiftung » (littéralement : rétablissement du sens), se réfère à la possibilité de donner, de manière rétrospective, un sens aux événements historiques. Le narrateur et protagoniste, dans *Tout sera oublié*, est un « artiste international » invité à concevoir un « monument à la souffrance » commémorant la guerre en Yougoslavie. On attend de lui un monument neutre, qui « prenne en compte les souffrances de tous les camps » (TSO 13). Ce qu'on lui demande, et ce qui lui pose un gros problème, c'est précisément cette « formation de sens » dont parle Nünning.

2 Intertextualité et réflexion métahistorique

La première référence intertextuelle directe dans le livre d'Énard et Marquès est une référence multiple qui encadre le texte en lui procurant non seulement le titre et l'épigraphe, mais aussi la dernière phrase. Il s'agit de variations d'une citation, comme le précise l'épigraphe, du livre de Camille de Toledo *Le Hêtre et le Bouleau*[12]. Dans le corpus de *Tout sera oublié* se trouve la troisième référence directe à Toledo, lorsque le narrateur dit avoir lu dans un livre « […] cette phrase : Tout, absolument tout sera oublié. Un essai sur la tristesse européenne. Sur la maladie de la mémoire » (TSO 29). La dernière phrase du texte reprend la citation de manière un peu transformée : « jusqu'à ce que tout soit oublié … / … et qu'on passe à d'autres souvenirs » (TSO 135sqq). L'essai de Toledo tourne autour des notions de mélancolie et de mémoire. Selon lui, la maladie du XXe siècle européen, la mélancolie, a son origine dans la manière dont les Européens sont hantés par leur passé, par la mémoire des catastrophes historiques du siècle passé. Il plaide pour une approche plus positive, qui nous libère de la « dictature du chagrin »[13], sans pour autant « recourir à l'oubli, à l'amnésie ou au refoulement de [nos] hontes »[14] :

10 On doit cette notion aux travaux de l'historien Pierre Nora sur les lieux de mémoire. *Cf.* Pierre Nora, *Les Lieux de mémoire*, Paris, Gallimard, 1984.

11 Nünning, « Von der fiktionalisierten Historie », *op. cit.*, p. 554.

12 Camille de Toledo, *Le Hêtre et le Bouleau. Essai sur la tristesse européenne*, Paris, Le Seuil, 2009.

13 Toledo, *Le Hêtre*, *op. cit.*, p. 145 (expression de Stig Dagerman).

14 *Ibid.*, p. 145.

> [...] nous souhaitons que les fantômes se mettent à danser, que le vide, l'absence et la destruction ne soient plus les causes de notre empêchement, mais, au contraire, que les morts soient les esprits qui fondent le génie de l'avenir[15].

À la fin de son essai, Toledo élabore son projet d'une culture alternative de la mémoire. Il oppose une « pédagogie morale », représentée par le hêtre, à une « pédagogie du vertige », représentée par le banian. Cette pédagogie du banian repose sur « [t]ravail de l'oubli et création : le livre »[16]. Son projet consiste en une « transformation »[17] du souvenir au lieu d'une « conservation »[18]. Toledo refuse une culture de la mémoire statique, en pierres, qui conserve les frontières en se penchant sur des mémoires fragmentées par des concepts de nation, d'ethnicité, etc. Il parle, au contraire, de l'« Universalité du vertige de l'identité », du « partage des mémoires »[19]. En se référant à l'écrivain Imre Kertész, qui « devient écrivain parce qu'il reconnaît l'oubli comme une force de création »[20], Toledo accentue l'importance de la fiction et de l'oubli dans le projet d'une mémoire partagée :

> C'est en cela que la littérature vaudra toujours mieux, à mes yeux, que la leçon de morale tirée du XXe siècle, car elle reconnaît l'humanité profonde de l'oubli contre la construction mentale d'un ordre sans 'évanescence'[21].

Le livre d'Énard et de Marquès – et surtout l'idée d'un monument en mouvement, présentée à la fin du livre – donne une réponse à cette ébauche d'« utopie »[22] fictionnelle de Toledo.

Le problème du souvenir et de l'Histoire, outre le rapport très étroit aux réflexions de Toledo, est thématisé de manière théorique grâce à de multiples références à Walter Benjamin dans *Tout sera oublié*. Le livre ne se réfère d'abord pas directement au dernier texte de Benjamin, « Über den Begriff der Geschichte », publié pour la première fois à titre posthume en 1942. Benjamin est évoqué premièrement au détour d'une image de son mémorial à Portbou, mentionné par l'architecte Marina comme exemple d'un monument réussi

15 *Ibid.*, p. 112.
16 *Ibid.*, p. 168sq.
17 *Ibid.*, p. 168sq.
18 *Ibid.*, p. 168.
19 *Ibid.*, p. 169.
20 *Ibid.*, p. 108.
21 *Ibid.*, p. 108.
22 *Ibid.*, p. 169.

(*TSO* 110). Dans les illustrations, le lecteur perçoit six vues différentes du monument à Portbou et à deux reprises le portait stylisé du philosophe. La notion benjaminienne du « Eingedenken », (remémoration) est le concept théorique qui fonde la réflexion sur la mémoire dans *Tout sera oublié*. Une citation de Benjamin, l'une des trois citations littérales[23] dans le texte d'Énard, est reprise : « Honorer la mémoire des anonymes est une tâche plus ardue qu'honorer celles [sic !] des gens célèbres. L'idée de construction historique se consacre à cette mémoire des anonymes » (*TSO* 112). Ces deux phrases, tirées du dernier manuscrit inachevé de Benjamin « Sur le concept d'histoire » sont gravées sur le monument à Portbou. La réflexion métahistoriographique dont parle Nünning est très concrète ici : la citation de Benjamin aussi bien que le texte d'Énard parlent de *construction* de l'Histoire, de « fabriquer le souvenir » (*TSO* 112). La remémoration benjaminienne (symbolisée, comme on le verra plus loin, chez Énard et Marquès, par le corbeau) semble être la manière que le narrateur préfère pour le souvenir de la Guerre en Yougoslavie. Le philosophe Stéphane Mosès explique cette notion qui est d'ailleurs fortement liée au concept de la mémoire dans le judaïsme :

> Par rapport à la prétention de l'historicisme d'atteindre une connaissance objective du passé, le 'temps de l'aujourd'hui' définit une vision de l'histoire commandée par les urgences de la situation présente ; [...] le Jugement au sens où l'entend Benjamin désigne [...] le combat toujours recommencé livré par les vivants – et parmi eux l'historien – pour tenter de sauver l'héritage des vaincus. [...] C'est ainsi que la notion benjaminienne de 'remémoration' (*Eingedenken*) reprend la catégorie juive du 'ressouvenir' (*Zekher*), qui ne désigne pas la conservation dans la mémoire des évènements du passé, mais leur réactualisation dans l'expérience présente[24].

Tout sera oublié proclame l'idée d'un passé irréconciliable, inachevé qui ne pourrait justement être fixé, banni dans un monument conventionnel. Il s'agit d'un passé qui continue, comme le dit aussi Toledo, à hanter les vivants (« Quelques fantômes tournaient autour de nous », *TSO* 50), qui continue à vivre en ceux qui ont survécu à la catastrophe – mais aussi d'un passé qui

23 Le narrateur cite aussi une phrase de Simonide de Céos, commémorant la Bataille des Thermopyles (*TSO* 57). Parlant de la « [l]a première stèle de l'histoire de l'Europe », le narrateur fait allusion à une culture de mémoire (des guerres) européenne.

24 Stéphane Mosès, *L'Ange de l'Histoire : Rosenzweig, Benjamin, Scholem*, Paris, Gallimard, 2006, pp. 214-216.

disparaît, qui s'efface avec les derniers survivants, comme les traces sur les murs des bâtiments qui s'effondrent.

Le livre contient également une référence intermédiale aux premières images du film d'Alain Resnais, *Hiroshima, mon amour*[25], qui traite, lui aussi, de la fluidité de la mémoire. Une série de six images montre, dans *Tout sera oublié*, la rencontre érotique entre le narrateur et Marina. Le lecteur n'aperçoit que les mains et des parties de corps, notamment la peau, en une perspective très rapprochée. On voit des mains qui laissent des traces dans la chair de l'autre, comme l'évoque le texte au bas de ces trois doubles-pages :

> Quelques fantômes tournaient autour de nous. / Les véritables traces étaient dans les corps. / Dans la chair. / On ne pouvait plus se regarder comme avant. / Se toucher comme avant. / Sans se heurter à des murs invisibles. Dont aucune caresse ne console. (*TSO* 50sqq)

Mais les traces dont parle le texte sont évidemment les traces (réelles et au sens figuré) que laissent la guerre et la violence. Le film de Resnais raconte la rencontre entre une Française et un Japonais à Hiroshima après la guerre. Leur histoire d'amour est marquée par leur souvenir respectif de la guerre et de la violence, souvenir en quelque sorte intransmissible. C'est cette intransmissibilité de l'expérience qui les sépare à jamais. La première scène, à laquelle se réfère Marquès dans sa série d'images, tourne autour des deux phrases opposées que répètent les protagonistes « Tu n'as rien vu » et « J'ai tout vu ». Le spectateur du film de Resnais entend les voix off, pendant qu'il voit les mains et la chair nue des amants, extrait d'images très semblable à celui que choisit Marquès. L'impossibilité de « voir » le passé dans le présent et les efforts inutiles pour créer des musées ou des films censés montrer le passé forment des points communs entre le film de Resnais et le livre de Marquès et Énard. *Hiroshima mon amour* est l'histoire d'un amour rendu impossible par la différence des expériences de la guerre et de la violence. Ce thème de l'amour semble moins évident dans *Tout sera oublié*, mais la rencontre avec Marina, le dialogue avec elle, donne néanmoins sa structure à la narration. À travers la référence intermédiale à Resnais, l'histoire d'amour est mise en évidence. En même temps, l'universalité des réflexions faites sur l'Histoire est accentuée. Ce que dit *Tout sera oublié* sur la mémoire et l'oubli est valable pour d'autres guerres, pour d'autres souvenirs traumatisants. Dans *Tout sera oublié*, intertextualité et intermédialité permettent de souligner le caractère exemplaire du récit : le cas de la guerre en Yougoslavie ne sert qu'à illustrer la problématique de la mémoire des catastrophes en général – les réflexions théoriques et les solutions concrètes présentées sont tout aussi valables pour d'autres cas.

25 Alain Resnais, *Hiroshima, mon amour*, F/JP, Pathé, 1959.

3 La sémantisation des espaces – différentes formes de monuments

Dès le début du texte, le narrateur critique le fait que les monuments sont faits pour les morts *pendant*, et non pour la vie *d'avant* (*TSO* 21) la guerre. Au lieu de se consacrer à la mémoire de la vie et des vivants, les monuments servent surtout à se souvenir des morts. Le narrateur aborde le problème du temps, crucial pour toute perception de l'Histoire. Selon lui, le temps s'organise autour de l'évènement central, en l'occurrence la Guerre en Yougoslavie, « cette guerre oubliée plus que terminée » (*TSO* 12). Cet évènement partage le temps en un *avant*, un *pendant* et un *après*. « On cherche des souvenirs d'*avant*, des traces de *pendant* [...] le passé devient la seule façon de voir le présent » (*TSO* 20). Mais, cette quête du passé reste stérile : en lisant des livres sur la guerre, le narrateur arrive à « sentir » comment c'était, mais ce sentiment n'est pas durable : « Je lis des livres sur *pendant* et je sens les mortiers, les snipers, les chars qui nous entourent, un peu, puis ils disparaissent dans l'*après* » (*TSO* 24). Ce qui intéresse le narrateur, ce serait au contraire de pouvoir montrer la futilité du temps, de pouvoir intégrer l'oubli dans la mémoire, de créer en quelque sorte un monument en mouvement. Ce monument montrerait donc surtout la fluidité du temps qui passe, qui mène en fin de compte à l'oubli. Il s'agit néanmoins d'un oubli positif, un oubli créatif au sens de Toledo, qui refuse de rester cramponné à un passé conçu comme objectif, comme fixe. Selon le narrateur, un monument réussi devrait être « [u]ne présence de ce qui n'est plus. Un corbeau » (*TSO* 10). Il s'agit apparemment, pour créer un monument réussi, de rendre, si ce n'est visible, du moins présent, quelque chose qui n'existe plus. « [C]e qui n'est plus », c'est une manière de désigner le passé en général, non seulement les morts.

Pourquoi le narrateur mentionne-t-il un corbeau ? Dès la première phrase, le corbeau est présent dans le texte d'Énard – « Je ne savais pas que les corbeaux étaient une espèce si fréquente » (*TSO* 6) – et il jouera un rôle central jusqu'à la fin du livre, aussi bien dans le texte que dans les images. Rimbaud, dans son poème « Les Corbeaux », lui attribue très directement une fonction mnémotechnique :

> Par milliers, sur les champs de France,
> Où dorment les morts d'avant-hier,
> Tournoyez, n'est-ce pas, l'hiver,
> Pour que chaque passant repense ![26]

26 Arthur Rimbaud, Oeuvres complètes, Paris, Gallimard, 1972, p. 36.

Les corbeaux sont là, chez Rimbaud, pour faire que les vivants pensent aux « morts d'avant-hier » et c'est dans cette fonction exacte qu'Énard et Marquès utilisent cet oiseau dans leur livre – on en reparlera plus loin.

Selon le narrateur, les monuments aux morts des guerres du XXe siècle, présents dans toute la France – et premier point de repère au cours de sa recherche – sont des constructions inutiles, des symboles vides : « On ne lit pas non plus les noms sur leurs pierres, on ne sait plus grand-chose des guerres auxquelles ils sont consacrés » (*TSO* 11). Le narrateur est en vérité beaucoup moins « touriste de la guerre et de la destruction » (*TSO* 16) que touriste des monuments. Au cours du livre, différents projets, idées et images de monuments sont évoqués, montrés, discutés. Il s'agit d'une sorte de catalogue d'espaces de mémoires que le narrateur étale devant le lecteur pour ensuite les désapprouver un par un.

Arrivé à Sarajevo, le narrateur fait le tour des monuments, « des commémorations en tous genres » (*TSO* 25), il mentionne aussi les « Stolpersteine »[27] de Berlin. Tous ont en commun d'être conçus de manière spatiale : « C'est le lieu qui est marqué, l'espace et pas le temps » (*TSO* 27). Mais les bâtiments ne durent pas « beaucoup plus longtemps que les hommes » (*TSO* 28).

Inspiré par « un beau livre savant » (*TSO* 58), le narrateur entreprend un voyage en Pologne pour visiter les monuments à la mémoire des camps d'extermination : « Peut-être la réponse se trouvait-elle là-bas, dans le vide. Dans la mémoire de la catastrophe. Qu'est-ce qu'on avait imaginé, qu'est-ce qu'on montrait de la disparition ? » (*TSO* 58). Comme il le pressent déjà, sur place, il trouve surtout du vide, il n'y a « rien à voir », « rien à dessiner » (*TSO* 63). Les seules choses qui, selon le narrateur, méritent d'être dessinées, donc retenues, sont « les traces des corbeaux dans la neige » (*TSO* 63). Le narrateur semble être à la recherche de preuves concrètes, de « traces » du passé – même d'éléments intacts à travers le temps – lorsqu'il constate, à Sobibor : « Pas d'oies » (*TSO* 65). Le bruit des oies de Sobibor était, selon les rapports de différents survivants de ce camp, censé couvrir les cris des victimes. L'absence des oies à Sobibor montre que le *pendant* reste muet dans les espaces de mémoire créés aux endroits où a eu lieu l'holocauste des juifs d'Europe.

Le voyage en Pologne conduit le narrateur à vouloir abandonner son projet. Même s'il ne porte pas de jugement direct sur les monuments polonais, il

27 L'artiste Gunter Demnig rappelle les victimes du national-socialisme en installant des plaques commémoratives insérées dans le pavé devant leur dernier domicile choisi librement. Il y a maintenant des « Stolpersteine » (soit : pierres sur lesquelles on trébuche) dans plus de 610 endroits en Allemagne, en Autriche, en Hongrie, aux Pays-Bas, en Belgique, en République tchèque, en Norvège et en Ukraine (URL : http://www.stolpersteine.eu/en/home/. Consulté le 6 septembre 2019).

est évident que le vide qu'il y trouve ne correspond pas à ce qu'il cherche. Ce qui manque au narrateur en Pologne, ce sont les êtres humains : « Les gens ? Quels gens ? » (*TSO* 68). Les chaises vides sur la place du Ghetto à Cracovie sont le symbole d'une culture de la mémoire froide, qui oublie les humains : « La Pologne m'avait gelé » (*TSO* 69). En revanche, la référence aux œuvres respectives de Paul Celan et Zoran Mušič souligne que, pour la mémoire et la commémoration, on a besoin d'êtres humains, de témoins, d'artistes, et de leur créativité. Les poèmes de Celan et les dessins de Mušič, seraient-ils de meilleurs monuments que ceux que le narrateur voit en Pologne ? « La vie est le seul monument aux morts » (*TSO* 73), proclame le narrateur avec entêtement, et c'est justement à travers l'art que des artistes (sur)vivants réussissent à communiquer avec d'autres (sur)vivants.

Le souvenir des individus, à travers les témoignages humains, les histoires, les anecdotes racontées – l'*oral history* – est évoqué lors de la rencontre du narrateur avec l'écrivain serbe Igor à Belgrade, qui « raconte des histoires terrifiantes » (*TSO* 80). Ces histoires rappellent au narrateur que « L'histoire est décidément partout celle de la violence et de la guerre » (*TSO* 81). Igor figure comme une sorte d'antagoniste de Marina : c'est un homme, un Serbe et, contrairement à elle, il parle d'événements « terrifiants », mais aussi, il « bavarde ». La seule « histoire » d'Igor que le narrateur transmet au lecteur est une histoire énigmatique, violente sans doute, mais sans référence directe à la guerre :

> Là-bas, j'ai un ami qui habite une petite ville. Il a retrouvé dans un café une fille qu'il n'avait pas vue depuis très longtemps, parce qu'elle avait suivi ses parents à Belgrade. / Il était content de la revoir, d'autant plus qu'elle était très jolie. Elle était en vacances, il lui a proposé de se promener en voiture, de revoir les paysages qu'elle n'avait pas parcourus depuis des années. Elle a accepté. / Ils étaient haut dans la montagne quand le jour a commencé à tomber. Il a arrêté la voiture, il a essayé de l'embrasser, elle a refusé, s'est débattue. / Alors il lui a dit simplement : Soit tu couches avec moi, soit tu couches avec les loups. Elle a regardé autour d'elle et elle a cédé. / Et tu sais le pire ? C'est qu'elle a bien fait. Il y a beaucoup de loups, là-haut, dans ces montagnes, mon ami est un grand humaniste. Je te crois, Igor, j'ai dit. Je te crois volontiers. (*TSO* 91sqq)

Cette « histoire » racontée par l'écrivain Igor, récit d'un viol, n'est pas liée à un moment historique précis. Le lecteur ne sait pas s'il s'agit d'un événement qui a eu lieu pendant la guerre ou après. Les loups que mentionne Igor pourraient, s'il s'agit d'une histoire d'*avant* ou d'*après*, être de vrais loups. Mais, plus probablement, il fait allusion aux troupes d'élite serbes, les *Sivi Vukovi*, les loups gris. Des membres de ce groupe actif *pendant* la guerre ont été accusés et condamnés devant le Tribunal pénal international pour l'ex-Yougoslavie pour crimes de guerre – entre autres pour viols – commis pendant la guerre. La référence est donc compréhensible uniquement pour le lecteur informé, bien que le narrateur donne une indication en se demandant, un peu plus loin, si Marina aussi avait rencontré des loups. Cette anecdote de caractère un peu fabuleux et allusif est accompagnée d'images de paysages abandonnés, mélancoliques, sinistres même, où des chemins peu praticables sont les seules traces humaines. Les portraits d'Igor, montré de très près, présentent un homme d'aspect sombre, peu soigné et plutôt effrayant. Le statut du souvenir individuel, de l'Histoire vécue, se révèle tout aussi incertain que celui de la mémoire collective, officielle. Qui est cet « ami » dont parle Igor ? Le narrateur est *a priori* une figure d'identification pour le lecteur. Comment un personnage avec lequel ce narrateur boit, assis tranquillement à une terrasse ensoleillée, peut-il être l'ami d'un violeur, et qualifier celui-ci d'« humaniste » ? À travers la rencontre avec Igor, l'implication de toute la population dans une guerre civile est thématisée. Les témoins aussi ne donnent qu'une partie de l'Histoire et l'on ne peut pas toujours savoir laquelle. Il peut être difficile de séparer nettement victimes et bourreaux et de les réconcilier à travers une mémoire collective.

Après son retour de Pologne et de Belgrade, le narrateur présente à Marina sa première idée concrète pour un monument :

> On pourrait peut-être transformer l'ancienne piste de bobsleigh en lieu de mémoire. / Un endroit où chacun pourrait venir ajouter un mot sur les murs en ruine, un signe, un commentaire. / Un endroit laissé à l'état sauvage. (*TSO* 100sqq)

Les « jeux » Olympiques à Sarajevo en 1984 figurent, dès le début du livre, comme symbole de l'*avant* : « Difficile d'imaginer qu'il y a eu des jeux Olympiques à Sarajevo en 1984. *Avant* » (*TSO* 31). L'utilisation des minuscules pour le mot de « jeux » pourrait impliquer le scepticisme de l'auteur face à la nature ludique de ces jeux. La piste de bobsleigh et le tremplin de saut à skis ont été détruits pendant la guerre, mais les ruines de ces installations sportives restent visibles et rappellent la normalité de la vie d'*avant* à Sarajevo. Le téléphérique qui monte sur le Trebević a été inauguré en 1959 ; longtemps avant les Jeux Olympiques, il faisait déjà partie de la vie quotidienne des habitants de Sarajevo. La piste de bobsleigh, que le lecteur voit pour la première fois lorsque le narrateur et Marina parlent des Jeux Olympiques (*TSO* 33), est pensée par le narrateur comme « monument à la futilité » (*TSO* 124). L'image de la

ILLUSTRATION 1 p. 100-101 ; © Pierre Marquès

piste reprend aussi, de manière très évidente, un motif présent dans un grand nombre des illustrations de Marquès : celui du chemin, du fleuve, de la route vide, qui ne mène nulle part. Dans beaucoup d'images, la composition est dominée par une diagonale qui s'éloigne du spectateur (*TSO* 22, 33, 43, 59, 64, 66, 68, 81, 85, 86, 90, 91, 92, 93, 94, 98, etc.). La futilité de la mémoire se reflète donc aussi dans la forme de la piste qui, lorsqu'elle était encore en fonction, servait à glisser, le plus rapidement possible, jusqu'au bas d'une montagne[28]. Le monument de la piste de bobsleigh est conçu par le narrateur comme un espace de mémoire auquel tout le monde peut contribuer :

> Je crois que ce sont les habitants eux-mêmes qui doivent porter cette histoire. Un monument s'impose de l'extérieur, à mon avis ça ne sert à rien. Il suffit juste de signaler le lieu, et de laisser les gens se l'approprier. (*TSO* 106)

28 La descente en luge, métaphore de la mémoire et prédisant, en même temps, le déclin de toute une famille, est aussi un motif important au début de *Les Buddenbrook* de Thomas Mann.

Marina, peu convaincue par l'idée du narrateur, fait entrer en jeu, comme contre-exemple, un monument réussi : le monument pour Walter Benjamin, à Portbou, en Espagne. Le lecteur voit d'abord une image de ce monument, le texte en bas de la page dit « Marina n'avait pas l'air convaincue » (*TSO* 109). Ce n'est qu'à partir de la page suivante que le lecteur comprend ce qu'il a vu à la page précédente. Ce rapport très spécifique entre image et texte est utilisé à plusieurs reprises dans le livre ; c'est également le cas en tournant de la page 100 à la page 101 : l'image précède le texte et annonce au lecteur ce qui suivra sur la prochaine page.

4 Les images vides

C'est aussi à travers les images que le problème de la représentation et de l'irreprésentable est abordé dans *Tout sera oublié*. Le livre montre surtout des paysages vides, des bâtiments délabrés, des vues de villes en ex-Yougoslavie, de bâtiments emblématiques comme le pont de Mostar ou les Mosquées de Sarajevo. Selon l'article déjà cité de Catherine Simon, les photographies en couleurs qui servaient de base à Marquès pour ses illustrations, « ne sont pas de lui »[29]. Cette remarque n'étonne pas, car la plupart des motifs ont effectivement un caractère interchangeable, universel. Le lecteur a l'impression étrange de ne pas voir le motif et l'angle de vue pour la première fois, même si ce que Marquès en fait avec ses pinceaux est unique. La technique de l'illustrateur mériterait d'ailleurs d'être analysée de manière plus approfondie, car elle combine deux modes de représentation différents : la photographie et la peinture.

Seule une vingtaine d'images sur environ cent-trente montre des personnages ou des parties de personnages, dont environ dix avec un visage reconnaissable. Aucune des illustrations ne montre une image « historique », de l'*avant* ou du *pendant*. Elles sont entièrement issues du présent de la narration, ou du moins de l'après-guerre. La seule exception : une série de quatre images qui montrent une petite fille en robe d'été jouant dans la nature, près d'une rivière. Le texte qui les accompagne (« J'avais dix ans quand la guerre a éclaté, a dit Marina. / Je n'ai pas posé plus de questions », *TSO* 36sqq) laisse supposer qu'il pourrait s'agir de Marina pendant la guerre. Les seules images dans *Tout sera oublié* qui sont vaguement situées dans le passé, qui montrent le *pendant* de la guerre, sont des images à la fois idylliques et entièrement interchangeables : on n'y voit aucune trace de la guerre. Ce que le narrateur dit

29 Simon, « Bosnie : peindre le désastre », *op. cit.*

vouloir représenter, le *pendant* et l'*avant* de la guerre, ne se trouve dans aucune image, ni dans les textes :

> Je me demande quel âge elle avait, pendant. Je n'ose pas lui poser la question. Je crois que j'ai peur que la violence et les souvenirs ne brisent quelque chose entre nous. Elle n'en parle pas non plus. Nous oublions tous les deux pourquoi je suis là. Nous ne parlons que d'art et de patrimoine architectural. (*TSO* 23)

L'espace de mémoire chez Énard et Marquès est un vide immense, une absence. Aucun mot, aucune image n'est capable de montrer la « souffrance de tous les camps » (*TSO* 13). La réalité de l'Histoire ne peut être représentée par des moyens traditionnels.

5 Conclusion : Un monument futile

Lorsque Marina reproche au narrateur son découragement face à la tâche qu'on lui demande d'accomplir – « Comme si nous n'avions rien à ajouter au monde. Comme si l'art était inutile » (*TSO* 116)–, sa réaction peut être lue comme un commentaire métapoétique sur le rôle de l'art, donc de la littérature aussi, pour la création d'une mémoire collective. La réponse ultime du narrateur consiste en un projet de monument futile, de monument sans auteur, anonyme : les graffitis dans les rues, sortes de traces, laissées par tout le monde dans les rues de Sarajevo.

En se référant de nouveau à Benjamin, le narrateur dit :

> Ce sont les inconnus qui honoreront la mémoire des anonymes. Chacun sera porteur d'un souvenir, d'un récit. / Partagé sur les murs de la ville. / Les corbeaux, les loups, les visages seront là un temps, la mémoire sera vivante … / Jusqu'à ce que tout soit oublié … (*TSO* 132sqq)

Le monument que propose le narrateur – et c'est sur cette proposition d'ailleurs que le livre se termine –, prend en compte tous les discours sur la mémoire et l'oubli auxquels le texte a fait appel : la réponse combine la notion benjaminienne du « Eingedenken » avec le concept de la pédagogie du banian de Camille de Toledo.

Le livre *Tout sera oublié* est ainsi une mise en abyme du monument que son narrateur ne créera jamais. Le livre en soi représente un « monument à la

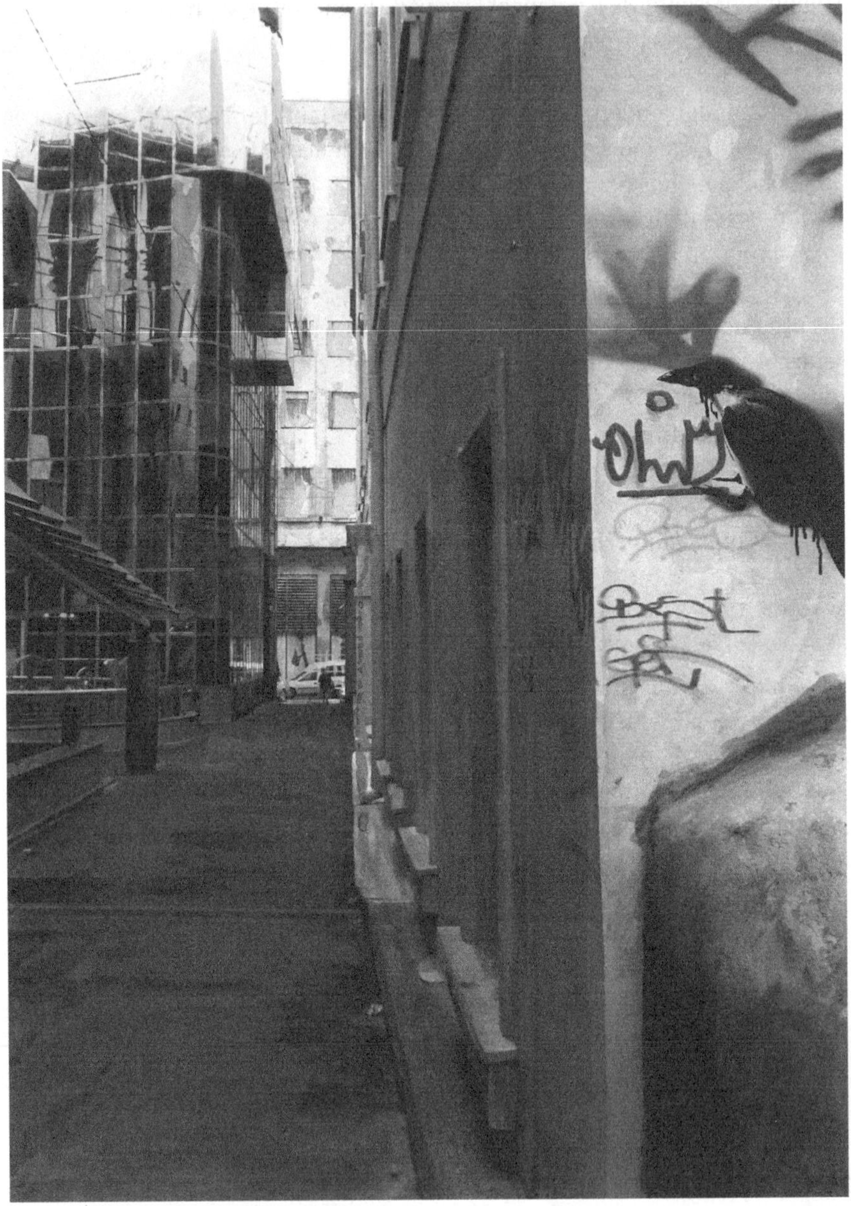

ILLUSTRATION 2 p. 127 ; © Pierre Marquès

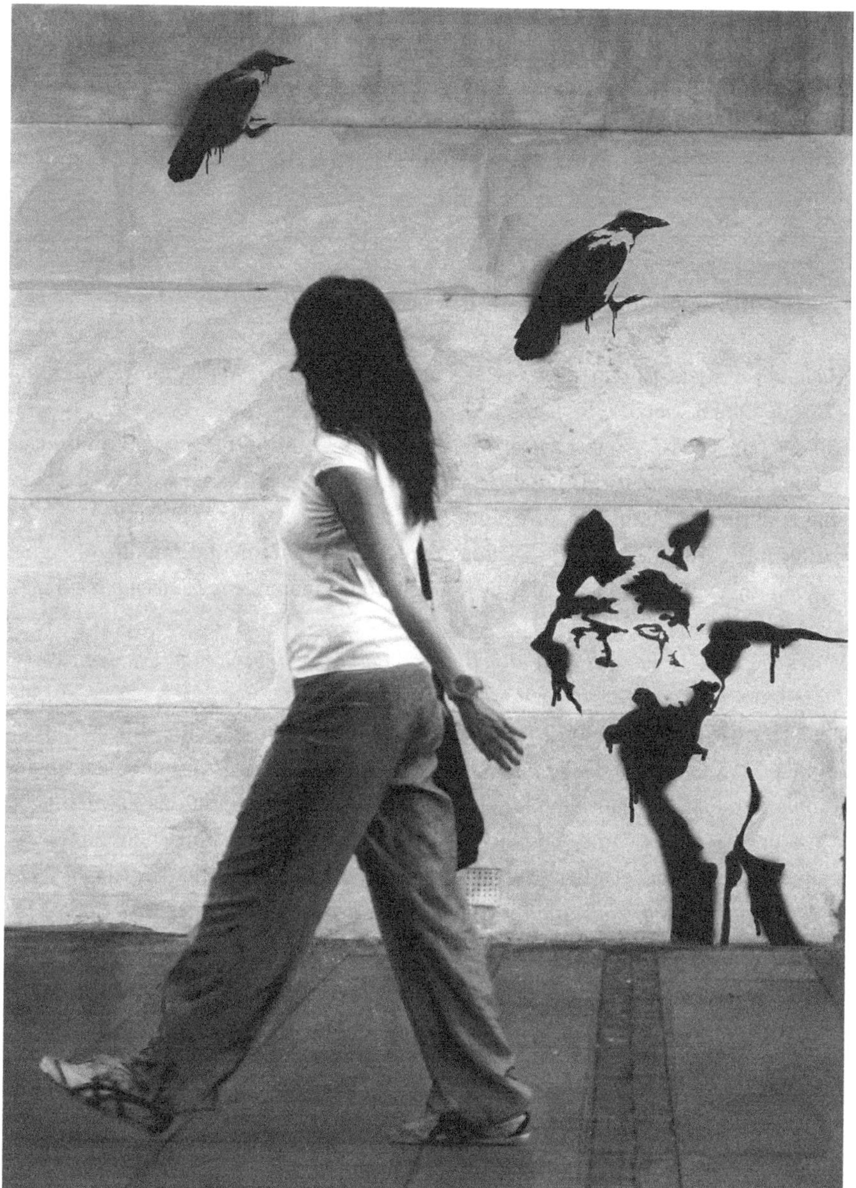

ILLUSTRATION 3 p. 126 ; © Pierre Marquès

souffrance », le journal *Le Monde* parle d'un « livre-monument »[30]. Comme le propose Toledo dans *Le Hêtre et le Bouleau*, au lieu de conserver la mémoire dans un monument en pierre, *Tout sera oublié* réalise une transformation de la mémoire en un projet utopique, projet qui évidemment reste à ce stade de projet, mais qui, en même temps, le réalise sous forme de fiction, de création, de livre.

Bibliographie

Abel, Julia et Klein, Christian, éds. (2016). *Comics und Graphic Novels. Eine Einführung*. Stuttgart : J.B. Metzler.

Baetens, Jan et Frey, Hugo (2014). *The Graphic Novel. An Introduction*. Cambridge : Cambridge University Press.

Énard, Mathias et Marquès, Pierre (2013). *Tout sera oublié*. Arles : Actes Sud.

Hautecontre, Annabelle (2013). « *Tout sera oublié*, le monumental roman graphique de Mathias Énard & Pierre Marquès, artistes de la mémoire ». *L'Internaute* 26 mai, *en ligne*.

Mosès, Stéphane (2006). *L'Ange de l'Histoire, Rosenzweig, Benjamin, Scholem*, Paris : Gallimard.

Nora, Pierre (1984). *Les Lieux de mémoire*. Paris : Gallimard.

Nünning, Ansgar (2001). « Von der fiktionalisierten Historie zur metahistoriographischen Fiktion : Bausteine für eine narratologische und funktionsgeschichtliche Theorie, Typologie und Geschichte des postmodernen historischen Romans ». In : Daniel Fulda et Silvia Serena Tschopp, éds., *Literatur und Geschichte. Ein Kompendium zu ihrem Verhältnis von der Aufklärung bis zur Gegenwart*, Berlin : De Gruyter, pp. 541-569.

Resnais, Alain (1959). *Hiroshima, mon amour*. F/JP : Pathé.

Rimbaud, Arthur (1972) : Oeuvres complètes. Paris: Gallimard, 1972.

Ruhe, Cornelia (2020). « Un cénotaphe pour les morts sans sépulture. Mathias Énard en thanatographe ». In : Markus Messling, Cornelia Ruhe, Lena Seauve et Vanessa de Senarclens, éds., *Mathias Énard et l'érudition du roman*, Leiden, Boston : Brill/Rodopi, pp. 200-216.

Simon, Catherine (2015). « Bosnie : peindre le désastre ». *Le Monde des Livres* 30 mai 2015, *en ligne*.

Toledo, Camille de (2009). *Le Hêtre et le Bouleau. Essai sur la tristesse européenne*. Paris : Le Seuil.

30 Simon : « Bosnie : peindre le désastre », *op. cit.*

PARTIE 5

Coda

Du whisky pour les écrivains autochtones

Mathias Énard

A la fin de l'été 2017, alors que la moiteur enveloppait Barcelone de gras nuages de tempête collant à la peau comme une mélasse, doucereuse et écœurante, quelques semaines après l'attentat à la voiture-bélier qui venait de coûter la vie à 15 personnes sur les Ramblas (c'est à dire à cent mètres de l'endroit où nous nous trouvions) nous nous décidâmes, Juan Trejo, Jorge Carrión et moi-même, dans ce mélange de tristesse et d'agitation morbide qui suit toujours la violence extrême, puisque les grosses gouttes molles de l'orage nous avaient chassés, un peu ivres déjà, de la terrasse précédente, à trouver refuge dans un débit de boissons minuscule où nous n'avions (malgré plus d'une dizaine d'années passée à fréquenter les estaminets du quartier) encore jamais mis les pieds : un bar au nom évocateur de *Whisquería*, « whiskerie », dont on n'apercevait absolument rien de l'extérieur, à part une petite porte close, discrète et de bon aloi. L'établissement était, comme nous l'avions imaginé, chaleureux et minuscule ; un comptoir en L occupait les quatre-cinquièmes de sa surface, de sorte qu'il n'y avait aucune table, juste de hauts tabourets aux assises de cuir clouté, à l'anglaise, contre le bar. Les murs étaient recouverts de ces moquettes murales chères aux années 70 et 80 qui avaient, pour atteindre leur couleur marronasse vintage d'aujourd'hui, absorbé vingt ans de fumée compulsive de cigarillos *Reig* rouges, de *Ducados* bleues, de *Dimitrino* « Botschafter » et de *Camel* bien sûr, le chameau universel qui rappelait que Reynolds, des Reynolds de Salem, entretenait un cirque dans la cour de la plus grande fabrique de cigarettes du monde. De tous ces délices envolés il n'était plus question en ce début de XXIe siècle et seuls restaient les murs et l'odeur qu'ils répandaient encore, comme un vieux bordel sentirait toujours, des années après le départ de ses pensionnaires, la semence et l'eau de javel. Le petit côté du comptoir, face à la porte, offrait précisément trois tabourets ; juste devant nous officiait un barman plutôt osseux, en chemise blanche : il préparait une boisson couleur rouge sang pour deux jeunes femmes (cheveux blonds mi-longs, robes de plage bariolées) en grande conversation à l'autre extrémité de l'établissement. Nous décidâmes sans les consulter que ces touristes étaient suédoises.

La conversation que nous envisagions de poursuivre dans ce rade accueillant et à laquelle Jorge croyait, comme toujours, donner un tour *définitif* avait commencé depuis de longues années déjà, et ne s'achèverait sans doute jamais, même pas par la mort des participants, car en réalité elle s'inscrivait dans l'air et formait, plus qu'une conversation réelle, l'espace d'entre nous, cette

 | DOI:10.1163/9789004425507_019

maison bancale et accueillante que nous construisions les uns pour les autres depuis bientôt vingt ans, une maison de palabres, dans laquelle nous nous réfugions tous. Nous n'étions que trois écrivains, ce soir-là, certes ; qu'à cela ne tienne, nous redoublerions d'ivrognerie, de scélératesse et de grandiloquence à la place des absents, pour ajouter une allumette à notre maison de papier, si on me permet l'expression. Une allumette à une maison de papier, c'est à dire des rafales de mots tirés contre la Mort, des centaines de cartouches verbales pour repousser la Camarde.

Le barman était irlandais. Il fallait sacrifier au génie du lieu, à cette enclave dans laquelle nous nous trouvions et commander du whisky. (Non sans résistance : Juan revenait d'Amérique latine et souhaitait boire du rhum. Nous avons dû lui rappeler que le rhum, comme toutes les boissons tropicales, avait d'étranges effets sur la raison ; si le whisky vous projetait dans un monde de leprechauns, de banshees et de monstres aquatiques, le rhum vous envoyait suer dans un enfer de poupées vaudou transpercées par des prêtres sataniques aux masques de mort). Nous sirotâmes donc du whisky irlandais, sans glace, au long goût de lande et de cheminée.

Le barman s'appelait Robert et était originaire de Larne, port proche de Belfast en Irlande du Nord, où l'on trouvait, disait-il, « des protestants, des flics et des putains » ; il avait une quarantaine d'années, une figure plutôt ronde, un visage agréable, un peu vérolé, les yeux pétillants et le débit affolé du cocaïnomane. Il habitait Barcelone depuis 20 ans. Je suis allé à Larne une fois, j'ai dit, ce qui l'a fait sourire : laissez-moi deviner, vous arriviez d'Écosse en bateau et vous avez pris vos jambes à votre cou sans passer plus de dix minutes dans ma ville, n'est-ce pas ? Je n'avais effectivement aucun souvenir de la localité irlandaise où débarquaient les ferries en provenance de Cairnryan, ni même de la raison qui m'avait poussé à m'y rendre ; je me rappelais juste la route noyée de brouillard qui m'amena ensuite vers Derry, où l'on avait l'impression de croiser, à chaque virage, Cúchulainn, Deirdre et tous les personnages de Yeats.

Robert nous laissa pour aller confectionner avec dégoût un second broc de sangria aux deux touristes suédoises, qui avaient terminé leurs verres – la sangria est une double catastrophe : morale et gustative, dit-il en partant. La sangria porte le nom horrible de *saignée* ; on se demande quelle infâme bestiole on peut bien *saigner* pour obtenir cette boisson démoniaque – des batraciens, qui sait. Ou des chameaux. Ou des phoques. Juan renchérit immédiatement « je pense que tout ce qui se produit d'atroce dans le monde aujourd'hui est dû à la sangria », ce à quoi Jorge (il faut toujours que Jorge se distingue par des opinions légèrement différentes de celles du reste des mortels ; il aime avoir un *slight angle to the universe*, ce léger angle avec l'univers dont parle Forster à propos de Cavafy) rétorqua qu'il appréciait, sur la plage, chez lui à Mataró, une sangria de *cava* avec des oranges et du pamplemousse ou, en été et à Castellón, une *aigua de Valencia* traîtresse comme un coup de soleil. Cet horrible aveu provoqua notre hilarité – c'était comme si nous l'avions croisé sa canne à pêche à la main dans une librairie de Barcelone.

– Le fait qu'un barman irlandais puisse invoquer à la fois la loi morale et l'esthétique lorsqu'il est question de sangria me remplit d'espoir quant à l'avenir du monde, ai-je ajouté en sifflant mon whisky.

Le pragmatisme catalan de Juan l'empêchait d'avoir un avis sur la question :

– Excusez-moi messieurs mais je souhaiterais oublier un peu le tourisme éthylique pour revenir à la question antérieure, celle liée à nos livres en cours.

Nous avons vidé nos verres. Robert les a remplis.

– Voilà ce que j'appelle un serveur *exemplaire*, a glapi Jorge, qui est toujours le premier ivre, quelle que soit la boisson.

Aucun de nous ne souhaitait revenir sur les attentats de la semaine passée, et pourtant les images de flaques de sang et de corps allongés étaient encore dans nos mémoires ; les Ramblas, nous les avions abandonnées depuis longtemps aux touristes, nous avions déserté, et il était difficile de ne pas penser que ces cadavres étendus sur le pavé participaient de cette désertion. Même les célébrations du Football Club Barcelona devant la fontaine de Canaletes où, depuis les années 30, les supporters se retrouvaient (car autrefois feu le journal *La Rambla* y affichait, à la craie sur une ardoise, les résultats des matchs) pour fêter les victoires de leur club, allaient dorénavant avoir un goût amer, un goût de mauvais souvenir. La mosaïque de Joan Miró, au carrefour des rues Hospital et Sant Pau, cet endroit étrangement appelé (peut-être, qui sait, à cause des bouchers du marché de la Boqueria tout proche) la Place de l'Os, *el pla de l'Os*, était couverte de fleurs et de bougies laissées par Barcelonais et visiteurs en hommage aux victimes, tout comme les abords de chaque lampadaire, le pourtour de chaque fontaine depuis la Place de Catalogne où était apparu le véhicule mortel. Des bougies dans des récipients de plastique rouge ou blanc, certains unis, nus, d'autres ornés d'une effigie de la Vierge, veillaient pour les défunts et la nuit, comme nous venions de nous en apercevoir, ces centaines de flammes vacillaient d'ombres enlaçant les réverbères et caressaient les façades de leurs cils de ténèbres.

J'expliquai alors, sur ce ton de confidence qui vient toujours avec l'ivresse, que je ne parvenais pas à écrire pour le moment, que ces morts, cette violence soudaine à cent mètres de chez moi (comme si la guerre m'avait rattrapé, n'avait jamais cessé de me poursuivre) s'interposait entre mon livre et moi.

– Ou plutôt, pour être tout à fait franc, la violence devient le seul sujet possible : j'ai l'impression que la Mort écrit à ma place quand j'ai le dos tourné. Et qu'ensuite, j'essaye d'effacer les mots qu'elle a laissés.

Jorge trouva cette image trop lyrique pour être honnête ; Juan était plus empathique.

– Tu es poursuivi par tes propres livres. Tu as réussi à déjouer un attentat à Barcelone dans *Rue des voleurs*. En quelque sorte, tu as prédit celui-là.

Je n'ai pas osé lui avouer qu'effectivement (et cela était étranger à *Rue des voleurs*) quelques jours avant la tragédie, j'avais évoqué avec un ami la possibilité d'une catastrophe de ce genre sur les Ramblas – il ne fallait pas être grand clerc pour l'envisager. Mais comme un enfant aux prises avec la pensée magique, je me sentais coupable et préférais me réfugier dans la boisson et l'amitié, deux ivresses qui jusqu'ici ne m'avaient jamais trahis.

Robert remplit de nouveau nos verres. Les Suédoises sirotaient leur sangria couleur de sang. Le troisième whisky avait un fort goût de lointain, et toujours un puissant parfum d'oubli.

Jorge nous assomma alors d'un discours définitif sur la responsabilité de l'écrivain quant au monde qui l'entoure, ce qu'il appelait « le devoir de réparation ». De cette thèse, sans doute docte et magnifique, assénée comme une arme contondante à plus de deux heures du matin et au moment du troisième whisky, je n'ai aucun souvenir, à part la joie dans les yeux de celui qui la proférait comme une harangue, son sourire espiègle, les mots qu'il avalait en parlant trop vite et les postillons (signes de vie) qu'il projetait tout autour de lui comme une mitrailleuse. C'était un plaisir de l'entendre, de se laisser aller à ce flot – c'est un plaisir de se laisser bercer par le savoir et par l'intelligence. Bien évidemment nous n'en comprenions pas un mot ; nous étions comme qui regarde couler un fleuve magnifique aux reflets d'argent. Le Llobregat de la pensée.

Juan piquait un peu du nez – ses yeux se fermaient très doucement, son front penchait vers l'avant, suivi de son menton, puis de ses épaules et quand son équilibre devenait précaire sur le tabouret, son cerveau (reptilien ou néanderthalien, en tous cas très loin au-delà de la conscience) détectait la proximité de la chute et réveillait alors l'ivrogne chancelant : les yeux soudain grands ouverts, après un petit borborygme, Juan inspirait fortement comme s'il avait vu un fantôme.

– ¿Qué ha pasado ?

– Te has dormido.

Il s'efforçait alors d'écouter la suite du discours de Jorge, si puissant et si magique qu'il aurait réussi à endormir un régiment de Uhlans en pleine charge – Juan fermait donc de nouveau les yeux, puis les rouvrait paniqué, en soufflant. Une seule solution : commander encore un verre, pour franchir la montagne de l'endormissement, passer le col de la somnolence. En cherchant à attirer l'attention de Robert le barman, j'observais les deux touristes que nous avions (cédant en cela à un cliché très barcelonais) appelées suédoises. Elles étaient effectivement blondes, comme le voulait le cliché ; elles buvaient, comme on l'a vu, de la sangria. L'une semblait bien plus âgée que l'autre ; elles avaient toutes deux des visages fins, des traits intelligents et vifs. Je ne pus m'empêcher de penser une seconde à l'attentat, et je dus fermer les yeux très fort et plisser les paupières pour faire disparaître les images horribles que la mémoire et l'ivresse imprimaient dans mon regard.

Heureusement Robert fut bientôt là pour nous servir un whisky de plus.

– C'est étrange comme les choses perdent leur goût avec l'habitude. Le quatrième whisky ne pique plus du tout. Il n'a plus aucune force, plus que du parfum, et encore.
– Je me demande si cette remarque vaut pour les romans d'un auteur qu'on apprécie.
– C'est à cette heure-là qu'on pourrait avaler de l'essence.
– Ou de la sangria.
– Pour la sangria il faudrait attendre l'aube et le sixième whisky.
– Un petit déjeuner avec de la sangria en guise de jus d'orange.
– Voilà. Sur les Ramblas.
– Il est trop tôt, il n'est que trois heures du matin.
– On peut continuer à boire et à trinquer encore un peu.

Jorge était toujours le premier ivre, et aussi le premier à vouloir rentrer.

– Je vais vous abandonner, je crois.
– Lâche.
– Canaille.
– Bon alors juste un dernier whisky.
– D'accord, un dernier verre.

Comme dans la chanson de Chavela Vargas, *en el último trago nos vamos*. Avec la dernière gorgée, on s'en va.

– Tu cites Chavela Vargas. Un jour il faudra reparler du Mexique. Un jour il faudra aller au Mexique.
– Robert !!!! Tres más, please.
– J'aime beaucoup l'expression française « un dernier pour la route ».
– Pour la route, alors.
– Pour le chemin du Mexique, les amis. Et le lendemain matin, il est parti pour le Mexique.
– Trinquons pour le Mexique et la route !
– C'est drôle. Vous savez ce qu'a répondu Sebald quand on lui a demandé « Sur quoi écrivez-vous ? À quel propos ? » dans une émission de radio ?

– Non, sur quoi ?
– Il a répondu « J'écris sur ce qui se trouve au bord du chemin. Au fil de la route. »
– Vraiment ?
– Oui.
– Alors tout est vraiment inextricablement lié.
– Santé, camarades.

Et ainsi, de whisky en whisky nous attendîmes, pour quitter un monde et en retrouver un autre, que l'aube inexorable caressât enfin les nuages de ses doigts définitifs.

Index des noms

Index des œuvres de Mathias Énard citées